动物解剖生理

主　编　孙亚东（辽宁生态工程职业学院）
加春生（黑龙江农业工程职业学院）
刘　欣（辽宁生态工程职业学院）
副主编　邹　文（辽宁生态工程职业学院）
刘德成（辽宁职业学院）
罗永华（沧州职业技术学院）
林圣君（辽宁九州生物科技有限公司）
郑人和（辽宁越秀辉山控股股份有限公司）

北京理工大学出版社
BEIJING INSTITUTE OF TECHNOLOGY PRESS

内容提要

本书以畜牧兽医类相关专业岗位能力需求为导向，以项目为载体，以真实的工作环境为依托，以实际工作任务构建内容，主要包括动物组织学基础和畜禽解剖生理两篇。其中，动物组织学基础包括动物体基本结构、动物有机体各部名称和常用方位术语等内容；畜禽解剖生理包括运动系统、消化系统、呼吸系统、泌尿系统、生殖系统、心血管系统、淋巴系统、神经系统、内分泌系统、被皮系统、感觉器官、禽类的解剖生理特征等内容。这些基础理论知识贯穿于不同的岗位职业能力，每个项目结合实际设置了若干个工作单元，把动物医学类相关专业各岗位的知识、技能整合一体，使学生在任务中学习知识、掌握并强化技能。

本书可作为高等职业教育动物医学、畜牧兽医、宠物医疗技术、宠物养护与训导类相关专业的教材，也可作为从事相关行业技术人员的参考用书。

图书在版编目（CIP）数据

动物解剖生理 / 孙亚东，加春生，刘欣主编.
北京：北京理工大学出版社，2024.6.
ISBN 978-7-5763-4315-1

Ⅰ. Q954.5；Q4

中国国家版本馆CIP数据核字第2024WN8342号

责任编辑： 封　雪　　**文案编辑：** 毛慧佳
责任校对： 刘亚男　　**责任印制：** 王美丽

出版发行 / 北京理工大学出版社有限责任公司
社　　址 / 北京市丰台区四合庄路 6 号
邮　　编 / 100070
电　　话 / (010) 68914026（教材售后服务热线）
(010) 63726648（课件资源服务热线）
网　　址 / http：//www. bitpress. com. cn

版 印 次 / 2024 年 6 月第 1 版第 1 次印刷
印　　刷 / 河北鑫彩博图印刷有限公司
开　　本 / 787 mm × 1092 mm　1/16
印　　张 / 20
字　　数 / 436 千字
定　　价 / 79.00 元

前言

Foreword

本书依据教学项目对后续课程的支撑和岗位工作能力的调研和分析，确定学习领域内容，以项目为引领，以任务为驱动，实现教学一体化。

本书以习近平新时代中国特色社会主义思想为指导，贯彻落实党的二十大精神，结合畜牧兽医和养殖工作岗位的工作要求、安全文明规范、团队合作精神等职业精神和职业素养，强化工作过程中的操作规范性、造型设计思维等，还有机融入职业素养及道德修养等素养元素。

本书聚焦《国家职业教育改革实施方案》提出的新要求，探索岗课赛证融合问题，旨在提升学生的综合职业能力。通过本书的学习，学生能更好地掌握动物解剖生理的基础知识，提升实践动手能力。对于全国职业院校技能大赛等赛项的参赛选手，在锻炼创新实践能力的同时，亦可锻炼创新性思维。本书是辽宁生态工程职业学院“兴辽卓越”院校建设项目中打造“辽宁工匠”品牌战略、加强校际合作子项目的成果。

本书共有14个项目，推荐学习48学时。具体编写分工为：刘德成（辽宁职业学院）、林圣君（辽宁九州生物科技有限公司）、郑人和（辽宁越秀辉山控股股份有限公司）编写项目一；邹文（辽宁生态工程职业学院）、罗永华（沧州职业技术学院）、加春生（黑龙江农业工程职业学院）编写项目二至项目七；孙亚东（辽宁生态工程职业学院）、刘欣（辽宁生态工程职业学院）编写项目八至项目十四及实训指导。全书由孙亚东负责统稿。

本书编写过程中得到黑龙江农业工程职业学院、辽宁职业学院、沧州职业技术学院、辽宁九州生物科技有限公司、辽宁越秀辉山控股股份有限公司的大力支持，在此一并表示感谢！

由于编者水平有限，书中难免存在不足之处，敬请广大读者提出宝贵意见。

编　者

目录

Contents

绪　论

一、动物解剖生理学的研究内容

动物解剖生理学是研究健康动物有机体形态结构及其规律、活体内发生的基本生命活动及其规律的科学。它是以马、牛、猪、羊、犬、猫及家禽为主要对象，采用肉眼观察的方法，研究畜禽有机体各器官的正常形态、构造、色泽、位置及相互关系和动物体的正常生命活动及其规律的科学。它包括动物解剖学和动物生理学两部分，是医学和生物学各学科的主要基础课程之一。

(一)动物解剖学

动物解剖学是研究健康动物有机体各器官、组织正常的形态、结构、位置及其发生发展规律的科学。因研究对象的不同，动物解剖学又分为大体解剖学、显微解剖学和发生解剖学。

1. 大体解剖学

大体解剖学一般简称为解剖学，它是一门比较古老的科学，主要借助解剖器械(刀、剪、锯等)并采用切割的方法，通过肉眼、放大镜、解剖显微镜等观察、比较、量度各器官的形态、结构、位置、大小及相互关系等。

2. 显微解剖学

显微解剖学又称为组织学，主要是采用显微镜技术研究肉眼所不能看见的器官、组织的细微结构及其与功能的关系。其研究内容包括细胞、基本组织和器官 3 部分。

3. 发生解剖学

发生解剖学又称为胚胎学，是研究畜禽有机体的发生发育规律的科学。从受精开始通过细胞分裂、分化，逐步发育成新个体，研究整个胚胎发育过程中的形态和功能变化的规律。

(二)动物生理学

动物生理学是研究健康动物的基本生命活动现象及其机能活动规律的科学。它的任务是阐明各个器官机能活动的发生原理、发生条件，以及各种环境条件对它们的影响，从而认识有机体整体及其各部分机能活动的规律。

二、学习动物解剖生理学的目的、意义和方法

动物解剖生理学是动物防疫检验、饲料与营养、畜产品加工、养禽与禽病防治、兽药生产与检验、畜牧业贸易、畜牧兽医等所有与畜牧、兽医相关专业的首学的专业基础课。

只有正确认识和掌握正常畜禽各种器官的形态结构以及各个器官系统之间的位置关系，才能进一步学习后续课程。

学习动物解剖生理学时，必须以辩证唯物主义为指导，用发生发展的观点、局部与整体统一的观点、理论联系实际的观点观察和研究畜体，正确认识畜体各组织、器官、系统的形态结构及其变化的规律性，建立科学的观点和思维方法，提高分析问题和解决问题的能力。

学习时，应该理论联系实际，多看标本、模型、挂图、视频等，在进行尸体解剖实习时不仅要多动手，还要借助多种新型教学手段，只有充分了解相关知识，才能强化记忆。

第一篇
动物组织学基础

项目一　动物体基本结构

动物体的基本结构包括细胞、组织、器官、系统和有机体。细胞是构成有机体的基本单位，组织由不同的细胞群构成，器官由不同的组织构成，系统由不同的器官构成，有机体又由所有的系统构成。

知识目标

1. 掌握细胞、组织、器官、系统和有机体的定义。
2. 熟悉四大基础组织的构成。

技能目标

1. 能够正确分辨各种结缔组织。
2. 清楚管状器官与实质器官的区别。

素质目标

1. 养成勤学好问、吃苦耐劳、爱岗敬业的精神。
2. 热爱动物，正确对待实验动物。

单元一　细　　胞

细胞是生物体形态构造和生命活动的基本单位。构成细胞的基本物质是原生质，其化学成分主要有蛋白质、核酸、脂类、糖类、水和无机盐等。

一、细胞的形态和大小

(一)细胞的形态

细胞的形态多种多样，有圆形、卵圆形、柱状、立方形、扁平形、梭形、星形和多突起的等。细胞的形态是与其分布位置和执行的功能相适应的。例如，在血管中具有运输功能的红细胞呈双面双凹的圆盘形，能舒缩的平滑肌细胞呈梭形，具有接受刺激和传导冲动的神经细胞呈多突起的不规则形态。

(二)细胞的大小

细胞的大小各不相同，其形态如图 1-1-1 所示。在动物体内最大的细胞是成熟的卵细胞，直径可达数厘米；最小的细胞是小脑的颗粒细胞，直径只有 4 μm；多数细胞的直径为 10～30 μm；最长的细胞是神经细胞，其突起可长达 1 m 左右。

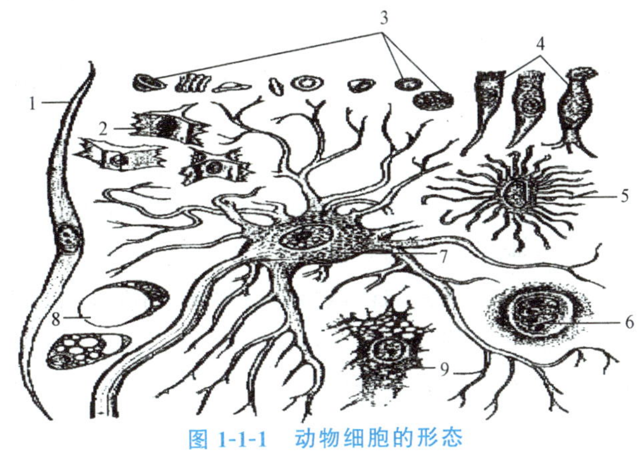

图 1-1-1　动物细胞的形态

1—平滑肌细胞；2—腱细胞；3—血细胞；4—上皮细胞；5—骨细胞；6—软骨细胞；7—神经细胞；8—脂肪细胞；9—成纤维细胞

二、细胞的结构

细胞的大小、形态虽有差距，但其基本结构都由细胞膜、细胞质和细胞核 3 部分构成(图 1-1-2)。

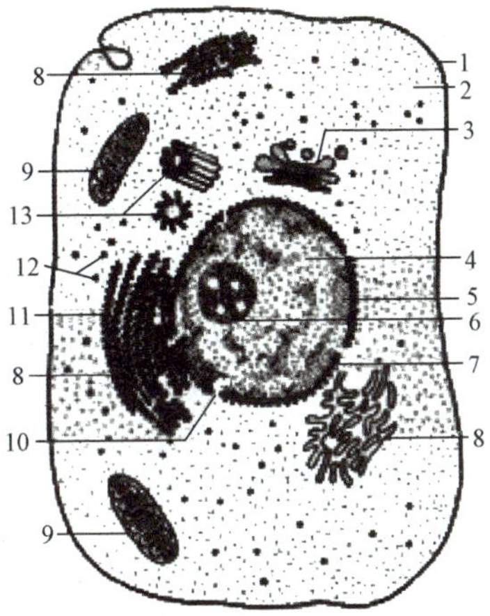

图 1-1-2　细胞结构模拟图

1—细胞膜；2—细胞质；3—高尔基体；4—核液；5—染色质；6—核仁；7—核膜；8—内质网；9—线粒体；10—核孔；11—内质网上的核糖体；12—游离的核糖体；13—中心体

(一)细胞膜

细胞膜是包围在细胞表面、具有一定通透性的生物膜。细胞膜具有保持细胞形态结构完整、保护细胞内含物、进行物质交换、进行细胞识别、细胞粘连和细胞运动等功能。

(二)细胞质

细胞质是位于细胞膜与细胞核之间，生活状态下呈半透明的胶状物质。细胞质由基质、内含物及细胞器组成。

1. 基质

基质是由生物大分子构成的无定形胶状物，无色、透明，具有一定黏性且呈液态，是细胞质内未分化的部分。基质约占细胞质体积的一半，由水、蛋白质、脂类、糖和无机盐等组成。在生存状态下，各种细胞器、内含物和细胞核均悬浮于基质中。基质是细胞执行功能和化学反应的重要场所。

2. 内含物

内含物是广泛存在于细胞内的营养物质和代谢产物，包括糖原、脂肪、蛋白质和色素等。其数量和形态随细胞不同生理状态和病理情况的不同而发生增减、丧失等变化。

3. 细胞器

细胞器是散布在细胞质内具有一定形态构造、执行一定功能的微结构或微器官，也称为拟器官或亚结构，包括内质网、线粒体、中心体、核糖体、高尔基复合体、溶酶体、微体、微管和微丝等。

- 细胞器
  - 一网
    - 内质网：可分为滑(光)面内质网和粗面内质网。粗面内质网主要参与蛋白质的合成和运输；滑面内质网主要功能是合成脂类，包括脂肪、磷脂和甾醇等。
  - 五体
    - 线粒体：被称为细胞的供能站，又称为“细胞动力车间”，是进行氧化分解、释放能量的场所。
    - 中心体：与细胞的有丝分裂有关。
    - 核糖体：是合成蛋白质的重要场所。
    - 高尔基复合体：主要是对来自内质网的蛋白质进行加工、分类和包装的“车间”及“发送站”，可进行糖蛋白、糖脂、多糖等的生物合成。
    - 溶酶体：是细胞内重要的“消化器官”，能分解消化进入细胞内的异物、细菌和自身已失去功能的细胞器等。
  - 三微
    - 微体：又称过氧化体，其中所含的过氧化酶能将过氧化氢分解为水和氧气，起解毒作用。
    - 微管：维持细胞形态，辅助细胞内运输，与其他蛋白共同装配成纺锤体、基粒、中心粒、鞭毛、纤毛神经管等结构。微管在细胞分裂时会形成纺锤体。
    - 微丝：与微管和中间纤维共同组成细胞骨架，对细胞贴附、铺展、运动、内吞、细胞分裂等许多细胞功能具有重要作用。

(三)细胞核

细胞核是细胞的重要组成部分，蕴藏着遗传信息，控制着细胞的代谢、分化和繁殖等活动。细胞核的形状有多种多样，但它的基本结构大致相同，主要由核膜、核基质、核仁、染色质和染色体组成。

1. 核膜

核膜包裹在核的表面，是选择性渗透膜，其由基本平行的内膜、外膜两层膜构成。内膜与外膜之间的间隙称为核周隙，也称核周腔。核周隙也与内质网腔相通。在内外膜的融合处形成环状开口，又称核孔，是核和细胞质之间物质交换的通道。

2. 核基质

核基质又称核液，为无结构的胶状物质，含有各种酶和无机盐等。

3. 核仁

核仁是匀质的球体，其形状、大小、数目随生物种类、细胞类型和生理状态而异，但功能相同。核仁的主要功能是进行 RNA(rRNA)与核糖体的合成。

4. 染色质和染色体

染色质是由 DNA(Deoxyribon ucleic Acid，脱氧核糖核酸)、组蛋白、非组蛋白及少量 RNA(Ribonucleic Acid，核糖核酸)组成的线性复合结构，是遗传物质存在的形式。

染色体是细胞在有丝分裂或减数分裂过程中，由染色质聚缩而成的棒状结构。实际上，两者的化学组成无差异，而包装程度即构型不同，是遗传物质在细胞周期不同阶段的不同表现形式。

三、细胞的生命活动

(一)新陈代谢

新陈代谢是细胞进行同化作用和异化作用的过程。同化作用是指每一个活细胞在维持生命活动过程中，必须不断从外界摄取营养物质，合成自身需要的营养物质的过程；异化作用是指细胞内原有的营养物质不断地发生分解，在释放能量供自身生命活动需要的同时，也排出废物的过程。

(二)感应性(兴奋性)

感应性是指细胞受到外界刺激后对刺激所做出的应答性反应的能力。

(三)运动

细胞的运动是指细胞在各种环境条件下能表现出不同的运动形式，如肌细胞的收缩运动和呼吸道上皮的纤毛运动等。

(四)生长与繁殖

细胞的生长、发育、创伤的修复及细胞的更新都是通过细胞的繁殖来实现的。细胞的繁殖通过分裂的方式进行，主要有三种类型：无丝分裂、有丝分裂和减数分裂。

(五)分化、凋亡和坏死

1. 细胞的分化

细胞的分化是指胚胎细胞或分化细胞转变为各种形态、功能不同的细胞的过程。

2. 细胞的凋亡

细胞的凋亡是指细胞在一定的生理或病理条件下，遵循自身的程序，自己结束自己生命的过程。体内细胞死亡后，随排泄物排出体外，体表细胞死亡后自行脱落。细胞凋亡时，机体无炎症表现，其所在组织有修复性反应。

3. 细胞的坏死

细胞的坏死是指发生急性、非生理性的损失，同时，机体会出现一定的炎症反应。

单元二　基本组织

组织是由一些起源相同、形态相似和功能相关的细胞和细胞间质结合在一起构成的。动物体的基本组织可分为上皮组织、结缔组织、肌肉组织和神经组织四大类。

一、上皮组织

上皮组织简称上皮，由密集排列的上皮细胞和少量的细胞间质组成。

(一)上皮组织的分布、功能和结构特点

1. 分布

上皮组织分布在动物体的外表面和体内的管、腔、囊、窦等的内表面。

2. 功能

上皮组织多种多样，主要对机体起保护作用，具有吸收、排泄、分泌及感觉等功能。

3. 结构特点

上皮细胞为层状分布，并紧密排列成膜状，细胞之间被少量细胞间质黏合(图 1-2-1)。面向体表或内腔且不与任何组织相连的一面称为游离面；另一面与结缔组织相连，称为基底面。

上皮组织缺乏血管和淋巴管，其代谢主要靠基膜的渗透作用完成。基膜位于上皮组织和结缔组织之间，是有上皮组织和结缔组织两者的细胞间质共同构成的一层薄膜。

上皮组织内含有丰富的感觉神经末梢，对刺激非常敏感。

图 1-2-1　单层扁平上皮的机构模式图

1—细胞；2—细胞核；3—基膜

(二)上皮组织的分类

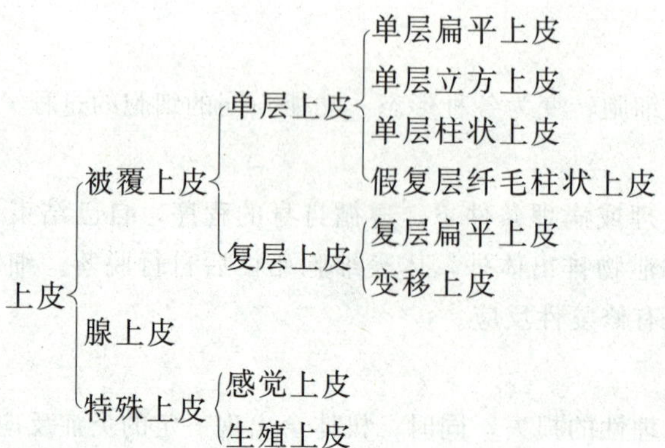

1. 被覆上皮

被覆上皮覆盖于身体表面和衬贴在有腔器官的腔面上，是上皮组织中分布最广泛的一类组织。被覆上皮根据其细胞排列的层数和形态的不同，可分为单层上皮和复层上皮两大类(图 1-2-2)。

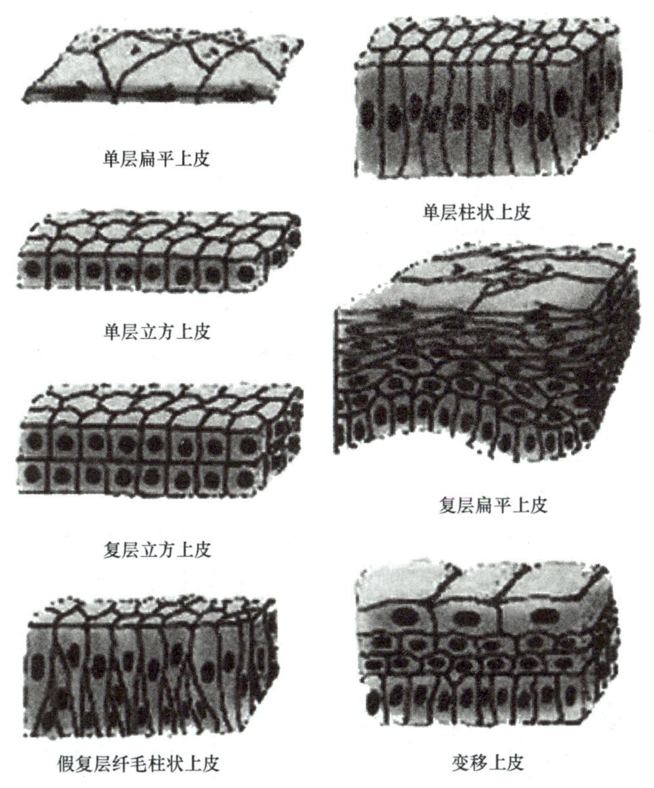

图 1-2-2　各种被覆上皮

(1)单层上皮。单层上皮由一层上皮细胞构成，根据细胞的形态不同又分为单层扁平上皮、单层立方上皮、单层柱状上皮和假复层纤毛柱状上皮。

①单层扁平上皮。单层扁平上皮由一层扁平的多边形细胞组成，细胞边缘呈锯齿状，单层排列为膜状，核椭圆形，位于细胞的中央，胞质少，细胞器不发达。其又分为间皮和内皮两类，间皮被覆于胸膜、腹膜、心包膜和某些脏器表面，光滑而湿润，可减少内脏器官运动时的摩擦，坚韧耐磨，有保护作用；内皮衬在心脏、血管和淋巴管的内表面，有利于血液、淋巴液的流动和内外物质的交换。

②单层立方上皮。单层立方上皮由一层长宽高几乎相等的立方形细胞组成，细胞核大、呈圆形，位于细胞中央。该上皮多分布于腺体排泄管、肾小管和甲状腺滤泡等处。其功能随器官不同而异。

③单层柱状上皮。单层柱状上皮由一层棱柱形细胞组成，核卵圆形，位于细胞基部。该上皮多分布在胃肠黏膜的表面。

④假复层纤毛柱状上皮。假复层纤毛柱状上皮由形态不同、高低不等的柱状细胞、

杯状细胞、梭形细胞和锥形细胞组成，侧面观似复层，但细胞的基底端均附于同一基膜上，实为单层上皮，故称假复层。该上皮主要分布在呼吸道、睾丸输出管、输精管及猪、反刍动物的输卵管等处，有助于分泌物的排出。

(2)复层上皮。复层上皮由两层以上的上皮细胞构成。常见的有复层扁平上皮和变移上皮两种。

①复层扁平上皮。复层扁平上皮由多层细胞紧密排列组成，是最厚的一种上皮。紧靠基膜的一层为矮柱状，中间数层为多边形，近浅层几层呈扁平状，各层细胞不分布在同一基膜上。该上皮主要分布在皮肤、口腔、食管、阴道、尿道外口和角膜等处。于皮肤表皮的复层扁平上皮，形成角质层，称为角化复层扁平上皮，具有保护和抗磨损作用。衬于口腔、食管、肛门、阴道和反刍动物前胃内且不形成角质层，称非角质化的复层扁平上皮。其具有抵抗机械和化学刺激的作用，再生修复能力很强，具有很强的保护作用，可防止外物侵入。

②变移上皮。变移上皮的细胞的形态和层数可随所在器官的功能状态而改变，故称变移上皮。该上皮主要分布在泌尿系统的肾盂、肾盏、输尿管、尿道前列腺部和膀胱等处，可以防止尿液的侵蚀和渗入。

2. 腺上皮

腺上皮是具有分泌功能的细胞构成的。以腺上皮为主构成的器官称为腺体。腺体分为外分泌腺和内分泌腺。外分泌腺有乳腺、汗腺、唾液腺及胃腺等；内分泌腺有甲状腺、肾上腺、脑垂体等。腺细胞的分泌物有酶类、黏液和激素等。

3. 特殊上皮

(1)感觉上皮。感觉上皮又称神经上皮，是具有特殊感觉功能的上皮。该上皮游离端往往有纤毛，另一端呈丝状深入结缔组织中，与感觉神经纤维相连。感觉上皮分布在舌、鼻、眼、耳等感觉器官内，具有味觉、嗅觉、视觉、听觉等。

(2)生殖上皮。生殖上皮分布于公畜的睾丸和母畜卵巢的内外表面。

二、结缔组织

结缔组织由细胞和大量细胞间质构成，结缔组织的细胞间质包括液态、胶体状或固态的基质、细丝状的纤维和不断循环更新的组织液，具有重要的功能。

(一)结缔组织的分布、功能和结构特点

1. 分布

结缔组织分布是动物体内分布最广、形态结构最多样化的一类组织。

2. 功能

结缔组织功能多样，主要有连接、填充、支持、保护、营养、修复和运输等。

3. 结构特点

结缔组织由少量的细胞和大量的细胞间质组成，细胞种类多，细胞分散在细胞间质

中。细胞间质由纤维和基质组成。其不直接与外界环境接触。

(二)结缔组织的分类

- 结缔组织
  - 固有结缔组织
    - 疏松结缔组织：也称蜂窝组织，白色而带黏性，形态不固定，具有一定的弹性和韧性。多位于细胞、组织、器官之间和器官内。
    - 致密结缔组织：以纤维为主要成分的固有结缔组织，其纤维粗大，排列致密，如真皮、器官被膜、硬脑膜、骨膜、软骨膜、巩膜、肌腱和韧带等。
    - 脂肪组织：主要分布在皮下、大网膜、肠系膜、腹膜、肾周围和心外膜等处。参与能量代谢，支持、保护和维持体温。
    - 网状组织：是脾脏、骨髓、淋巴结和胸腺等器官的基本支架。
  - 软骨组织：可分为透明软骨(主要分布在成年动物的关节面、肋软骨、喉、气管和支气管等处)、纤维软骨(主要分布在椎间盘、半月板、耻骨联合处)、弹性软骨(主要分布在耳廓、会厌、咽鼓管等处)。
  - 骨组织：一种坚硬的结缔组织，由骨细胞和大量钙化的细胞间质(骨质)构成。
  - 血液和淋巴：血液和淋巴是流动在血管和淋巴管内的液体性结缔组织，由细胞成分(各种血细胞和淋巴细胞)和大量的细胞间质(血浆和淋巴浆)组成。

三、肌肉组织

肌肉组织主要由肌细胞组成，肌细胞间有少量结缔组织及丰富的血管、淋巴管和神经纤维等。肌肉组织具有收缩与舒张能力。肌细胞一般呈纤维状，故又称肌纤维，其细胞质称为肌浆。根据肌细胞的形态结构、分布和功能特点，肌肉组织可分为骨骼肌、平滑肌、心肌三种。

1. 骨骼肌

骨骼肌(图 1-2-3)因通过肌腱多附于骨骼上而得名，细胞质中的肌原纤维有横纹，又称横纹肌。其特点是收缩强而有力，但不持久，容易疲劳，可以受意识的支配，故又称随意肌。

2. 平滑肌

平滑肌(图 1-2-4)细胞质中的肌原纤维平滑。平滑肌不受意识的支配，又称不随意肌。其特点是收缩力弱而缓慢，但持久、不易疲劳。平滑肌主要分布在消化、呼吸、泌尿等内脏器官和血管壁等处。

3. 心肌

心肌(图 1-2-5)是心脏特有的肌肉，肌原纤维有横纹但不明显，不受意识的支配，属于不随意肌。其特点是收缩力强而持久，舒缩具有自动节律性。

图 1-2-3　骨骼肌

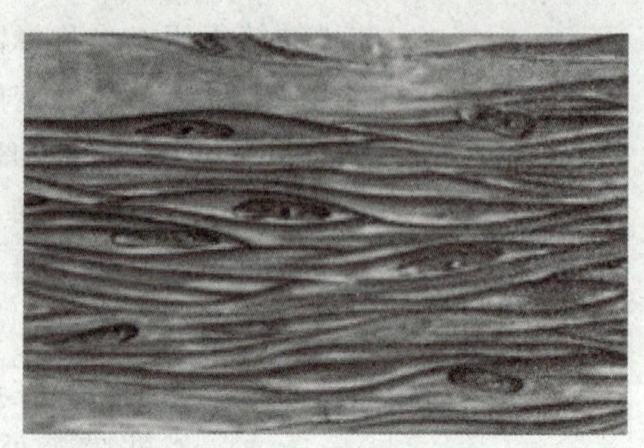

图 1-2-4　平滑肌的显微结构

四、神经组织

神经组织主要由神经细胞和神经胶质细胞组成。

神经细胞又称为神经元，是神经系统最基本的结构和功能单位，由胞体和突起两部分构成。胞体包括细胞膜、细胞核及细胞质。突起从胞体伸出，一种是树枝状的短突，称为树突；另一种是细而长的单突，称为轴突。神经元的主要功能是接受刺激、传导冲动和支配调节器官的活动(图 1-2-6)。

神经胶质细胞是神经系统的辅助成分。

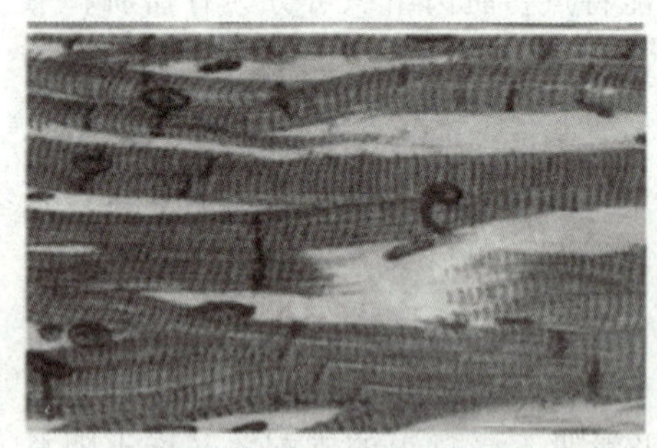

图 1-2-5　心肌的显微结构

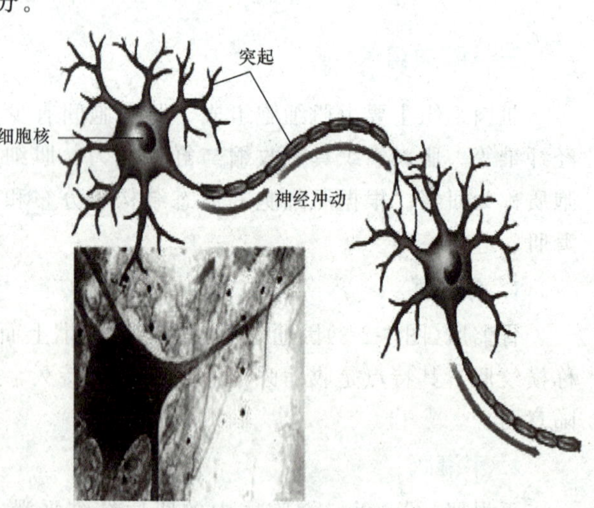

图 1-2-6　神经细胞

(一)神经元的构造

1. 胞体

胞体又称核周体，形态和大小有很大的区别，小的有 4 μm，大的可达 100 μm，是神经元的营养和代谢中心，内含有胞核，核的周围有胞浆，外披薄的胞膜。不同部位的神经元由于机能不同，形态也有很大差别。例如，司运动的为多极神经元，有的呈锥状；感觉神经元多为圆形或梭形等。

(1)胞膜。胞膜很薄，与突起的膜相连，具有接受刺激，产生及传导冲动的机能。

(2)胞核。胞核多为一个，浑圆，大小不一，通常居于胞体的中央，有的神经元，胞核居于胞体的一边。胞浆中除一般含有的细胞器外，特别含有尼氏体和神经原纤维(图 1-2-7)。

①尼氏体：为嗜碱性物质，在碱性苯胺颜料染色的标本上，核外染色质呈深染的颗粒集团。在光镜下呈斑块状分布，又称虎斑，仅存在于神经元胞体和树突内，轴突及其基部(轴丘)则无尼氏体的分布。电镜观察下，尼氏体由密集平行排列的粗面内质网和散于其间的游离核糖体构成。它与蛋白质的合成有关。

②神经原纤维：在光镜下为嗜银性细丝状物质，成束排列。其在胞体内大都交织成网，在树突和轴突内，顺突起呈纵行排列。电镜观察下，在胞体和突起内可见许多微管和微丝。其除了具有支持作用外，还与细胞内蛋白质、化学递质及离子的运输有关。

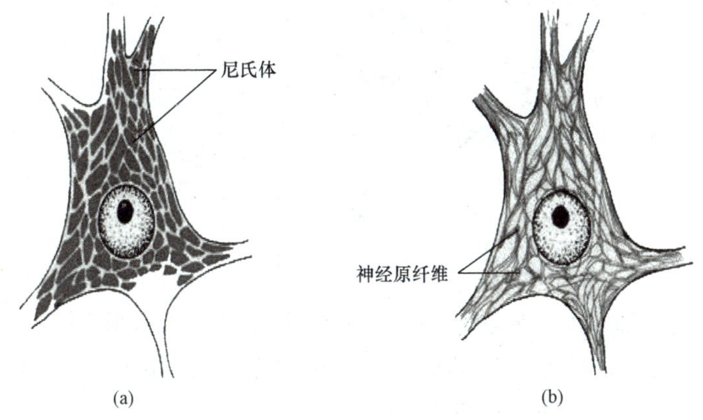

图 1-2-7　神经元胞质内的尼氏体和神经原纤维

(a)尼氏体；(b)神经原纤维

2. 突起

突起由细胞体发出，可分为树突和轴突两种。

(1)树突：为胞体伸出的树枝状突起，有一个至多个，自胞体发出后可以反复分支，逐渐变细而终止。树突分支的多少和长短因神经元种类而异。树突内含有尼氏体和神经原纤维。树突表面不光滑，发出多种形态的细小突起，称为树突棘，是其他神经轴突终端与树突接触形成的突触点。树突可接受由感受器或其他神经元传来的冲动并将其传至胞体。其分支越多，接受冲动的面积越大。

(2)轴突：除个别神经元外，所有神经元都只有一条细而均匀的轴突(又称轴索)。轴突表面光滑，起始部呈丘状隆起称轴丘，轴突末端分支少，形式多样，末端膨大，称为终扣(突触小体)，与另一神经元或效应器发生联系。轴突内的胞浆称为轴浆。胞浆在胞体和轴突之间存在着双向流动，称为轴浆流，起运输物质的作用。从轴丘开始，轴浆内没有尼氏体，但有神经原纤维和其他细胞质成分。轴突外包一层薄膜，称为轴膜，与神经兴奋传导时离子的通透性有关。轴突的作用是将胞体发生的冲动传至另一个神经元或肌细胞和腺细胞等效应器上，其侧枝和末端分支可将冲动传递给较多的神经元和效应器。

(二)神经纤维

神经纤维由神经元的较长突起(主要为轴突)和包在外面的髓鞘及神经膜组成(图 1-2-8)。根据髓鞘的厚薄。神经纤维分为有髓纤维和无髓纤维(实际有髓鞘，但髓鞘薄，在光镜下看不见)。髓鞘的有无和厚薄与神经冲动传导的速度有关，即髓鞘厚的纤维传导的速度快，髓鞘薄的纤维传导的速度慢。

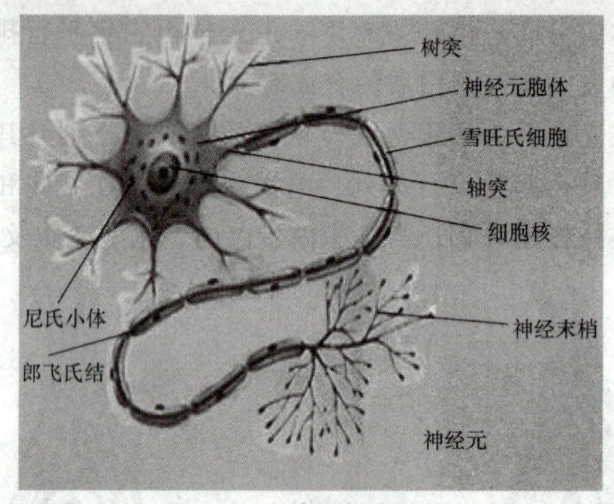

图 1-2-8　神经纤维结构

1. 髓鞘

髓鞘是直接包在轴索外的鞘状结构。髓鞘的主要成分是脂蛋白。其并非包裹整个轴索的全长，每隔一定距离，便出现间断，此处称朗飞氏结，结间称结间段。髓鞘能防止神经冲动从一轴突扩散至邻近的轴突处。

2. 神经膜(雪旺氏细胞)

神经膜由扁平的雪旺氏细胞构成，紧贴在髓鞘表面。雪旺氏细胞可形成髓鞘并与神经纤维的再生有关。

(三)神经末梢

神经纤维的末端在动物体各组织或器官内形成的特殊装置称为神经末梢，按功能可分为感觉神经末梢和运动神经末梢。

1. 感觉神经末梢

感觉神经末梢(图 1-2-9)是感觉神经元外周突的末梢装置，能感受体内、外的各种刺激。感觉神经末梢连同其特殊装置一起称为感受器，可分为游离神经末梢和被膜神经末梢(触觉小体、环层小体、肌梭、腱梭等)。前者结构简单，分布最广泛，主要分布于体表、浆膜和黏膜等敏感上皮中，可接受痛、温、触觉等刺激；后者构造复杂，可分布于皮下组织、骨膜、胸膜、腹膜及某些器官的结缔组织中，接受压觉、触觉和本体感觉。

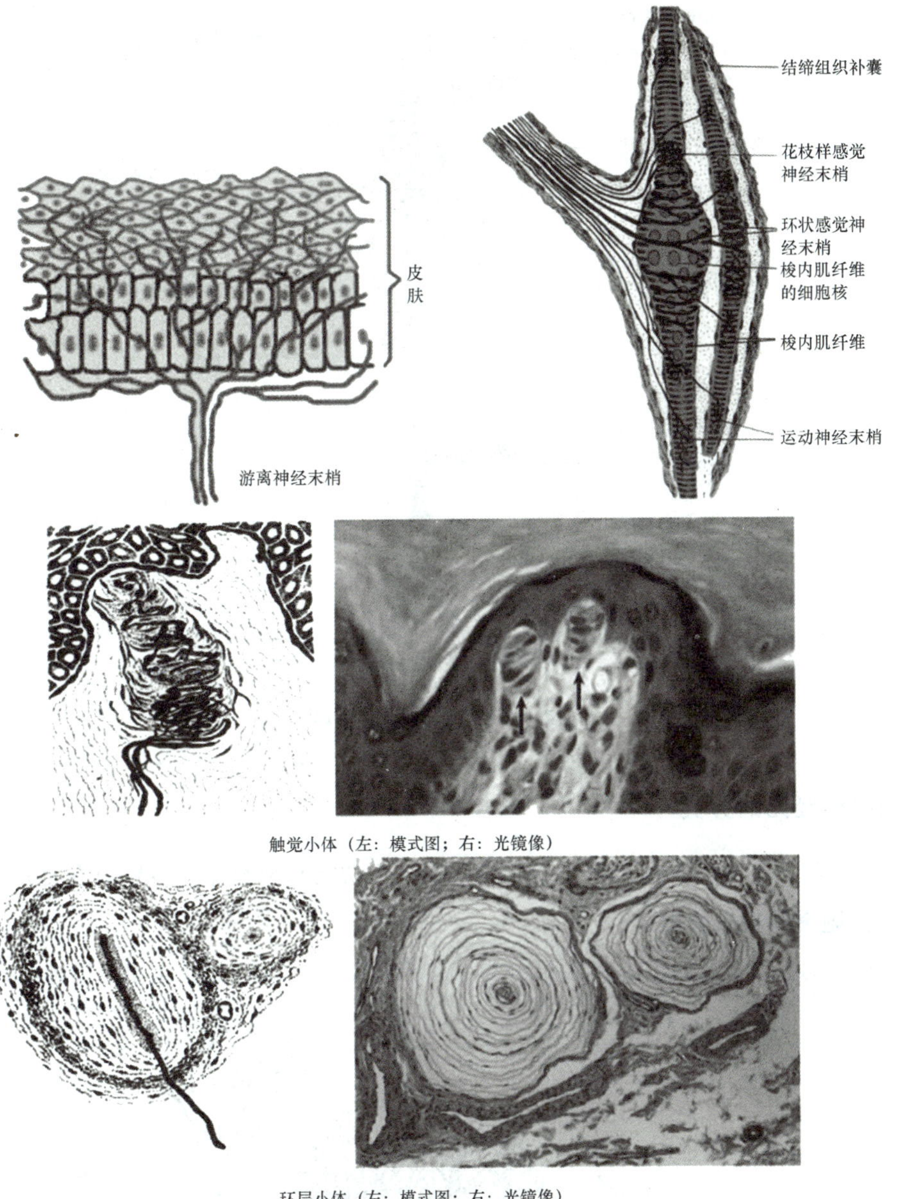

图 1-2-9　感觉神经末梢

2. 运动神经末梢

运动神经末梢(图 1-2-10)也称为效应器，是中枢发出的传出神经末梢装置，可分为分布到骨骼肌上的运动终板和至心肌、平滑肌和腺体的植物性神经末梢，作用是引起骨骼肌、心肌和平滑肌的收缩及腺体的分泌。

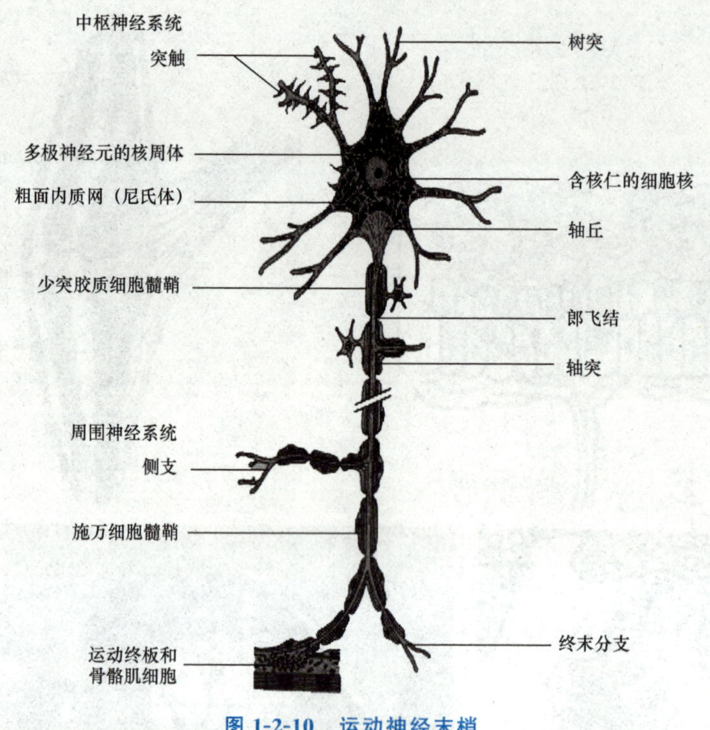

图 1-2-10　运动神经末梢

(四)神经元的分类

神经元的种类很多，主要可以按胞突的数目、功能和神经冲动传导的方向分类。

1. 按胞突的数目分类

按胞突的数目分类(图 1-2-11)可分为假单极神经元、双极神经元和多极神经元 3 类。

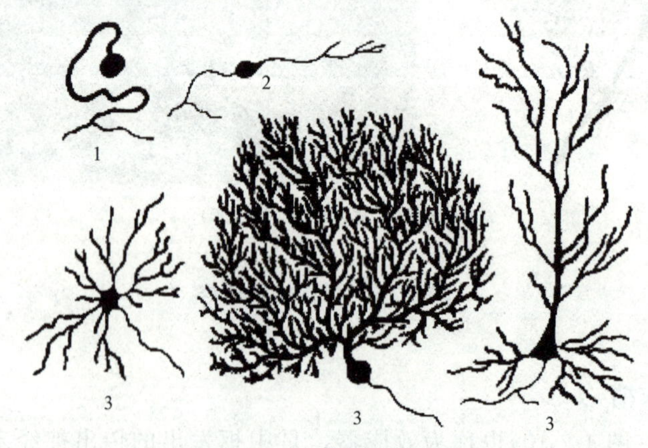

图 1-2-11　神经元的类型

1—假单极神经元；2—双极神经元；3—多极神经元

(1)假单极神经元：看起来只有一个突起从细胞体伸出，但在胚胎期有两个，后在靠近胞体的基部合并为一个。此神经元突起伸出胞体不远，呈 T 形或 Y 形分支，一支走向外周器官，称为周围突(或外周突)；另一支走向中枢神经，称为中央突。例如，脊神经节细胞。

(2)双极神经元：有两个方向相反的突起从细胞体伸出。其中一个为轴突；另一个为树突，如嗅觉细胞和视网膜中的双极细胞等。

(3)多极神经元：有三个以上突起从细胞体伸出。有一个轴突，其余的均为树突。这种神经元在体内分布最广，形态多样，胞体大小不等。例如，大脑皮质中的锥体细胞、脊髓腹角运动神经元和交感神经节细胞等。

2. 按功能和神经冲动传导的方向分类

按功能和神经冲动传导的方向分类可分为感觉神经元、运动神经元和中间神经元3类。

(1)感觉神经元：又称传入神经元，能将内、外环境的刺激由周围传向中枢神经，大多分布于外周神经系统中。假单极神经元或双极神经元多数属这种类型。

(2)运动神经元：又称传出神经元，能将中枢的冲动传至外周部分的效应器，引起肌纤维收缩或腺体分泌。其分布于中枢神经系统和植物性神经节中，属多极神经元。

(3)中间神经元：又称联合神经元，位于感觉神经元与运动神经元之间，大多位于脑或脊髓中，属多极神经元。

(五)神经胶质细胞

神经胶质细胞是神经系统中不具有兴奋传导功能的一种辅助性成分，在中枢神经系统的神经细胞或血管的周围，对神经细胞起着支持、营养、保护、修复和形成髓鞘的作用。此种细胞数量很多，是神经元数量的10～15倍。细胞有突起，但无树突和轴突之分；胞浆内无尼氏体和神经原纤维。

神经胶质细胞在中枢神经系统中可分为星形胶质细胞(纤维性星形胶质细胞、原浆性星形胶质细胞)、少突胶质细胞、小胶质细胞、室管膜细胞(图1-2-12)；在周围神经系统中可分为被囊细胞和雪旺氏细胞。

1. 星形胶质细胞

最大胶质细胞的胞体直径为3～5 μm，有血管足。通过其长突起交织成支持神经元的支架；通过血管足和突起联系，分布于毛细血管和神经元之间，对神经元的营养和代谢发挥作用，它们产生的神经营养因子对维持神经元的生长、发育也发挥重要作用。此外，它们还参与血—脑屏障的构筑、脑损伤修复以及在胚胎发育期间引导神经元向靶区迁移等。

2. 少突胶质细胞

少突胶质细胞突起少而短，呈串珠状，无血管足，胞体直径为1～3 μm，胞浆中不生成纤维，但较星形细胞有更多的线粒体。其分布于白质神经纤维之间和灰质神经元胞体周围，围绕神经轴突形成绝缘的髓鞘。

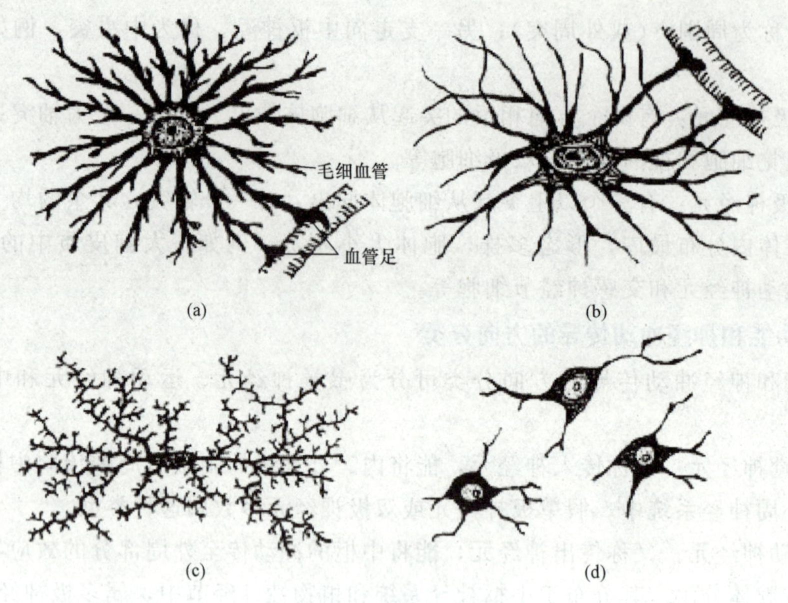

图 1-2-12　神经胶质细胞

(a)星形胶质细胞；(b)小胶质细胞；(c)室管膜细胞；(d)少突胶质细胞

3. 小胶质细胞

小胶质细胞体小致密呈长形或椭圆形。核中染色质甚浓，核随细胞体的长轴也呈长形。小胶质细胞的数量虽不多，但在灰质、白质中都有，在灰质中的数量比白质中的多5倍。它是中枢神经系统中的免疫防御细胞，具有吞噬功能。

4. 室管膜细胞

室管膜细胞是衬在脑室和脊髓中央管壁上的一层立方或柱状上皮细胞，属较原始的神经胶质细胞。它们能形成神经胶质细胞和神经元的前体细胞，可迁移到某些脑区，进一步分化成神经元。室管膜细胞的腔面有大量微绒毛，在脑室某些部位还保留有纤毛。细胞基部有一条细长的突起伸入脑或脊髓深层，具有增殖能力和支持、运输物质及分泌等功能。

5. 被囊细胞

被囊细胞分布于外周神经节内神经细胞的周围，细胞扁平，又称卫星细胞。其作用相当于外周神经的雪旺氏细胞，可以为外周神经系统的神经元提供物理支持。

单元三　器官、系统和有机体的概念

一、器官

器官是指由几种不同组织按一定规律有机地结合在一起，能执行一定功能的结构单位。根据形态结构，器官可分为有腔器官和实质器官两类。

(一)有腔器官

有腔器官指内部有较大空腔的器官，如食管、胃、肠管、气管、膀胱、子宫等。不同的有腔器官形态、机能不同，但其管壁的组织结构一般均可分为黏膜、黏膜下层、肌层、外膜 4 层(图 1-3-1)。

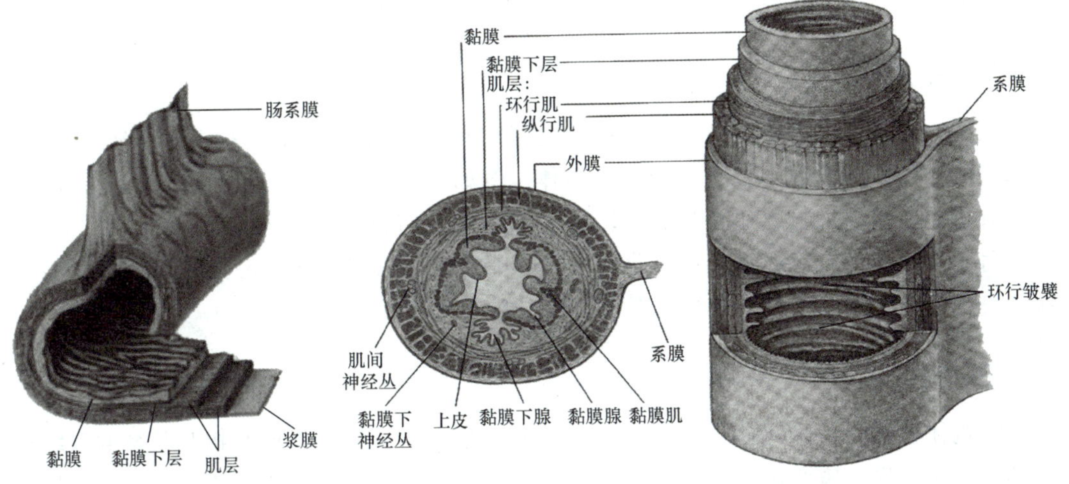

图 1-3-1　管状器官管壁结构

1. 黏膜

黏膜构成管壁的最内层，柔软、湿润，有一定伸展性，因血液充盈而呈不同的红色。黏膜分为上皮、固有膜和黏膜肌层，有保护、分泌和吸收等作用。

(1)上皮。上皮由上皮组织构成，其类型因所在部位和功能不同而异。除口腔、咽、食管、胃的无腺部、肛门、阴道和尿道外口等的上皮为复层扁平上皮外，胃、肠等的上皮为单层柱状上皮，以利于消化、吸收。

(2)固有膜。固有膜由疏松结缔组织构成，内含丰富的血管、神经、淋巴管、淋巴组织和腺体等，有支持和营养上皮的作用。

(3)黏膜肌层。黏膜肌层由薄层平滑肌构成，收缩时可使黏膜形成皱褶，有利于物质的吸收、血液流动和腺体分泌。

2. 黏膜下层

黏膜下层是有腔器官中由内向外的第二层，由疏松结缔组织构成，富含较大的血管、淋巴管和黏膜下神经丛，有连接黏膜和肌层的作用。

3. 肌层

肌层除口腔、咽、食管(马前 4/5)、肛门等处管壁为横纹肌外，其余的管壁由平滑肌构成。肌层一般可分为内环行肌、外纵行肌。环行肌收缩，管腔缩小；纵行肌收缩，管道缩短而管腔变大。两行肌交替收缩可以使内容物按一定方向移动。

4. 外膜

外膜位于管壁的最表面，由富含弹性纤维的疏松结缔组织构成。在食管前部、直肠后部与周围器官连接处称为外膜；而胃肠外膜表面覆盖一层间皮，称为浆膜。

(二)实质器官

实质器官指肝、脾、肺及肌肉等内部没有大空隙的器官。其基本结构分为实质和间质两部分。实质代表这个器官的主要功能组织，如脑的实质是神经组织；间质是对实质起支持和营养作用的部分，一般由结缔组织构成，是血管、神经通过之处。

二、系统

系统是由若干个形态结构不同、功能上密切相关的器官联合起来，彼此分工合作，共同完成体内某方面的生理功能的有机整体。例如，鼻、咽、喉、气管、支气管、肺等器官有机地联系起来组成呼吸系统，共同完成气体的交换任务。

每个有机体都有运动系统、消化系统、呼吸系统、泌尿系统、心血管系统、生殖系统、淋巴系统、神经系统、内分泌系统、被皮系统等。

三、有机体

有机体也称生物体(图 1-3-2)，是由许多相互依存、彼此分工而又相互联系的系统构成的能适应外界环境变化的生命体。有机体与周围环境必须经常地保持平衡。这一切均通过神经体液调节来实现。

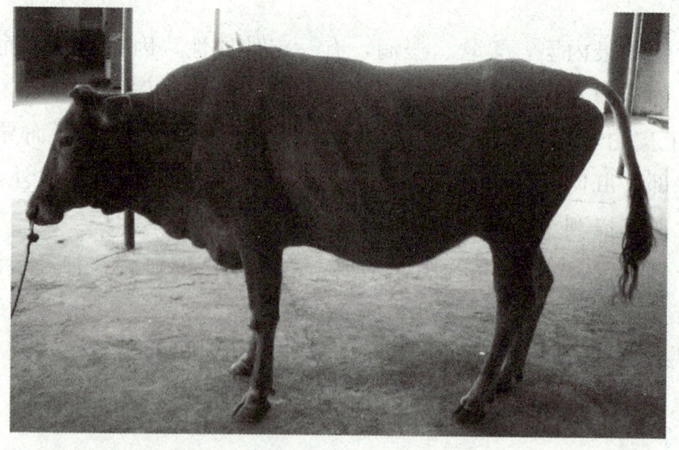

图 1-3-2 有机体

学习小结

知识点		需掌握内容
细胞	细胞基本结构	细胞膜、细胞质、细胞核
	细胞质	内质网，线粒体、中心体、核蛋白体、高尔基复合体和溶酶体，微体、微管及微丝
	细胞膜的作用	细胞膜具有保持细胞形态结构完整、保护细胞内含物、进行物质交换等功能
	细胞的形态	有圆形、椭圆形、方形、柱形、扁平形、梭形、星形及不规则形状等
组织	上皮组织	被覆上皮、腺上皮、感觉上皮、生殖上皮
	结缔组织	疏松结缔组织、致密结缔组织、脂肪组织、网状组织、软骨组织、骨组织、血液、淋巴
	肌肉组织	骨骼肌、心肌、平滑肌
	神经组织	神经细胞、神经胶质细胞
器官	有腔器官	管壁结构：黏膜、黏膜下层、肌层、外膜或浆膜(外膜+间皮)
	实质器官	组成：实质部分、间质部分

复习思考题

一、名词解释

1. 神经纤维 2. 感受器 3. 效应器 4. 尼氏体

二、多选题

1. 机体的组织分为(　　)4种基本类型。
   A. 上皮组织　B. 结缔组织　C. 骨组织　D. 肌组织　E. 神经组织
2. 上皮组织包括(　　)类型。
   A. 被覆上皮　B. 腺上皮　C. 生殖上皮　D. 感觉上皮　E. 分泌上皮
3. 肌组织包括(　　)基本类型。
   A. 骨骼肌　B. 平滑肌　C. 心肌　D. 括约肌　E. 膈肌
4. 感觉神经末梢存在于(　　)中。
   A. 骨膜　B. 皮下组织　C. 骨骼肌　D. 平滑肌　E. 腺体
5. 尼氏体存在于(　　)内。
   A. 神经元胞浆　B. 神经元胞核　C. 轴突　D. 轴丘　E. 树突
6. 神经原纤维存在于(　　)内。
   A. 神经元胞浆　B. 神经元胞核　C. 轴突　D. 轴丘　E. 树突

参考答案

项目二　动物有机体各部名称和常用方位术语

项目描述

为了便于区分和记忆动物有机体的各部分，人为地在动物有机体上划分出 3 种解剖面，并对有机体的体表方位命名。

学习目标

知识目标

1. 掌握 3 种解剖面的划分。
2. 掌握体表名称和方位术语。

技能目标

1. 能够在动物有机体上正确分辨各种解剖面。
2. 能够在动物有机体上正确指出各体表方位。

素质目标

1. 养成勤学好问、吃苦耐劳、爱岗敬业的精神。
2. 热爱动物，正确对待实验动物。

单元一　动物有机体各部名称

动物有机体(以牛体为例)可分为头部、躯干、四肢三部分(图 2-1-1)。

一、头部

动物有机体的最前方，以内眼角和颧弓为界分为上方的颅部和下方的面部。

1. 颅部

颅部位于颅腔周围。

(1)枕部：颅部的后方，两耳之间。

(2)顶部：枕部的前方。

(3)额部：顶部的前方，两眼眶之间。

(4)颞部：颞部顶部两侧，耳与眼之间。

(5)眼部：包括眼与眼睑。

(6)耳廓部：耳和耳根周围的部分。

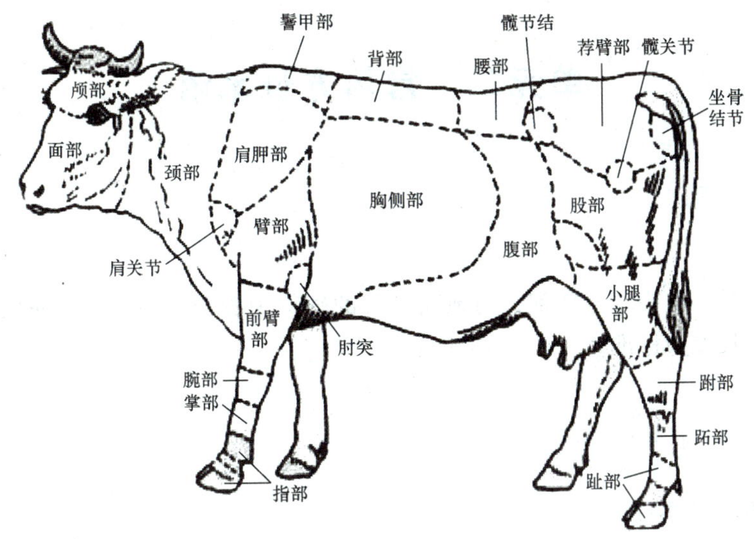

图 2-1-1 牛体各部名称

2. 面部

面部位于口腔与鼻腔的周围。

(1)眶下部：眼眶前下部鼻后部外侧。

(2)鼻部：额部前方，以鼻骨为基础，包括鼻背和鼻侧。

(3)鼻孔部：鼻孔部包括鼻孔和鼻孔周围。

(4)唇部：唇部包括上唇和下唇。

(5)咬肌部：颞部的下方。

(6)颊部：咬肌部的前方。

(7)颏部：下唇的下方。

二、躯干

有机体除头和四肢以外的部分称躯干，包括颈部、胸背部、腰腹部、荐臀部和尾部。

(1)颈部：以颈椎为基础，颈椎以上的部分称为颈上部，颈椎以下的部分称为颈下部。

(2)胸背部：位于颈部与腰腹部之间。前方较高的部分称鬐甲部，后方为背部，两侧称为肋部，前下方为胸前部，下部为胸骨部。

(3)腰腹部：位于胸背部与荐臀部之间，上方为腰部，两侧和下方为腹部。

(4)荐臀部：位于腰腹部后方，上方为荐部，侧面为臀部，后方与尾部相连。

(5)尾部：以尾椎为基础。

三、四肢

(1)前肢：前肢借肩胛和臂部与躯干的胸背部相连结。自上向下分为肩胛部、臂部、前臂部和前脚部。前脚部包括腕部、掌部、指部。

(2)后肢：后肢由臀部与荐部相连。自上向下可分大腿部(股部)、小腿部和后脚部。后脚部包括跗部、跖部和趾部。

单元二　常用方位术语

一、机体的轴

1. 长轴

家畜站立时，从头端至尾部，与地面平行的轴称为长轴。头、颈、四肢和各器官的长轴均以自身长度为标准。

2. 横轴

横轴是垂直于长轴的轴。

二、机体的基本切面

机体的三个基本切面如图 2-2-1 所示。

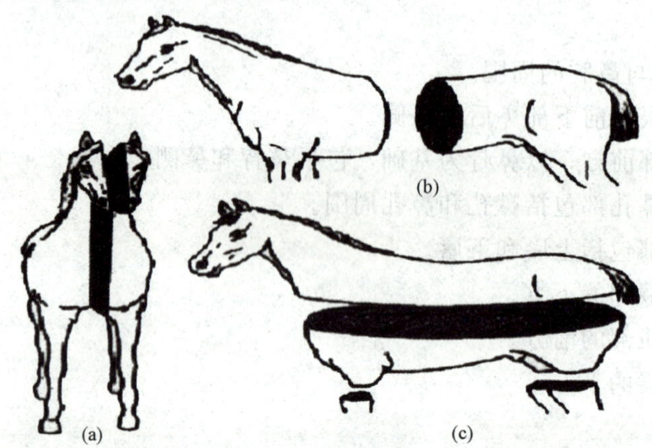

图 2-2-1　三个基本切面

(a)正中矢状面；(b)横断面；(c)额面(水平面)

1. 矢状面(纵切面)

矢状面是指与畜体长轴平行且与地面垂直的切面，分为正中矢状面和侧矢状面。正中矢状面只有一个，位于畜体长轴的正中线上，将畜体分为左右对称的两部分。侧矢状面与正中矢状面平行，位于正中矢状面的两侧。

2. 横断面(冠状面)

横断面是指与畜体长轴相垂直的切面，可将畜体分为前、后两部分。与器官长轴垂直的切面也称为横断面。

3. 额面(水平面)

额面是指与地面平行且与矢状面和横断面相垂直的切面，可将畜体分为背、腹两部分。

三、方位术语

常用方位术语如图 2-2-2 所示。

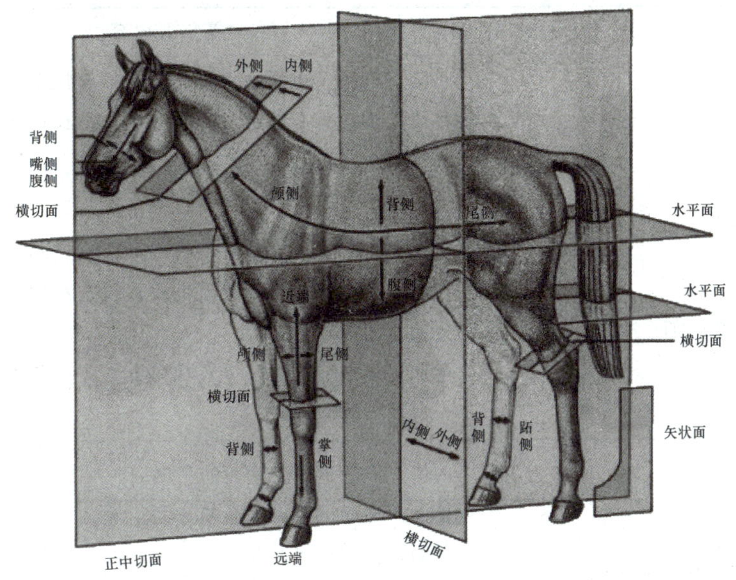

图 2-2-2 常用方位术语

1. 用于躯干的术语

(1)内侧：靠近正中矢状面的一侧。

(2)外侧：远离正中矢状面的一侧。

(3)背侧：位于额面上方。

(4)腹侧：位于额面下方。

(5)头侧：近头端的一侧。

(6)尾侧：近尾端的一侧。

2. 用于四肢的术语

(1)近端：离躯干近的部分。

(2)远端：离躯干远的部分。

(3)背侧：四肢的前面。

(4)掌侧：前肢的后面。

(5)跖侧：后肢的后面。

(6)桡侧：前肢的内侧。

(7)尺侧：前肢的外侧。

(8)胫侧：后肢的内侧。

(9)腓侧：后肢的外侧。

学习小结

知识点		需掌握内容
轴		长轴(纵轴)：动物站立时，从头端至尾部，与地面平行的轴称为长轴。头、颈、四肢和各器官的长轴均以自身长度作为标准； 横轴：动物体垂直于长轴的轴
基本切面		矢状面：与畜体长轴平行，同时又与地面垂直的切面； 横断面：与矢状面、额面垂直，将畜禽体分为前、后两个部分的切面； 额面：与地面平行，与矢状面垂直，将畜体分为背、腹两个不对称部分的切面
方位术语	用于躯干的术语	内侧：靠近正中矢状面的一侧； 外侧：远离正中矢状面的一侧； 背侧：位于额面上方； 腹侧：位于额面下方； 头侧：近头端的一侧； 尾侧：近尾端的一侧
	用于四肢的术语	近端：离躯干近的部分； 远端：离躯干远的部分； 背侧：四肢的前面； 掌侧：前肢的后面； 跖侧：后肢的后面； 桡侧：前肢的内侧； 尺侧：前肢的外侧； 胫侧：后肢的内侧； 腓侧：后肢的外侧

复习思考题

一、名词解释

1. 横断面 2. 掌侧 3. 跖侧 4. 矢状面 5. 额面 6. 桡侧 7. 腓侧

二、单选题

1. 可将畜体分成前后两部的切面是(　　)。

A. 矢状面　B. 正中矢状面　C. 额面　D. 横断面

2. 四肢靠近躯干的一端称为(　　)。

A. 远端　B. 近端　C. 背侧　D. 腹侧

3. 前肢的前方称为(　　)。

A. 背侧　B. 掌侧　C. 跖侧　D. 内侧

4. 后肢的前方称为(　　)。

A. 背侧　B. 掌侧　C. 跖侧　D. 内侧

5. 与纵轴平行且与地面相垂直的正中切面称为(　　)。

A. 正中矢状面　B. 侧矢状面　C. 额面　D. 横断面

6. 可将畜体分成背腹两部的切面是(　　)。

A. 矢状面　B. 正中矢状面　C. 额面　D. 横断面

7. 可将畜体分成左、右两部分的切面是(　　)。

A. 矢状面　B. 斜切面　C. 额面　D. 横断面

8. 四肢远离躯干的一端称为(　　)。

A. 远端　B. 近端　C. 背侧　D. 腹侧

三、多选题

1. 下列切面中有(　　)切面把躯体切为不对称的两半。

A. 矢状面　B. 正中矢状面　C. 额面　D. 横断面　E. 斜切面

2. 前肢的后方和后肢的后方称为(　　)。

A. 背侧　B. 腹侧　C. 掌侧　D. 跖侧　E. 内侧

3. 额面的上方和下方称为(　　)。

A. 背侧　B. 内侧　C. 外侧　D. 腹侧　E. 正中面

4. 下列的切面中有(　　)切面可以把躯体切为左右两半。

A. 矢状面　B. 正中矢状面　C. 额面　D. 横断面　E. 斜切面

四、判断题

1. 离正中矢状面近者称内侧。(　　)

2. 横断面的前方称尾端。(　　)

3. 四肢的背侧均是四肢的前方。(　　)

4. 四肢距躯干近的一端称远端。(　　)

5. 后肢的后方称为跖侧。(　　)

6. 四肢距躯干近的一端称近端。(　　)

五、简答题

1. 有机体的四种基本组织是什么?

2. 简述有机体各种基本组织的构成。

3. 简述有机体三个切面的概念。

4. 试述有机体主要部位名称。

参考答案

第二篇
畜禽解剖生理

项目三　运动系统

项目描述

运动系统由骨、骨连结和肌肉三部分组成。在运动中，骨起支架和杠杆的作用，骨连结是运动的枢纽，肌肉是运动的动力。生产中常用骨骼和肌肉作为确定畜禽机体内部器官位置和体尺测量的标志。

学习目标

知识目标

1. 熟悉骨的形态，掌握骨的基本构造。
2. 掌握全身骨的划分，了解全身骨的名称。
3. 了解骨连结的类型，掌握关节的构造。
4. 了解动物体脊椎骨的分段，掌握各段椎骨的解剖特征。
5. 掌握胸廓、骨盆的构造。
6. 掌握肌肉的构造、形态和辅助器官。
7. 掌握呼吸运动的主动肌和协同肌的名称。
8. 掌握膈肌、腹股沟管的解剖特征。
9. 掌握骨骼肌的特性，掌握骨骼肌收缩的机理。

技能目标

1. 掌握全身骨骼的解剖特征。
2. 能够正确识别全身骨骼。

素质目标

1. 养成勤学好问、吃苦耐劳、爱岗敬业的精神。
2. 热爱动物，正确对待实验动物。

运动系统占动物体重的70%～80%，具体比例因动物种类、品种、年龄及营养健康状况等而不同。

单元一　骨　　骼

骨骼包括骨和骨连结两部分。骨是主要由骨组织构成的器官，一块骨就是一个器官。全身的骨通过骨连结连起来形成动物有机体的支架和基本轮廓，执行着支持体重、保护内部器官、产生运动等功能。此外，其还有造血，参与有机体钙、磷代谢，维持血钙平衡和防卫的机能。

一、骨

（一）骨的类型

动物有机体全身各骨因其位置和功能不同，形状也不一样，一般可分为长骨、短骨、扁骨和不规则骨 4 类。

1. 长骨

长骨（图 3-1-1）呈长管状，中部较细，称骨干或骨体，内有空腔，称骨髓腔，充满骨髓。两端膨大，称为骨骺或骨端。在骨干和骨骺之间有软骨板，称为骺软骨或骺板，幼时明显，成年后骨化，骺软骨与骨干愈合。长骨主要分布于四肢的游离部，如股骨、肱骨等。长骨可支持体重和形成运动杠杆。

2. 短骨

短骨（图 3-1-2）一般呈不规则的立方形，多见于结合牢固，并有一定灵活性的部位，如腕骨、跗骨等。短骨起到支持、分散压力和缓冲震动的作用。

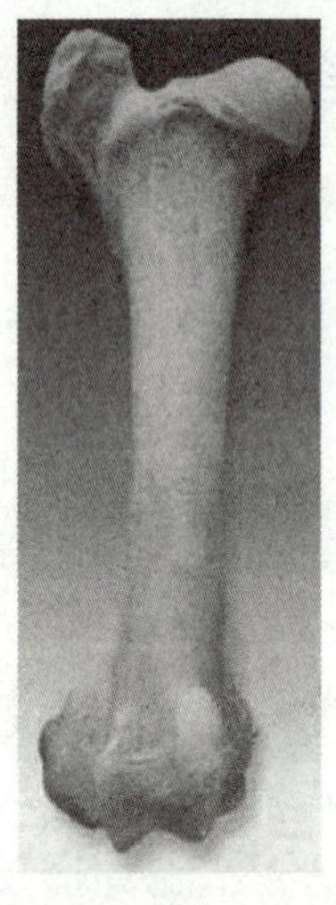

图 3-1-1　长骨

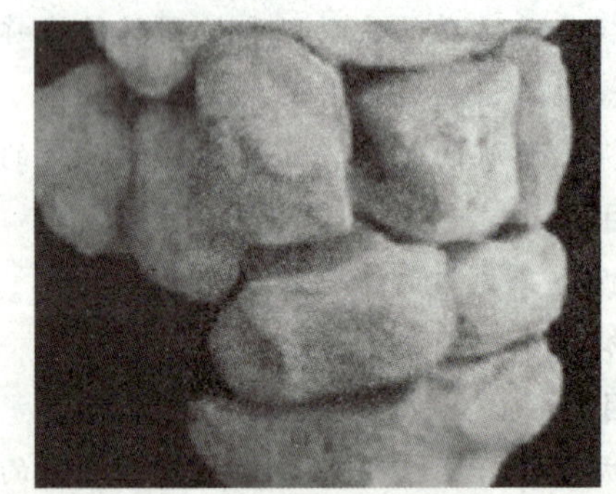

图 3-1-2　短骨

3. 扁骨

扁骨（图 3-1-3）一般多呈板状，主要分布于颅腔、胸腔的周围，如顶骨、肩胛骨等。扁骨可保护脑和重要器官或供大量肌肉附着。

4. 不规则骨

不规则骨（图 3-1-4）形状不规则，机能也较复杂，构成了机体的中轴，如椎骨、蝶骨等。不规则骨有支持、保护和供肌肉附着的作用。

图 3-1-3 扁骨

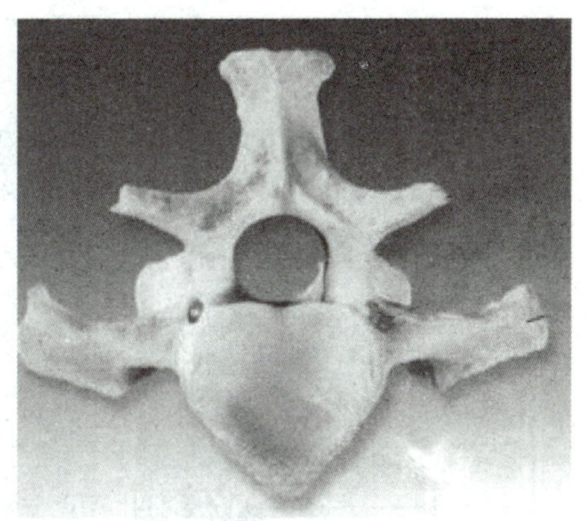

图 3-1-4 不规则骨

(二)骨的构造

骨由骨质、骨膜、骨髓和血管及神经等构成(图 3-1-5)。

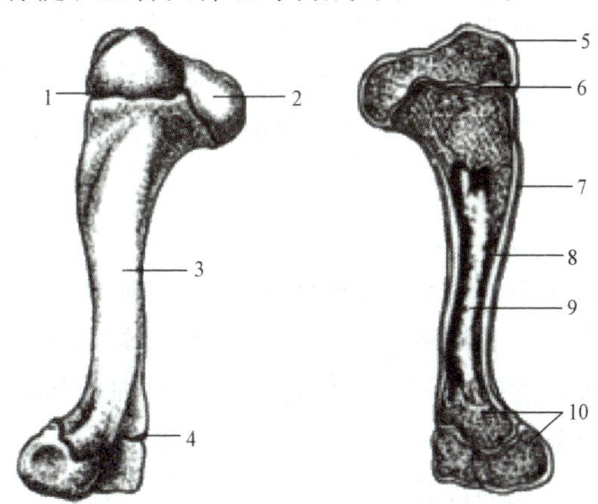

图 3-1-5 骨的形态和构造

1—骺软骨；2—骺；3—骨体；4—骺软骨；5—关节软骨；6—骺线；7—骨膜；8—骨密质；9—骨髓腔；10—骨松质

1. 骨质

骨质(图 3-1-6)是构成骨的主要成分，分为骨密质和骨松质两种。骨密质位于骨的表层，坚硬而致密，由排列紧密的骨板构成；骨松质位于长骨骨骺和其他类型骨的内面，呈疏松海绵状，由相互交错的骨小梁构成。骨密质和骨松质的这种配合，既可加强骨的坚固性，又可减轻骨的质量。

2. 骨膜

骨膜由致密结缔组织构成，覆盖在除关节面以外的整个骨的表面，呈淡粉红色，富有血管和神经，在肌腱和韧带附着的地方，骨膜显著增厚，腱和韧带的细纤维束穿入骨膜，有的深入骨质。

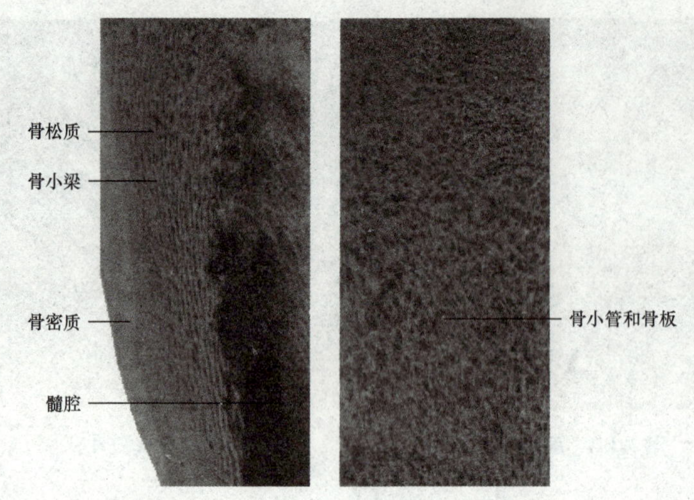

图 3-1-6　骨质

骨膜分为浅、深两层。浅层为纤维层，富有血管和神经，具有固定、营养和保护作用。深层为成骨层，富有成骨细胞，具有修复、再生骨质的作用。正在生长的骨，其成骨层很发达，细胞非常活跃，直接参与骨的生长。老龄动物成骨层逐渐萎缩，细胞转为静止状态，但其终生保持分化能力。在骨受到损伤时，骨膜的损伤越小，骨折的痊愈速度就越快。

3. 骨髓

骨髓分布于长骨的骨髓腔和骨松质的间隙内，有造血和防卫功能。胎儿及幼龄动物全是红骨髓，随年龄的增长，骨髓腔中的红骨髓逐渐被黄骨髓所代替，因此成年动物有红、黄两种骨髓。红骨髓内含有不同发育阶段的各种血细胞和大量毛细血管，是重要的造血器官。黄骨髓主要是脂肪组织，具有储存营养的作用，无造血功能。当有机体大量失血或贫血时，黄骨髓可转化为红骨髓而恢复造血功能。骨松质中的红骨髓终生存在。

4. 血管、神经

每块骨都具有丰富的血液供应。分布在骨膜上的小血管经骨表面的小孔进入骨内并分布于骨密质。较大的血管称为滋养动脉，穿过骨的滋养孔分布于骨髓。骨膜、骨质和骨髓均有丰富的神经分布。

(三)骨的化学成分和物理特性

骨由有机物和无机物组成。有机物主要是骨胶原(蛋白质)，成年家畜约占 1/3，决定骨的弹性和韧性；无机物主要是钙盐，包括磷酸钙、碳酸钙、氟化钙、磷酸镁、氯化钠、氯化钾等，约占 2/3，决定骨的坚固性。有机物和无机物的比例随年龄和营养状况的不同而改变。幼畜的骨内有机物较多，故弹性和韧性大，不易骨折，但易弯曲变形；老年家畜骨内无机物含量增多，故脆性较大，易发生骨折，且不易愈合。妊娠和泌乳母畜骨内的钙质可被胎儿吸收或随乳汁排出，造成无机质的减少，易发生软骨病。因此，应注意合理调配饲料成分，以预防软骨病的发生。

二、骨连结

骨与骨之间借纤维结缔组织、软骨组织或骨组织相连，连接部位称为骨连结。骨连结分为直接连结和间接连结两种类型。

(一)直接连结

两骨的相对面或相对缘借结缔组织直接相连，其间无腔隙，不活动或仅有小范围活动。直接连结分为纤维连结、软骨连结和骨性结合 3 种类型。

1. 纤维连结

纤维连结是指两骨之间以纤维结缔组织连结，比较牢固，一般无活动性，如头骨间的连结。这种连结常在有机体老龄时骨化，变成骨性结合。

2. 软骨连结

软骨连结是指两骨相对面之间借软骨连结，基本不能运动。由透明软骨连结的，如长骨与骨骺之间的骺软骨等，到老龄时，常骨化为骨性结合；由纤维软骨连结的，如椎体间的椎间盘等，终生不骨化。

3. 骨性结合

骨性结合是指两骨相对面以骨组织连结，完全不能运动。骨性结合常由纤维连结和软骨连结骨化而成。例如，荐骨椎体间的结合，髂骨、坐骨和耻骨间的结合等。

(二)间接连结

间接连结又称关节，是骨连结中较为普遍的一种形式。骨与骨之间可灵活活动，如四肢的关节等。

1. 关节的构造

(1)基本构造。基本构造包括关节面、关节软骨、关节囊和关节腔(图 3-1-7)。

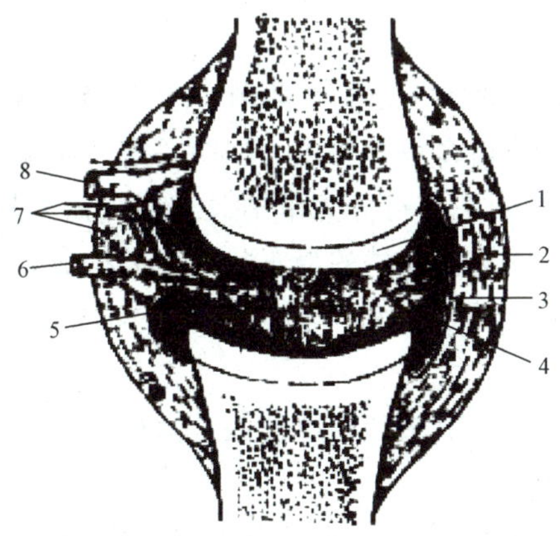

图 3-1-7 关节构造模式图

1—关节软骨；2—关节囊纤维层；3—关节囊滑膜层；4—关节腔；5—滑膜绒毛；6—动脉；7—神经；8—静脉

①关节面：是指骨与骨相接触的光滑面，骨质致密，形状彼此互相吻合。其中的一个面略凸，称为关节头；另一个略凹，称为关节窝。

②关节软骨：是指关节面上所附着的一层透明软骨，光滑而有弹性和韧性，可减轻运动时的冲击和摩擦。

③关节囊：是指围绕在关节周围密闭的结缔组织囊，附着在关节面的周缘及其附近的骨面上。囊壁分内、外两层：外层为纤维层，由致密结缔组织构成，厚而坚韧，具有保护作用；内层为滑膜层，由疏松结缔组织构成，能分泌透明黏稠的滑液，有营养软骨和润滑关节的作用。

④关节腔：是指关节软骨和关节囊的滑膜层之间的密闭腔隙，内有少量淡黄色的滑液，有润滑、缓冲震动及营养关节的作用。

(2)辅助构造。为适应关节的功能而形成的一些结构称为关节的辅助结构，主要有韧带、关节盘和关节唇。

①韧带：是指在关节囊外连在相邻两骨间的致密结缔组织带，有增强关节稳固性的作用。

②关节盘：是指位于两个关节面间的纤维软骨板，起到使关节面吻合一致、扩大运动范围并缓冲震动的作用，如髌关节的半月板。

③关节唇：是指附着于关节窝周缘的纤维软骨环，可加深关节窝、增大关节面、增加关节的固定性的作用，如髋关节、肩关节。

2. 关节的运动

关节的运动形式主要有 3 种。

(1)屈、伸运动。凡使成关节的两骨接近，关节角变小的为屈；反之，使关节角变大的为伸。

(2)内收、外展运动。使骨向正中矢状面移动的为内收；反之，使骨远离正中矢状面的运动为外展。

(3)旋转运动。骨环绕垂直轴运动称为旋转运动。

3. 关节的类型

(1)按构成关节的骨数，关节可分为单关节和复关节两类。单关节由相邻两块骨构成，如前肢的肩关节；复关节由多块骨构成，如腕关节、膝关节。

(2)按关节运动轴的数目，关节可分为单轴关节、双轴关节和多轴关节 3 类。

①单轴关节：一般由中间有沟或嵴的滑车状关节面构成，只能沿横轴做屈、伸运动。

②双轴关节：由椭圆形的关节面和相应的关节窝构成，如寰枕关节，能做屈、伸运动，还可左右摆动。

③多轴关节：由半球形的关节头和相应的关节窝构成，如肩关节和髋关节，能做屈、伸、内收、外展及旋转运动。

畜体的全身骨骼可分为头骨、躯干骨、前肢骨和后肢骨四部分(图 3-1-8～图 3-1-10)。

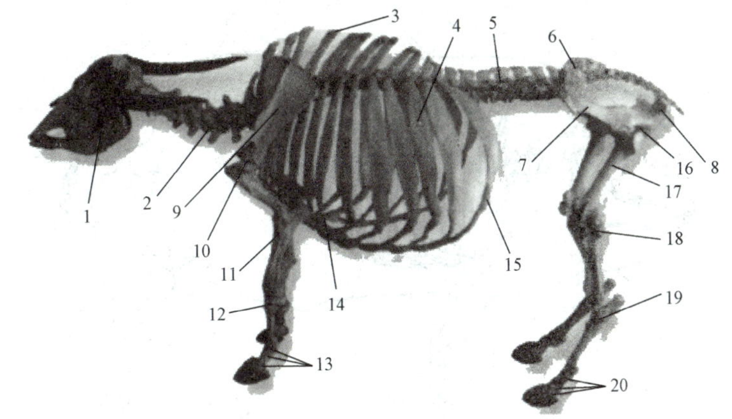

图 3-1-8 牛全身骨骼

1—颅骨；2—颈椎；3—胸椎；4—肋骨；5—腰椎；6—荐骨；7—髂骨；8—坐骨；
9—肩胛骨；10—肩关节；11—肘关节；12—腕关节；13—指关节；14—胸骨；
15—类软骨；16—髋关节；17—股骨；18—膝关节；19—跗关节；20—指关节

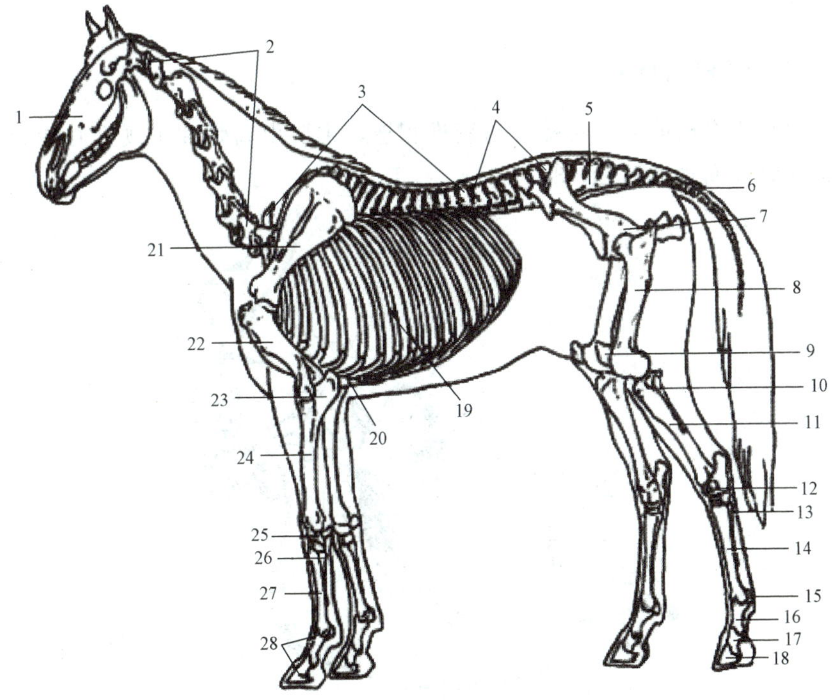

图 3-1-9 马全身骨骼

1—头骨；2—颈椎；3—胸椎；4—腰椎；5—荐骨；6—尾椎；7—髋骨；8—股骨；9—髌骨；
10—腓骨；11—胫骨；12—跗骨；13—第 4 跖骨；14—第 3 跖骨；15—近籽骨；16—系骨；
17—冠骨；18—蹄骨；19—肋骨；20—胸骨；21—肩胛骨；22—肱骨；23—尺骨；24—桡骨；
25—腕骨；26—第 4 掌骨；27—第 3 掌骨；28—指骨

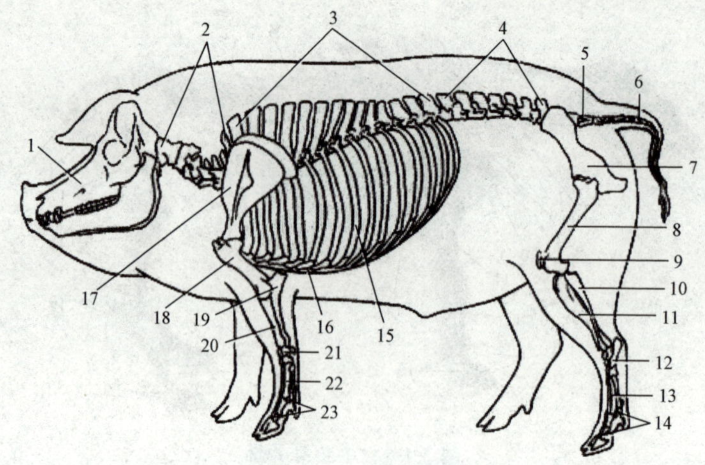

图 3-1-10　猪全身骨骼

1—头骨；2—颈椎；3—胸椎；4—腰椎；5—荐骨；6—尾椎；7—髋骨；8—股骨；9—髌骨；10—腓骨；11—胫骨；12—跗骨；13—跖骨；14—趾骨；15—肋骨；16—胸骨；17—肩胛骨；18—肱骨；19—尺骨；20—桡骨；21—腕骨；22—掌骨；23—指骨

三、牛的头部骨骼及关节

头部骨骼位于脊柱前端，由枕骨与寰椎相连，主要由扁骨和不规则骨构成。牛的头部骨骼分为颅骨和面骨两部分(图 3-1-11)。

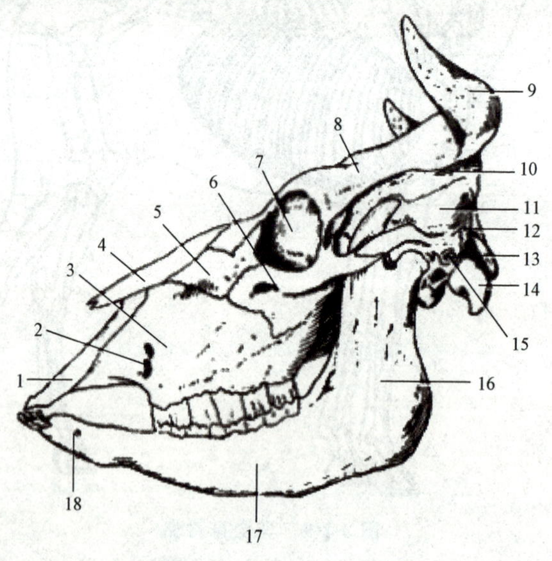

图 3-1-11　牛头骨侧面

1—切齿骨；2—眶下孔；3—上颌骨；4—鼻骨；5—泪骨；6—颧骨；7—眶窝；8—额骨；9—角突；10—顶骨；11—颞骨；12—枕骨；13—枕髁；14—颈静脉突；15—外耳道；16—下颌支；17—下颌体；18—颏孔

(一)颅骨

颅骨位于头部后上方，围成颅腔，作用是容纳并保护脑，包括枕骨、顶间骨、蝶骨和筛骨各一块；顶骨、额骨和颞骨各一对。

(1)枕骨。枕骨位于颅骨后部，构成颅腔后底壁，后方中部有枕骨大孔与椎管相通，大孔的两侧有卵圆形的关节面为枕髁，与寰椎关节窝构成关节。

(2)顶骨。顶骨位于枕骨之前，额骨之后。

(3)顶间骨。顶间骨位于枕骨和顶骨之间，常与邻骨愈合。顶骨和顶间骨构成颅腔后壁，与枕骨愈合。

(4)额骨。额骨构成颅腔顶壁，外面平整，向外侧伸出颧突，构成眼眶的上界。牛的额骨约占头骨背面的一半，呈四方形，宽而平坦。其后缘与顶骨之间形成额隆起，为头骨的最高点。额骨后方两侧有角突。

(5)颞骨。颞骨位于头骨的后外侧，构成颅腔的侧壁，分为鳞颞骨和岩颞骨。鳞颞骨与额骨、顶骨和蝶骨相接，向外伸出颧突，是头骨背面的最宽处，其基部有眶上沟及眶上孔。颧突与颧骨的颞突相结合，形成颧弓。在颧突的腹侧有颞骨，与下颌骨成关节。岩颞骨在鳞颞骨的后方，构成位听觉器官的支架。

(6)蝶骨。蝶骨位于颅腔底壁，形似蝴蝶，由蝶骨体、两对翼和一对翼突构成。

(7)筛骨。筛骨位于颅腔前壁，上接额骨，下面与蝶骨相接。筛骨由筛板、垂直板和筛骨迷路组成。

(二)面骨

面骨位于头部前下方，构成眼眶、鼻腔和口腔的骨性支架。面骨包括鼻骨、上颌骨、泪骨、颧骨、切齿骨、腭骨、翼骨、鼻甲骨和下颌骨各一对；犁骨和舌骨各一块。

(1)鼻骨。鼻骨构成鼻腔的顶壁，短而窄，前后几乎等宽，前部游离。鼻骨后接额骨，外侧与泪骨、上颌骨和切齿骨相接。

(2)上颌骨。上颌骨构成鼻腔的侧壁、底壁和口腔的上壁，几乎与所有的面骨相接。上颌骨的外侧面宽大，有面嵴和眶下孔；下缘称齿槽缘，有臼齿齿槽。上颌骨的内骨板与外骨板之间形成发达的上颌窦。

(3)泪骨。泪骨位于眼眶前部，鼻骨的外侧。其眶面有一漏斗状的泪囊窝，为骨性鼻泪管的开口。

(4)颧骨。颧骨位于泪骨的下方，前面与上颌骨相接，构成眼眶的下壁。颧骨向后方伸出颞突，与颞骨的颧突形成颧弓。

(5)切齿骨(颌前骨)。切齿骨位于上颌骨的前方，骨体薄而扁平，无切齿槽。

(6)鼻甲骨。鼻甲骨是两对卷曲的小骨片，附着于鼻腔的侧壁上，将每侧鼻腔分为上、中、下三个鼻道，形成鼻腔黏膜的支架。

(7)下颌骨。下颌骨是面骨中最大的一块，分为左、右两半，每半又分为下颌体和下颌支两部分。下颌体位于前方，骨体厚，前缘上方有切齿齿槽，后方有臼齿齿槽，切齿齿槽与臼齿齿槽间的平滑区域为齿槽间隙。下颌支位于后方，呈垂直位，上端后方有一平滑的关节面为下颌髁突，与颞骨构成下颌关节。两侧下颌骨之间的空隙为下颌间隙。在下颌体与下颌支交界处的下缘，有下颌骨血管切迹。

(8)舌骨。舌骨位于下颌间隙后部，由数块小骨构成，支持舌根、咽及喉。

(9)腭骨。腭骨位于上颌骨内侧后方，构成鼻后孔的侧壁与硬腭后部的骨质基础。

(10)翼骨。翼骨狭窄而薄的小骨板，附着于蝶骨翼突的内侧。

(11)犁骨。犁骨位于蝶骨体前方，沿鼻腔底壁中线向前延伸，背侧呈凹槽，有鼻中隔插入。

(三)副鼻窦

副鼻窦又称鼻旁窦，是头骨内外骨板之间含气腔体的总称。它们直接或间接与鼻腔相通，主要有额窦、上颌窦、蝶窦和筛窦(图 3-1-12)。

(1)额窦：很大，伸延于整个额部、颅顶壁和部分后壁，并与角突的腔相通连。正中有一隔，将左、右两窦分开。

(2)上颌窦：主要在上颌骨、泪骨和颧骨内。上颌窦在眶下管内侧的部分很发达，伸入上颌骨腭突与腭骨内，故又称腭窦。

(3)蝶窦：位于蝶骨体内，深居颅底之下，由蝶窦中隔分为左右两腔。

(4)筛窦：位于鼻腔外上方筛骨迷路内。

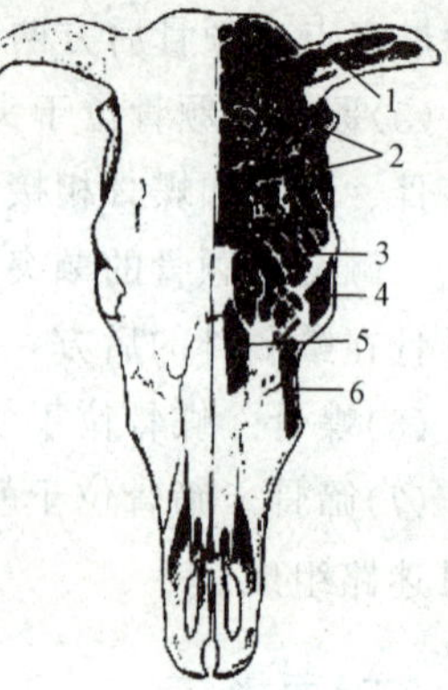

图 3-1-12　牛的额窦和上颌窦

1—角腔；2—额大窦；3—额小窦；4—眶窝；5—上鼻窦；6—上颌窦

(四)头骨的连结

头骨大部分形成缝隙连结，不能活动。颞下颌关节是头部唯一的活动关节，由下颌骨的髁状突和颞骨的关节结节构成，能做开口、闭口运动。

四、牛的躯干骨骼及关节

(一)躯干骨

躯干骨包括椎骨、肋和胸骨。躯干骨作为胸腔、腹腔和骨盆腔的支架，容纳并保护其内部器官，还能够支持头部并传递动力。

1. 椎骨

椎骨由颈椎、胸椎、腰椎、荐椎和尾椎构成。牛有 7 块颈椎、13 块胸椎、6 块腰椎、5 块荐椎、18～20 块尾椎。各椎骨之间由软骨、关节与韧带紧密连接，从而构成脊柱。

(1)椎骨的一般构造。椎骨由椎体、椎弓和突起 3 部分构成(图 3-1-13)。

①椎体：位于椎骨腹侧，呈短柱状，前面略凸为椎头，后面略凹为椎窝。

②椎弓：是位于椎体背侧的拱形骨板，与椎体围成椎孔，各椎骨的椎孔相连形成纵

行的椎管，内容纳脊髓。椎弓基部的前后缘各有一对切迹，相邻椎弓的切迹合成椎间孔，供血管、神经通过。

③突起：有 3 种。由椎弓背侧向上方伸出一个突起，称为棘突；从椎弓基部向两侧伸出的一对突起，称为横突；从椎弓背侧的前、后缘各伸出一对关节突，分别称为前、后关节突。

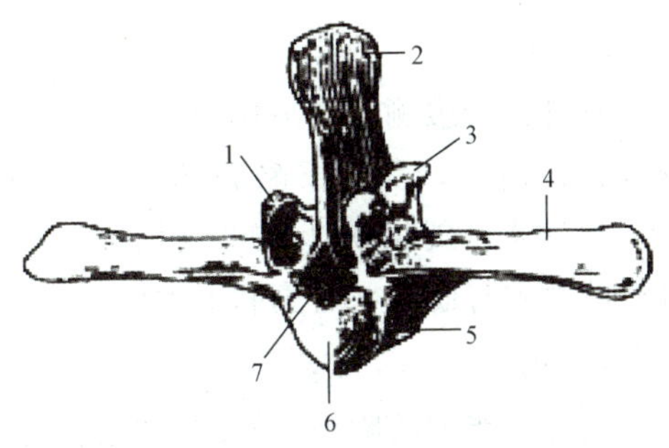

图 3-1-13　椎骨的基本构造

1—前关节突；2—棘突；3—后关节突；4—横突；5—椎体；6—椎头；7—椎孔

(2)各段椎骨的形态。各段椎骨因所执行的机能及所在部位的不同，其形态结构略有差异。

①颈椎：形状不规则，第 1 颈椎又称寰椎，呈环形，由背弓和腹弓构成。前有较深的前关节凹，与头骨的枕骨髁成关节。后有后关节面，与第 2 颈椎成关节。两侧有寰椎翼。牛的寰椎无横突孔；第 2 颈椎又称枢椎，前有齿突，与寰椎成关节，棘突纵长，呈嵴状，无关节前突；第 3～6 颈椎形态基本相似，椎体发达，前、后关节突发达，棘突不发达，横突分支，基部有横突孔，连成横突管，供血管神经通过；第 7 颈椎短而宽，与椎窝两侧有一对后肋窝，与第 1 肋骨成关节，横突短而粗，无横突孔，棘突较明显，与胸椎相似。

②胸椎：椎体长，棘突发达，较宽，其中第 2～6 胸椎棘突最高，是构成鬐甲的骨质基础。关节突小，椎头与椎窝的两侧均有前、后肋凹，横突短。

③腰椎：横突发达，呈上下扁的板状，伸向外侧；棘突较发达，高度与后位胸椎相等；关节突连结紧密。椎体的长度与胸椎相似，构成腹腔顶壁的骨质基础。

④荐椎：构成荐部的基础并连接后肢。牛成年时，其荐椎愈合在一起称为荐骨，以增加荐部的牢固性。荐椎的横突相互愈合，前部宽并向两侧突出，形成宽阔的荐骨翼，翼的背外侧有耳状关节面与髂骨成关节。第 1 荐椎椎体腹侧缘前端的突出部称荐骨岬。荐骨的背面和盆面每侧各有 4 个孔，称荐背侧孔和荐盆侧孔，是血管神经的通路。牛的棘突顶端愈合，荐骨翼的前端无关节面。

⑤尾椎：多数退化，只有前 3～4 个尾椎仍具有椎弓、棘突和横突，向后则逐渐退化，仅保留棒状椎体并渐变细。尾椎腹侧有一血管沟，供尾中动脉通过，此处可测牛的脉搏。

2. 肋

肋为左右成对的弓形长骨，连于胸椎与胸骨之间，构成胸腔的侧壁，为呼吸运动的杠杆。肋由肋骨和肋软骨两部分构成。肋的对数与胸椎块数一致，如牛有 13 对。相邻肋之间的间隙称为肋间隙。

肋骨(又称椎骨肋）位于背侧，近椎骨端前方有肋骨小头，与胸椎的椎体连接成关节；肋骨小头的后方有肋结节，与胸椎横突成关节。肋骨的远端接肋软骨。

肋软骨(又称胸骨肋)位于肋的腹侧，由透明软骨构成。第 1～8 对肋的肋软骨直接与胸骨相连，称真肋。其余肋的肋软骨借结缔组织依次连接形成肋弓。这种肋称为假肋或弓肋。

3. 胸骨

胸骨位于腹侧，构成胸廓的底壁，由 6～8 块胸骨片通过软骨连接而成，呈上下略扁的船形。胸骨由前向后分为胸骨柄、胸骨体和剑状软骨(剑突)3 部分(图 3-1-14)。胸骨柄、胸骨体的两侧有肋窝，与真肋上的肋软骨直接形成关节。

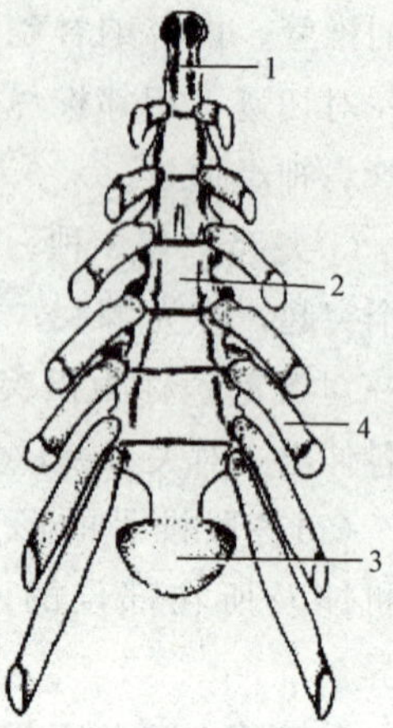

4. 胸廓

胸廓由背侧的胸椎、两侧的肋和腹侧的胸骨共同围成的圆锥形胸部的轮廓。前口较窄，由第 1 胸椎、第 1 对肋和胸骨柄围成；后口较宽大，由最后 1 个胸椎、最后 1 对肋、左右肋弓和剑状软骨围成。它具有保护胸腔内器官、连接前肢和形成呼吸运动杠杆等作用。

图 3-1-14　牛胸骨背面

1—胸骨柄；2—胸骨体；3—剑状软骨；4—肋软骨

(二)躯干骨的连结

躯干骨的连结包括脊柱连结和胸廓连结。

1. 脊柱连结

脊柱连结包括椎体间连结、椎弓间连结和脊柱总韧带。

(1)椎体间连结是相邻椎骨的椎体和椎窝借椎间盘连结。

(2)椎弓间连结是相邻椎骨的前后关节突间形成的滑动关节。

(3)脊柱总韧带是贯穿脊柱，连接大部分椎骨的韧带，包括棘上韧带、背纵韧带和腹纵韧带(图 3-1-15)。

①棘上韧带：位于棘突顶端，由枕骨伸至荐骨。棘上韧带在颈部发达，形成项韧带(图 3-1-16)。项韧带由弹性纤维构成，呈黄色，分为背侧的索状部和腹侧的板状部。项韧带的作用是辅助颈部肌肉支持头部。

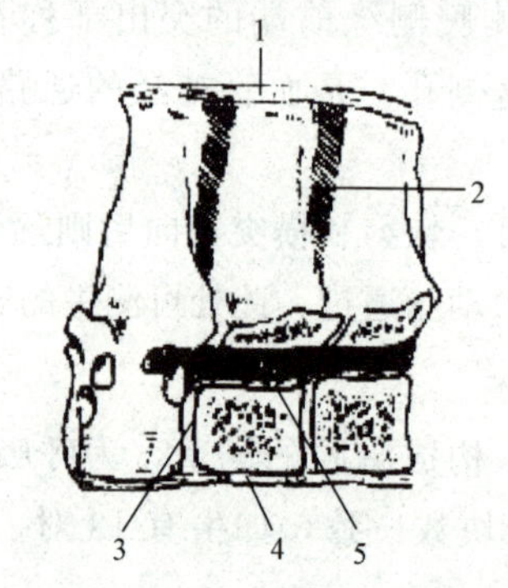

图 3-1-15　胸椎的椎间关节

1—棘上韧带；2—棘间韧带；3—椎间盘；4—腹纵韧带；5—背纵韧带

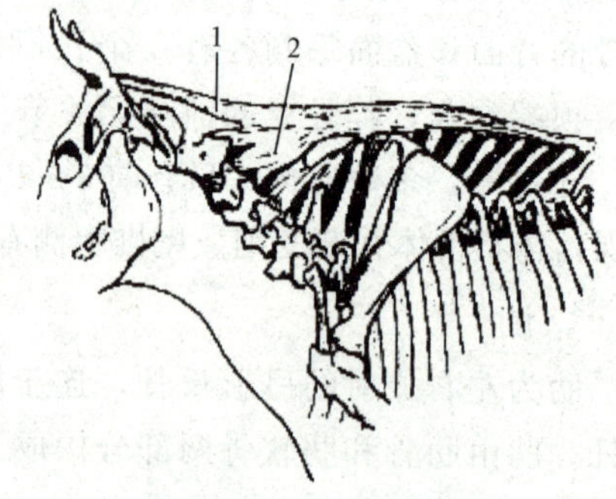

图 3-1-16　牛的项韧带

1—索状部；2—板状部

②背纵韧带：位于椎体的背侧，起于枢椎，止于荐椎。

③腹纵韧带：位于椎体的腹侧面，并紧紧附着于椎间盘上，由胸椎中部开始，止于荐骨。

2. 胸廓连结

胸廓连结包括肋椎关节和肋胸关节。前者是肋骨与胸椎形成的关节，后者是肋软骨与胸骨形成的关节。

五、牛的前肢骨骼及关节

(一)前肢骨骼

前肢骨骼(图 3-1-17)包括肩胛骨、臂骨、前臂骨(包括尺骨和桡骨)、前脚骨(包括腕骨、掌骨、指骨和籽骨)。

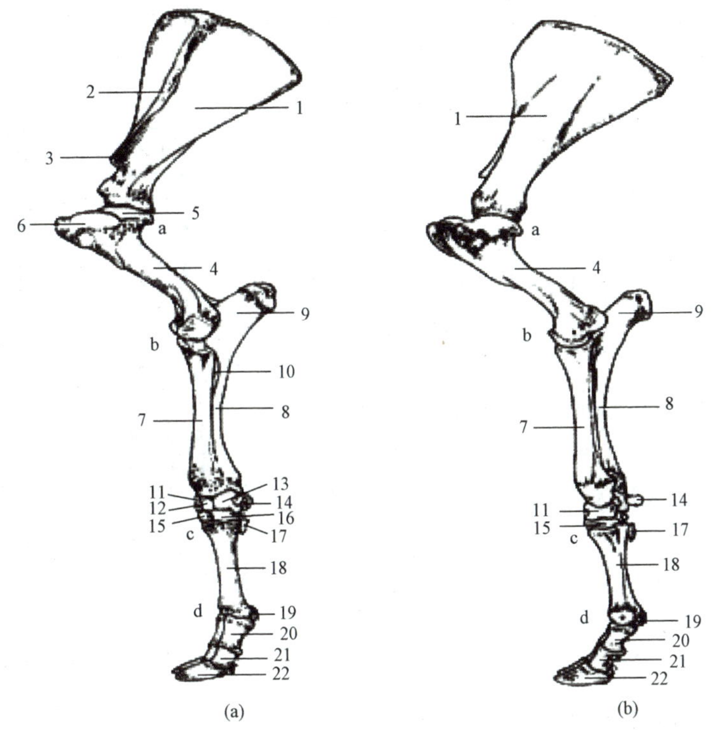

图 3-1-17　牛前肢骨骼

(a)外侧面；(b)内侧面

a—肩关节；b—肘关节；c—腕关节；d—指关节

1—肩胛骨；2—肩胛冈；3—肩峰；4—肱骨；5—肱骨头；6—外侧结节；7—桡骨；8—尺骨；9—鹰嘴；10—前臂骨间隙；11—桡腕骨；12—中间腕骨；13—尺腕骨；14—副腕骨；15—第 2、3 腕骨；16—第 4 腕骨；17—第 5 掌骨；18—大掌骨；19—近籽骨；20—系骨；21—冠骨；22—蹄骨

1. 肩胛骨

肩胛骨为三角形的扁骨，斜位于胸廓两侧的前上部，由后上方斜向前下方。其上缘附着肩胛软骨，外侧面有一纵行的嵴，称为肩胛冈。肩胛冈的前上方为冈上窝，后下方为冈下窝，下端有一突起，称为肩峰。肩胛骨内侧面的凹窝为肩胛下窝，远端的关节窝为肩臼，与臂骨头一起构成关节。

2. 臂骨(肱骨)

臂骨为一管状长骨，斜位于胸部两侧的前下部，由前上方斜向后下方。近端粗大，前方两侧有内、外结节，外侧结节又称大结节，内侧结节称小结节，两结节间是臂二头肌沟；近端后方有球形的臂骨头，与肩臼成关节。臂骨骨干呈扭曲的圆柱状，外侧有较小的三角肌结节，内侧有圆肌结节，远端有髁状关节面，与桡骨成关节。髁的后面有一个深的肘窝(鹰嘴窝)。

3. 前臂骨

前臂骨包括桡骨和尺骨。桡骨位于前内侧，发达，主要起支持作用，近端与臂骨形成关节，远端与近列腕骨形成关节；尺骨位于后外侧，近端粗大，向后上方突出形成肘突(鹰嘴)，远端稍长于桡骨。成年牛的两骨彼此愈合，两骨间的缝隙为前臂间隙。

4. 前脚骨

前脚骨包括腕骨、掌骨、指骨和籽骨(图 3-1-18)。

(1)腕骨：位于前臂骨和掌骨之间，由两列、6 块短骨组成。近列 4 块，由内向外依次是桡腕骨、中间腕骨、尺腕骨和副腕骨；远列 2 块，内侧的一块较大，由第 2、第 3 腕骨愈合构成；外侧的一块为第 4 腕骨。

(2)掌骨：近端接腕骨，远端接指骨。牛有 3 块掌骨，即 3、4、5 掌骨。第 3、4 掌骨发达，称为大掌骨。第 5 掌骨为一圆锥形小骨，附于第 4 掌骨的近端外侧。

(3)指骨：牛有 4 个指，即 2、3、4、5 指。其中第 3、4 指发育完整，称为主指，每指有 3 块指节骨，依次为系骨、冠骨和蹄骨。第 2、5 指退化，不与地面接触，又称悬指，每指仅有 2 块指节骨，即冠骨与蹄骨。

(4)籽骨：为块状小骨，分为近籽骨和远籽骨。近籽骨每主指上各有 2 块，共有 4 块，位于大掌骨下端与系骨之间的掌侧；远籽骨每主指上各 1 块，共 2 块，位于冠骨与蹄骨之间的掌侧。

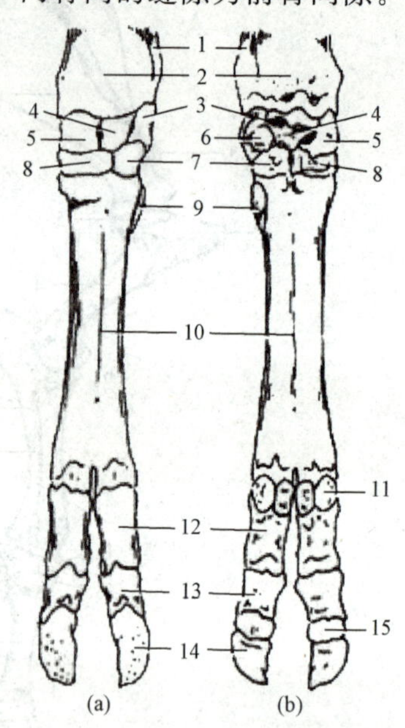

图 3-1-18　牛前脚骨(左)

(a)背侧；(b)掌侧

1—尺骨；2—桡骨；3—尺腕骨；4—中间腕骨；5—桡腕骨；6—副腕骨；7—第 4 腕骨；8—第 2、3 腕骨；9—第 5 掌骨；10—大掌；11—近籽骨；12—系骨；13—冠骨；14—蹄骨；15—远籽骨

(二)前肢关节

前肢的肩胛骨与躯干之间不形成关节，借强大的肩带肌与躯干连接。其余各骨间均形成关节，自上而下依次为肩关节、肘关节、腕关节、指关节。指关节又分系关节、冠关节、蹄关节。

1. 肩关节

肩关节为多轴关节，由肩胛骨远端的肩臼与臂骨头构成，关节角顶向前，主要进行屈、伸运动。

2. 肘关节

肘关节为单轴关节，由臂骨远端与前臂骨的近端构成，关节角顶向后，有关节囊及内、外韧带，只能做屈伸运动。

3. 腕关节

腕关节为复关节，由桡骨远端、腕骨及掌骨近端构成，角顶向前，只能做屈、伸运动。

4. 指关节

指关节包括系关节(球节)、冠关节和蹄关节。系关节由掌骨远端、近籽骨与系骨近端构成；冠关节由系骨远端、冠骨近端构成；蹄关节由冠骨远端、远籽骨及蹄骨近端构成。这些关节主要进行屈、伸运动。

六、牛的后肢骨骼及关节

(一)后肢骨骼

后肢骨骼包括髋骨(包括髂骨、坐骨和耻骨)、股骨、膝盖骨、小腿骨和后脚骨(包括跗骨、跖骨、趾骨和籽骨)，如图 3-1-19 所示。

1. 髋骨

髋骨由背侧的髂骨、坐骨和腹侧的耻骨结合而成(图 3-1-20)。骨结合处形成一个深的杯状关节窝，称为髋臼，与股骨头形成关节。

(1)髂骨：位于背外侧，其后部窄，呈三棱形，称为髂骨体；前部宽而扁，呈三角形，称为髂骨翼。髂骨翼的外侧面称为臀肌面，内侧面(骨盆面)称为耳状面；髂骨翼的外侧角粗大称为髋结节，内侧角称为荐结节。

(2)坐骨：位于腹侧后方，构成骨盆底壁的后部。其后外侧角粗大，称为坐骨结节。两侧坐骨的后缘形成弓状，称为坐骨弓，前缘与耻骨围成闭孔，内侧缘与对侧坐骨相接，形成坐骨联合。

(3)耻骨：位于腹侧前方，较小，构成骨盆底壁的前部，并构成闭孔的前缘。两侧耻骨的结合处形成耻骨联合。耻骨联合和坐骨联合合称为骨盆联合。

2. 股骨

股骨为管状长骨，由后上方斜向前下方。近端粗大，内侧有球形的股骨头，与髋臼形成关节；外侧有一粗大的突起称为大转子。远端粗大，前方为滑车状关节面，与髌骨形成关节；后方为股骨髁，与胫骨形成关节。

3. 膝盖骨

膝盖骨又称髌骨，位于股骨远端的前方。其前面粗糙，供肌腱、韧带附着；后面为关节面，与滑车状关节面形成关节。

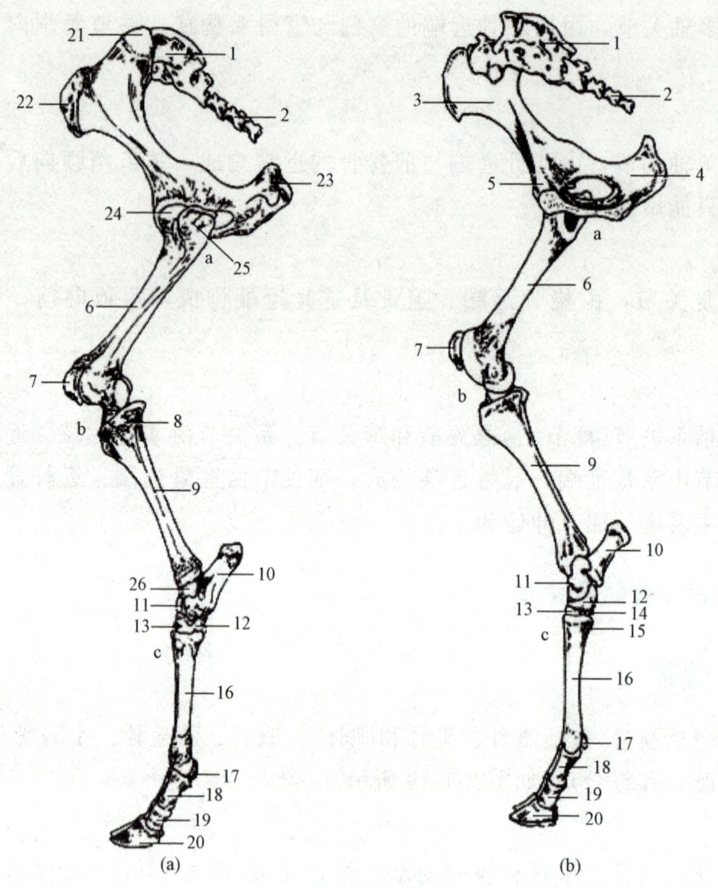

图 3-1-19　牛的后肢骨骼

(a)外侧；(b)内侧

a—髋关节；b—膝关节；c—跗关节

1—荐骨；2—尾椎；3—髂骨；4—坐骨；5—耻骨；6—股骨；7—髌骨；8—腓骨；9—胫骨；10—腓跗骨；11—距骨；12—中央、第 4 跗骨；13—第 2、3 跗骨；14—第 1 跗骨；15—第 2 跖骨；16—大跖骨；17—近籽骨；18—系骨；19—冠骨；20—蹄骨；21—荐结节；22—髋结节；23—坐骨结节；24—股骨头；25—大转子；26—踝骨

4. 小腿骨

小腿骨包括胫骨和腓骨。胫骨发达，呈三面棱柱状。近端粗大，有内、外髁，与股骨成关节；远端有滑车状关节面，与胫跗骨形成关节。腓骨位于胫骨外侧，但牛的已退化为一向下的小突起。

5. 后脚骨

后脚骨包括跗骨、跖骨、趾骨和籽骨(图 3-1-21)。

跗骨：由 5 块短骨组成，排成 3 列。近侧列跗骨发达，有 2 块，前内侧的 1 块称为距骨，后外方的 1 块称为跟骨，跟骨有向后突出的跟结节。中列只有 1 块中央跗骨。远列由内向外依次为第 1、2、3、4 跗骨，第 1 跗骨小，位于后内侧，第 2 和第 3 跗骨愈合，第 4 跗骨与中央跗骨愈合。

跖骨、趾骨和籽骨：分别与前肢相应的掌骨、指骨和籽骨相似。

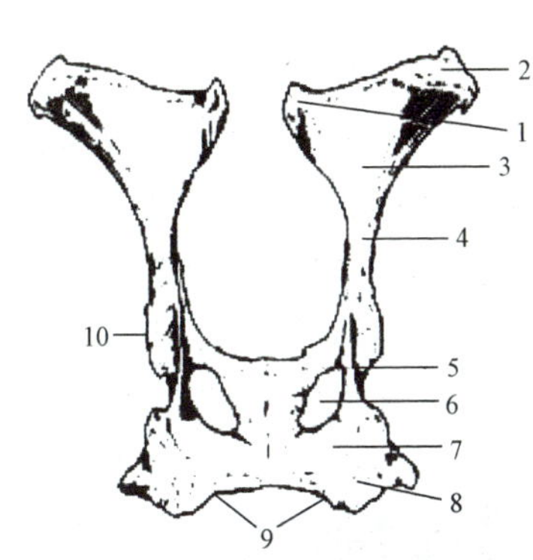

图 3-1-20　牛髋骨背侧面

1—荐结节；2—髋结节；3—髂骨翼；4—髂骨体；5—耻骨；6—闭孔；7—坐骨；8—坐骨结节；9—坐骨弓；10—髋臼

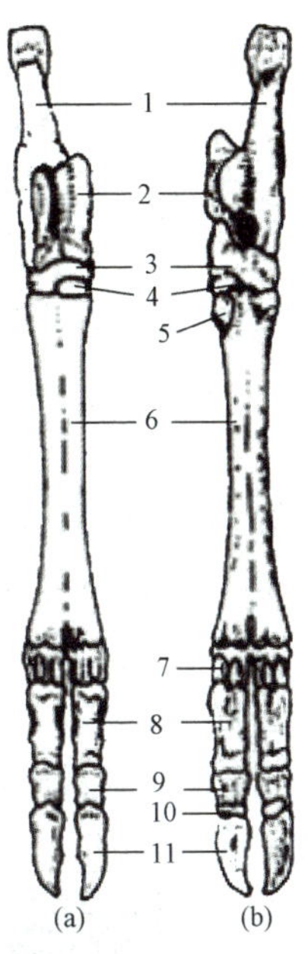

图 3-1-21　牛的后脚骨

(a)背侧；(b)掌侧

1—跟骨；2—距骨；3—中央第 4 跗骨；4—第 2、3 跗骨；5—第 2 跖骨；6—第 3、4 跖骨；7—近籽骨；8—系骨；9—冠骨；10—远籽骨；11—蹄骨

(二)后肢关节

后肢在推动身体前进方面起主要作用。后肢以荐髂关节与躯干牢固相连，以便把后肢肌肉收缩时产生的推动力传向躯体。为保持站立时的稳定，后肢各关节与前肢相适应，除趾关节外，各关节的方向相反。后肢关节由上向下依次分为荐髂关节、髋关节、膝关节、跗关节和趾关节。

1. 荐髂关节

荐髂关节由荐骨翼与髂骨的耳状关节面构成，关节面不平整，周围有短而强的关节囊，并有一层短的韧带加固。因此，荐髂关节几乎不能活动。

2. 髋关节

髋关节由髋臼和股骨头构成，为多轴关节。髋关节能进行多方面运动，但主要是屈、伸运动。

3. 膝关节

膝关节为复关节，包括股胫关节和股髌关节，关节角顶向前。股胫关节由股骨远端的髁和胫骨近端的关节面构成；股髌关节由髌骨和股骨远端的滑车关节面构成。膝关节为多轴关节，但由于受到肌肉和韧带的限制，主要作用是进行屈、伸运动。

4. 跗关节

跗关节又称飞节，是由小腿骨远端、跗骨和跖骨近端构成的复关节。跗关节为单轴关节，主要作用是进行屈、伸运动。

5. 趾关节

趾关节包括系关节、冠关节和蹄关节。其构造与前肢指关节相同。

(三)骨盆

骨盆是由左右髋骨、荐骨、前 4 个尾椎和两侧的荐结节阔韧带围成，呈前宽后窄的圆锥形腔。前口以荐骨岬、髂骨及耻骨为界；后口的背侧为尾椎，腹侧为坐骨；两侧为荐结节阔韧带的后缘。骨盆腔具有保护盆腔脏器和传递推力的作用。骨盆的形状和大小，因牲畜的性别而异。总体说来，母畜的骨盆腔较公畜的大而宽敞，荐骨与趾骨的距离(骨盆纵径)较公畜大；髋骨两侧对应点的距离较公畜远，也就是骨盆的横径也较大；骨盆底的耻骨部较凹，坐骨部宽而平，骨盆后口较大。

马全身骨骼

猪全身骨骼

单元二 肌　　肉

一、肌肉的形态与构造

组成运动系统的每块肌肉都是一个复杂的器官，都具有一定的形态(图 3-2-1)、构造及功能。

(一)肌肉的形态

由于位置和机能不同，肌肉具有不同的形态，一般分为板状肌、多裂肌(含腱膜的阔肌)、纺锤形肌和环形肌 4 种。

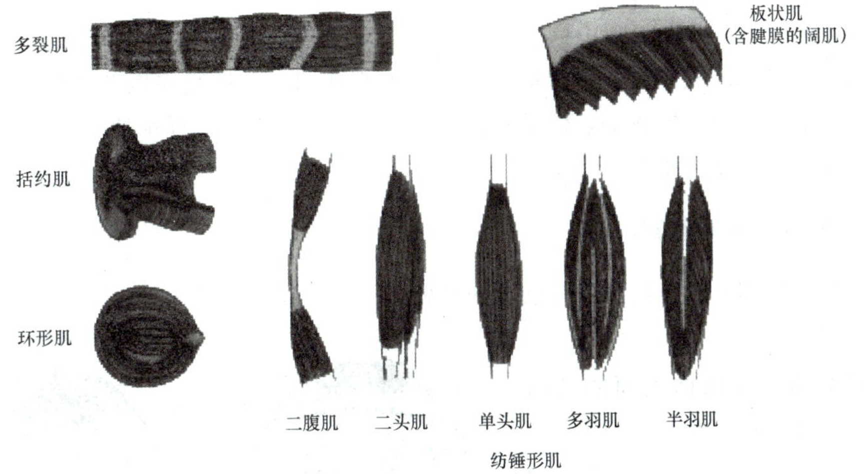

图 3-2-1　肌肉的形态

1. 板状肌(含腱膜的阔肌)

板状肌呈薄板状，主要位于腹部和肩带部。形状和大小不一，如背阔肌呈扇形、下锯肌呈锯齿状、臂头肌呈带状等。板状肌可延续为腱膜，以增加肌肉的坚固性。

2. 多裂肌

多裂肌主要分布于脊柱的椎骨之间，是由许多短肌束组成的肌肉，如背最长肌、髂肋肌等。

3. 纺锤形肌

纺锤形肌多分布于四肢，中间膨大部分主要由肌纤维构成，称肌腹；两端多为腱质，上端为肌头，下端为肌尾。

4. 环形肌

环形肌分布在自然孔周围。肌纤维环绕自然孔排列，形成括约肌，收缩时可关闭自然孔。

(二)肌肉的构造

构成肌器官的主要部分除了骨骼肌纤维，还有结缔组织、血管、淋巴管和神经。每一块肌肉都分为肌腹和肌腱两部分(图 3-2-2)。

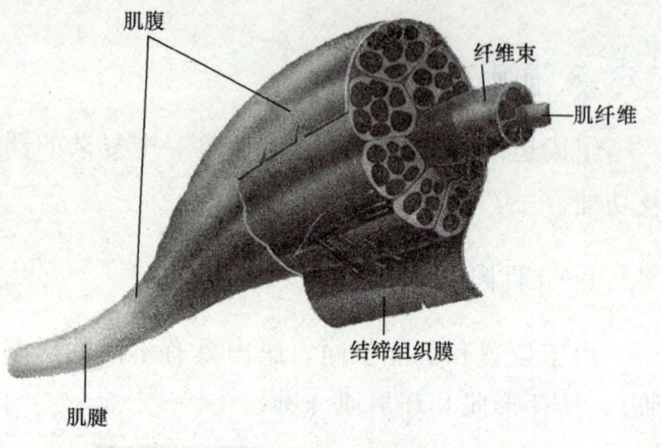

图 3-2-2 肌肉的构造

许多骨骼肌纤维借结缔组织结合成肌腹，肌腹收缩，产生运动。包在整块肌肉外表面的结缔组织形成肌外膜。肌外膜向内伸入，成为肌束膜，将肌纤维分成大小不同的肌束。肌束膜再向肌纤维之间深入，成为肌内膜，包围着每一条肌纤维。血管、淋巴管和神经随肌内膜进入肌组织，分布到肌纤维上。

在肌肉的两端，致密结缔组织取代肌纤维而形成肌腱。肌腱在四肢多呈索状，在躯干多呈薄板状。肌腱不能收缩，但具有很强的韧性和抗张力，其纤维伸入骨膜和骨质中，而使肌肉牢固地附于骨上。

(三)肌肉的辅助器官

肌肉的辅助器官包括筋膜、黏液囊和腱鞘(图 3-2-3)等。

1. 筋膜

筋膜为覆盖在肌肉表面的结缔组织膜，可分为浅筋膜和深筋膜。

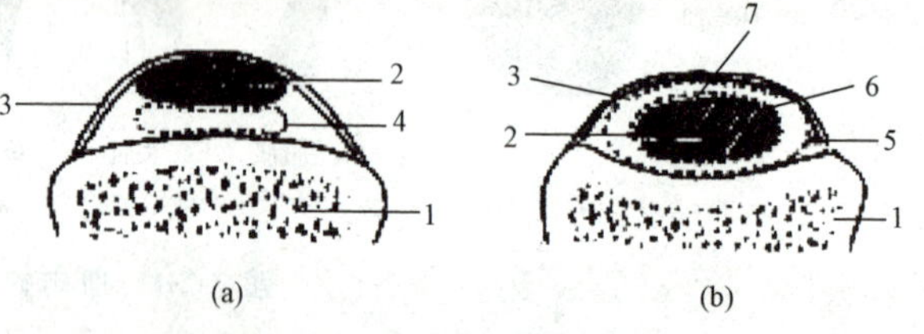

图 3-2-3 黏液囊和腱鞘构造模式图

(a)黏液囊；(b)腱鞘

1—骨；2—腱；3—纤维膜；4—滑膜；5—滑膜壁层；6—滑膜腱层；7—腱系膜

(1)浅筋膜：位于皮下，由疏松结缔组织构成，覆盖在整个肌肉表面。有些部位的浅筋膜中分布有皮肌。营养好的家畜浅筋膜内蓄积大量脂肪，称为皮下脂肪。浅筋膜连接于皮肤与深部组织，有保护、贮存营养和调节体温的作用。

(2)深筋膜：位于浅筋膜之下，由致密结缔组织构成，致密而坚韧，包围在肌群的表面，并伸入肌间，附着于骨上，有连接和支持肌肉的作用。

2. 黏液囊

黏液囊是密闭的结缔组织囊，囊壁薄，内衬滑膜，囊内有少量黏液。黏液囊多位于骨的突起与肌肉、肌腱、皮肤、韧带之间，有减少摩擦的作用。有些黏液囊是关节囊的突出部分，与关节腔相通，常称为滑膜囊。

3. 腱鞘

腱鞘多位于关节处，是卷曲成长筒状的黏液囊，分为内、外两层。其中，外层为纤维层，由深筋膜增厚而成；内层为滑膜层，滑膜层能分泌滑液，润滑肌腱，有减少摩擦、保护肌腱的作用。

二、全身肌肉的分布

全身的肌肉包括皮肌、头部肌肉、躯干肌肉、前肢肌肉及后肢肌肉。

(一)皮肌

皮肌为分布于浅筋膜中的薄层骨骼肌，大部分与皮肤深面紧密相连。皮肌并不覆盖全身，根据部位可分为面皮肌、颈皮肌、肩臂皮肌及躯干皮肌。皮肌的作用是颤动皮肤、驱散蚊蝇、抖掉灰尘及水滴等。

(二)头部肌肉

头部肌肉主要分为面部肌和咀嚼肌。

1. 面部肌

面部肌是位于口腔和鼻孔周围的肌肉，分为开张自然孔的开肌和关闭自然孔的括约肌。

(1)开肌：一般起于面骨，止于自然孔周围，主要有鼻唇提肌、鼻外侧开肌、上唇提肌、下唇降肌。

(2)括约肌：位于自然孔周围，有关闭自然孔的作用，主要有口轮匝肌和颊肌。

2. 咀嚼肌

咀嚼肌是使下颌发生运动的肌肉，可分为闭口肌和开口肌。

(1)闭口肌：发达且富有腱质，是磨碎食物的动力来源，主要有咬肌、翼肌和颞肌。

(2)开口肌：有向下牵引下颌骨而使口腔打开的作用，主要肌肉是二腹肌。

(三)躯干肌肉

躯干的主要肌肉可分为脊柱肌、颈腹侧肌、胸壁肌和腹壁肌。

1. 脊柱肌

脊柱肌是支配脊柱活动的肌肉，可分为脊柱背侧肌和脊柱腹侧肌。

(1)脊柱背侧肌：位于脊柱的背侧，很发达，尤其在颈部。两侧背侧肌同时收缩时，可伸脊柱、举头颈；一侧背侧肌收缩时，可向一侧偏脊柱。脊柱背侧肌主要有背最长肌和髂肋肌。

背最长肌：位于胸椎、腰椎的棘突与横突和肋骨椎骨端所形成的三棱形凹陷内，呈三棱形，是体内最大的肌肉。当两侧背最长肌同时收缩时，具有很强的伸背腰作用，还有伸颈及帮助呼气的作用；一侧收缩时可使脊柱侧屈。

髂肋肌：位于背最长肌的外侧，由一系列斜向前下方的肌束组成。当其收缩时可向后牵引肋骨，协助呼气。髂肋肌与背最长肌之间的肌沟，称为髂肋肌沟。

(2)脊柱腹侧肌：不发达，仅存于颈部和腰部，作用是向腹侧弯曲脊柱。位于颈部的有颈长肌，位于腰部的有腰小肌和腰大肌。腰小肌狭长，位于腰椎腹侧面的两侧；腰大肌较大，位于腰椎横突腹的外侧。

2. 颈腹侧肌

颈腹侧肌位于颈部腹侧，包括胸头肌、肩胛舌骨肌和胸骨甲状舌骨肌。

(1)胸头肌：位于颈下部外侧，构成颈静脉沟的下缘。颈静脉沟为胸头肌与臂头肌之间的沟，内有颈静脉，为牛、羊采血和输液的常用部位。

(2)肩胛舌骨肌：位于颈侧部，臂头肌的深面。

(3)胸骨甲状舌骨肌：位于气管腹侧，为扁平的带状肌。其作用是向后牵引喉和舌骨并协助吞咽。

3. 胸壁肌

胸壁肌分布于胸腔的侧壁，并形成胸腔的后壁。胸壁肌收缩时可改变胸腔的容积，参与呼吸运动，也称呼吸肌，主要有肋间外肌、肋间内肌和膈。

(1)肋间外肌：位于肋间隙的表层，起于肋骨后缘，止于后一肋骨的前缘，肌纤维斜向后下方。当其收缩时，牵引肋骨向前外方移动，使胸腔横径扩大，引起吸气。

(2)肋间内肌：位于肋间外肌的深面，起于肋骨前缘，止于前一肋骨的后缘，肌纤维斜向前下方。当其收缩时，牵引肋骨向后内方移动，使胸腔缩小，引起呼气。

(3)膈：为一圆拱形凸向胸腔的板状肌，构成胸腔的腹腔的间隔，由周围的肌质和中间的腱质两部分构成。背侧附着于前四腰椎的腹侧称为膈脚；肋部附着于肋骨的内面，从第 8 对肋骨向上，沿肋骨和肋软骨的结合处，至最后肋骨内面；胸骨部附着于剑状软骨的背侧面。膈收缩时，使突向胸腔的凸度变小，扩大胸腔的纵径，引起吸气；膈松弛时，腹壁肌肉回缩，腹腔内脏向前压迫膈，使凸度增大，胸腔纵径变小，从而帮助呼气。膈上有 3 个裂孔：上方是主动脉裂孔，中间是食管裂孔，下方是腔静脉裂孔，分别有主动脉、食管和后腔静脉通过(图 3-2-4)。

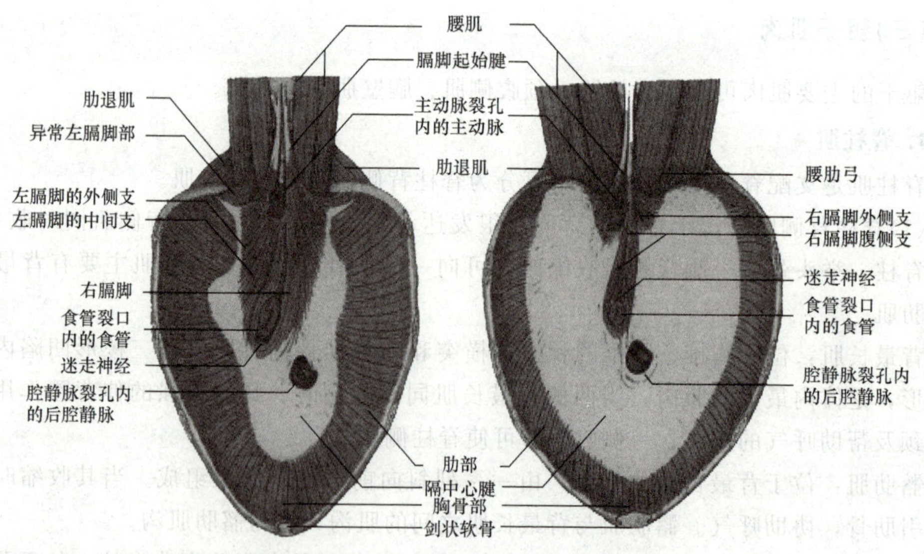

图 3-2-4　膈肌的结构模式图

4. 腹壁肌

腹壁肌构成腹腔的侧壁和底壁，由4层纤维方向不同的薄板状肌构成。由外向内依次是腹外斜肌、腹内斜肌、腹直肌和腹横肌(图3-2-5)。其表面覆盖有一层坚韧的腹壁筋膜，称为腹黄膜，可以协助腹壁支持内脏。

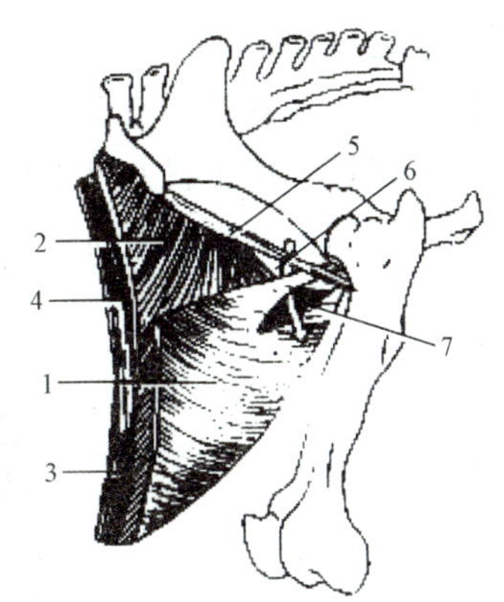

图3-2-5 马腹壁肌模式图

1—腹外斜肌；2—腹内斜肌；3—腹直肌；4—腹横肌；5—腹股沟韧带；6—腹股沟管腹环；7—腹股沟管皮下环

(1)腹外斜肌：为腹壁肌的最外层，其起于第5至最后肋的外面，止于腹白线，肌纤维由前上方走向后下方。起始部为肌质，至肋弓下约一掌处变为腱膜。

(2)腹内斜肌：为腹壁肌的第2层，位于腹外斜肌深面，起于髋结节及腰椎横突，向前下方伸延，至腹侧壁中部转为腱膜，止于最后肋后缘及腹白线。肌纤维由后上方斜向前下方。

(3)腹直肌：呈宽带状，位于腹白线两侧的腹底壁内，起于胸骨和后部肋软骨，肌纤维纵行，止于耻骨前缘。

(4)腹横肌：是腹壁肌的最内层，较薄，起于腰椎横突及肋弓内侧，肌纤维垂直向下走行，以腱膜止于腹白线。

腹白线：位于腹底壁正中线上，剑状软骨与耻骨之间。由两侧腹壁肌的腱膜交织而成。在白线中部稍后方有一瘢痕称为脐，公牛的尿道开口于此。

腹股沟管：是位于腹底后部，斜行穿过腹外斜肌和腹内斜肌间的楔形缝隙，为胎儿期睾丸从腹腔下降到阴囊的通道。有内、外两个口：外口通皮下，称腹股沟皮下环，为腹外斜肌腱膜上的裂隙；内口通腹腔，称腹股沟腹环，为腹内斜肌与腹股沟韧带间的裂隙。公畜的腹股沟管明显，内有精索总鞘膜、提睾肌和脉管、神经通过；母畜的腹股沟管仅供血管、神经通过。动物出生后如果腹环过大，小肠易进入腹股沟管内，形成疝。

腹壁肌的作用：腹壁肌各层肌纤维走向不同，彼此重叠，加上被覆在腹肌表面的腹黄筋膜，形成坚韧的腹壁，起容纳和支持腹腔脏器的作用。当腹壁肌收缩时，可增大腹压，协助呼气、排便和分娩等活动。

(四)前肢肌肉

前肢肌肉分为肩带肌、肩部肌、臂部肌、前臂及前脚部肌4部分(图3-2-6)。

1. 肩带肌

肩带肌是前肢与躯干连接的肌肉，多数为板状肌，通常起于躯干骨，止于肩胛骨和臂骨。根据位置可分为背侧肌群和腹侧肌群。

(1)背侧肌群：主要包括斜方肌、菱形肌、臂头肌和背阔肌。

①斜方肌：为扁平的三角形肌，根据起点和肌纤维方向分为颈斜方肌和胸斜方肌。

颈斜方肌起于项韧带索状部，肌纤维斜向后下方；胸斜方肌起于前 10 个胸椎棘突，肌纤维斜向前下方。两者均止于肩胛冈。其作用是提举、摆动和固定肩胛骨。

②菱形肌：位于斜方肌和肩胛骨的深面，也分颈、胸二部，起于同斜方肌，止于肩胛软骨内侧面。其作用是向前上方提举肩胛骨。

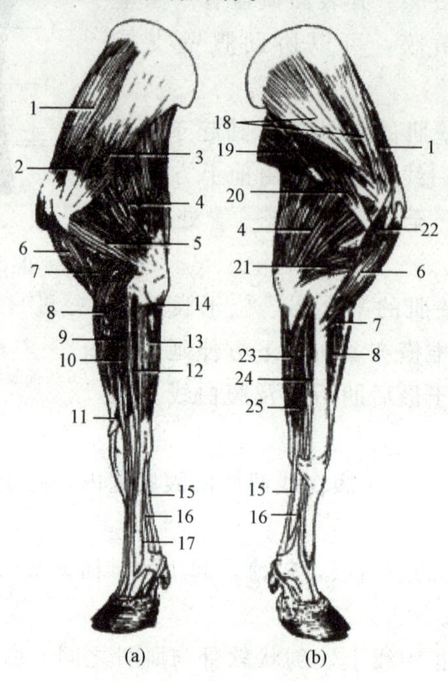

图 3-2-6 牛前肢肌

(a)外侧；(b)内侧

1—冈上肌；2—冈下肌；3—三角肌；4—臂三头肌长头；5—臂三头肌外侧头；6—臂二头肌；7—臂肌；8—腕桡侧伸肌；9—指内侧伸肌；10—指总伸肌；11—腕斜伸肌；12—指外侧伸肌；13—腕外侧屈肌；14—指深屈肌；15—指浅屈肌腱；16—指深屈肌腱；17—悬韧带；18—肩胛下肌；19—背阔肌；20—大圆肌；21—臂三头肌内侧头；22—喙臂肌；23—腕尺侧屈肌；24—腕桡侧屈肌；25—指浅屈肌

③臂头肌：呈长而宽的带状，位于颈侧部浅层，自头伸延至臂，构成颈静脉沟的上界。起于枕骨、颞骨和下颌骨，止于臂骨。其具有牵引前肢向前、伸肩关节及提举和侧偏头颈的作用。

④背阔肌：三角形的大板状肌，位于胸侧壁的上部，肌纤维由后上方斜向前下方，部分被躯干皮肌和臂三头肌覆盖。其作用是向后上方牵引臂骨，屈肩关节；当前肢踏地时，牵引躯干向前。

(2)腹侧肌群主要分为腹侧锯肌和胸肌。

①腹侧锯肌：宽大的扇形肌，下缘呈锯齿状，位于颈、胸部的外侧面，分为颈、胸两部。颈腹侧锯肌位于颈部外侧，发达，几乎全为肌质；胸腹侧锯肌位于胸外侧，较薄，表面和内部混有厚而坚韧的腱层，具有负担体重和向前、向后牵引肩胛骨的作用。

②胸肌：位于胸底壁和肩臂内侧之间的皮下，分胸浅肌和胸深肌两层。有内收和摆动前肢的作用。

2. 肩部肌

肩部肌分布于肩胛骨的外侧面及内侧面，起于肩胛骨，止于臂骨，跨越肩关节，可伸、屈肩关节和内收、外展前肢。

(1)冈上肌：位于冈上窝内，起于冈上窝和肩胛软骨，止于臂骨的内、外侧结节，起伸展及固定肩关节的作用。

(2)冈下肌：位于冈下窝内，部分被三角肌覆盖，起于冈下窝和肩胛软骨，止于臂骨外侧结节，起外展及固定肩关节的作用。

(3)三角肌：位于冈下肌的浅层，呈三角形，以腱膜起于肩胛冈、肩胛骨后角，止于臂骨三角肌结节，起屈肩关节的作用。

(4)肩胛下肌：位于肩胛骨内侧面，起内收和固定肩关节的作用。

(5)大圆肌：位于肩胛下肌后方，呈带状，起屈肩关节的作用。

3. 臂部肌

臂部肌分布于臂骨周围，起于肩胛骨和臂骨，跨越肩关节及肘关节，止于前臂骨，主要作用于肘关节。

(1)臂三头肌：位于肩胛骨后缘与臂骨形成的夹角内，呈三角形，是前肢最大的一块肌肉。它以长头和内、外侧头分别起于肩胛骨及臂骨的内、外侧，共同止于尺骨的鹰嘴，起伸肘关节的作用。

(2)前臂筋膜张肌：位于臂三头肌后缘和内面，为一狭长肌肉，起于肩胛骨后角，止于鹰嘴，可伸肘关节。

(3)臂二头肌：位于臂骨前面，为多腱质的纺锤形肌，以强腱起于肩胛结节，止于桡骨近端前内侧，起屈肘关节的作用。

(4)臂肌：位于臂骨前内侧的肌沟内，有屈肘关节的作用。

4. 前臂及前脚部肌

前臂及前脚部肌为作用于腕关节、指关节的肌肉，分为背外侧肌群和掌侧肌群。大部分为多腱质的纺锤形肌，均起于臂骨远端及前臂骨近端，在腕关节附近转变为腱。

(1)背外侧肌群：分布于前臂骨的背侧面和外侧面，由前向后依次是腕桡侧伸肌、指内侧伸肌、指总伸肌、指外侧伸肌和腕斜伸肌，是腕、指关节的伸肌。

(2)掌侧肌群：分布于前臂骨的掌侧面，包括浅层屈腕的肌肉(腕外侧屈肌、腕尺侧屈肌、腕桡侧屈肌)、深层屈指的肌肉(指浅屈肌和指深屈肌)。

(五)后肢肌肉

后肢肌肉比前肢发达，是推动身体前进的主要动力，包括臀部肌肉、股部肌肉、小腿部及后脚部肌肉(图 3-2-7)。

1. 臀部肌肉

臀部肌肉位于髋骨的内、外面。内面的为髂肌；外面的为臀肌。

(1)臀肌为臀部主要的肌肉，发达，起于髂骨翼和荐坐韧带，前与背最长肌筋膜相连，止于股骨大转子。臀肌可伸髋结节，并起到参与竖立、蹴踢及推进躯干的作用。

(2)髂肌位于髂骨内侧面，起于髂骨翼的腹侧面，止于股骨内面，与腰大肌共同的作用是屈髋关节和旋外后肢。

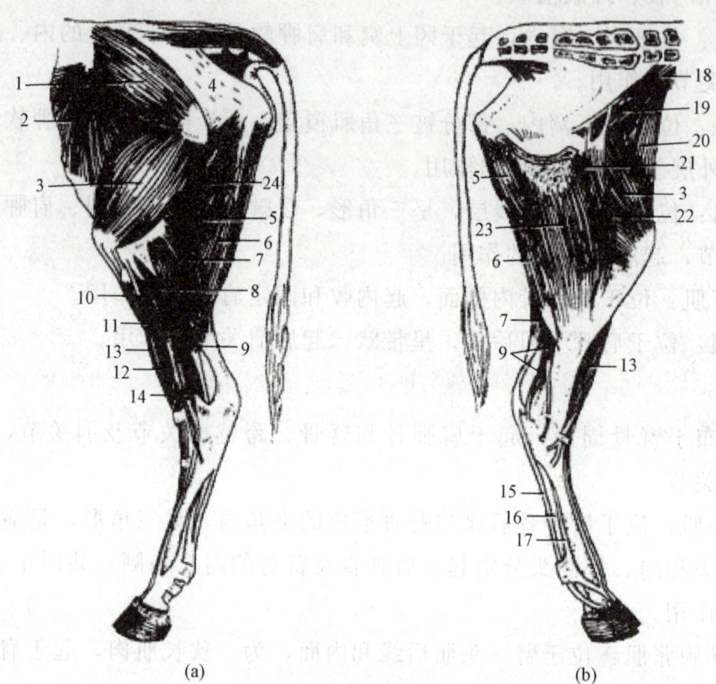

图 3-2-7　牛后肢肌(外侧臀股二头肌已切除)

(a)外面；(b)内面

1—臀中肌；2—腹内斜肌；3—股四头肌；4—荐结节阔韧带；5—半膜肌；6—半腱肌；7—腓肠肌；8—比目鱼肌；9—趾深屈肌；10—胫骨前肌；11—腓骨长肌；12—趾长伸肌及趾内侧伸肌；13—第三腓骨肌；14—趾外侧伸肌；15—趾浅屈肌腱；16—趾深屈肌腱；17—悬韧带；18—腰小肌；19—髂腰肌；20—阔肌膜张肌；21—耻骨肌；22—缝匠肌；23—股薄肌；24—内收肌

2. 股部肌肉

股部肌肉分布于股骨的周围，根据部位可分为股后肌群、股前肌群和股内侧肌群。

(1)股后肌群。

①股二头肌：位于股后外侧，长而宽大。起点有两个肌头：椎骨头起于荐骨；坐骨头起于坐骨结节。向下以腱膜止于膝部、胫部及跟结节。该肌起伸髋结节、膝关节及跗关节的作用。

②半腱肌：位于股二头肌之后，为大长肌，起自坐骨结节，以腱膜止于胫骨嵴及跟结节。该肌作用同股二头肌。

③半膜肌：位于股后内侧，呈三棱形，起自坐骨结节，止于股骨远端内侧。该肌的作用为伸髋关节和内收后肢。

(2)股前肌群。

①股阔筋膜张肌：位于股部前方浅层，起于髋结节，向下呈扇形展开。起始部为肌质，较厚，向下延续为阔筋膜，并借阔筋膜止于髌骨和胫骨近端。该肌起屈髋关节、伸

膝关节的作用。

②股四头肌：位于股骨的前方和两侧，被股阔筋膜张肌覆盖，大而厚，富于肉质。其有 4 个肌头，即直头、内侧头、外侧头和中间头。直头起于髂骨体，其余 3 个头分别起于股骨的外侧、内侧及前面，向下共同止于髌骨。该肌起伸膝关节的作用。

(3)股内侧肌群。

①股薄肌：薄而宽，位于股内侧皮下，起于骨盆联合及耻骨腱，以腱膜止于膝关节及胫骨近端内面。该肌起内收后肢的作用。

②内收肌：呈三棱形，位于半膜肌前方、股薄肌深面，起于坐骨和耻骨的腹侧，止于股骨的后面和远端内侧面。该肌起内收后肢的作用。

3. 小腿部及后脚部肌肉

小腿部及后脚部肌肉多为纺锤形，肌腹多位于小腿上部，在跗关节附近变为肌腱，肌腱在通过跗关节处大部分包有腱鞘。该肌起伸、屈跗关节和趾关节的作用。这部分肌肉可分为背外侧肌群和跖侧肌群。

(1)背外侧肌群：牛有 6 块肌肉，分别是第三腓骨肌、胫骨前肌、腓骨长肌、趾内侧伸肌、趾长伸肌、趾外侧伸肌。

①第三腓骨肌：位于小腿背侧面浅层，纺锤形，起于股骨远端外侧，止于跖骨近端及跗骨，具有屈跗关节作用。

②胫骨前肌：位于第三腓骨肌的深面，紧贴胫骨，起于小腿近端外侧，止于跖骨前面和第 2、3 跗骨，具有屈跗关节作用。

③趾内侧伸肌：位于第三腓骨肌深面及趾长伸肌前面，起于股骨远端外侧，止于第 3 趾的冠骨，具有伸第 3 趾的作用。

④趾长伸肌：位于趾内侧伸肌后方，肌腹上部被第三腓骨肌覆盖，起于股骨远端外侧，止于第 2、4 趾蹄骨的伸腱突，具有伸趾、屈跗的作用。

⑤腓骨长肌：位于小腿外侧面，趾长伸肌后方，起于小腿近端外侧面，止于第 1 跗骨和跖骨近端，具有屈跗关节的作用。

⑥趾外侧伸肌：位于小腿外侧，腓骨长肌后方，起于小腿近端外侧，止于第 4 趾的冠骨，具有伸第 4 趾的作用。

(2)跖侧肌群：牛有 3 块肌肉，分别是腓肠肌、趾浅屈肌、趾深屈肌。

①腓肠肌：位于小腿后部，肌腹位于股二头肌与半腱肌之间，有内、外两个头，分别起于股骨髁上窝的两侧，与趾浅屈肌腱扭结在一起形成跟腱，止于跟结节，具有伸跗关节的作用。

②趾浅屈肌：位于腓肠肌两头之间，起于股骨的髁上窝，止于冠骨，与第三腓骨肌一起，形成连接膝关节与跗关节的静力装置。

③趾深屈肌：位于胫骨后面，有 3 个头，均起于胫骨后面和外侧缘上部，止于蹄骨掌侧面后缘，具有伸跗关节、屈趾关节的作用。

跟腱：为圆形强腱，是腓肠肌腱、趾浅屈肌腱、股二头肌腱、半腱肌腱合成的强韧的腱索，连于跟结节上，具有伸跗关节的作用。

学习小结

知识点		需掌握内容
骨骼	骨的类型	长骨、扁骨、短骨、不规则骨
	骨的构造	骨膜、骨质、骨髓、血管和神经等
	关节的基本结构	关节面、关节软骨、关节囊、关节腔
	牛头部骨骼	颅骨，面骨、头骨的连接
	牛的躯干骨	椎骨、肋和胸骨，躯干骨连结
	牛的前肢骨骼及关节	肩胛骨、臂骨、前臂骨(包括尺骨和桡骨)、前脚骨(包括腕骨、掌骨、指骨和籽骨)，肩关节、肘关节、腕关节、指关节
	牛的后肢骨骼及关节	髋骨(包括髂骨、坐骨和耻骨)、股骨、膝盖骨、小腿骨和后脚骨(包括跗骨、跖骨、趾骨和籽骨)，荐髂关节、髋关节、膝关节、跗关节和趾关节
肌肉	肌肉的形态、构造	板状肌、多裂肌、纺锤形肌和环形肌，肌腹和肌腱，筋膜、黏液囊和腱鞘
	皮肌	面皮肌、颈皮肌、肩臂皮肌及躯干皮肌
	头部肌肉	面部肌和咀嚼肌
	躯干肌肉	脊柱肌、颈腹侧肌、胸壁肌和腹壁肌
	前肢肌肉	肩带肌、肩部肌、臂部肌、前臂及前脚部肌肉
	后肢肌肉	臀部肌肉、股部肌肉、小腿部及后脚部肌肉

复习思考题

一、填空题

1. 胸骨由________、________、________3 部分构成。
2. 根据骨的形态，骨常分为________、________、________、________4 种类型。
3. 关节的基本结构包括________、________、________和________。
4. 呼吸运动的主动肌主要包括________、________和________。
5. 根据肌肉的形态，肌肉常分为________、________、________、________4 种。

二、多选题

1. 下列属于面骨的有(　　)。

A. 额骨　B. 颧骨　C. 筛骨　D. 犁骨　E. 鼻骨

2. 下列肌肉中的(　　)参与呼吸运动。

A. 肋间外肌　B. 背最长肌　C. 胸头肌　D. 膈肌　E. 腹横肌

3. 关于腹壁肌，下列说法中正确的是(　　)。

A. 腹外斜肌和腹内斜肌形成腹股沟管

B. 腹外斜肌的肌纤维由前上方斜向后下方

C. 腹内斜肌的肌纤维由后上方斜向前下方

D. 腹横肌的肌纤维由胸骨走向耻骨

4. 滑膜连接的基本结构包括(　　)。

A. 关节面　　B. 关节软骨　　C. 关节囊　　D. 关节腔　　E. 关节盘

5. 胸椎的形态特征包括(　　)。

A. 棘突发达，较宽　　B. 棘突不发达，矮小

C. 横突长，呈上下扁的板状　　D. 椎体愈合成一整体

E. 有肋凹

三、简答题

1. 简述骨盆的构造及功能。
2. 简述胸廓的构造及功能。
3. 简述腹壁肌的构造及功能。
4. 简述膈肌的构造及功能。

参考答案

项目四　消化系统

项目描述

消化系统的基本生理功能是摄取、转运、消化食物和吸收营养、排泄废物，这些生理功能的完成需要消化系统各器官协调活动。由于动物的食物种类不同，体内的消化器官也存在差异。家畜根据消化生理不同主要分为单胃草食动物、复胃草食动物、杂食动物、禽类。

学习目标

知识目标

1. 掌握内脏的特征。
2. 掌握腹腔 3 大部分和 10 小部分的划分。
3. 掌握消化系统的组成。
4. 掌握各消化器官的形态、位置及构造。
5. 掌握马匹消化系统的解剖特征。
6. 掌握猪消化系统的解剖特征。
7. 掌握反刍动物消化系统的解剖特征。
8. 掌握胃、肠的生理功能。
9. 掌握消化的方式。
10. 掌握三大营养物质消化、吸收的机理和过程。

技能目标

1. 能够在动物新鲜标本上识别主要消化器官的形态和构造。
2. 能够在牛活体上正确指出瘤胃、网胃、瓣胃和皱胃及肠的体表投影位置。

素质目标

1. 养成勤学好问、吃苦耐劳、爱岗敬业的精神。
2. 热爱动物，正确对待实验动物。

单元一　体腔与内脏

一、内脏的概念

内脏是指体腔内借管道直接或间接与外界相通的器官的总称，包括消化系统、呼吸系统、泌尿系统和生殖系统等。

二、腹腔、骨盆腔与腹膜

(一)腹腔

腹腔的前面为膈肌，后面与骨盆腔相通，顶壁主要为腰椎、腰肌和膈脚等，两侧壁和底壁主要为腹肌及其腱膜。腹腔是体内最大的腔，内有大部分消化器官和脾、肾、输尿管、卵巢、输卵管、部分子宫和大血管等。

(二)骨盆腔

骨盆腔是腹腔向后的延续，其背侧为荐骨和前 3～4 块尾椎，两侧为髂骨和荐坐韧带，底壁为耻骨和坐骨。骨盆前口由荐骨岬、髂骨与耻骨前缘围成；后口由尾椎、荐结节阔韧带后缘和坐骨弓围成。

骨盆腔内的器官有直肠、输尿管、膀胱及雌性动物的子宫后部和阴道或雄性动物的输精管、尿生殖道和副性腺等。

(三)腹膜与腹膜腔

1. 腹膜

腹膜是贴于腹腔、骨盆腔壁内面和覆盖在腹腔、骨盆腔器官表面的一层浆膜，可分为腹膜壁层和腹膜脏层。腹膜壁层贴于腹腔壁的内面，并向后延续到骨盆腔壁的前半部；腹膜脏层覆盖于腹腔、骨盆腔内脏器官的表面，即内脏器官的浆膜层。

2. 腹膜腔

腹膜的壁层和脏层相互移行，两层间的间隙称为腹膜腔。公畜腹膜腔是完全封闭的，母畜因输卵管腹腔口开口于腹膜腔，因此，间接与外界相通。在正常情况下，腹膜腔内有少量的浆液，有润滑作用，可减少脏器间运动时产生的摩擦。

3. 腹膜褶腹膜

腹膜褶腹膜从腹腔、骨盆腔壁移行到脏器，或从某一脏器移行至另一脏器，这些移行部分的腹膜形成了各种不同的腹膜褶，分别称为系膜、网膜、韧带和皱褶。它们多数由双层腹膜构成，其中常有结缔组织、脂肪、淋巴结以及分布到脏器的血管、淋巴管和神经等，起着连系和固定脏器的作用。系膜是连于腹腔顶壁与肠管间宽而长的腹膜褶。

网膜是连于胃与其他脏器间的腹膜褶。韧带和皱褶是连于腹腔、骨盆腔壁与脏器间或脏器与脏器间短而窄的腹膜褶。

三、腹腔分区

为了准确地表明各器官的位置，现将腹腔划分为10个部分，如图4-1-1所示。

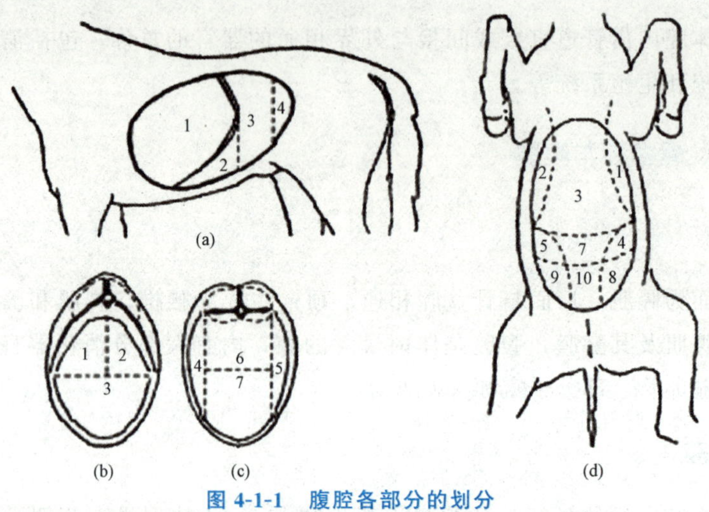

图 4-1-1　腹腔各部分的划分

(a)侧面

1—季肋部；2—剑状软骨部；3—腹中部；4—腹后部

(b)腹前部横断面

1—左季肋部；2—右季肋部；3—剑状软骨部

(c)腹中部横断面

4—左髂部；5—右髂部；6—腰部；7—脐部

(d)腹面

1—左季肋部；2—右季肋部；3—剑状软骨部；4—左髂部；5—右髂部；

7—脐部；8—左腹股沟部；9—右腹股沟部；10—耻骨

通过两侧最后肋骨的后缘最突出点和髋结节前缘各作1个横断面，便可将腹腔划分为腹前部、腹中部、腹后部3部分。

1. 腹前部

腹前部沿左右肋弓作1假想切面(肋弓切面)，上部称季肋部，下部称剑状软骨部；上部又以正中矢状面为界分为左季肋部和右季肋部。

2. 腹中部

沿着腰椎横突两侧顶点各作1个侧矢状面，将腹中部分为左髂部、右髂部和中间部；在中间部沿着第1肋骨的中点作1个额面，将中间部分为背侧的腰部或肾部和腹侧的脐部。

3. 腹后部

腹后部分为3部分。把腹中部的2个侧矢状面往后延伸，将腹后部划分为左腹股沟部、右腹股沟部和中间的耻骨部。

单元二　消化器官

机体内完成消化和吸收的器官，统称为消化系统。消化系统分为消化管和消化腺两部分。消化管为容纳器官，多为管腔状，主要包括口腔、咽、食管、胃、肠(小肠、大肠)和肛门；消化腺分为壁内腺和壁外腺。

一、口腔

口腔为消化器官的起始部，具有采食、吸吮、咀嚼、辨味、吞咽和分泌消化液等功能。其前壁为唇，两侧壁为颊，顶壁为硬腭，底壁为下颌骨和舌，后壁为软腭。前端以口裂与外界相通；后端通过咽峡与咽相通。口腔可分为口腔前庭和固有口腔两部分。口腔前庭是唇、颊和齿弓之间的空隙；固有口腔为齿弓以内的部分，舌位于其内。口腔内面衬有黏膜，富有血管和色素。

(一)唇

唇分为上唇、下唇，两者的游离缘围成口裂。口裂的两端汇合成口角。口唇的基础由横纹肌(口轮匝肌)构成，外面覆有皮肤，内面衬有黏膜。黏膜深层有唇腺，腺管直接开口于唇黏膜表面。口唇富有神经末梢，较敏感。

马唇灵活，是采食的主要器官。上唇长而薄，下唇短厚，其后下方有明显的丘形隆起，称为颏，由肌肉、脂肪和结缔组织构成。在唇和颏部的皮肤上生有触毛。

牛唇坚实、短厚、不灵活。上唇中部和两鼻孔之间的无毛区，称为鼻唇镜(图 4-2-1)。唇黏膜上长有角质锥状乳头，在口角处的较长，尖端向后。

羊唇薄而灵活，上唇中部有明显的纵沟，两鼻孔之间形成无毛区，称为鼻镜。唇黏膜上也长有角质锥状乳头，形状与牛的相似。

猪的上唇短厚，与鼻连在一起构成吻突(鼻盘)，有掘地觅食的作用。其下唇尖小，运动不灵活，口裂很大，口唇的活动性较小。

(二)颊

颊位于口腔两侧，构成口腔的侧壁。颊主要由颊肌构成，外覆皮肤，内衬黏膜。在颊肌的上、下缘有颊腺，腺管开口于颊黏膜的表面。

马的颊较长，在第 3 上臼齿相对的颊黏膜上有腮腺管的开口。

牛、羊的颊黏膜上有许多尖端向后的锥状乳头，咀嚼时可以帮助磨碎食物，第 5 上臼齿相对的颊黏膜上有腮腺管的开口(图 4-2-2)。

猪的颊较短，颊黏膜平滑，其上有腮腺管和颊腺的开口。

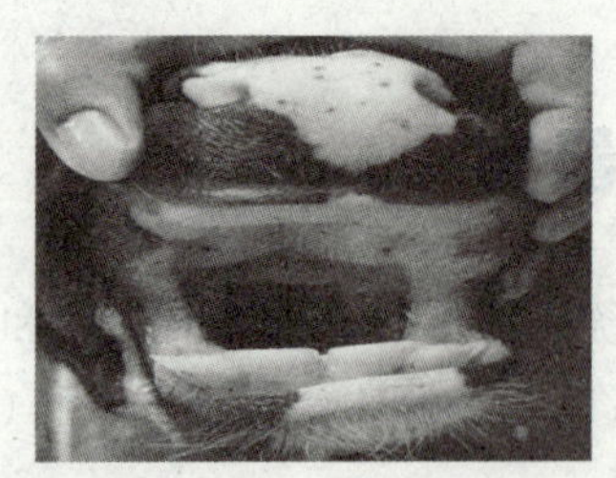

图 4-2-1　牛口腔

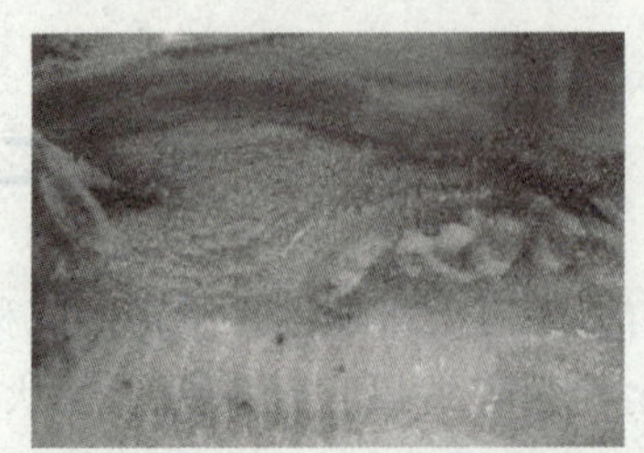

图 4-2-2　牛的颊黏膜

(三)硬腭

硬腭为口腔的顶壁，向后延续为软腭，构成固有口腔的顶壁。切齿骨的腭突、上颌骨腭突和腭骨水平部共同构成硬腭的骨质基础。硬腭的黏膜厚而坚实，黏膜下组织有丰富的静脉丛。硬腭的正中有一条腭缝，其两侧有许多条横行的腭褶。前部的腭褶高而明显，向后由于逐渐变低而消失，在腭缝的前端有一突起，称为切齿乳头。

马的腭褶有 16～18 条，腭褶的游离缘光滑如图 4-2-3 所示。

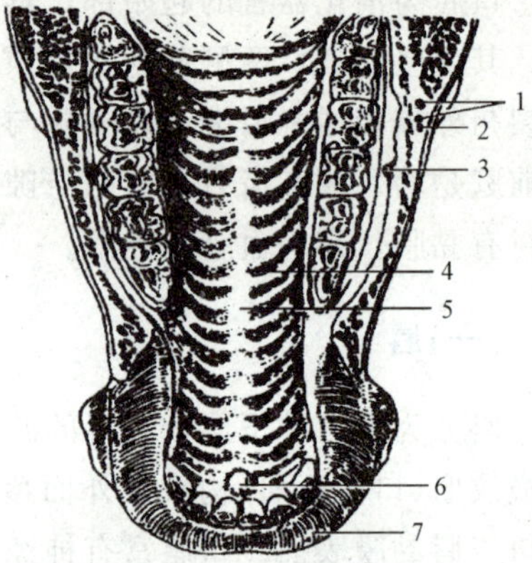

图 4-2-3　马的硬腭

1—面动脉、面静脉；2—腮腺管；3—唾液乳头；4—腭褶；5—腭缝；6—切齿乳头；7—上唇

牛、羊的硬腭前端无切齿(图 4-2-4)，由该处黏膜形成厚而致密的角质层，称为齿垫或齿枕或齿板。牛的腭褶的游离缘呈锯齿状，羊的光滑。牛、羊腭缝的前端有切齿乳头，其两侧有切齿管的开口。

猪的硬腭上腭褶较密，腭褶的游离缘光滑，切齿乳头两侧有切齿管(或鼻腭管)的开口(图 4-2-5)。

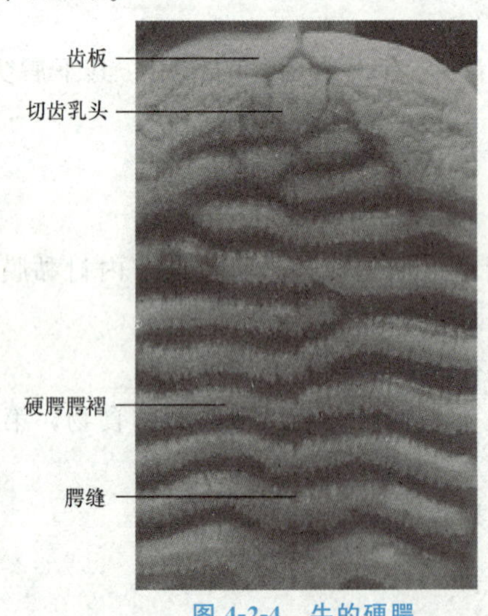

图 4-2-4　牛的硬腭

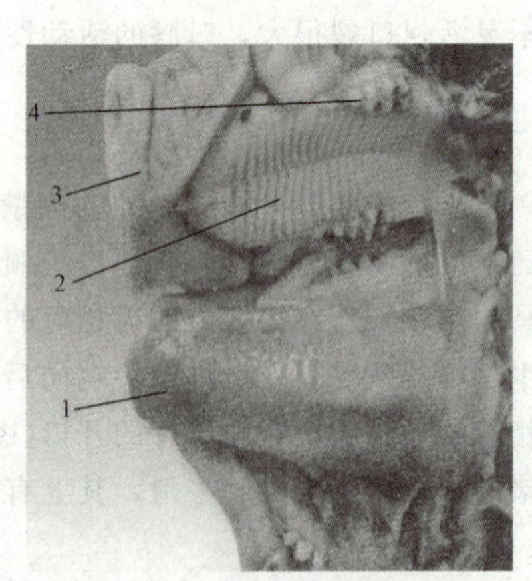

图 4-2-5　猪的硬腭

1—舌；2—硬腭；3—鼻盘；4—臼齿

(四)口腔底和舌

1. 口腔底

口腔底大部分被舌所占据，前部由下颌骨切齿部构成，表面覆有黏膜，舌尖下面有一对突起，称为舌下肉阜，其是颌下腺管(马)或颌下腺管和长管舌下腺管(牛)的开口处。猪无舌下肉阜。

2. 舌

舌位于固有口腔内，是一个肌性器官，表面覆以黏膜。在咀嚼、吞咽动作中起搅拌和推送食物的作用。其是味觉器官。对于吮乳的幼畜来说，舌起活塞的作用。

舌由舌肌和舌黏膜构成(图 4-2-6)。舌肌属于横纹肌。舌黏膜覆盖于舌的表面，舌背的黏膜较厚，角质化程度也高，形成许多形态和大小不同的小突起，称为舌乳头。舌黏膜深层含有舌腺，以许多小管开口于舌黏膜表面和舌乳头的基部。舌根背侧的固有膜内有淋巴上皮器官，称为舌扁桃体。

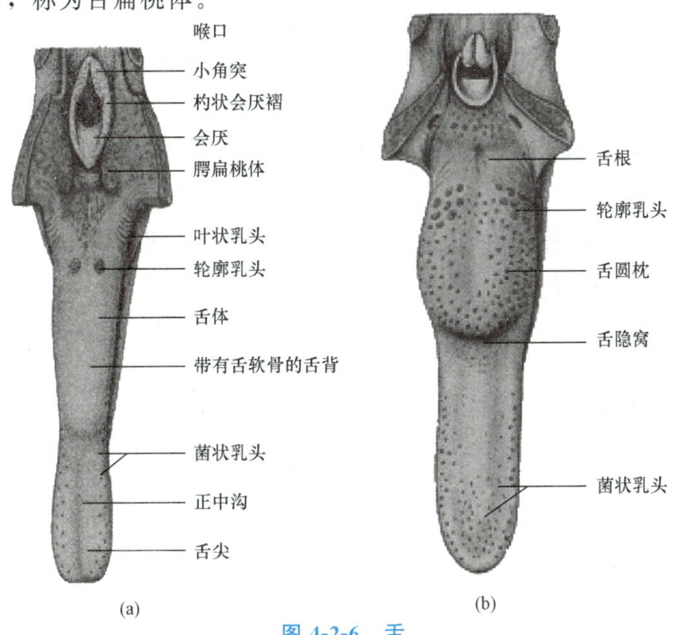

图 4-2-6　舌

(a)马舌；(b)牛舌

舌分为舌尖、舌体和舌根三部分。舌尖为舌前端游离的部分，活动性大；舌尖向后延续为舌体，位于两侧臼齿之间，附着于口腔底；舌根是附着于舌骨的部分。在舌尖和舌体交界处的腹侧有 1 条(马)或 2 条(牛、猪)与口腔底相连的黏膜褶，称为舌系带。

马舌较长，舌尖扁平，舌体较大。舌背上有 4 种黏膜乳头。丝状乳头呈丝绒状，密布于舌背和舌尖的两侧，乳头上皮有很厚的角质层，上皮中无味蕾，仅起一般的感觉和机械保护作用。菌状乳头数量较少，分散在舌背和舌体的两侧，上皮中有味蕾，有辨味的功能。轮廓乳头一般有 2 个，位于舌背后部中线两侧，有时在两乳头之间稍后方，还有 1 个较小的，上皮中有味蕾，有辨味的功能。叶状乳头左、右各 1 个，位于舌体后部两侧缘，略呈长椭圆形，由一些横行的黏膜褶组成，上皮中有味蕾，有辨味的功能。

牛的舌体和舌根较宽厚，舌尖灵活。舌背后部有一椭圆形隆起，称为舌圆枕。舌黏膜上除丝状乳头、菌状乳头、轮廓乳头外，还有角质化的锥状乳头，使舌的表面粗糙。舌圆枕前方的锥状乳头尖硬，尖端向后；舌圆枕上的锥状乳头形状不一，有的呈圆锥状，有的呈扁平豆状；舌圆枕后的锥状乳头长而软。牛、羊无叶状乳头。

猪舌窄而长，舌尖薄。舌黏膜上的乳头与马相似，除丝状乳头、菌状乳头、轮廓乳头和叶状乳头外，在舌根处还有长而软的锥状乳头。

(五)齿

齿是机体内最坚硬的器官，具有采食和咀嚼作用。

1. 齿的位置和分类

牙齿镶嵌于上、下颌骨的齿槽内，齿弓上两侧的牙齿对称。

牙齿按形态、位置和功能可分为切齿、犬齿和臼齿。切齿位于齿弓前部，与口唇相对，由内向外分别称为门齿、内中间齿、外中间齿和隅齿；犬齿尖而锐，位于齿槽间隙处，约与口角相对；臼齿位于齿弓的后部，与颊相对，分为前臼齿和后臼齿。

牙齿按年龄分乳齿和恒齿。乳齿为脱换前的牙齿，恒齿为脱换后的牙齿。乳齿一般较小，颜色较白，磨损较快；恒齿相对较大、坚硬、颜色较乳齿黄白。

2. 齿式

动物牙齿的排列方式称为齿式(括号内为一侧齿式，故应乘以 2)。

动物的齿式： 上齿弓 / 下齿弓 $\frac{2(\text{切齿}\quad\text{犬齿}\quad\text{前臼齿}\quad\text{后臼齿})}{2(\text{切齿}\quad\text{犬齿}\quad\text{前臼齿}\quad\text{后臼齿})}$

几种动物的齿式如下：

	乳齿式	恒齿式
公马：	$\frac{2(3\quad 1\quad 3\quad 0)}{2(3\quad 1\quad 3\quad 0)}$	$\frac{2(3\quad 1\quad 3-4\quad 3)}{2(3\quad 1\quad 3(4)\quad 3)}$
母马：	$\frac{2(3\quad 1\quad 3\quad 0)}{2(3\quad 1\quad 3\quad 0)}$	$\frac{2(3\quad 0\quad 3\quad 3)}{2(3\quad 0\quad 3\quad 3)}$
牛：	$\frac{2(0\quad 0\quad 3\quad 0)}{2(4\quad 0\quad 3\quad 0)}$	$\frac{2(0\quad 0\quad 3\quad 3)}{2(0\quad 0\quad 3\quad 3)}$
猪：	$\frac{2(3\quad 1\quad 3\quad 0)}{2(3\quad 1\quad 3\quad 0)}$	$\frac{2(3\quad 1\quad 4\quad 3)}{2(3\quad 1\quad 4\quad 3)}$
犬：	$\frac{2(3\quad 1\quad 4\quad 0)}{2(3\quad 1\quad 4\quad 0)}$	$\frac{2(3\quad 1\quad 4\quad 2)}{2(3\quad 1\quad 4\quad 3)}$

3. 齿的结构

牙齿分为齿根、齿冠和齿颈 3 部分(图 4-2-7)。齿根是埋于齿槽内的部分，齿冠是露于齿龈外的部分，齿颈是介于齿根与齿冠之间被齿龈覆盖的部分。

4. 齿的成分

牙齿的齿壁由齿质、釉质和齿骨质(垩质)组成，如图 4-2-8 所示。其中，齿质位于最内层，呈淡黄色，是牙齿的主体；釉质是包在齿冠齿质外面的光滑、坚硬、乳白色的成分，是体内最坚硬的组织，又称珐琅层；齿骨质是牙根齿质外面的粗糙的黏合质，略呈黄色。

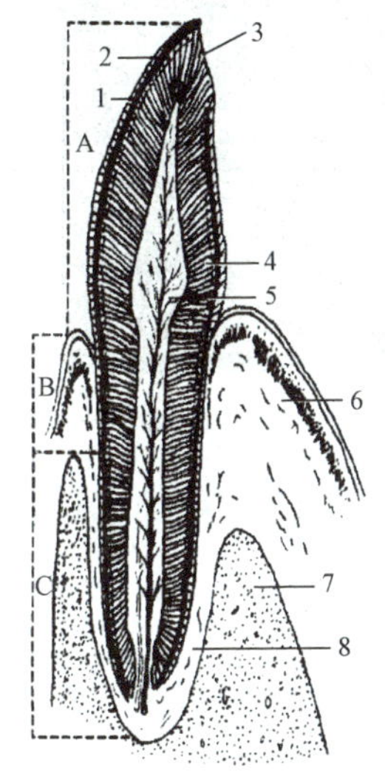

图 4-2-7　齿的结构

A—齿冠；B—齿颈；C—齿根

1—齿骨质；2—釉质；3—咀嚼面；4—齿质；

5—齿腔；6—齿龈；7—下颌骨；8—齿周膜

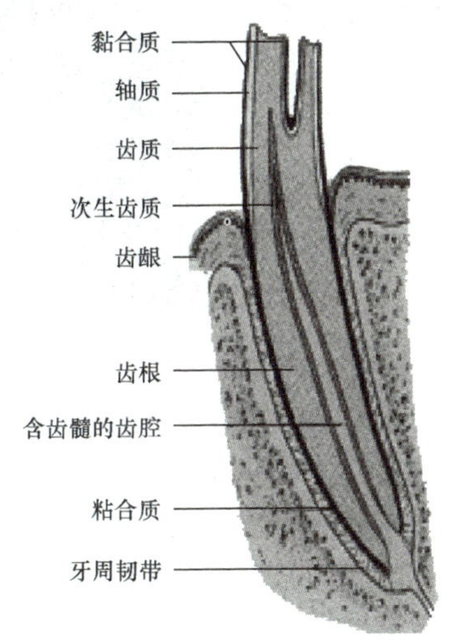

图 4-2-8　齿的成分

齿根的末端有孔通齿髓腔(牙齿的中心部分)，腔内有富含血管、神经的齿髓。齿髓有生长齿质和营养齿组织的作用，发炎时能引起剧烈疼痛。

5. 马、牛、羊、猪齿的特点

(1)马的齿。马有上、下切齿各 3 对，切齿呈弯曲的楔形，磨面上有 1 个漏斗状的凹陷，称为齿坎(图 4-2-9)。齿坎上部因齿质受腐蚀作用而呈黑褐色，特称黑窝。齿冠随年龄而不断磨损，齿坎也逐渐变小变浅，最后消失。当齿坎尚未消失时，在齿坎前方的齿质内出现的黄褐色斑点，称为齿星。齿星是被磨穿的并充有新生齿质的齿腔的横断面，初呈线纹，横位于齿坎前方，以后逐渐明显，位置后移，呈圆形，代替了齿坎的位置。随着年龄和磨损程度的增长，磨面形状也由横椭圆形变成圆形、三角形甚至纵椭圆形。与此同时，上切齿与下切齿在咬合时所构成的角度也越来越小。

公马有上、下各一对犬齿；母马一般无犬齿。乳犬齿很小，常不露出于齿龈外。公马的恒犬齿发达，呈圆锥状，稍向后弯曲。

马上、下颌各有前臼齿 3 对(有时在上颌或上、下颌多 1～2 对很不发达的狼齿)，后臼齿 3 对。臼齿呈柱状，磨面上具有复杂的釉质褶。上臼齿的磨面较宽，近似方形，向外下方倾斜，颊缘锐利。下臼齿的磨面较窄，向内上方倾斜，舌缘锐利。

马的切齿的出齿、换齿、齿坎磨损程度、齿星出现时间、齿冠磨面形状以及上、下切齿构成的角度变化等具有规律性，可作为马年龄鉴定的重要依据。马年龄鉴定主要是观察下切齿的变化(5 岁前看出齿、换齿和下恒切齿开始磨损时间；5 岁后看下恒切齿磨面形状变化)，具体见表 4-1-1。

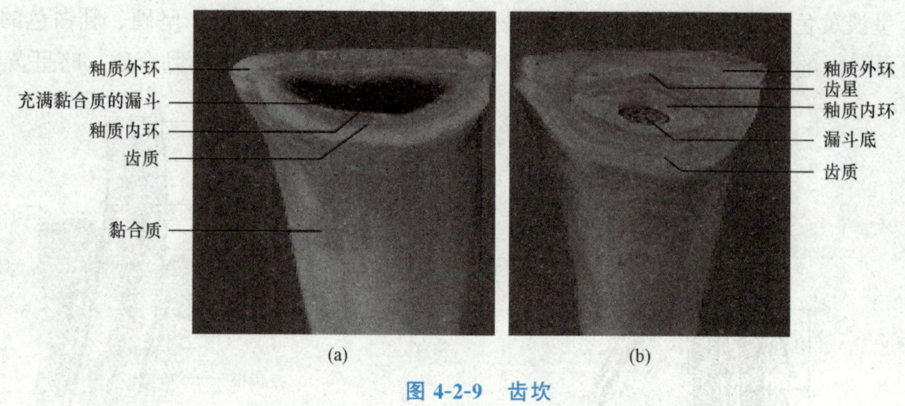

图 4-2-9　齿坎

(a)幼龄马，咬合面，具有可见的漏斗；(b)老龄马，漏斗消失，出现齿星

表 4-1-1　马下恒切齿磨面形状变化

年龄/岁	下恒切齿磨面形状变化
6	门齿黑窝消失
7	中间齿黑窝消失
8	隅齿黑窝消失
9	门齿磨面近似圆形，并出现齿星
10	中间齿磨面近似圆形，并出现齿星
11	隅齿磨面近似圆形，并出现齿星
12	门齿齿坎痕消失；齿星明显，位于中央
13	中间齿齿坎痕消失；齿星明显，位于中央
14	隅齿齿坎痕消失；齿星明显
15	门齿及中间齿磨面呈三角形
16～18	切齿磨面开始向纵椭圆形方向发展
18 以上	很难正确判断

(2)牛、羊的齿。牛、羊无上切齿，该处黏膜形成厚而致密的角质层，称为齿垫或齿枕或齿板。牛的下切齿呈铲形，齿冠短而白，无齿坎；齿颈明显；齿根圆细，嵌入齿槽内不深，略能摇动。形状与马齿相似，但前臼齿较小，磨面上的新月形釉质褶较马齿明显。羊下切齿的齿冠较窄，齿颈不明显，无齿坎；齿根嵌入齿槽内较深，较牢固；下切齿共四对，无犬齿，前臼齿 3 对，后臼齿 3 对。

生产中，牛的齿式常作为年龄鉴定的依据。牛的乳切齿一般可保留到 2 岁左右；恒门齿出现为 2 岁；内中间恒齿出现为 2.5 岁；外中间恒齿出现为 3 岁；恒隅齿出现为 4 岁左右。羊的 8 个门齿长全称“原口”或“乳口”，“原口”为 1 岁；在 12～14 月龄换中央门齿(以后每年换一对)，此时称为“对牙”；“四牙”为 1.5～2 岁；“六牙”为 2.5～3 岁，“八牙”为 3～4 岁；8 个门齿全换称“齐口”。

(3)猪的齿。猪的上切齿的方向较垂直，排列疏远。下切齿的方向较水平，排列稍密。犬齿发达，尖而锐利，公猪的齿冠很长，可持续生长而伸出于口腔之外。臼齿磨面呈结节状，后臼齿较发达。第 1 前臼齿较小，有时不存在。

(六)齿龈

齿龈为被覆于齿颈周围及邻近骨表面的黏膜，与口腔黏膜相连，无黏膜下层，呈粉红色，神经分布较少。齿龈随齿伸入齿槽，移行为齿槽骨膜。齿龈具有固定齿的作用。

二、咽与软腭

(一)咽

咽是漏斗状的肌性囊，是消化和呼吸的共同通道，位于口腔和鼻腔的后方，喉和食管的前上方。咽有 7 个孔与周围邻近器官相通，分别是一对鼻后孔、咽峡、食管口、喉口和一对耳咽管口。咽部分为鼻咽部、口咽部和喉咽部。马的咽部模式图(纵切面)如图 4-2-10 所示。

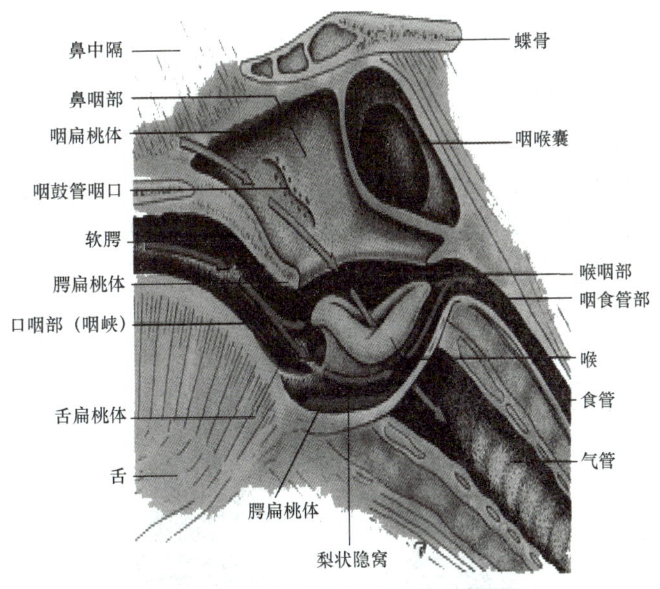

图 4-2-10　马的咽部模式图(纵切面)

(1)鼻咽部：位于软腭背侧，为鼻腔向后的直接延续。其前方有两个鼻后孔通鼻腔；两侧壁各有一个咽鼓管咽口，经咽鼓管与中耳相通。马的咽鼓管在颅底和咽后壁之间膨大，形成咽鼓管囊(又称喉囊)。

(2)口咽部：也称咽峡，位于软腭和舌之间，前方咽口与口腔相通，后方伸至会厌与喉咽部相接。其侧壁黏膜上有扁桃体窦容纳腭扁桃体。马无明显的扁桃体窦，腭扁桃体位于舌根与腭舌弓(由软腭到舌根两侧的黏膜褶)交界处，黏膜上有许多小孔，称扁桃体小窝。牛的扁桃体窦大而深，窦壁内有腭扁桃体。猪的腭扁桃体位于软腭口腔面正中缝两侧卵圆形隆起内，隆起面上有许多隐窝。

(3)喉咽部：为咽的后部，位于喉口背侧，较狭窄，上有食管口通食管，下有喉口通喉腔。

咽壁由黏膜、肌肉和外膜组成。咽黏膜衬于咽腔内面，分呼吸部和消化部。在腭咽弓以上为呼吸部，与鼻腔黏膜延续；在腭咽弓以下为消化部，与口腔黏膜延续。咽黏膜内含咽腺和淋巴组织。咽的肌肉为横纹肌，有缩小和展开咽腔的作用。外膜为覆盖在咽肌外面的一层纤维膜。猪的咽黏膜在后壁正中、食管口的背侧形成一盲囊，称为咽后隐窝或称为咽憩室。

(二)软腭

软腭紧接硬腭后方的黏膜褶，构成口腔的后壁。软腭内含有腺体和肌组织，其与舌根之间的空隙称为咽峡，为口腔与咽之间的通道。前缘附着于腭骨水平部上；后缘凹为游离缘，称为腭弓，包围在会厌之前。软腭的腹侧面与口腔硬腭黏膜相连，背侧面与鼻腔黏膜相连。在两层黏膜之间夹有肌肉和一层发达的腭腺，腺体开口于软腭腹侧面黏膜的表面。

马的软腭长，后缘伸达喉的会厌基部，因此很难用口呼吸，也不能呕吐。牛的软腭比马的短厚。猪的软腭短厚，几乎呈水平位。

三、食管

食管是将食物由咽运送入胃的通道，按部位可分为颈、胸、腹 3 段。颈段食管始于喉及气管的背侧，到颈中部逐渐移至气管左侧，经胸前口进入胸腔。胸段食管位于胸纵膈内，又转至气管背侧继续向后伸延，然后穿过膈的食管裂孔进入腹腔。腹段食管很短，与胃的贲门相接。猪的食管始终位于气管的背侧。食管壁内有的食管腺，不属于消化腺。

马的食管肌层在气管分叉之后转为平滑肌；牛的食管肌层全为横纹肌；猪的食管肌层几乎全为横纹肌，只在距贲门不远处转为平滑肌(图 4-2-11)。

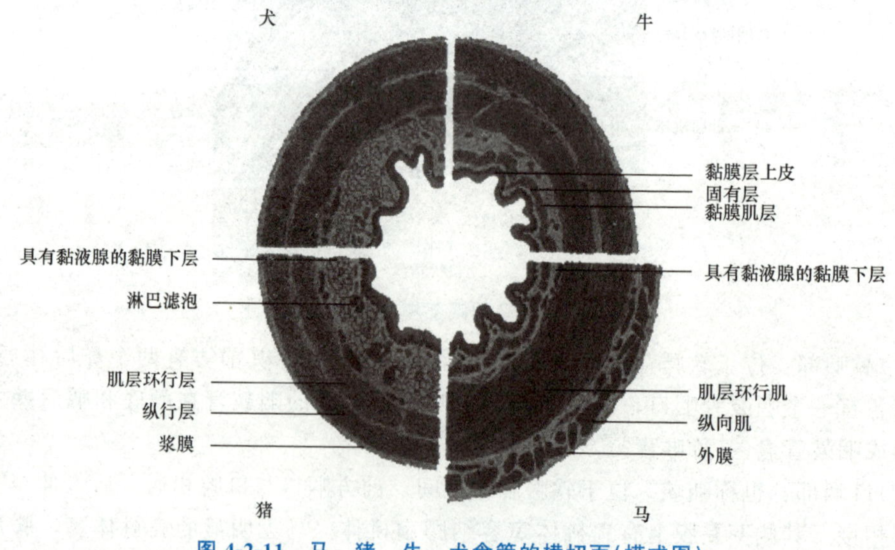

图 4-2-11　马、猪、牛、犬食管的横切面(模式图)

四、胃

胃位于腹腔内，是消化管的膨大部分，前部形成贲门与食管相接，后面形成幽门与十二指肠相通。胃分为单室胃和多室胃两类。

(一)单室胃

猪、马、犬、猫、兔等动物体内仅有一个胃，属于单室胃动物。

单室胃多呈弯曲的椭圆形囊，入口称贲门，出口称幽门，凸缘称胃大弯，凹缘称胃小弯，前方紧贴膈，称膈面，后方与肠相邻，称脏面。

1. 马的胃

马的胃是单室的，容积为 5～8 L，大的可达 12～15 L，大部分位于左季肋部，小部分位于右季肋部，周围不与体壁相接。马胃呈扁平弯曲的囊状，胃的左端向上膨大形成胃盲囊，位于左膈脚和第 15～17 肋骨上端的腹侧；右端较小，位于体中线的右侧，在肝之后，向后向上以幽门与十二指肠相连，称为幽门窦。中间膨大的部分称为胃体。胃的腹缘称为胃大弯，凸向下方；背缘为胃小弯，凹陷而短。

马的胃位置较固定，因网膜和韧带与其他器官相连。连系胃的浆膜褶包括：胃膈韧带，连系胃大弯与膈之间的浆膜褶；大网膜，位于胃和右上大结肠之间，附着于胃大弯、十二指肠起始部、大结肠末端和小结肠起始部，不发达，呈网状，为双层浆膜褶构成；胃脾韧带，连于胃大弯与脾门之间，实为大网膜的一部分；小网膜，连系于胃小弯、十二指肠起始部与肝门之间，分为胃肝韧带(连系于胃的部分)、肝十二指肠韧带(连系于十二指肠的部分)；胃胰皱褶，连系于胃盲囊与胰及十二指肠之间。

马胃的黏膜被明显的褶缘分为以下两部分(图 4-2-12)。褶缘以上部分，靠近贲门，黏膜硬、厚，色白，与食管黏膜相连，黏膜内无腺体，称为无腺部；褶缘以下和右侧的部分黏膜软而皱，黏膜内含腺体，称为有腺部。有腺部又分为 3 部分：沿褶缘的一窄区，黏膜呈灰黄色，为贲门腺区；在贲门腺区下方，黏膜呈棕红色有明显凹陷(胃小窝)，为胃底腺区；在胃底腺区的右侧，黏膜呈灰红色或灰黄色，为幽门腺区。幽门处的黏膜形成一环形褶，为幽门瓣。

图 4-2-12 彩图

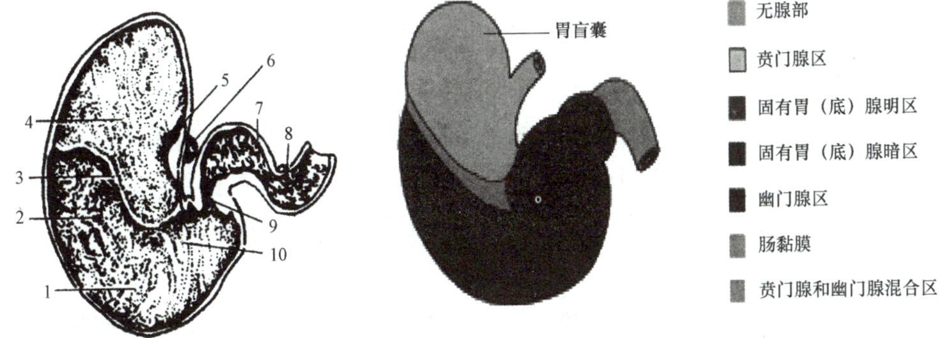

图 4-2-12 马胃黏膜模式图

1—胃底腺区；2—贲门腺区；3—褶缘；4—无腺部；5—贲门；6—食管；7—十二指肠黏膜；8—十二指肠憩室；9—幽门；10—幽门腺区

2. 猪的胃

猪的胃为单室的，容积很大，有 5～8 L，形状与马胃相似，位于季肋部和剑状软骨部。胃的左端大而圆，近贲门处有盲突，称胃憩室；右端幽门部小而急转向上，与十二指肠相连。当猪饱食时，胃大弯可达剑状软骨与脐之间的腹腔底壁。胃的壁面朝上，与膈、肝接触；脏面朝后，与大网膜、肠、肠系膜及胰等接触。

在幽门处有自小弯一侧胃壁向内突出的一个纵长鞍形隆起，称幽门圆枕，与其对侧的唇形隆起相对，具有关闭幽门的作用。

猪胃黏膜的无腺部很小，位于贲门周围，呈苍白色；贲门腺区很大，由胃的左端达胃的中部，黏膜薄而呈淡灰色；胃底腺区较小，位于贲门腺区的右侧，沿胃大弯分布，黏膜较厚呈棕红色；幽门腺区位于幽门部，黏膜薄呈灰色，且有不规则的皱褶(图 4-2-13)。

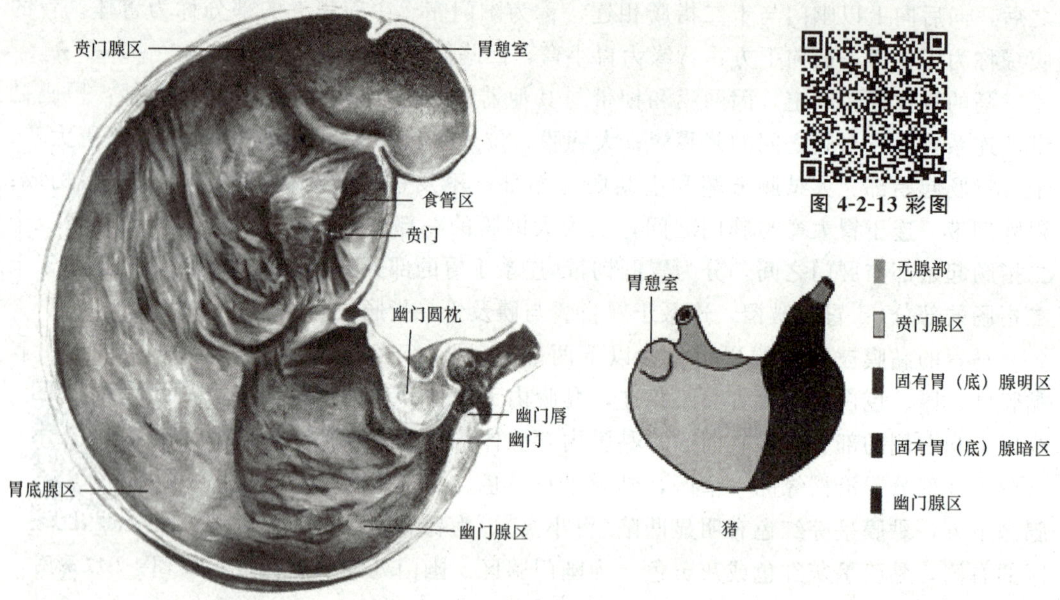

图 4-2-13 猪胃黏膜模式图

(二)多室胃

牛、羊属于多室胃动物。多室胃又称复胃，是由瘤胃、网胃、瓣胃、皱胃 4 个胃室联合起来形成的。前 3 个胃称为前胃，黏膜内无腺体，可起贮存食物和发酵、分解纤维素的作用。仅皱胃的黏膜内有腺体，具有真正消化作用，故又名真胃。

1. 瘤胃

瘤胃最大，约占 4 胃总容积的 80%，占腹腔的 3/4，呈前后稍长，左右稍压扁的椭圆形，占据腹腔的左半部，其下部还伸到腹腔的右半部。其前端与第 7～8 肋间隙相对，后端达骨盆腔前口；左侧面接触脾、膈及左侧腹壁称为壁面；右侧面与瓣胃、皱胃、肠、肝、胰等相邻称为脏面。瘤胃表面的前、后两端有明显的前沟、后沟；左、右两侧面有不太明显的左纵沟和右纵沟。在瘤胃胃壁的黏膜面，有与其外表各沟相对应的肉柱。沟与肉柱共同围成环状，把瘤胃分成瘤胃背囊和瘤胃腹囊两部分。由于前沟和后沟很深，在瘤胃背囊和腹囊的前、后两端形成前背盲囊、前腹盲囊、后背盲囊和后腹盲囊。由于胃的表面有后背冠状沟和后腹冠状沟，使得后背盲囊与背囊，后腹盲囊与腹囊的界限更加明显(图 4-2-14 和图 4-2-15)。

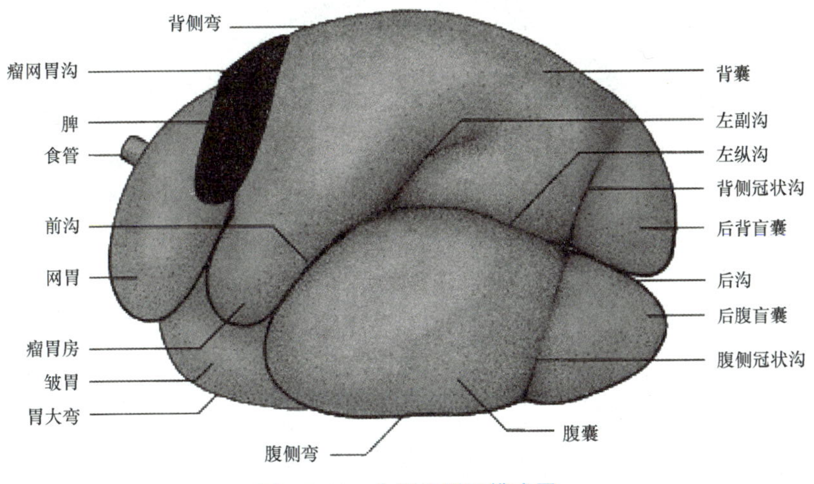

图 4-2-14　牛胃左侧面模式图

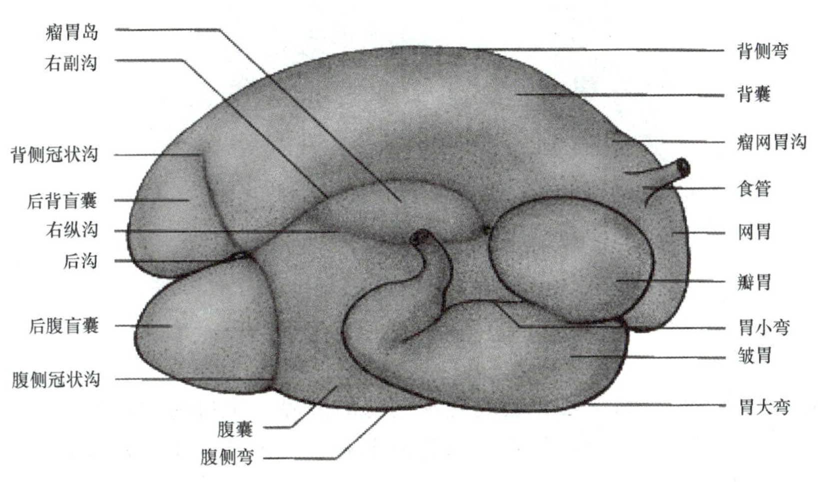

图 4-2-15　牛胃右侧面模式图

瘤胃入口为贲门，出口为瘤网胃口。贲门附近瘤胃与网胃无明显分界，形成一个穹隆，称为瘤胃前庭。瘤网胃口大，其腹侧和两侧有瘤网胃褶(图 4-2-16)。

瘤胃黏膜呈棕黑色或棕黄色(肉柱颜色较浅)，表面密集乳头，乳头大小不等，以瘤胃腹囊和盲囊内最为发达。肉柱和前庭的黏膜无乳头。

羊的瘤胃的形态构造与牛的基本相似，但腹囊较大，且大部分位于腹腔的右侧。由于腹囊位置偏后，后腹盲囊很大，而后背盲囊不明显，黏膜乳头较短(图 4-2-17)。

2. 网胃

网胃(又称蜂巢胃) 在牛的 4 个胃中体积最小。成年牛的网胃约占 4 个胃总容积的

5%。为前后稍压扁的梨形，大部分位于体中线的左侧、瘤胃背囊的前下方，与第 6～8 肋骨相对。前面(壁面)凸，紧贴膈、肝，邻近心包和肺；后面(脏面)平，与瘤胃背囊贴连。

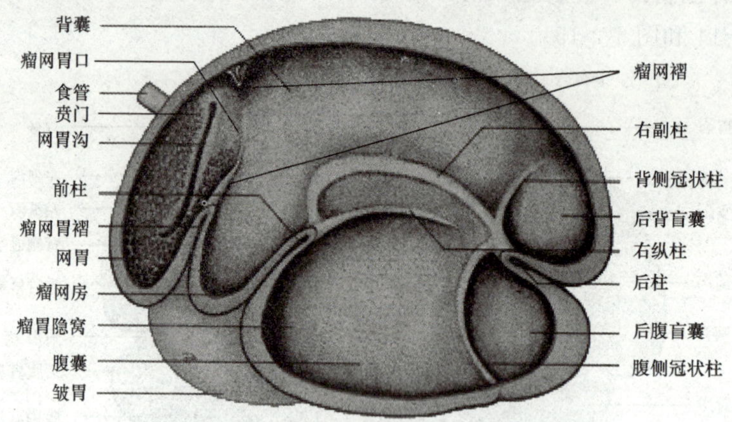

图 4-2-16　牛胃纵切面模式图

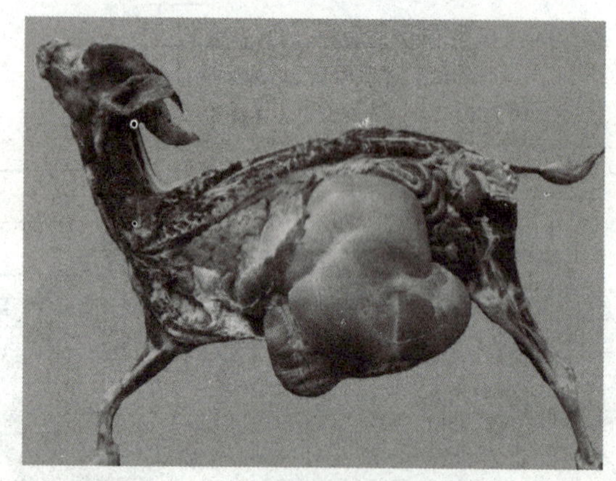
图 4-2-17　羊的瘤胃、网胃侧面观

网胃的入口为瘤网胃口，可作为瘤胃和网胃的分界；出口为网瓣胃口，位于瘤网胃口的右下方，与瓣胃相通。该口周缘的黏膜面上有数个爪状乳头，常常极度角质化，呈棕黄色。在网胃壁的内面有食管沟。

食管沟起于贲门，沿瘤胃前庭及网胃右侧壁下行，伸延至网瓣胃口。沟两侧隆起的黏膜厚褶称为食管沟唇，沟呈螺旋状扭转，沟两唇稍呈交叉状。当幼畜吸吮乳汁或水时，可通过食管沟两唇闭合后形成的管道，经瓣胃底直达皱胃。随着牛年龄的增大、饲料性质的改变，食管沟闭合的机能逐渐减退。食管沟的黏膜平滑、色淡，有纵行皱褶(图 4-2-18)。

网胃黏膜面有蜂窝状皱褶，褶上密布波折乳头(图 4-2-19)。房底还有许多较低的次级皱褶再分为更小的网格。黏膜面的这一特点以及由于网胃下缘的位置较低，加之牛用舌采食，混杂于饲草中的金属异物易落入网胃底部。由于胃壁肌肉强力收缩，尖锐的金属异物会刺穿胃壁，造成创伤性网胃炎，还有可能刺破膈进入胸腔，刺伤心包或肺，造成创伤性心包炎或心肌炎。

羊的网胃比瓣胃大，网格较大，但周缘皱褶较低，次级皱褶明显。

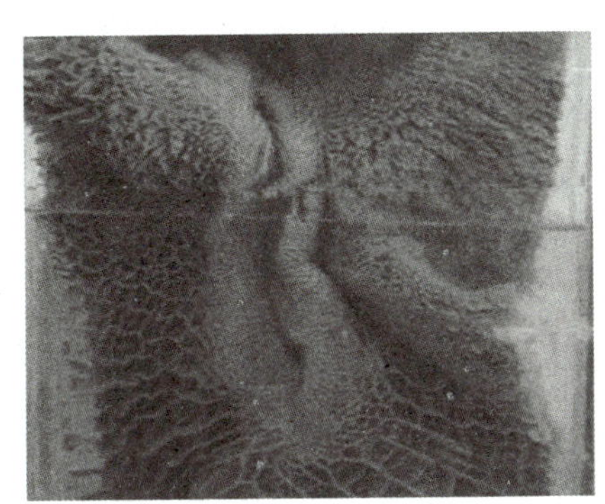

图 4-2-18　牛的食管沟

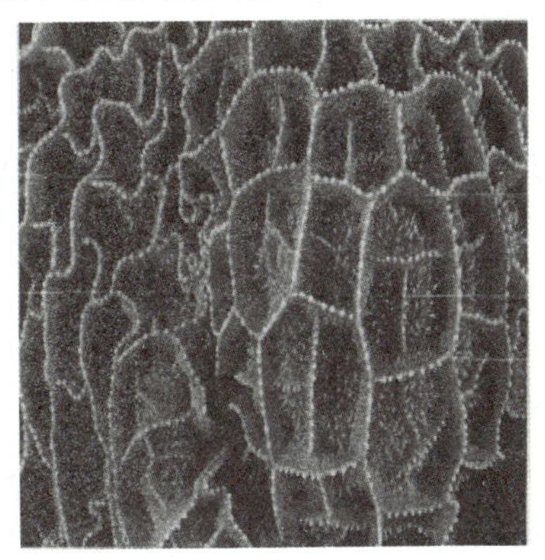

图 4-2-19　网胃黏膜

3. 瓣胃

瓣胃(又称百叶胃)在成年牛的 4 个胃中占总容积的 7%或 8%。瓣胃呈左、右稍压扁的球形，很坚实，位于腹腔右季肋部的下部，瘤胃与网胃交界处的右侧，与第 7～12 肋骨相对。其壁面(右面)主要与膈、肝相接触；脏面(左面)与瘤胃、网胃及皱胃等相接触。

瓣胃的入口为网瓣胃口，出口为瓣皱胃口。大弯凸，朝向右后方；小弯凹，朝向左前方。两口之间有沿小弯腔面伸延的瓣胃沟，其一端通网胃和食管沟，另一端通皱胃，液体和细粒饲料可由网胃经此沟直接进入皱胃。

瓣胃黏膜上有各种不同高度的褶称为瓣叶，瓣叶呈新月形，表面粗糙，密布小乳头，附着于瓣胃壁的大弯，游离缘呈弓形凹入，凹缘朝向小弯。瓣叶根据宽度可分为大叶、中叶、小叶和最小叶 4 级，各级瓣叶有规律的相间排列，共百余片，将瓣胃腔分为许多狭窄而整齐的叶间间隙(图 4-2-20)。在瓣皱胃口两侧的黏膜，各形成 1 个皱褶，称为瓣胃帆，有防止皱胃内容物逆流入瓣胃的作用。

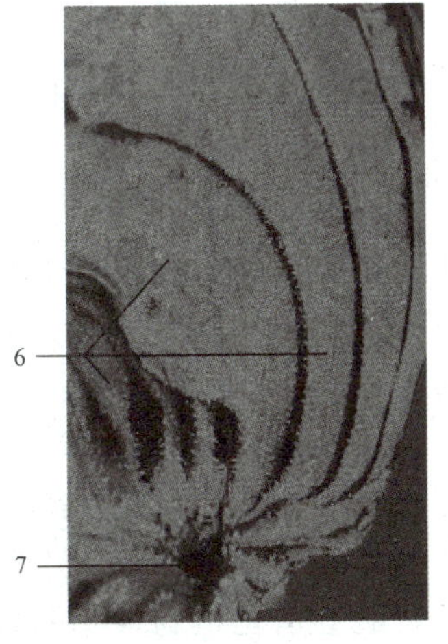

图 4-2-20　瓣胃黏膜

1—中瓣叶；2—大瓣叶；3—小瓣叶；4—最小瓣叶；5—瓣胃沟；6—瓣胃叶；7—瓣皱口

羊的瓣胃比网胃小，呈卵圆形，位于右季肋部，与第 9～10 肋骨相对，不与腹壁接触，瓣叶的数量比牛少。

4. 皱胃

皱胃在成年牛的 4 个胃中占总容积的 7%或 8%，外形长而弯曲，呈前粗后细的葫芦形，位于右季肋部和剑状软骨部，在网胃和瘤胃腹囊的右侧，瓣胃的腹侧和后方，大部分与腹腔底壁紧贴，与第 8～12 肋骨相对。皱骨可分为胃底部、胃体部和幽门部 3 个部分。皱胃的前部为胃底部，在剑状软骨部稍偏右，邻接网胃并部分与网胃相附着；胃体部沿瘤胃腹囊与瓣胃之间向右后方伸延；幽门部沿瓣胃后缘(大弯)斜向背后方延接十二指肠。皱胃腹缘称为大弯，凸向下；背缘称为小弯，凹向上。皱胃与十二指肠的通口称为幽门，在小弯侧形成幽门圆枕。

皱胃黏膜光滑、柔软，在底部形成 12～14 条与皱胃长轴平行的螺旋形大黏膜褶，由此增加了黏膜的内表面积。黏膜内有大量胃腺存在，分泌胃液，参与消化。皱骨黏膜可分为 3 部分：环绕瓣皱胃口的小区黏膜色淡，为贲门腺区，内有贲门腺；近十二指肠的小区黏膜色黄，为幽门腺区，内有幽门腺；两区之间，有螺旋形大皱褶的部分呈红色，为胃底腺区，内有胃底腺(图 4-2-21)。

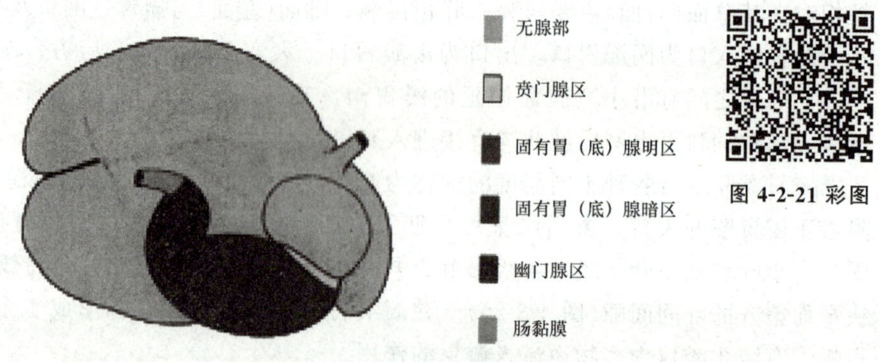

图 4-2-21　牛皱胃黏膜模式图

羊的皱胃在比例上较牛的胃大而长(图 4-2-22)。

5. 牛胃发育特点

初生的犊牛因吃奶，皱胃特别发达，瘤胃与网胃相加的容积约等于皱胃的 1/2。约从第 8 周开始，瘤胃与网胃相加的容积约等于皱胃的容积。10～12 周后，由于瘤胃发育较快，约相当于皱胃容积的 2 倍。这时，瓣胃因无机能活动，仍然很小。4 个月后，随着消化植物性饲料能力的出现，前胃迅速增大，瘤胃和网胃的总容积约为瓣胃和皱胃总容积的 4 倍。到 1 岁半

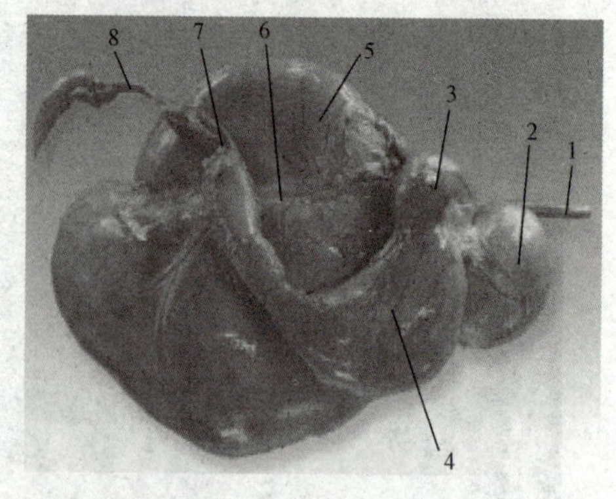

图 4-2-22　羊的胃

1—食管；2—网胃；3—瓣胃；4—皱胃；5—瘤胃；6—瘤胃右侧纵沟；7—幽门；8—十二指肠

左右，瓣胃和皱胃的容积几乎相等。这时，4 个胃的容积已达到成年牛胃的比例。4 个胃容积变化的速度受到食物的影响，在提前和大量饲喂植物性饲料的情况下，前 3 个胃的发育要比喂乳汁迅速。

6. 网膜

牛、羊的网膜比猪和马发达，分为大网膜和小网膜。

(1)大网膜。大网膜很发达，覆盖在肠管右侧的大部分和瘤胃腹囊的表面，分为浅层和深层。每层均由两层浆膜构成。浅层和深层大网膜分别起自瘤胃的左纵沟和右纵沟，向下向右侧延伸。浅层大网膜经过瘤胃腹囊底面转到右侧，位于深层大网膜的表面，两层大网膜将位于瘤胃右侧的各肠管覆盖，向上主要止于十二指肠第二段和皱胃大弯。

网膜常沉积有大量的脂肪，营养良好的个体更显著。由于大网膜内含有大量巨噬细胞，其又是腹腔内重要的防卫器官。

(2)小网膜。小网膜较小，从肝的脏面包过瓣胃表面到瓣胃小弯、皱胃幽门部及十二指肠起始部。

五、肠

肠起自幽门，止于肛门，分为小肠和大肠。肠管很长，在腹腔盘曲，借肠系膜悬挂于腹腔顶壁(图 4-2-23)。肠管长度与食物的性质、数量等有关，其中，草食兽的肠管较长(反刍兽的更长)，肉食兽的较短，杂食兽的介于前两者之间。

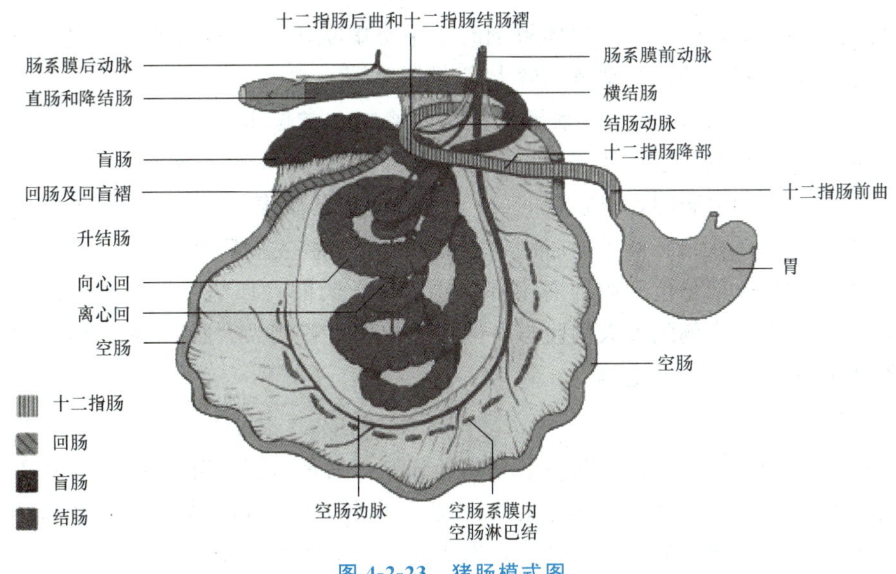

图 4-2-23　猪肠模式图

(一)小肠

小肠前接胃的幽门，后以回盲口通盲肠，包括十二指肠、空肠、回肠 3 段，是食物进行消化吸收的最主要部位。小肠肠管很长，管径较小，黏膜形成许多环形皱褶和微细的肠绒毛突入肠腔，可以增加与食物的接触面积。

1. 十二指肠

十二指肠是小肠的起始段，较短，其形态、位置和行程在各种家畜都是相似的。十二指肠的起始部在肝后方形成“乙”字形弯曲，然后沿右季肋部向上向后伸延至右肾腹侧或后方，在右肾后方或髂骨翼附近转而向左(绕过前肠系膜根部的后方)形成后曲，再向前伸延，在未达到肝以前移行为空肠。十二指肠由窄的十二指肠系膜(或韧带)固定，位置变动小。其后部有与结肠相连的十二指肠结肠韧带，在大体解剖时，常以此作为与空肠的分界。

马的十二指肠长为 70～90 cm，位于右季肋部和腰部，起始部在肝后方形成“乙”字形弯曲，然后沿右上大结肠的背侧向上向后伸延，至右肾后方转而向左，越过体中线再向前伸延，在右肾腹侧移行为空肠。

猪的十二指肠较短，长 40～90 cm，其位置、形态和行程与马的相似。起始部在肝的脏面形成“乙”字形弯曲，然后沿右季肋部向上向后延伸至右肾后端，转而向左再向前延伸(与结肠末段接触)移行为空肠。

牛、羊的十二指肠较短，长 1 m(羊约 0.5 m)，位于右季肋部和腰部，其行程与一般家畜的相似。自皱胃幽门起，向前上方伸延，至肝的脏面形成“乙”字形弯曲，然后沿右季肋部向上向后延伸至髋结节前方，转而向左再向前形成后曲，继续延伸至右肾腹侧与空肠相接。

2. 空肠

空肠是小肠中最长的一段，尸体解剖时常呈空虚状态。其形成无数肠圈，并以宽的空肠系膜悬挂于腹腔顶壁，活动范围较大。

马的空肠长约 22 m，以空肠系膜悬挂于腹腔中，常位于腹腔左侧。系膜的宽度为 50～60 cm，活动范围较大。

猪的空肠卷成无数肠圈，以较宽的(15～20 cm)空肠系膜与总肠系膜相连，空肠大部分位于腹腔右半部。在结肠圆锥的右侧，小部分位于腹腔左侧后部。

牛、羊的空肠大部分位于腹腔右半部，卷成无数肠圈，环绕在结肠圆盘的周围，形似花环状。其外侧和腹侧隔着大网膜与右侧腹壁相邻；背侧为大肠；前方为瓣胃和皱胃，少部分空肠绕过瘤胃后端至左侧。

3. 回肠

回肠是小肠的末段，较短，与空肠无明显分界，只是肠管较直、肠壁较厚(因固有膜和黏膜下组织内含有淋巴孤结和淋巴集结所致)。回肠末端开口于盲肠或盲肠与结肠交界处。在回肠与盲肠体之间有回盲韧带，常作为回肠和空肠的分界。

马的回肠长约 50 cm，位于左髂部，从空肠向右向上伸延，开口于盲肠底小弯内侧回盲口。

猪的回肠较短，末端开口于盲肠和结肠交界处的腹腔，开口处黏膜稍突入盲结肠内。回肠固有膜和黏膜下组织内的淋巴集结特别明显，呈长带状，分布于肠系膜附着缘对侧的肠壁内。

牛的回肠较短，约 50 cm(羊的回肠约 30 cm)，自空肠的最后肠圈起，几乎呈直线向前上方伸延至盲肠腹侧，开口于回盲口。

(二)大肠

大肠比小肠短，但管径较粗，黏膜面没有肠绒毛，分为盲肠、结肠和直肠 3 段，其主要功能是消化纤维素、吸收水分、形成和排出粪便等。

1. 盲肠

盲肠呈盲囊状，其大小因家畜种类而异。一般有两个开口，即回盲口和盲结口，分别与回肠和结肠相通。

马的盲肠特别发达，外形似逗点状，长约 1 m，容积约比胃大 1 倍，位于腹腔右侧。分为盲肠底、盲肠体、盲肠尖 3 部分。盲肠底为盲肠最弯曲的部分，位于右髂部，前端达第 14、15 肋骨处，后端在髋结节附近与盲肠体相连，上部膨大钝圆，回肠末端和大结肠起端均在小弯处与盲肠相通；盲肠体从盲肠底起，沿腹右侧壁和底壁向前向下伸达脐部，背侧凹，在右侧肋弓下 10～15 cm，与之平行；腹侧及右侧与腹壁接触；盲肠尖为盲肠前端的游离部，向前延伸达脐部和剑状软骨部。

猪的盲肠短而粗，呈圆锥状，长 20～30 cm，一般位于左髂部，盲端向后下伸延到结肠圆锥之后，达骨盆前口与脐之间的腹腔底壁。

牛的盲肠长 50～70 cm(羊 37 cm)，呈圆筒状，位于右髂部。其前端与结肠相连，两者以回盲口为界；盲端游离，向后伸达骨盆前口(羊的伸入骨盆腔内)。

2. 结肠

各种家畜的结肠的大小、形状和位置差异较大。

(1)马的结肠：分为升结肠(大结肠)、横结肠和降结肠(小结肠)，如图 4-2-24 所示。

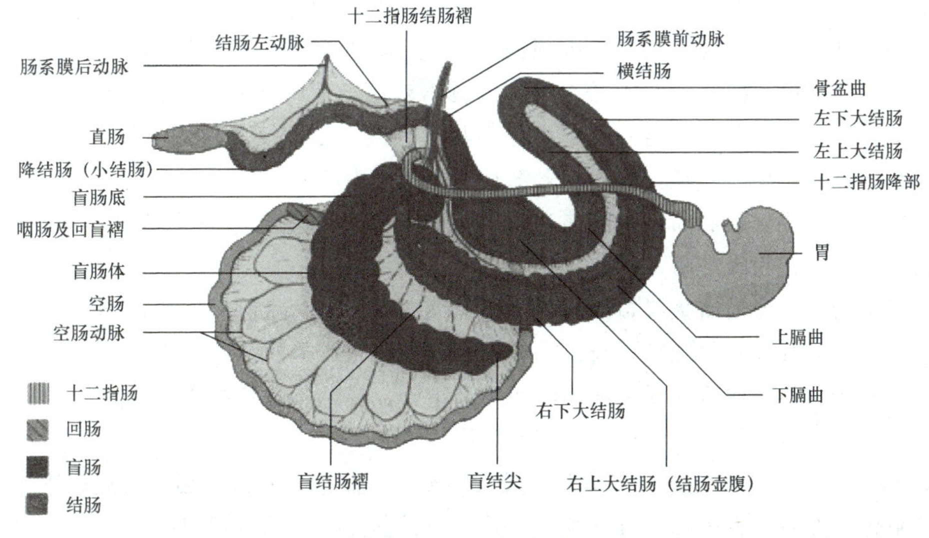

图 4-2-24 马肠管模式图

①大结肠：特别发达，呈双层马蹄铁形，长 3～3.7 m，占据腹腔区域的下 2/3，可分为 4 段和 3 个曲，顺次为右下大结肠→胸骨曲→左下大结肠→骨盆曲→左上大结肠→

膈曲→右上大结肠。

a. 右下大结肠：位于腹腔右下部，起始于盲结口，与右侧肋弓平行，沿右腹壁向下向前伸达剑状软骨部，在此处向左转，形成胸骨曲。

b. 左下大结肠：位于腹腔左下部，由胸骨曲起，转而向后，在右下大结肠和盲肠的左侧沿腹腔底壁向后伸延到骨盆前口，在此折转向上向前形成骨盆曲。

c. 左上大结肠：位于左下大结肠的背侧。由骨盆曲向前伸延到膈和肝的后方，在此处向右转形成膈曲。

d. 右上大结肠：位于右下大结肠的背侧。由膈曲向后伸延到盲肠底的内侧，转而向左，在左肾腹侧与小结肠相连。

大结肠壁上有明显的纵肌带。大结肠的管径变化很大，而以右上大结肠的后部为最粗，又称胃状膨大部(或结肠壶腹)。其向后又突然变细，延续为小结肠。

②横结肠：为大结肠向小结肠的移行部分，借腹膜和疏松结缔组织附着于胰的腹侧面及盲肠底，位置固定。横结肠承接大结肠末端漏斗状缩细部，由右至左在肠系膜前动脉前方越过，延续为小结肠。

③小结肠：长 3～3.5 m，位于左髂部，通常与空肠混在一起，有宽而发达的系膜(后肠系膜)，将其悬挂于腹腔腰下部，肠管活动范围较大，有两列肠袋和两列纵带。与十二指肠末端的十二指肠结肠韧带相连，为空肠与十二指肠的分界。

(2)猪的结肠：长 3～4 m，位于腹腔左侧，胃的后方，形成圆锥状双重螺旋盘曲，分为升结肠、横结肠和降结肠。

①升结肠：从回盲口起，管径与盲肠相似，向后逐渐缩小，在肠系膜中盘曲形成螺旋形的结肠圆锥或结肠旋袢。

结肠圆锥位于胃的后方，偏于腹腔左侧。锥底宽而向上，介于两肾之间，以结缔组织与结肠终袢及十二指肠等相连；锥顶向下向左，与腹腔底壁接触。结肠圆锥由向心回和离心回盘曲形成。向心回位于圆锥外周，肠管较粗，从背侧看，呈顺时针方向向下旋转约三圈到锥顶，然后转为离心回。离心回从锥顶起，沿相反方向向上旋转约三圈到腰部转为结肠终袢。离心回肠管较细，大部分位于圆锥内心。

②横结肠：位于腰下部，向前伸达胃的后方，然后向左绕过肠系膜前动脉，再向后伸到两肾之间，转为降结肠。

③降结肠：斜经横结肠起始部的背侧，继续向后伸至骨盆前口，与直肠相连。

(3)牛、羊的结肠：牛的结肠长 6～9 m(图 4-2-25)，羊的结肠长 7.5～9 m，起始部的口径与盲肠相似，向后逐渐变细，顺次为升结肠、横结肠和降结肠。

①升结肠：最长，又分为初袢、旋袢和终袢。

a. 初袢：升结肠的前段，在腰下形成"乙"字形弯曲。自回盲口起，向前伸达第 12 肋骨下端附近，然后向上折转沿盲肠背侧向后伸至骨盆前口，又折转向前伸至第 2、3 腰椎腹侧，转为旋袢。

b. 旋袢：升结肠的中段，在瘤胃右侧盘成平面圆盘状。旋袢又分为向心回和离心回。从右侧看，向心回在继承初袢后，顺时针方向向内旋转约 2 圈(羊约 3 圈)至中心曲。

离心回自中心曲起，以相反方向向外旋转约 2 圈(羊约 3 圈)到旋袢外周而转为终袢。

c. 终袢：升结肠的后段，离开旋袢后，先向后伸延至骨盆前口附近，然后折转向前并向左延续为横结肠。

②横结肠：很短，为由右侧绕过肠系膜前动脉而至左侧的一小段肠管，转而向后延续为降结肠。

③降结肠：为横结肠的直接延续，沿肠系膜根的左侧面，向后伸至骨盆前口处形成“乙”字形弯曲，然后转为直肠。

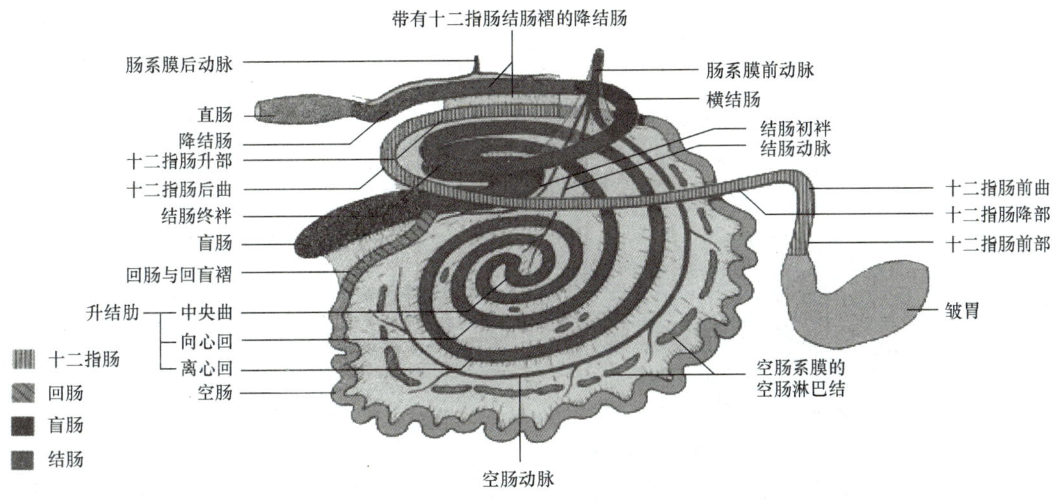

图 4-2-25　牛肠管模式图

3. 直肠

直肠是大肠的最后一段，位于骨盆腔内，在脊柱和尿生殖褶、膀胱(公畜)或子宫、阴道(母畜)之间，后端与肛门相连。

马的直肠长 30～40 cm，前部与小结肠相似，称为窄部，由直肠系膜连系于骨盆腔顶壁；后部膨大，称直肠壶腹(蓄粪)，位于腹膜外，椭圆形；腹侧是阴道(母畜)或副性腺(公畜)向下为膀胱。

猪的直肠位于肛门前方形成直肠壶腹，周围有大量脂肪。

牛的直肠长约 40 cm(羊的直肠长约 20 cm)，粗细均匀，无明显直肠壶腹，腹膜外部周围有大量脂肪。

六、肛门

肛门为消化管后端的开口，位于尾根腹侧。其外层为皮肤，薄而富含皮脂腺和汗腺；内层为黏膜，形成许多皱褶；中间为肌层，主要由肛门内括约肌和肛门外括约肌组成。肛门内括约肌属于平滑肌，肛门外括约肌属于横纹肌，其主要作用是关闭肛门。

马的肛门末端呈瓶口状突出于尾根之下。猪的肛门不向外突出。牛的肛门不向外突出，呈凹入状。

单元三　消 化 腺

消化腺是能分泌消化液的腺体器官，分为壁内腺和壁外腺。壁内腺是指存在于消化管壁内的腺体，如食管腺、胃腺和肠腺等；壁外腺是能够独立于消化管壁外单独构成一个完整器官的腺体，如唾液腺、肝脏和胰脏。它们的分泌物可经过特定的排泄管排入消化管内并参与消化过程。

一、唾液腺

唾液腺是能分泌唾液的腺体，导管开口于口腔，除一些小的壁内腺(如唇腺、颊腺和舌腺等)外，还有腮腺、颌下腺和舌下腺 3 对大的腺体(图 4-3-1)。唾液具有浸润饲料，利于咀嚼和吞咽，清洁口腔和参与消化等作用。

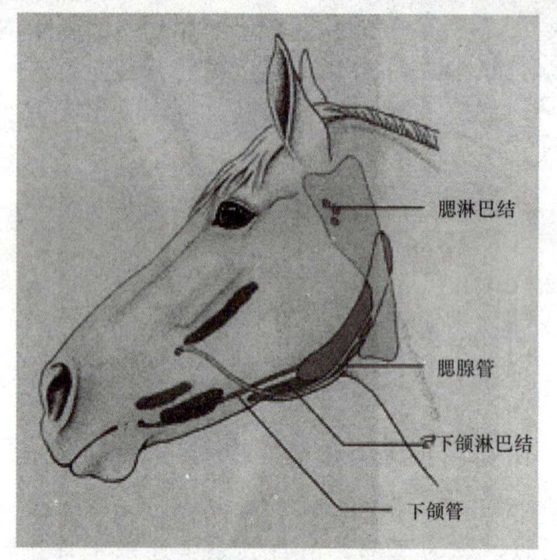

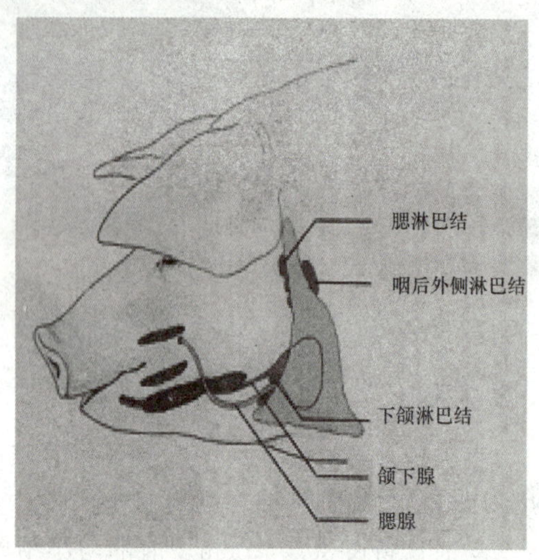

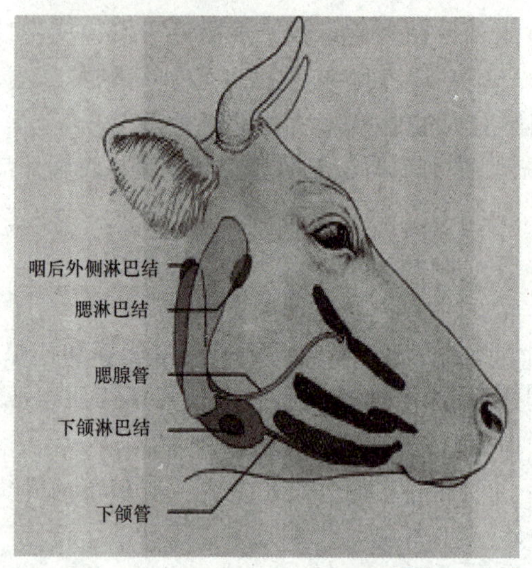

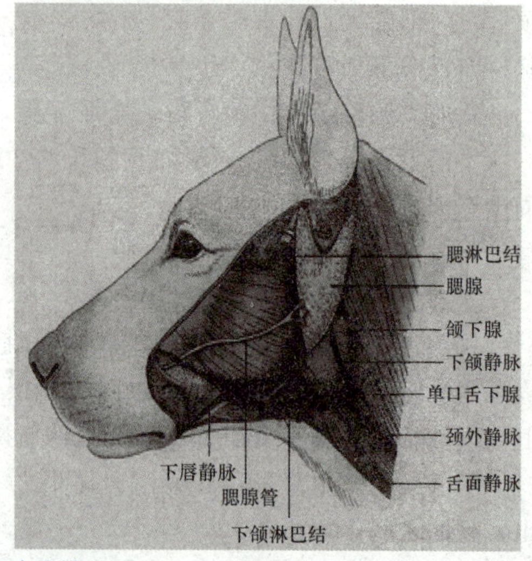

图 4-3-1　家畜唾液腺模式图

(一)腮腺

腮腺位于耳根腹侧，在下颌骨后缘与寰椎翼之间，腮腺管起于腮腺前下部，由 3～4 个小支汇合而成，随舌面静脉一起沿咬肌的腹侧缘经下颌骨血管切迹转折到咬肌前缘，开口在颊黏膜的腮腺乳头上。

马的腮腺较大，呈灰黄色，腺小叶明显，呈不正四边形，经下颌间隙向前伸延，开口在颊黏膜的腮腺乳头上。

猪的腮腺很发达，呈三角形，棕红色，腮腺管开口在与第 4 和第 5 上臼齿相对的颊黏膜上。

牛的腮腺略呈狭长的三角形，棕红色，上部宽厚，下部窄小，比马的腮腺小而致密。腮腺管起自腺体下部的深面，开口在与第 5 上臼齿相对的颊黏膜上。绵羊的腮腺管横过咬肌外侧面；山羊腮腺管的行程与牛相似，都开口在与第 3 和第 4 上臼齿相对的颊黏膜上。

(二)颌下腺

颌下腺位于腮腺和下颌骨的内侧，从寰椎翼沿下颌角向前伸至舌骨体。颌下腺管起自腺体的背缘，在腺体的前缘离开腺体，向前伸延，横过二腹肌、前腹肌的表面，沿舌下腺的下缘，穿过口腔黏膜开口在舌下肉阜上。

马的颌下腺比腮腺小，长而弯曲，近似月牙形，呈淡黄色。

猪的颌下腺也比腮腺小，较小而致密，略呈扁圆形，淡红色。颌下腺管开口在舌系带两侧口腔底的黏膜上。

牛的颌下腺比腮腺大，呈淡黄色，形状与马的颌下腺基本相同。

(三)舌下腺

舌下腺在 3 对唾液腺中最小，位于舌体和下颌骨之间的黏膜下，可分上、下两部分，上部为多口舌下腺，又称短管舌下腺，狭长而薄，从软腭向前伸达额角，以许多小管开口在舌体两侧的口腔底黏膜上。下部为单口舌下腺，又称长管舌下腺，短而厚，位于多口舌下腺前下方，以一条总导管与颌下腺管伴行共同开口在舌下肉阜上。

二、肝

肝是体内最大的腺体，其功能复杂，可以分泌胆汁；合成体内重要物质，如血浆蛋白、胆固醇、胆盐和糖原等；贮存糖原、维生素及铁等；解毒及参与体内防卫体系。另外，在胎儿期，肝还是造血器官。

(一)肝的一般形态位置

家畜的肝都位于腹前部，在膈肌的后面，大部分偏右侧或全部位于右侧。肝呈扁平状，一般为红褐色，质脆，呈不规则的扁圆形，分为 2 面、2 缘和 3 个叶。肝的背缘钝，有食管切迹，为食管通过的地方；肝的腹缘锐，有较深的切迹，将肝分为若干叶。壁面(前面)凸，与膈接触；脏面(后面)凹，与胃、肠接触，并显有这些脏器的压迹。在脏面中央有肝门，为门静脉、肝动脉、肝神经，以及淋巴管和胆汁输出管等进出肝的部位。一般以胆囊和圆韧带为标志将肝分为左、中、右 3 个叶，其中中叶又以肝门为界分为背侧的尾叶和腹侧的方叶。

大部分家畜肝的脏面，肝门下方有胆囊(除马和骆驼外)。胆囊有贮存和浓缩胆汁的作用。肝各叶的输出管合并在一起形成肝管。没有胆囊的动物，肝管与胰管一起开口于十二指肠；有胆囊的动物，胆囊管与肝管合并，称胆管，开口于十二指肠处。

肝脏表面被浆膜覆盖，被左、右冠状韧带、镰状韧带、圆韧带、三角韧带与周围器官及腹壁相连并将肝脏的位置予以固定。

1. 马肝

马肝分叶明显，分为左叶、右叶、中叶(分为方叶和尾叶)，没有胆囊(图 4-3-2)。肝大部分位于右季肋部，小部分位于左季肋部，右上部达第 16 肋骨中上部，左下部与第 7～8 肋骨的下部相对，背侧缘钝，腹侧缘锐。

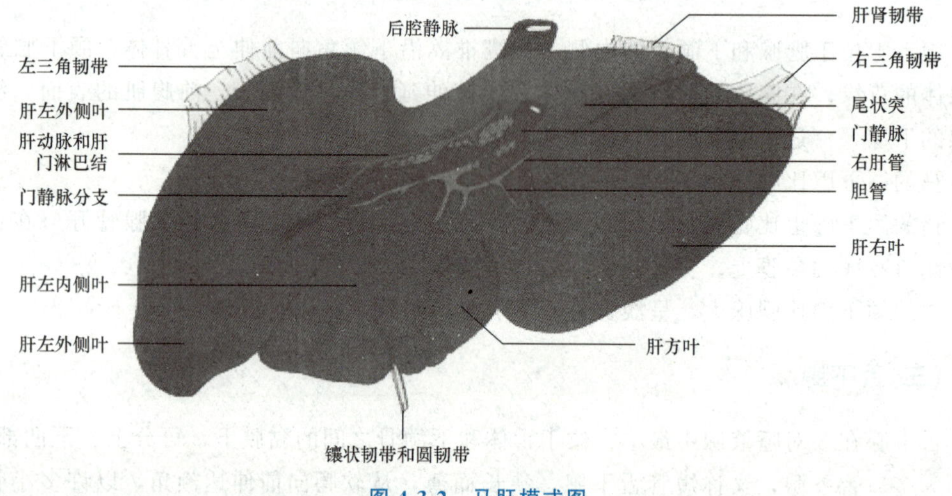

图 4-3-2　马肝模式图

2. 猪肝

猪的肝比马的肝发达，其质量约为体重的 2.5%，位于季肋部和剑状软骨部，略偏右侧(图 4-3-3)。肝的中央部分厚而四周缘薄，分叶明显，其腹侧缘有 3 条深的叶间切迹，将肝分为左外叶、左内叶、右内叶、右外叶、中叶(分为方叶和尾叶)。在肝的表面有胆囊，小叶间结缔组织发达，多边形的肝小叶很明显，肉眼可见。

3. 牛、羊肝

牛、羊的肝略呈长方形，较厚实，分叶不明显。肝被发达的胆囊和圆韧带分成不明显的左叶、中叶、右叶(图 4-3-4)。中叶也被肝门分为背侧的尾叶和腹侧的方叶。牛的胆囊很大，呈梨形(羊的较细长)。牛的肝管与胆囊管汇合成一条胆管，开口在十二指肠“乙”字形弯曲第 2 曲肠黏膜乳头上。羊的胆管与胰管合成一条总管开口于十二指肠“乙”

字形弯曲第 2 曲处。胆管开口距幽门 50～70 cm。

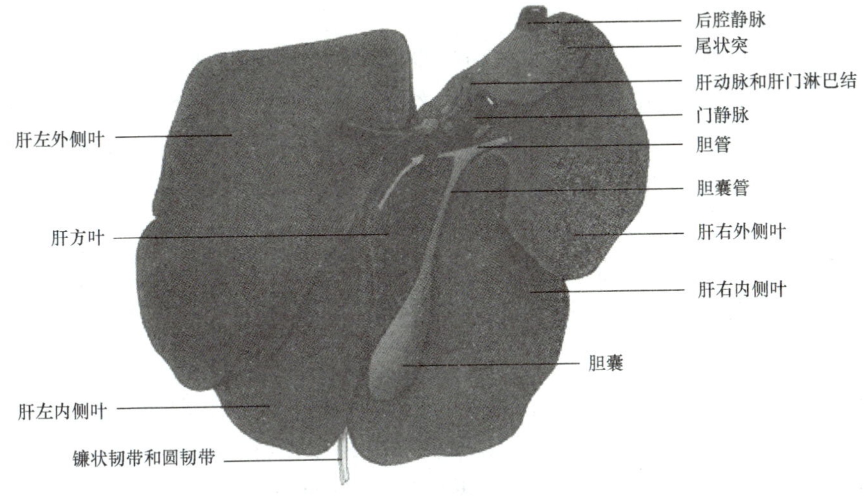

图 4-3-3　猪肝模式图

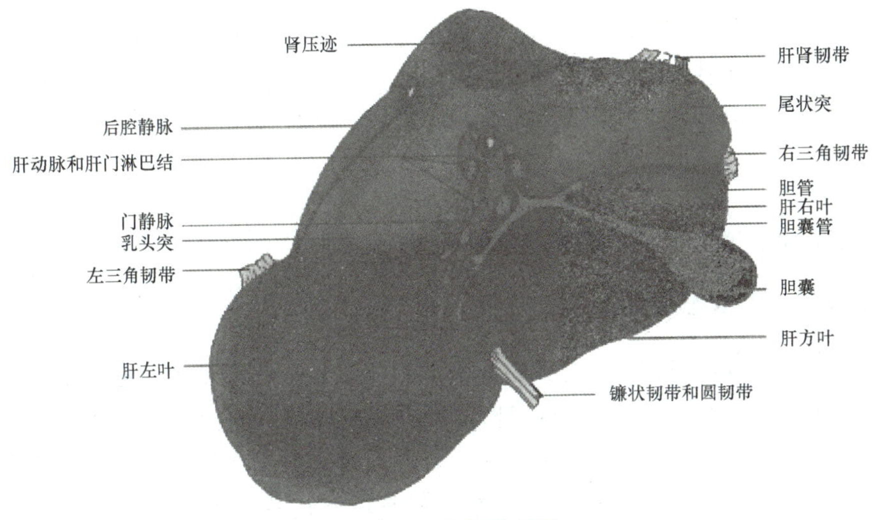

图 4-3-4　牛肝模式图

(二)肝的组织构造

肝表面被覆的浆膜，其深面是富含弹性纤维的结缔组织，也称为纤维囊。纤维囊的结缔组织随血管、神经、淋巴管和肝管等出入肝实质内，构成肝的支架并将肝分隔成许多肝小叶。肝小叶之间的结缔组织称为小叶间结缔组织。

1. 肝小叶

肝小叶是肝组织结构的基本单位，呈不规则的多面棱柱状体。每个肝小叶的中央沿长轴都贯穿着一条中央静脉。肝细胞以中央静脉为轴心呈放射状排列，切片上则呈索状，称为肝细胞索。这些肝细胞呈单行排列构成的板状结构，又称肝板。肝板互相吻合连接成网，网眼内为窦状隙。窦状隙极不规则，也呈网状，通过肝板上的孔彼此相通。

(1)肝细胞呈多面形，胞体较大，界限清楚。核大而圆，位于细胞中央，有的肝细胞有 2～3 个细胞核，核膜清楚。

(2)窦状隙为肝小叶内血液通过的管道(即扩大的毛细血管或血窦)，位于肝板之间。窦壁由扁平的内皮细胞构成，细胞不连续，之间有小孔隙，内皮外无基底膜，有利于血液与肝细胞间的物质交换。此外，在窦腔内还有许多体积较大、形状不规则的星形细胞，以突起与窦壁相连，称为枯否氏细胞，有强大的吞噬作用，是巨噬细胞系统的重要组成部分。

(3)胆小管由相邻肝细胞的细胞膜围成，位于肝板内，并相互通连成网，从肝小叶中央向周边部行走，在肝小叶边缘与小叶内胆管连接。

2. 门管区

由肝门进出肝的 3 个主要管道(门静脉、肝动脉和肝管)，以结缔组织包裹，总称肝门管。3 个管道在肝内分支并在小叶间结缔组织内相互伴行，分别称为小叶间静脉、小叶间动脉和小叶间胆管。在门管区内还有淋巴管、神经伴行。

3. 肝的排泄管

肝细胞分泌的胆汁排入胆小管内。在肝小叶边缘，胆小管汇合成短小的小叶内胆管。小叶内胆管穿出肝小叶，汇入小叶间胆管。小叶间胆管向肝门汇集，最后形成肝管出肝，直接开口于十二指肠(马)或与胆囊管汇合成胆管后，再通入十二指肠内(牛、羊、猪等)。

三、胰

胰是既有外分泌功能，又有内分泌功能的复合腺体。

(一)胰的一般形态位置

胰位于十二指肠的“乙”字形弯曲中。其质地柔软，形状不规则，近似三角形，分为 3 个叶：伸入十二指肠的“乙”字形弯曲内的部分称中叶(或胰头)，左侧伸入胃盲囊与左肾之间的部分为左叶(或胰尾)，右侧位于右肾及右肾上腺的腹侧的为右叶。胰的输出管有的动物(牛、猪)有 1 条，有的动物(马、狗)有两条，其中 1 条称胰管，另 1 条称副胰管。

1. 马的胰

马的胰呈淡红黄色，扁三角形，横位于腹腔顶壁的下面，大部分位于右季肋部，在第 16～18 胸椎的腹侧。胰管从胰头穿出，与肝管一起开口于十二指肠憩室，副胰管开口在十二指肠憩室对侧的黏膜上(图 4-3-5)。

2. 猪的胰

猪的胰呈灰黄色，位于最后两个胸椎和前两个腰椎的腹侧，略呈三角形，也分胰头和左、右 2 叶。胰管由右叶末端穿出，开口在胆管开口之后，距幽门 10～12 cm 处的十二指肠内(图 4-3-6)。

3. 牛、羊的胰

牛、羊胰呈不正四边形，呈灰黄色稍带粉红，位于右季肋部和腰下部，从第 12 肋骨到第 2～4 腰椎处，分胰头和左、右两叶(图 4-3-7)。胰头附着于十二指肠“乙”字形弯曲上；左叶(胰尾)较短，其背侧附于膈脚，腹侧与瘤胃背囊相连；右叶较长，沿十二指肠向后伸达肝尾叶的后方。

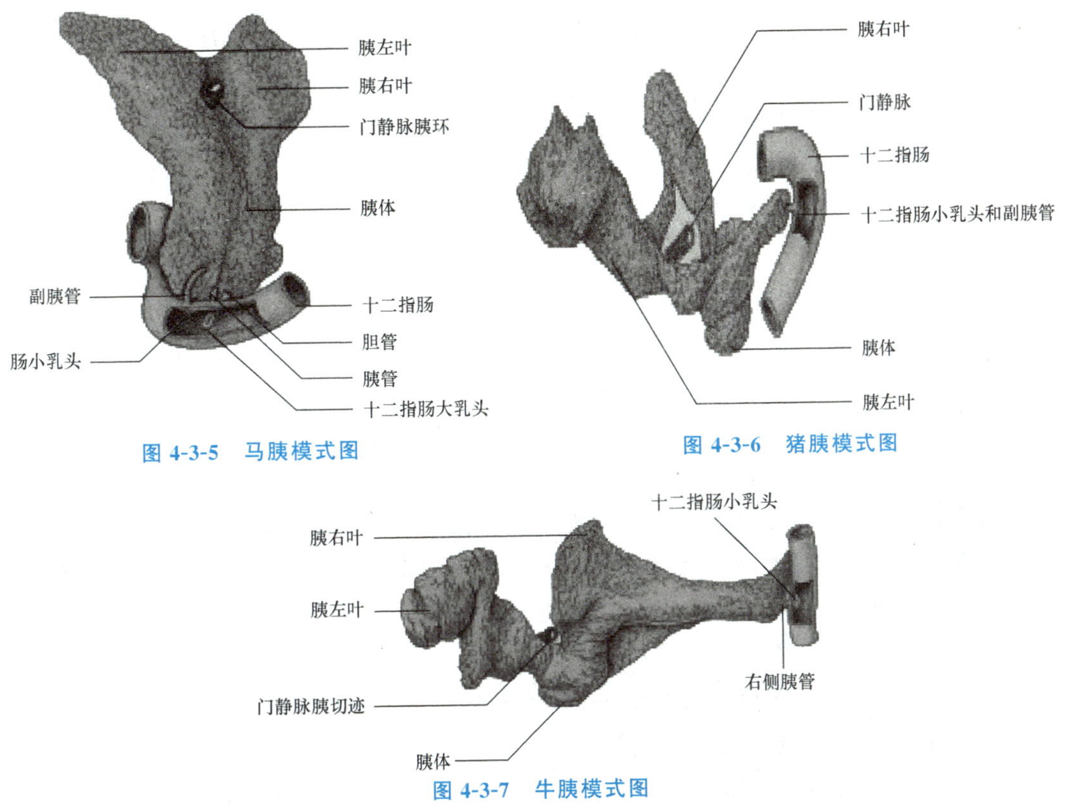

图 4-3-5　马胰模式图

图 4-3-6　猪胰模式图

图 4-3-7　牛胰模式图

牛的胰管通常有一条，从右叶末端通出，单独开口于十二指肠内(在胆管开口的后方约 30 cm 处)。羊的胰管和胆管合成一条胆总管，开口于十二指肠“乙”字形弯曲处。

(二)胰的组织构造

胰的表面覆有一薄层结缔组织。结缔组织伸入胰的实质内，将胰实质分隔成许多小叶。因结缔组织不发达，所以胰小叶分界不明显。

1. 外分泌部

外分泌部属于消化腺，由许多腺泡和导管组成，占腺体的绝大部分。有一条胰管直通十二指肠(马有两条)。腺泡的分泌液称为胰液，胰液经胰管注入十二指肠。胰液的成分是水、电解质和有机物。有机物主要是消化酶，包括胰蛋白酶、胰脂酶、胰淀粉酶和胰核糖核酸酶等。

2. 内分泌部

内分泌部又称胰岛，位于外分泌部的腺泡之间，由大小不等的细胞群组成，无输出管。其分泌物有胰岛素(降低血糖)和胰高血糖素(升高血糖)。分泌物直接进入血液循环，以发挥其调节血糖的作用。

单元四 消化生理

在生命活动的过程中，动物需要不断地采食饲料，摄取其中的营养物质，氧化分解产生能量，供机体利用。饲料中的营养物质包括蛋白质、脂肪、糖类(主要为纤维素和淀粉)、水、无机盐和维生素等。其中，水、无机盐和维生素一般可以直接被机体吸收利用，而蛋白质、糖类和脂肪为大分子物质，必须在消化道内经过较长时间的作用，分解为小分子物质后，才能被机体吸收、利用，这个过程称为消化。

一、概述

(一)消化方式

消化系统通过物理性消化、化学性消化和生物性消化 3 种方式完成消化功能。

1. 物理性消化(机械性消化)

物理性消化是指通过消化器官的运动，改变饲料物理性状的消化方式。例如，咀嚼、反刍和胃肠运动，磨碎或压扁饲料，使其更好地与消化液接触，便于进行化学性消化，可以促进内容物后移，有利于消化残余物的后送与排出。

2. 化学性消化

化学性消化指在消化酶和植物性饲料本身酶的作用下对饲料进行消化，将大分子化合物降解为易被机体吸收的小分子的过程。

酶是一种具有催化作用的特殊蛋白质，称为生物催化剂。具有消化作用的酶称为消化酶，而酶的作用易受温度、pH 值等因素的影响。

3. 生物性消化(微生物消化)

生物性消化是指在体内微生物的作用下，将饲料分解到能被机体吸收利用的过程。这种消化方式对草食动物尤为重要，因为畜禽本身的消化液中不含分解纤维素的酶，无法利用饲料中的纤维素、半纤维素。只有体内微生物对纤维素有分解作用，生物性消化可帮助草食动物提高饲料的利用率。

上述 3 种消化方式在消化过程中，是同时进行、互相协调的。但各类动物的消化管有其不同的结构特点，其消化方式也各有侧重。对于草食动物(包括反刍动物)，微生物的发酵作用非常重要；犬、猫等肉食动物以化学性消化为主；猪等杂食动物的饲料消化除消化酶的作用外，大肠内微生物的作用也较重要。

(二)消化管平滑肌的特性

在整个消化道中，除口、咽、食管上端和肛门外括约肌是横纹肌外，其余都由平滑肌组成。消化管平滑肌除具有肌肉组织所共有的兴奋性、收缩性等生理特征外，又有它自己的特性，具体如下。

(1)兴奋性较低，收缩速度缓慢。

(2)富有伸展性，能适应实际需要而伸展，最长时可为原来长度的 2～3 倍，适宜容纳食物。

(3)紧张性。平滑肌经常保持在一种微弱的持续收缩状态，具有一定的紧张性。它使消化道的管腔内保持一定的基础压力和保持消化道各部分的形状和位置。它不依赖于中枢神经系统的调控，但受中枢神经系统和激素的调节。

(4)自动节律性运动是肌原性的，但整体上受神经和体液因素的调节。

(5)对化学、温度和机械牵张刺激较为敏感。

(三)消化腺及消化液的功能

动物消化腺包括壁外腺(3 对大型唾液腺、胰腺、肝脏)和壁内腺(胃腺、肠腺等)。这些腺体分泌的消化液主要参与化学性消化。

腺细胞分泌是主动的活动过程，为周期性分泌。它包括由血液内摄取原料，在细胞内合成分泌物，将分泌物由细胞内排出以及细胞结构和机能的恢复等一连串的复杂活动。

消化液主要成分是酶、其他有机物、电解质和水等。其主要功能如下：

(1)通过分泌黏液、抗体和大量液体，保护消化道黏膜，防止物理性和化学性的损伤。

(2)改变消化腔内的 pH 值，使之适应消化酶活性的需要。

(3)水解结构复杂的食物成分，使之便于吸收。

(4)稀释食糜，使之与血浆的渗透压相等，以利于吸收。

二、口腔消化

口腔内主要进行物理性消化，包括采食和饮水、咀嚼和吞咽过程。

(一)采食和饮水

各类动物的食性不同，采食方式也不同，但主要采食器官都是唇、舌、齿，都有颌部和头部肌肉运动。

(二)咀嚼

摄入口内的饲料被送到上下颌臼齿间，在咀嚼的收缩和舌、颊部的配合运动下，食物被压磨粉碎，混合唾液。

咀嚼的次数、时间与饲料状态有关。一般湿的饲料比干的饲料咀嚼次数少，时间短。

咀嚼可以粉碎饲料，增加饲料消化面积；咀嚼使饲料粉碎后便于与唾液混合，形成食团以方便吞咽；咀嚼可以反射性引起消化腺的活动和胃肠运动。

(三)吞咽

吞咽是反射性动作，使食团从口腔进入胃。吞咽动作分为由口腔到咽、由咽到食管上端和由食管上端下行至胃。

(四)唾液生理作用

1. 唾液的性状与组成

唾液为无色透明的黏性液体，呈弱碱性反应，相对密度为1.002～1.009。唾液由约99.4%的水分、0.6%的无机物及有机物组成。无机物中有钾、钠、钙、镁的氧化物、磷酸盐和碳酸氢盐等；有机物主要是黏蛋白和其他蛋白质。猪的唾液中还含有少量唾液淀粉酶，可分解淀粉为麦芽糖。

肉食动物在安静时分泌的唾液pH值偏弱酸，而有食物刺激时分泌的唾液pH值可升达7.5左右。反刍动物腮腺分泌的唾液pH值可高达8.1。

2. 唾液的作用

(1)浸润饲料，利于咀嚼，唾液中的黏液能使嚼碎的饲料形成食团，并增加光滑度，便于吞咽。

(2)溶解饲料中的可溶性物质，刺激舌的味觉感受器，引起食欲，促进各种消化液的分泌。

(3)帮助清除一些饲料残渣和异物，清洁口腔。

(4)唾液为碱性反应，进入胃无腺部或反刍动物瘤胃后，可维持该部中性或碱性环境，有利于微生物和酶对饲料的发酵作用。

(5)唾液中含有的溶菌酶具有抗菌作用，如犬用舌头舔伤口，能起清洁消毒的作用。

(6)猪等动物的唾液中有淀粉酶，能将淀粉分解为糊精和麦芽糖。

(7)水牛、犬等动物汗腺不发达，可借唾液中水分的蒸发来调节体温。

(8)反刍动物唾液中含有相当量的尿素，可被瘤胃内细菌利用，合成菌体蛋白。

有些异物(如汞、铅等)和狂犬病病毒、脊髓灰质炎病毒等也可随唾液排出。

三、单胃消化

食物通过食管进入胃后，以化学性消化为主，物理性消化为辅。单胃动物和多胃动物的消化特点不同。单胃动物的胃有暂时贮存饲料和初步消化饲料两大功能。

(一)胃液

单胃黏膜分为有腺区和无腺区。有腺区包括贲门腺区、胃底腺区和幽门腺区。其中，贲门腺区和幽门腺区只分泌黏液，而胃底腺可分泌黏液、消化酶、盐酸和内因子。马和猪等动物在近食管端为无腺区。

1. 胃液的性质和成分

纯净的胃液为无色、透明的强酸性液体，pH值为0.9～1.5。胃液的主要成分为水、无机物和有机物。无机物主要包括H^+(氢离子)、Cl^-(氯离子)、K^+(钾离子)、Na^+(钠离子)、HCO_3^-(碳酸氢根离子)等无机离子；有机物主要包括消化酶、黏蛋白、内因子及少量的胃肠激素。

2. 胃液的作用

(1)盐酸。由胃底腺壁细胞分泌出来后，有一部分与黏液中的有机物结合，称为结合酸，未被结合的部分称为游离酸，二者合称为总酸，其中绝大部分是游离酸。其主要的生理功能有以下几方面。

①盐酸是胃蛋白酶原的致活剂，为胃蛋白酶提供酸性环境。

②盐酸使蛋白质膨胀变性，有利于消化。

③盐酸能杀死随食物进入胃内的细菌。

④盐酸进入小肠后，可引起胰泌素的释放，从而促进胰液、胆汁、小肠液的分泌。

⑤盐酸造成的酸性环境有助于Fe(铁)、Ca(钙)等元素的吸收。

幼畜的胃液中含盐酸很少或完全缺乏，消化蛋白质和杀灭细菌的能力很弱，这是幼畜易患某些消化道疾病的一个重要原因。

(2)消化酶。胃内消化酶是由胃底腺的腺细胞分泌的，主要有胃蛋白酶、凝乳酶、胃脂肪酶等。

①胃蛋白酶：它是胃底腺的主细胞分泌产生的，刚分泌出来时没有活性，在胃酸或已激活的蛋白酶作用下转变成有活性的胃蛋白酶，在pH值为2的较强酸性环境下将蛋白质水解为䏡、蛋白胨及少量多肽和氨基酸。当pH值升至6以上时，此酶即发生不可逆性变性。因此，盐酸对胃蛋白酶的消化是必需的。

②凝乳酶：它由胃底腺的主细胞以酶原形式分泌出来，在酸性条件下被激活。其主要作用是使乳汁凝固，延长乳在胃内停留的时间，以加强胃液对乳的消化，这种酶在哺乳期幼畜胃液内含量较高，哺乳期结束，则逐渐减少，甚至消失。

③胃脂肪酶：在肉食动物胃液中含有少量丁酸甘油酯酶，它可分解丁酸甘油酯成甘油和脂肪酸。

(3)黏液和碳酸氢盐。黏液是由胃黏膜上皮细胞及胃腺的黏液细胞所分泌的液体，富含黏多糖、蛋白质等，分为可溶性黏液和不溶性黏液。

①可溶性黏液：由胃腺的黏液细胞所分泌的黏液，具有润滑作用。

②不溶性黏液：由胃黏膜上皮细胞分泌的黏滞性很强的黏液，其黏稠度是水的30～260倍。不溶性黏液中含有大量糖蛋白和HCO_3^-。不溶性黏液覆盖于胃黏膜表面，形成500 μm厚的凝胶层，即黏液－碳酸氢盐屏障，可有效保护胃黏膜免受机械性、化学性损伤。当胃腔内的H^+从黏膜表面的黏液层向上皮细胞扩散时，其移动速度明显降低并不断与从黏膜表面向胃腔扩散的HCO_3^-相遇，发生中和反应，于是在胃黏液层中形成一个pH梯度，黏液层靠近胃腔的一面呈酸性，pH值为2左右，而在靠近上皮细胞表面呈弱碱性，pH值为7左右，从而使胃黏膜免受H^+的侵蚀，并使胃蛋白酶丧失了分解蛋白质的作用，从而保护胃黏膜免受化学性侵蚀作用。

在正常情况下，黏液层靠近胃腔侧的HCO_3^-不断被中和，糖蛋白不断被胃蛋白酶水解，使黏液由凝胶状态变为溶胶状态而进入胃液。通常，HCO_3^-被中和及黏液水解的速度与上皮细胞分泌黏液及HCO_3^-速度处于动态平衡，从而保持了黏液－碳酸氢盐屏障的完整性和连续性。当盐酸分泌过多或上皮细胞分泌机能减退时，黏液－碳酸氢盐屏障的完整性遭到破坏，胃黏膜就容易被盐酸、胃蛋白酶等侵蚀，从而发生胃炎、胃溃疡。

(4)内因子。内因子是胃壁细胞分泌的一种相对分子质量为 60 000 的糖蛋白。内因子可与胃内维生素 B_{12} 结合而促进其吸收。当胃液中缺乏内因子时，机体就会因维生素 B_{12} 的缺乏而影响红细胞的生成，引起贫血。

胃腺机能对饲料的特征有很强的适应性，长期用一定的营养制度饲养动物，能使胃腺分泌活动定型。如果改变营养制度，则必须经过一段时间后，才能建立起新的胃腺分泌定型。因此，改变饲养管理制度必须缓慢进行，不能骤然改变，若超过胃腺的适应能力，往往会造成消化机能紊乱，在畜牧生产中需要注意这个问题。

3. 胃液分泌的调节

胃液分泌受神经和体液双重调节。根据动物不同生理状态可将胃液的分泌分为基础胃液分泌和消化期胃液分泌。基础胃液分泌是指动物空腹在 12～24 h 后的胃液分泌。5：00—11：00 时最低，14：00 到翌日凌晨 1：00 时最高，这与迷走神经的紧张性及少量胃泌素自发释放有关。动物进食后的胃液分泌称消化期胃液分泌，一般按接受食物刺激的部位先后分成头期、胃期和肠期 3 个阶段。

(1)头期。头期是由食物进入口腔后直接刺激口腔和咽部感受器而引起的。可用假饲实验加以证实先在动物胃部安装瘘管收集胃液，再做食管瘘管手术。这样，动物进食时吞咽下的食物就由食管瘘管口漏出。感受器受到刺激后将冲动传入中枢，再由迷走神经末梢释放乙酰胆碱，一方面直接引起胃液分泌，另一方面通过刺激幽门 G 细胞释放胃泌素而引起胃液分泌。

(2)胃期。食糜进入胃后，可通过以下途径继续刺激胃液分泌。

①扩张刺激胃底胃体部感受器，通过迷走神经及壁内神经丛的反射引起胃腺分泌。

②扩张刺激幽门部，通过壁内神经丛作用于 G 细胞释放胃泌素，胃泌素经血液循环引起胃腺分泌。

③食物的化学成分直接作用于 G 细胞，引起胃泌素的分泌。

(3)肠期。食糜进入十二指肠后，食糜和半消化产物对小肠黏膜感受器进行机械刺激，可引起小肠黏膜细胞释放激素，并经血液循环作用于胃，从而保证胃液的持续分泌。

这 3 个阶段胃液分泌各有其特点：头期分泌潜伏期长，分泌持续时间长，分泌量多，占分泌总量的 20%，酸度高，酶含量高；胃期分泌酸度较高，酶含量较头期少，分泌量占分泌总量的 70%；肠期分泌量较少，分泌量仅占分泌总量的 10%。

饲料的不同成分对胃液分泌有一定的影响，如蛋白质具有强烈的刺激胃液分泌的作用，糖类也有一定的刺激作用，脂肪则可以抑制胃液的分泌。

(二)胃的运动

胃壁平滑肌的收缩和舒张产生胃的运动。通过胃运动使胃容纳食物、将食物与胃液混合形成半流体食糜、将食糜分批排入十二指肠。

1. 胃的运动形式

胃的运动主要有容纳性舒张、紧张性收缩和蠕动 3 种形式。

(1)容纳性舒张。当咀嚼和吞咽食物时，刺激口腔、咽、食管等部位的感受器，反射性地引起胃壁平滑肌的舒张，使胃容量增大而胃内压力却很少增加，称为容纳性舒张。食物进入胃后逐层重叠，先进入的在周围，后进入的在中央。这种分层排列使胃液不易迅速浸透饲料，使混有唾液的饲料在胃的中心和无腺部保持较长时间。

(2)紧张性收缩。胃壁平滑肌经常处于微弱的收缩状态，称为紧张性收缩。进食后不久，胃开始紧张性收缩，胃内压力逐渐增高，使胃液渗入食物，并协助推动食物向幽门方向移动。

(3)蠕动。胃壁平滑肌交替收缩和舒张引起的波形运动。蠕动波从胃底部开始，向幽门方向呈波浪式推进并不断增强。蠕动不仅可以使胃内食物和胃液充分混合，还可以使胃内食物向幽门移行，并通过幽门进入十二指肠。

2. 胃排空

随着胃的蠕动，胃内食糜分批次排入十二指肠的过程称为胃排空。排空取决于多种因素。其中最主要的是幽门两侧的压力差和酸度差。当胃内压或酸度高于十二指肠并达到一定数值时可反射性地引起幽门括约肌舒张，食糜即由胃内进入十二指肠(治疗急性胃扩张灌服乳酸或酸菜汤就是利用此原理)。反之，胃内容物的排空则受到抑制。胃的排空受神经和体液因素的调节，动物处于惊慌不安、疲劳等情况下，会引起胃的排空抑制，因此，进行饲养管理时应对此加以注意。

3. 呕吐

呕吐是将胃及十二指肠内容物经口腔强力驱出的一种反射性动作。机械性、化学性的刺激作用于舌根、咽部、胃、大肠、胆总管、泌尿生殖系统等部位的感受器均可引起呕吐。视觉和内耳前庭位置的感受器受到刺激，也可引起呕吐。

呕吐时，胃和食管下端舒张，膈肌和腹肌强烈收缩，挤压胃内容物经食管从口腔驱出。同时，十二指肠和空肠上部也明显收缩，甚至痉挛，使十二指肠内容物倒流入胃内，因此，呕吐物常混有胆汁和小肠液等。

呕吐基本中枢在延髓。当颅内压升高时可直接刺激该中枢而引起呕吐。呕吐是机体的一种防御性反射，可将咽入胃内的有害物质吐出，避免对机体造成伤害，故临床上常通过催吐来抢救中毒病畜。但频繁而剧烈地呕吐可引起脱水、电解质紊乱和酸碱平衡失调等并发症，需要及时进行止吐处理。

四、饲料在胃内的消化过程

饲料在没有被胃液浸透而成为酸性之前(pH 值低于 4.5)，唾液淀粉酶继续发挥作用，将淀粉分解为麦芽糖、糊精等；随饲料进入的微生物进行发酵分解，将糖类分解为挥发性脂肪酸(VFA)、乳酸等并同时分解少量的蛋白质。

随胃酸不断渗透和有机酸产生，胃内酸度不断升高，淀粉酶和微生物作用被抑制，胃蛋白酶开始发挥作用，将蛋白质分解为蛋白际和蛋白胨，产生少量的多肽和氨基酸。

五、复胃消化

复胃消化与单胃消化的主要区别在于前胃。除特有的反刍、食管沟反射和瘤胃运动外，主要是在前胃内进行微生物消化，其中瘤胃是主要部位。网胃相当于一个“中转站”，一方面，将粗硬的饲料返送回瘤胃；另一方面，将稀软的饲料送入瓣胃。瓣胃相当于一个“过滤器”，收缩时把饲料中较稀软的部分送入皱胃，而把粗糙部分留在叶片间揉搓研磨，以利于下一步消化。

(一)瘤胃的消化

瘤胃、网胃可以看作“发酵罐”。饲料内70%～85%的干物质、约50%粗纤维经过瘤胃的微生物分解，产生VFA、NH_3(氨气)、N_2(氮气)、CO_2(二氧化碳)、CH_4(甲烷)、H^+(氢离子)、乳酸等，同时还可合成蛋白质和B族维生素。

1. 瘤胃内环境特点

瘤胃可看作是厌氧微生物繁殖高效培养器。瘤胃内具有微生物生存繁殖的适宜温度，通常为39～41 ℃，瘤胃内容物的含水量相对稳定，渗透压维持于接近血液水平，pH值为5.5～7.5。瘤胃内容物高度乏氧。瘤胃上部气体通常含CO_2、CH_4及少量N_2、H_2(氢气)、O_2(氧气)等气体，H_2、O_2主要随食物进入瘤胃内，O_2迅速被微生物繁殖所利用。因此，瘤胃内环境经常处于相对的稳定状态。

2. 瘤胃微生物种类及其作用

瘤胃微生物主要是厌氧性纤毛虫、细菌及真菌，种类甚为复杂，并随饲料种类、饲喂制度及动物年龄等因素而变化。1 g瘤胃内容物中含150亿～250亿个细菌和60万～180万个纤毛虫，其总体积约占瘤胃液的3.6%，其中细菌和纤毛虫约各占1/2。

(1)纤毛虫。瘤胃中的纤毛虫分为全毛虫与贫毛虫两大类，都严格厌氧，依靠体内的酶能发酵糖类产生乙酸、丁酸、乳酸、CO_2、H_2、少量丙酸、水解脂类、氢化不饱和脂肪酸、降解蛋白质。此外，纤毛虫还能吞噬细菌。

瘤胃内纤毛虫的数量和种类明显受饲料及瘤胃内pH值的影响。当因饲喂高淀粉(或糖类)日粮时，pH值降至5.5或更低，纤毛虫的活力降低，数量减少或完全消失。此外，纤毛虫数量也受饲喂次数的影响，饲喂次数多，则数量也多。

反刍家畜在瘤胃内没有纤毛虫的情况下，个体也能生长良好，不过在营养水平较低的情况下，纤毛虫能提高饲料的消化率与利用率，动物体储氮和挥发性脂肪酸都大幅度增加。纤毛虫蛋白质的生物价与细菌相同(约为80%)，但消化率大于细菌蛋白(纤毛虫91%、细菌为74%)；同时，纤毛虫的蛋白质含丰富的赖氨酸等必需氨基酸，其营养品质超过细菌蛋白，成为畜体蛋白的重要来源。由于纤毛虫能分解许多营养物质，又有一些细菌在其体内共生，故有“微型反刍动物”之称。

(2)细菌。它是瘤胃中最主要的微生物，数量大、种类多，极为复杂，随饲料种类、采食后时间和动物状态而变化。瘤胃内的细菌，大多数是不形成芽孢的厌氧菌，偶有形成芽孢的厌氧菌；牛链球菌和某些乳酸杆菌等非严格厌氧的细菌有时也很多。这些细菌多半利用饲料中的多种碳水化合物作为能源；不能利用碳水化合物的细菌可利用乳酸的中间代谢产物；也有极少的细菌只能利用一种能源。

此外，还有分解蛋白质和氨基酸或脂类的细菌，以及合成蛋白质和维生素的菌群。其中有些菌群既能分解纤维素又能利用尿素。

总之，瘤胃饲料中的碳水化合物，在多种不同的细菌的重叠或相继作用下，通过相应酶系统的作用产生 VFA、CO_2 和 CH_4 等，并合成蛋白质和 B 族维生素供畜体利用。

(3)真菌。瘤胃内存在厌氧性真菌，厌氧性真菌含有纤维素酶，能够分解纤维素。此外，真菌还可利用饲料中的碳、氮源合成胆碱和蛋白质，进入后段消化道被利用。

瘤胃微生物之间存在彼此制约、互相共生的关系。纤毛虫能吞噬和消化细菌作为自身的营养，或用菌体酶类消化营养物质。瘤胃内存在多种菌类，能协同纤维素分解菌分解纤维素。纤维素分解菌所需的氨，在很多情况下是依靠其他微生物的代谢来提供的。更换饲料不宜太快，以使微生物群逐渐适应改变的饲料，避免动物发生急性消化不良。

3. 瘤胃内营养物质的消化代谢

在瘤胃内微生物作用下，饲料会在瘤胃内发生一系列复杂的消化过程，具体描述如下。

(1)糖类的发酵。饲料中的纤维素、果胶、半纤维素、淀粉、可溶性糖以及其他糖类物质，均能被瘤胃内微生物群降解发酵，产生 VFA、CO_2、CH_4 等代谢终产物，发酵速度以可溶性糖最快，淀粉次之，纤维素和半纤维素最慢。

瘤胃内糖类物质消化代谢过程如图 4-4-1 所示。

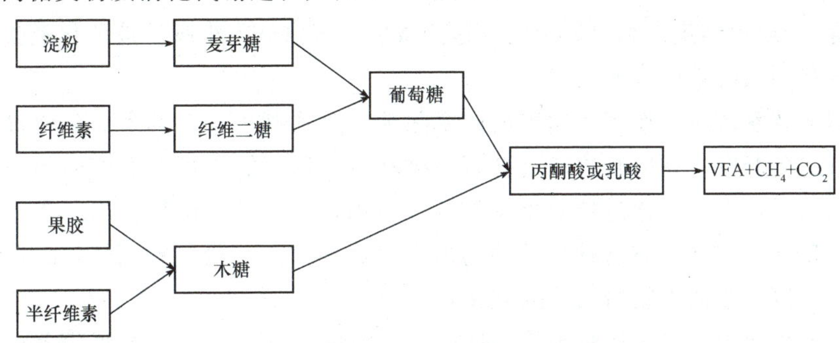

图 4-4-1　瘤胃内糖类物质消化代谢示意

瘤胃内糖类发酵终产物中以 VFA 最为重要，VFA 是反刍动物主要的能量来源。牛瘤胃一昼夜产生的 VFA 为 90～150 mmol/L，占机体所需能量的 60%～70%。VFA 中主要是乙酸、丙酸和丁酸，其比例大体为 70：20：10，随饲料种类而发生显著的变化(表 4-4-1)。

表 4-4-1　不同饲料水平下乳牛瘤胃内挥发性脂肪酸(VFA)的含量　%

饲料	乙酸	丙酸	丁酸
精料	59.60	16.60	23.80
多汁料	16.25	58.90	24.85
干草	5.45	66.55	28.00

VFA 约有 88%通过盐类形式吸收。通常，乙酸和丁酸通过三羧酸循环而代谢，不增加糖原的储藏，在泌乳期它们是反刍动物生成乳脂的主要原料。丙酸是反刍动物血液葡萄糖的主要来源，占血糖的 50%～60%。乙酸也能提供动物的代谢能源。丁酸在瘤胃上皮内代谢为β-羟基丁酸或乙酸盐。β-羟基丁酸是瘤胃上皮主要能源中的一种。

瘤胃微生物在发酵糖类的同时，利用分解出的单糖和双糖合成自身的多糖，并储存于体内，待微生物到达皱胃，即被盐酸杀死释放出多糖，随食糜进入小肠后，经相应酶的作用分解为单糖，被动物吸收利用，成为反刍动物有机体的葡萄糖来源之一。泌乳的牛吸收入血的葡萄糖约有 60%用来合成牛乳。

(2)蛋白质的消化。瘤胃微生物主要是利用饲料蛋白质和非蛋白质氮，合成微生物蛋白质，当其经过皱胃和小肠时，又被消化分解为氨基酸，供动物有机体吸收、利用。

①瘤胃内蛋白质。分解和氨的产生。瘤胃的饲料蛋白质 50%～70%被微生物蛋白酶分解为肽和氨基酸，大部分氨基酸在微生物脱氨基酶作用下脱去氨基生成 NH_3(氨气)、CO_2(二氧化碳)和有机物。尿素、铵盐、酰胺等饲料中的非蛋白质含氮物，被微生物分解后也产生氨。氨的代谢有 4 条途径：被微生物利用、被瘤胃壁吸收、进入瓣胃、以嗳气的形式排放出去。除被微生物利用外，其余氨的代谢途径都降低了饲料蛋白的利用率。运用过瘤胃蛋白保护技术(物理法、化学法和包被法)将饲料蛋白质保护起来，避免在瘤胃内被发酵、降解，直接进入小肠被消化、吸收，从而提高饲料蛋白质的利用率。对高品质饲料蛋白质的过瘤胃保护十分必要。

②瘤胃内微生物对氨的利用。可直接利用氨基酸、氨和其他非蛋白质氮(如尿素、铵盐、酰胺等)合成菌体蛋白和虫体蛋白，这些微生物蛋白进入小肠后被消化吸收，成为反刍动物体内蛋白质的重要来源。

③瘤胃的尿素再循环作用。瘤胃内的氨除被微生物利用外，其余的被瘤胃壁迅速吸收，经血液送到肝脏，在肝脏内通过鸟氨酸循环合成尿素。尿素经血液循环一部分随唾液重新进入瘤胃，一部分通过瘤胃壁弥散到瘤胃内，剩下的就随尿排出。在低蛋白质日粮情况下，反刍动物就依靠这种内源性的尿素再循环作用节约氮的消耗，维持瘤胃内适宜的氨浓度，以利于微生物蛋白质的合成。

在畜牧业生产中，可用尿素来代替日粮中约 30%的蛋白质，以降低饲养成本。但因尿素在瘤胃内脲酶作用下迅速分解，产生氨的速度为微生物利用氨速度的 4 倍，容易使瘤胃内储积氨过多而发生氨中毒。故必须通过抑制脲酶活性、制成胶凝淀粉或尿素衍生物使其释放氨的速度下降并在日粮中供给易消化糖类，使微生物合成蛋白质时能获得充分能量，才能提高它的利用率和安全性。

(3)脂类的消化。饲料中的甘油三酯和磷脂能被瘤胃微生物水解，生成甘油和脂肪酸等物质。其中，甘油多半转变成丙酸，而脂肪酸的最大变化是不饱和脂肪酸加水氢化，变成饱和脂肪酸。饲料中脂肪是体脂和乳脂的主要来源。

(4)维生素的合成。瘤胃微生物能合成硫胺素、核黄素、生物素、吡哆醇、泛酸、维生素 B_{12} 等 B 族维生素，以及维生素 K 和维生素 C。因此，一般日粮中少量缺乏这些维生素不会影响成年反刍动物的健康。

(二)网胃的消化

网胃在前胃中起“中转站”的作用，其将来自瘤胃细小的饲料送到瓣胃，将瓣胃过滤无法通过的饲料返回瘤胃进一步消化。

(三)瓣胃消化

瓣胃主要起过滤作用。来自网胃的流体食糜含有许多微生物和细碎的饲料以及微生物发酵的产物，当通过瓣胃的叶片之间时，其中一部分水分被瓣胃上皮吸收，另一部分被叶片挤压出来流入皱胃，食糜变干。截留于瓣胃叶片之间的较大食糜颗粒被叶片的粗糙表面揉捏和研磨，使之变得更为细碎。

(四)皱胃的消化

皱胃的结构和功能与单胃动物的胃大致相似。

1. 胃液分泌

(1)胃液。皱胃黏膜为有腺黏膜，其功能与单胃动物的胃相似，可分泌胃液，胃液中也主要含有盐酸、蛋白酶、凝乳酶等。牛皱胃液的 pH 值为 2.0～4.1，绵羊为 1.0～1.3。与单胃动物相比，皱胃胃液盐酸含量明显较低，而凝乳酶的含量较高，特别是哺乳期的雌性动物。

(2)胃液分泌调节。因食糜不断进入皱胃，其胃液分泌是连续的。胃液分泌受神经、体液调控，迷走神经兴奋可以促进其分泌，VFA 可能是主要的刺激因子。此外，还受十二指肠的反射性调节，十二指肠扩张和酸性食糜刺激均可反射性引起胃液分泌减少。胃泌素是促进胃液分泌的主要体液调节因素，而皱胃食糜的 pH 值是影响胃泌素分泌的主要因素。当皱胃食糜的 pH 值升高时，促进胃泌素的分泌，而皱胃食糜的 pH 值降低时，则会抑制胃泌素的分泌。

2. 皱胃内饲料的消化过程

前胃食糜进入皱胃后，瘤胃微生物不断被盐酸杀死，这些微生物蛋白及未被瘤胃微生物消化的饲料蛋白质等被胃蛋白酶初步分解后排入十二指肠。

(五)复胃的运动

1. 前胃的运动

前胃的机械性消化借助前胃的运动来完成。前胃的运动是互相密切配合的，其运动的顺序：网胃→瘤胃→瓣胃。其中，瓣胃运动与网胃协同进行。

(1)网胃的运动。网胃的运动称为双相收缩，即分 2 次进行：第 1 次只收缩 50%即行舒张，可将漂浮在网胃上部的粗饲料压回瘤胃；紧接着发生第二次完全收缩，可将网胃下部的稀软饲料推进到瓣胃内。这种双相收缩每间隔 30～60 s 重复 1 次。反刍时，在双相收缩前还增加 1 次收缩，称为附加收缩，使胃内食物逆呕回口腔，又称逆呕收缩。

由于网胃的体积较小，如果其中存在铁丝、铁钉等各种尖锐的异物，当网胃发生强烈收缩时，极易引起创伤性网胃炎，进而继发创伤性网胃－腹膜炎、创伤性网胃－心包炎。因此，饲喂反刍动物时必须仔细去除饲料中的尖锐异物，以防止创伤性网胃疾病的发生。

(2)瘤胃的运动。瘤胃的收缩紧接网胃的第二次收缩，收缩的方式有 2 种：第 1 种称为 A 波，先由瘤胃前庭开始，沿背囊由前向后，然后转为腹囊，接着又沿腹囊由后向前。伴随 A 波的发生，瘤胃内容物也沿蠕动波传导的方向被移动和混合。第 2 种，在嗳气时瘤胃还可发生一次单独的附加收缩，称为 B 波，起始于后腹盲囊，向上向前经后背盲囊、前背盲囊，最后到达前腹盲囊。

瘤胃运动机能是反映前胃机能的重要指标，因此，瘤胃运动机能检查是兽医临床检查的重要内容，一般可以在左肷窝通过听诊、触诊来检查瘤胃运动的频率及运动强度。一般情况下，瘤胃运动频率：休息时约 1.8 次/min，进食时约 2.8 次/min，反刍时约 2.3 次/min，每次收缩 15～25 s。

(3)瓣胃的运动。缓慢而有力，它与网胃收缩相配合。当网胃第二次收缩时，瓣胃舒张，网瓣口开放，压力降低，于是一部分食糜由网胃移入胃，其中液体部分可通过瓣胃沟直接进入皱胃，较粗糙的部分则进入瓣胃叶之间，进行研磨后再送入皱胃。因此，胃内容物比较干燥，当瓣胃运动机能减弱时，极易发生瓣胃阻塞(百叶干)。

2. 皱胃的运动

一般情况下，胃体部处于静止状态，幽门部出现强烈的收缩时，将食糜送入十二指肠，即胃的排空。

胃的排空受神经、体液调节。迷走神经兴奋时，皱胃运动增强。当皱胃充满时，刺激皱胃感受器，反射性促进皱胃运动，促进胃的排空；而食糜进入十二指肠后刺激十二指肠感受器，则反射性抑制皱胃运动，抑制胃的排空。胆囊收缩素、胰泌素、胃泌素等胃肠激素是主要体液调节因素。胆囊收缩素、胰泌素抑制皱胃运动，抑制胃的排空；胃泌素则促进皱胃运动，促进胃的排空。

兽医临床上，皱胃移位的发病率较高，目前认为主要是高精料饲喂条件下，大量 VFA 和乳酸进入皱胃，导致皱胃运动抑制的结果。

(六)反刍

反刍动物将吞入瘤胃的饲料经浸泡软化一定时间后，再返回到口腔仔细咀嚼的特殊消化活动称为反刍。反刍动物在摄食时，饲料不经充分咀嚼即吞入瘤胃，在瘤胃内浸泡和软化。当动物休息时，较粗糙的饲料(秸秆不能切得过短)刺激网胃、瘤胃前庭和食管沟黏膜的感受器，使食物逆呕回口腔，进行仔细咀嚼并混合唾液后再吞咽入胃。反刍过程可分为 4 个阶段，即逆呕、再咀嚼、再混唾液和再吞咽。

反刍的生理意义：充分咀嚼，帮助消化；混入唾液，中和胃内容物发酵时产生的有机酸；排出瘤胃内发酵产生的气体；促进食糜向后部消化道的推进。动物有病和过度疲劳都可能引起反刍的减少或停止，因此反刍是反刍动物健康的标志。

犊牛在出生后 3～4 周出现反刍，此时犊牛开始选食草料，瘤胃内有微生物滋生，如训练犊牛及早采食粗料或喂以成年牛逆呕出来的食团，则反刍可提前出现。成年动物一般在饲喂后 0.5～1 h 出现反刍，每次反刍平均为 40～50 min，间隔一段时间再开始第二次反刍。这样一昼夜进行 6～8 次(幼畜可达 16 次)。每天用于反刍的时间为 7～8 h。

(七)嗳气

瘤胃微生物发酵产生的气体通过食管和口腔排出的过程，称为嗳气。瘤胃微生物的强烈发酵，不断产生大量的气体，主要是 CO_2 和 CH_4，含有少量的 H_2、O_2、N_2、H_2S(硫化氢)等，这些气体约有 1/4 被吸收入血经肺排出；还有一部分被瘤胃微生物利用，剩余的气体则通过食管排出。牛平均每小时嗳气 17～20 次。

牛、羊初春放牧，常因啃食大量幼嫩青草而发生瘤胃臌气。其机理是由于瘤胃内饲料急剧发酵产生大量气体，不能及时排出；同时，幼嫩青草迅速由前胃转入皱胃或肠内，刺激这些部位的感受器，使其反射性抑制前胃运动，于是便会形成急性瘤胃臌气。

(八)食管沟的作用

犊牛和羔羊在吸吮乳汁或液态食物时，能反射性地引起食管沟唇闭合成管状，使乳汁或液态食物由食管经食管沟和瓣胃沟直接进入皱胃，在前胃内不停留。引起食管沟发射的外感受器主要分布在唇、舌、颊黏膜及咽部。若用桶给犊牛或羔羊喂乳，由于缺乏吸吮刺激，食管沟闭合不完全，部分乳汁会溢入瘤胃、网胃，引起异常发酵，导致腹泻。

食管沟闭合反射随着动物年龄的增长而减弱。某些化合物质能引起食管沟闭合反射，如 $NaCl$(氯化钠)和 $NaHCO_3$(碳酸氢钠)溶液可使 2 岁牛的食管沟闭合，$CusO_4$(硫酸铜)溶液能引起绵羊的食管沟闭合。临床利用这些化学药品闭合食管沟的特点，可将药物直接输送到皱胃，以达到治疗的目的。

六、小肠消化

小肠是消化的重要部位，大部分营养物质在此被消化分解，以化学性消化为主，同时也有机械性消化过程。小肠的化学性消化主要是胰液、胆汁、小肠液的作用。

(一)化学性消化

1. 胰液

(1)胰液的性质和成分。

①胰液是无色、无臭的碱性液体，其 pH 值为 7.8～8.4。胰液中含无机物与有机物。

②胰液中无机成分有 Cl^-、Na^+、K^+(钾)、Ca^{2+}、碳酸氢盐等。其中，碳酸氢盐含量最高，主要作用是中和进入十二指肠的胃酸，使肠黏膜免受强酸的侵蚀；同时，也为小肠内多种消化酶活动提供了最适合的 pH 环境。

(2)胰液的生理功能。胰液中有多种消化酶，其生理功能有以下几方面。

①胰淀粉酶不需激活就有活性，可分解淀粉为麦芽糖。

②胰脂肪酶分解脂肪为甘油和脂肪酸。

③胰蛋白酶和糜蛋白酶两者都以酶原形式存在于胰液中。胰蛋白酶经自身作用或被肠激酶激活后，分解蛋白质为肽和胨。两种酶共同作用时可分解蛋白质为小分子的多肽和氨基酸。糜蛋白酶被胰蛋白酶激活后，可将蛋白质分解为多肽小分子物质。

④羧肽酶被胰蛋白酶激活后，作用于多肽末端的肽键，释放具有自由羧基的氨基酸。

⑤核糖核酸酶和脱氧核糖核酸酶使相应的核酸部分地水解为单核苷酸。

(3)胰液分泌的调节。胰液分泌受神经和体液双重控制，以体液调节为主。

①神经调节。食物刺激口腔和胃，都可通过迷走神经直接作用于胰腺腺体或通过胃泌素的释放而间接作用于胰腺，引起胰液的分泌。

②体液调节。

a. 促胰液素：酸性食糜刺激小肠黏膜S细胞释放促胰液素，经血液循环作用于胰腺小导管的上皮细胞，使其分泌富含碳酸氢盐而含酶较少的稀薄胰液。

b. 胆囊收缩素(又称促胰酶素或胆囊收缩素－促胰酶素)：蛋白质分解产物和脂肪酸使前段小肠黏膜释放的胆囊收缩素，经血液循环促使胰腺分泌含碳酸氢盐较少、含酶较多的浓稠胰液。

对于胰腺的活动，促胰液素和胆囊收缩素之间具有协同和相互加强的作用。另外，胃泌素也能促进胰液的分泌。

2. 胆汁

(1)胆汁的性质和成分。

①胆汁是由肝细胞分泌的黏稠、具有强烈苦味的碱性液体。牛、猪、犬等有胆囊的动物分泌出来的胆汁储存在胆囊内，消化时才从胆囊排入十二指肠。胆囊壁能分泌黏蛋白和从胆汁中吸收水分，所以，胆囊内胆汁比肝胆汁浓稠。马、鹿、骆驼等没有胆囊的动物有相当于胆囊的胆管膨大部，可代替胆囊的机能。由于肝管开口处缺乏括约肌，分泌的胆汁几乎连续地从肝管流入十二指肠。草食动物的胆汁呈暗绿色，肉食动物的胆汁呈红褐色，猪的胆汁呈橙黄色。

②胆汁中没有消化酶，除水外，还有胆色素、胆盐、胆固醇、脂肪酸、卵磷脂及其他无机盐等。

(2)胆汁的生理功能。胆汁的生理功能主要有以下几个方面。

①胆盐、胆固醇和卵磷脂等可乳化脂肪，增加胰脂肪酶的作用面积。

②胆盐可与脂肪酸结合成水溶性复合物，促进脂肪酸的吸收。

③胆汁可促进维生素A、维生素D、维生素E和维生素K的吸收。

④胆汁可以中和十二指肠中部分胃酸。

⑤胆盐排到小肠后，绝大部分由小肠黏膜吸收入血液，再入肝脏重新形成胆汁，即为胆盐的肠—肝循环。

(3)胆汁的分泌与排出的调节。胆汁的分泌与排出受神经和体液双重影响，但主要受体液的调节。

①神经调节。进食动作或食物对胃、小肠的刺激，可通过神经反射经迷走神经直接作用于肝细胞引起胆汁分泌，可作用于胆囊，促使胆囊收缩，排出胆汁；还可通过释放

胃泌素引起胆汁分泌。交感神经冲动能使胆汁在胆囊内潴留。

②体液调节。胆盐是促进胆汁分泌的主要体液因素。胆盐在小肠内被迅速吸收，经门静脉回到肝脏，刺激肝细胞分泌胆汁。此外，促胰液素和胃泌素也能促进胆汁的分泌。胆囊收缩素能引起胆囊肌收缩和胆管括约肌舒张，促进胆汁的排出。

3. 小肠液

(1)小肠液的性质和成分。纯净的小肠液是一种无色或灰黄色的浑浊碱性液体，其pH值为8.2～8.7，主要成分为水、无机物、有机物。无机物主要是碳酸氢盐；有机物主要包括黏蛋白、消化酶、免疫球蛋白等。

此外，小肠液中含有较多固体颗粒，这些固体颗粒主要是脱落的黏膜上皮细胞、白细胞等。

(2)小肠液的生理功能。小肠液的生理功能主要有以下几方面。

①大量小肠液可以稀释食糜，使其渗透压下降，有利于营养物质的吸收。

②小肠液中的肠致活酶(肠激酶)，能激活胰液中的胰蛋白酶原变为有活性的胰蛋白酶，有利于蛋白质的消化。肠致活酶可能是小肠腺分泌到肠腔中唯一的消化酶。其他消化酶主要来自脱落的黏膜上皮细胞，它们对肠腔内的消化可能不起作用。

③中和胃酸，保护肠黏膜，并为消化酶提供适宜的环境。小肠液中含有大量碳酸氢盐。特别是十二指肠腺分泌的小肠液，碳酸氢盐含量更高。

④小肠有许多细胞内酶，如肠肽酶、双糖酶等，主要位于肠上皮细胞的刷状缘上或细胞内，将刷状缘上或进入细胞内的肽、双糖等营养物质彻底分解。

(3)小肠液的分泌调节。小肠液的分泌是经常性的，在不同条件下，其分泌的变化较大。

①神经调节。肠壁内在神经系统在肠液分泌调节中很重要。食糜进入小肠后，刺激肠黏膜的机械、化学感受器(尤其是机械扩张刺激最为敏感)，通过肠壁内在神经系统反射性引起小肠液分泌增加。外来神经对小肠液的分泌影响较小。

②体液调节。小肠液的分泌同样受胃肠激素的调节。胰泌素、胆囊收缩素、胃泌素、血管活性肠肽等都能够刺激小肠液的分泌。

(二)小肠的运动及调节

1. 小肠的运动

小肠的运动由食糜进入小肠后刺激小肠黏膜感受器引起，依靠肠壁平滑肌的舒缩来实现。其作用：使食糜与消化液充分混合，有利于消化；使食糜紧贴肠壁黏膜有利于吸收；有利于食糜向后推移。运动形式有蠕动、分节运动和钟摆运动3种。为防止食糜过快进入大肠，有时还会出现逆蠕动。

(1)蠕动。蠕动是环行肌和纵行肌协调收缩、舒张产生的波状运动。蠕动波较弱，通常只进行一段短距离(约数厘米)后即消失，蠕动速度一般为1～2 cm/s。蠕动的生理意义在于将经过消化的食糜向大肠方向推进。此外，还有一种进行速度很快(5～25 cm/s)和推进距离较长的蠕动，称为蠕动冲。它由进食时吞咽动作或食糜进入十二指肠引起，可将食糜从小肠始端一直推送到末端。在十二指肠和回肠末段有时还出现逆蠕动，与蠕动比较，除方向相反外，收缩力量较弱，传播范围也较小。逆蠕动与蠕动相配合，使食糜在肠管内来回移动，以便有足够的时间进行消化和吸收。

(2)分节运动。分节运动是以环行肌节律性收缩与舒张为主的运动。当食糜进入肠管的某段后，该段肠管许多点同时出现收缩，将食糜分为若干小节，随后原来收缩处舒张，原来舒张处收缩，使食糜又形成许多新的节段。如此继续几十分钟后，由蠕动将食糜推到下一段肠管，又在一个新肠段进行同样的运动。分节运动在反刍动物和肉食动物的小肠中最常见。分节运动的作用是使食糜和消化液充分混合，便于化学性消化；使食糜和肠壁紧密接触，为吸收创造良好的条件；可挤服肠壁，有助于血液和淋巴的回流。

(3)钟摆运动。钟摆运动是以纵行肌节律性舒缩为主的运动。当食糜进入一段小肠后，该段肠的纵行肌一侧发生节律性的舒张和收缩，对侧相应的收缩和舒张，使肠段左右摆动，肠内容物随之充分混合，以利消化和吸收。

2. 小肠运动的调节

小肠运动受神经、体液因素的调节。

(1)神经调节。

①肠道内在神经丛的调节。食糜进入小肠后，刺激小肠黏膜机械性、化学性感受器，通过内在神经丛，反射性引起该段及其后段小肠运动的增强并同时抑制其前段小肠运动。这种调节作用在回盲括约肌部分表现最为明显。

②外来神经的调节。一般来说，迷走神经兴奋，小肠运动增强；交感神经兴奋，小肠运动减弱。但是，外来神经的作用还与肠管平滑肌所处的状态有关，如肠管平滑肌的紧张性很高，则无论迷走神经兴奋还是交感神经兴奋，肠管运动都减弱；反之，如果肠管平滑肌的紧张性很低，则无论迷走神经兴奋还是交感神经兴奋，肠管运动都增强。

(2)体液调节。体液调节主要是胃肠道激素作用。其中，胃泌素、胆囊收缩素、P物质等促进小肠运动，胰泌素、血管活性肠肽、胰高血糖素、生长抑素等抑制小肠运动。

(三)饲料在小肠内的消化过程

进入小肠内的食糜，混以大量消化液，形成半流体食糜，1 kg 饲料干物质一般可以形成 14～15 L 食糜，食糜中含水量高达 90%～95%，使其渗透压与血浆接近，有利于营养物质的吸收。其中，稀释食糜的水分 1/4 来自饲料，3/4 来自消化液。

食糜进入小肠后，饲料中各种营养物质在各种消化酶的作用下，彻底分解成可被吸收的小分子物质。

1. 碳水化合物的消化

饲料中未消化的淀粉在胰淀粉酶作用下被分解产生糊精、麦芽糖、麦芽寡糖等，这些分解产物(包括经唾液淀粉酶消化产生的糊精、麦芽糖等)以及饲料中的蔗糖、乳糖等双糖在小肠黏膜刷状缘表面寡糖酶(麦芽糖酶、糊精酶、双糖酶等)的作用下分解为单糖(主要是葡萄糖)。

2. 蛋白质的消化

饲料中的蛋白质在胃内初步消化后，在胰蛋白分解酶的作用下分解为多肽、小肽、氨基酸肽，在羧肽酶、肠肽酶(在小肠黏膜刷状缘表面或上皮细胞内进行)作用下分解为小肽和氨基酸。

3. 脂肪的消化

饲料中的脂肪在胰脂肪酶和胆汁的作用下分解为甘油、脂肪酸和甘油一酯。

七、大肠消化

食糜经小肠消化和吸收后，剩余部分进入大肠。由于大肠腺只能分泌少量碱性黏稠的消化液，含消化酶甚少或不含，因此大肠的消化除依靠随食糜而来的小肠消化酶继续作用外，主要进行微生物消化。

(一)大肠液

大肠黏膜上的腺体分泌富含黏液和碱性分泌物(主要为碳酸氢盐)的大肠液，含消化酶很少，黏液的作用在于保护肠黏膜和润滑粪便；碱性分泌物能中和酸性内容物，以利于微生物的繁殖和活动。

食糜刺激大肠机械感受器反射性引起大肠液分泌增加，迷走神经兴奋，大肠液的分泌增加；交感神经兴奋，大肠液的分泌减少。

(二)大肠内的消化过程

各种动物大肠内的消化过程不完全一样，现分述如下。

1. 草食动物大肠内的消化

草食动物特别是单胃草食动物的大肠特别发达，食糜在大肠内停留时间很长，因此在整个消化过程中占有非常重要的地位，是机体能量的主要来源之一(提供所需能量的1/2)。牛、羊等反刍动物虽然有发达的瘤胃，但大肠消化阶段仍有活跃的微生物发酵，能消化饲料中15%～20%的纤维素。大肠中的微生物将饲料中纤维素、糖分解为VFA、CO_2、CH_4 等，其中VFA被吸收利用。蛋白质、氨基酸等分解产生 NH_3，NH_3、氨基酸被吸收或被微生物利用合成蛋白质，但合成的微生物蛋白质是否能吸收利用尚不清楚。兔有吞食软粪习性，有助于微生物蛋白的利用。此外，微生物也能合成B族维生素和维生素K。

2. 杂食动物大肠内的消化

杂食动物的大肠消化介于草食动物与肉食动物之间。以植物性饲料为主时，其大肠消化与草食动物相似；以精料为主时，其大肠消化与肉食动物相似。

3. 肉食动物大肠内的消化

肉食动物大肠很不发达，因而大肠消化的作用较差。在肉食动物大肠内主要发生的是蛋白质的腐败发酵，产生吲哚、粪臭素、酚等有毒物质，这些腐败发酵产物一部分被吸收入血液，经肝脏解毒后通过尿液排出体外；另一部分经粪便排出体外。未消化的脂肪、糖类被细菌降解产生脂肪酸、单糖、有机酸等。

肉食动物大肠消化的主要生理意义在于水和无机盐的吸收或分泌排泄，形成粪便。

(三)大肠的运动

大肠运动与小肠运动大体相似，但速度较慢，强度较弱。其主要运动形式如下。

1. 袋状往返运动

由环行肌不规律收缩引起的一种运动形式，多见于空腹时。这种运动使肠袋内容物向2个方向短距离移动，但并不向后段推进。其主要作用是使内容物充分混合和与肠壁紧密接触，以利于吸收。

2. 蠕动

由环行肌交替舒缩产生的运动形式，其主要作用是将食糜缓慢向后段肠管推进。此外，大肠也可产生逆蠕动。

3. 集团蠕动

集团蠕动是大肠内发生的一种收缩力强、推进速度快、推进距离远的运动形式。

大肠音如雷鸣音、远炮音。听诊大肠音以判断大肠运动强度和运动频率是兽医临床上检查大肠机能的主要手段。

(四)粪便的形成和排粪

食糜经消化吸收后，其中的残余部分进入大肠后段，由于水分被大量吸收而逐渐浓缩，形成粪便。

排粪是一种复杂的反射活动。当直肠粪便不多时，肛门括约肌处于收缩状态，粪便停留在直肠内。当粪便积聚到一定数量时，引起肠壁感受器兴奋，经传入神经(盆神经)传到腰荐部脊髓的低级排粪中枢，并由此继续上传至高级中枢(位于延髓和大脑皮层)；然后从高级中枢发出神经冲动到低级中枢，并继续沿盆神经传到大肠后段，引起肛门内括约肌舒张，直肠壁肌肉收缩，同时，腹肌也收缩以增大腹压进行排粪。因此，腰荐部脊髓和脑部损伤还会导致排粪失禁。

八、吸收

饲料经消化后，其分解产物经消化道的上皮细胞进入血液或淋巴液的过程称为吸收。消化道吸收的营养物质被运输到机体各部位，供有机体代谢利用。

(一)吸收的机理与部位

1. 吸收的机理

营养物质的吸收可以通过2条途径进入血液或淋巴：1条是跨细胞途径，即通过肠黏膜上皮细胞的腔面膜进入上皮细胞内，然后通过上皮细胞基底面膜或细胞侧膜进入组织液，再进入血液或淋巴；另 1 条是旁细胞途径(细胞旁路)，即通过细胞间的紧密连接进入细胞间隙，再进入血液或淋巴。营养物质通过细胞膜的机制包括被动转运和主动转运 2 种方式。

(1)被动转运。被动转运主要包括滤过、弥散、渗透等作用。肠黏膜上皮是一层薄的通透性膜，允许小分子物质通过。当肠腔内的压力超过毛细血管和毛细淋巴管内压时，水和其他一些物质可以滤入血液和淋巴液，这一过程称为滤过；当肠黏膜两侧压力相等，但浓度不同时，溶质分子可从高浓度侧向低浓度侧扩散，这一过程称为弥散；当黏膜两侧的渗透压不同时，水则从低渗透压一侧进入高渗透压一侧，直至两侧溶液渗透压相等，这一过程称为渗透。

(2)主动转运。主动转运指某些物质在肠黏膜上皮细胞膜上载体的帮助下，由低浓度侧向高浓度侧转运的过程。营养物质转运时，在上皮细胞的肠腔侧，载体与营养物质结合成复合物。复合物穿过上皮细胞膜进入细胞内，营养物质与载体分离被释放入细胞中，进而进入血液中，而载体又返回到细胞膜肠腔侧。这样循环往复，主动吸收各种营养物质，如单糖、氨基酸、钠离子、钾离子等。

2. 吸收的部位

消化道的不同部位，对物质吸收的程度是不同的。这主要取决于该部位消化管的组织结构、食物的消化程度及食物在该部位停留的时间。口腔和食管基本上不吸收；反刍动物的前胃可吸收大量挥发性脂肪酸和氨；单胃和皱胃只吸收少量水分、醇类和无机盐；小肠的吸收能力最强，是吸收的主要部位；大肠主要吸收水分和盐类，单胃草食动物大肠还可吸收大量的挥发性脂肪酸。

小肠是吸收的主要部位的原因：小肠具有适于吸收各种物质的结构，如小肠长，盘曲多，黏膜具有环状皱褶，并拥有大量指状的肠绒毛，绒毛表面又有微绒毛，具有很大的吸收面积；小肠黏膜上皮为单层柱状上皮，具有吸收功能；食物在小肠内已被充分消化，适于吸收；食物在小肠内的停留时间长。

(二)各种主要营养物质的吸收

1. 盐类和水分的吸收

(1)钠的吸收：由钠泵主动转运吸收。

(2)铁的吸收：主要出现在小肠上段。饲料中的铁绝大部分是三价铁，必须还原为二价铁后方可被吸收。肠黏膜吸收铁的能力决定于黏膜细胞内的含铁量。存积于细胞内的铁量高，会抑制铁的再吸收。

被吸收的二价铁在肠黏膜细胞内氧化为三价铁并和细胞内的去铁蛋白结合形成铁蛋白暂时储存起来，慢慢向血液中释放。一小部分被吸收，但尚未与去铁蛋白结合的二价铁则以主动吸收方式转移至血浆中。铁的转运过程需要消耗能量，属于主动转运。

(3)钙的吸收：只有在水溶液状态，且不被肠腔内任何物质沉淀的情况下，才能被吸收。钙的吸收也是主动转运，需要大量的维生素 D。肠内容物偏酸及脂肪食物都会影响钙的吸收。

(4)负离子的吸收：小肠内吸收的负离子主要为 Cl^- 和 HCO_3^-。由钠泵所产生的电位可以使负离子向细胞内转移，负离子也可以按浓度差独立进行被动转运。

(5)水分的吸收：主要出现在小肠。小肠主要借助渗透、滤过作用吸收水分。

2. 糖的吸收

饲料中的糖类在肠腔和黏膜细胞的外表面，经消化酶降解成单糖和双糖。大部分单糖被吸收后，经门静脉送到肝脏，小部分单糖也能经淋巴液转运。绝大多数动物的肠黏膜上皮的纹状缘含有各种双糖酶，保证在吸收时所有双糖都能分解为单糖。

单糖的吸收是耗能的主动转运过程。

3. 挥发性脂肪酸(VFA)的吸收

反刍动物瘤胃产生的 VFA 大部分是在瘤胃中被吸收的。分子状态的 VFA 吸收速度较离子状态快，分子质量越小吸收越慢，即丁酸＞丙酸＞乙酸。

VFA 吸收在瘤胃上皮还发生强烈代谢作用。据测定，被吸收的丁酸有 85%，乙酸有 45%被代谢产生大量酮体，丙酸有 65%在瘤胃上皮内转变成乳酸和葡萄糖。由于瘤胃的作用，来自瘤胃血液中的 VFA 浓度与吸收速度相反，即乙酸＞丙酸＞丁酸。

单胃草食动物盲肠和结肠吸收 VFA，与反刍动物的瘤胃相似。

4. 蛋白质的吸收

绝大部分蛋白质被分解为小肽和氨基酸后吸收，未经消化的天然蛋白质及蛋白质的不完全分解产物只能被微量吸收进入血液。

吸收氨基酸的部位是小肠。氨基酸的吸收是主动转运，需要提供能量。氨基酸被吸收后几乎完全进入血液。

新生哺乳动物在最初一段时间内，可从初乳中通过胞饮方式吸收免疫球蛋白，从而获得被动免疫。

5. 脂肪的吸收

摄入的脂肪大约有 95%被吸收。脂肪消化后生成甘油、游离脂肪酸和甘油一酯，在胆盐的作用下形成水溶性复合物，再经聚合形成脂肪微粒。吸收时，脂肪微粒中各主要成分被分离出来，分别进入小肠上皮。甘油一酯和脂肪酸靠扩散作用在十二指肠和空肠被吸收；胆盐靠主动转运在回肠末段被吸收。脂肪吸收后，各种水解产物重新合成中性脂肪，外包 1 层卵磷脂和蛋白质的膜成为乳糜微粒，通过淋巴和血液 2 条途径(主要是淋巴途径)进入肝脏。

6. 胆固醇和磷脂的吸收

胆固醇在胆盐、胰液和脂肪酸的帮助下，通过单纯扩散进入肠上皮细胞再转入淋巴管而被吸收。磷脂只有小部分不经水解可直接进入肠上皮，大部分须完全水解为脂肪酸、甘油、磷酸盐等才能进入肠上皮再转入淋巴管而被吸收。

7. 维生素的吸收

水溶性维生素的吸收各有特点，一般认为，吡哆素以单纯扩散方式被吸收；对维生素 C、硫胺素、核黄素、烟酸、生物素等的吸收则依赖于特异性载体的主动转运过程；B

族维生素必须与内因子结合才能在回肠被吸收；脂溶性维生素(维生素 A、维生素 D、维生素 E、维生素 K)的吸收与类脂物质相似。

学习小结

单元	知识点	需掌握内容
内脏概述	内脏的有关概念	直接或间接与外界相通，参与动物体新陈代谢、维持生命正常活动和繁殖后代、延续种族的各种器官总称为内脏，其包括消化、呼吸、泌尿和生殖器官
	腹腔的划分	1. 腹腔分为 3 部分，包括腹前部、腹中部、腹后部； 2. 腹前部的上部称季肋部，下部称剑状软骨部；上部又分为左季肋部、右季肋部；腹中部分为左、右髂部和中间的上半部为腰部或肾部，下半部为脐部； 3. 腹后部分为左、右腹股沟部和中间的耻骨部
消化器官	口腔	1. 口腔具有采食、咀嚼、辨味、吞咽和分泌消化液等功能； 2. 唾液腺指能分泌唾液的腺体，主要有腮腺、颌下腺和舌下腺
	咽	咽位于口腔、鼻腔的后方，喉和食管的前上方，是消化和呼吸的共同通道
	食管	食管是将食物由咽运送入胃的肌质管道，分为颈、胸、腹 3 段
	胃	1. 胃位于腹腔内，是消化管的膨大部分，前接食管处形成贲门，后形成幽门通十二指肠，可分为多室胃(牛、羊)和单室胃(猪、马)； 2. 牛、羊的胃是由瘤胃、网胃、瓣胃、皱胃 4 个胃室联合起来形成的，故称多室胃(复胃)。前 3 个胃称为前胃，主要起贮存食物、发酵分解纤维素的作用；第 4 个胃称皱胃(真胃)，主要起化学消化的作用
	小肠	小肠是食物进行消化吸收的最主要部位，包括十二指肠、空肠、回肠
	肝和胰	1. 肝是体内最大的腺体，呈棕红色、质脆、不规则的扁圆形，位于膈后。前面隆凸称为膈面，有后腔静脉通过；后面凹陷，称为脏面，中央有肝门； 2. 胰位于十二指肠的弯曲中，质地柔软。胰的实质可分为外分泌部和内分泌部。外分泌部属消化腺，可分泌消化酶。内分泌部由大小不等的细胞群组成，形似小岛，故又称为胰岛。分泌物有胰岛素(降低血糖)和胰高血糖素(升高血糖)
	大肠和肛门	大肠包括盲肠、结肠和直肠。其主要功能是消化纤维素，吸收水分，形成并排出粪便等，由肛门排出体外。马属动物的结肠主体呈双马蹄铁形，猪的结肠主体呈圆锥状，牛羊结肠主体呈圆盘状

续表

单元	知识点	需掌握内容
消化吸收	消化方式	消化器官的消化方式分为物理性消化、化学性消化、微生物消化
	消化道各部分的消化特点	1. 单室胃主要进行物理性消化和化学性消化过程； 2. 多室胃的消化与单室胃的主要区别在前胃。瘤胃是反刍动物进行生物学消化的主要部位。网胃相当于一个“中转站”。瓣胃相当于一个“滤器”。皱胃（真胃）主要完成化学消化，基本过程与单胃相似； 3. 反刍草食动物采食时，往往不经充分咀嚼即匆匆吞咽。饲料进入瘤胃后经浸泡和软化，在休息时又把饲料逆呕回口腔进行仔细咀嚼、混合唾液再行咽下，这一过程称为反刍； 4. 嗳气是由于瘤胃内微生物的强烈发酵，不断产生大量的气体。一部分被吸收入血液经肺排出；另一部分被瘤胃微生物利用，剩余的气体则通过食管排出。这一过程称为嗳气； 5. 小肠内的化学性消化主要包括胰液、胆汁和小肠液的作用和小肠的运动
	吸收	1. 小肠是吸收的主要部位； 2. 营养物质的吸收机理分为被动性转运和主动性转运

复习思考题

一、名词解释

1. 浆膜 2. 胸膜 3. 齿星 4. 腹膜

二、单选题

1. 下列结构中属于胸膜脏层的是（ ）。

A. 肋胸膜 B. 肺胸膜 C. 膈胸膜 D. 纵隔胸膜

2. 猪胆腺的形状是（ ）。

A. 不正四边形 B. 月牙形 C. 三角形 D. 扁圆形 E. 狭长形

3. 牛胃中，起化学消化作用的胃是（ ）。

A. 瘤胃 B. 网胃 C. 瓣胃 D. 皱胃

4. 成年牛胃中体积最大的胃是（ ）。

A. 瘤胃 B. 网胃 C. 瓣胃 D. 皱胃

5. 成年牛胃中连通十二指肠的胃是（ ）。

A. 瘤胃 B. 网胃 C. 瓣胃 D. 皱胃

6. 无消化腺分布的器官是（ ）。

A. 口腔 B. 瘤胃 C. 皱胃 D. 肠

7. 下列器官中属于消化腺的是(　　)。
A. 食管　　B. 肝　　C. 口腔　　D. 小肠

8. 牛羊终生都不具有的齿是(　　)。
A. 下切齿　　B. 犬齿　　C. 前臼齿　　D. 后臼齿

9. 包在齿根的外表面的黏合质是(　　)。
A. 齿质　　B. 釉质　　C. 齿骨质　　D. 齿髓　　E. 密质

10. 马的腮腺位于(　　)。
A. 下颌骨后缘　　B. 舌体和下颌骨间
C. 下颌骨内侧　　D. 下颌骨间隙
E. 舌体两侧

三、多选题

1. 下列器官中属于消化系统的有(　　)。
A. 口腔　　B. 喉　　C. 咽　　D. 肝　　E. 胃

2. 腹膜的作用有(　　)。
A. 保护脏器　　B. 支持脏器　　C. 固定脏器　　D. 吸收　　E. 渗透

3. 有消化腺分布的胃有(　　)。
A. 猪胃　　B. 瘤胃　　C. 网胃　　D. 瓣胃　　E. 皱胃

4. 无消化腺分布的胃有(　　)。
A. 猪胃　　B. 瘤胃　　C. 瓣胃　　D. 皱胃　　E. 网胃

5. 下列器官中属于消化系统的有(　　)。
A. 胃　　B. 肝　　C. 肛门　　D. 肾　　E. 肺

6. 家畜口腔器官内成对的大唾液腺有(　　)。
A. 唇腺　　B. 腮腺　　C. 颌下腺　　D. 舌下腺　　E. 腭腺

7. 成年牛羊具有的齿是(　　)。
A. 上切齿　　B. 下切齿　　C. 犬齿　　D. 前臼齿　　E. 后臼齿

8. 猪的肝脏可分为(　　)。
A. 左内叶　　B. 左外叶　　C. 右内叶　　D. 右外叶　　E. 方叶

9. 牛羊不具有的齿有(　　)。
A. 上切齿　　B. 下切齿　　C. 犬齿　　D. 前臼齿　　E. 后臼齿

10. 位于牛腹腔左半边的器官有(　　)。
A. 瘤胃　　B. 网胃
C. 瓣胃　　D. 皱胃
E. 十二指肠

11. 位于牛腹腔右半边的器官有(　　)。
A. 肝　　B. 胰　　C. 瓣胃　　D. 皱胃　　E. 盲肠

12. 马属动物消化系统的特点包括(　　)。
A. 切齿面有“齿星”　　B. 颌下腺比腮腺大

C. 盲肠的容积比胃的容积大　　D. 大结肠发达，呈双马蹄铁形

E. 肛门凹入，不突出

13. 下列器官属于消化腺的有(　　)。

A. 舌腺　　B. 唾液腺　　C. 胃腺　　D. 甲状腺　　E. 胸腺

14. 牛舌黏膜上的黏膜乳头包括(　　)。

A. 叶状乳头　　B. 菌状乳头

C. 轮廓乳头　　D. 丝状乳头

E. 锥状乳头

15. 下列选项中是马舌黏膜上存在的黏膜乳头的有(　　)。

A. 丝状乳头　　B. 锥状乳头

C. 菌状乳头　　D. 叶状乳头

E. 轮廓乳头

16. 下列结构中属于腹前部的有(　　)。

A. 季肋部　　B. 剑状软骨部　　C. 髂部　　D. 肾部　　E. 腰部

17. 下列结构中属于腹后部的有(　　)。

A. 腹股沟部　　B. 耻骨部　　C. 髂部　　D. 肾部　　E. 腰部

18. 下列结构中属于腹中部的有(　　)。

A. 季肋部　　B. 耻骨部　　C. 髂部　　D. 肾部　　E. 脐部

四、填空题

1. 消化管的黏膜层由内表面的上皮及深层的________和________。

2. 小肠壁的肌层又分为________和________，可分别使肠管缩小和缩短。

3. 牛胃中最大的胃是________，它占整个腹腔的________。

4. 小肠最后的一段称为________，开口于________处。

5. 唾液腺中除舌下腺外还有________和________两对大腺体。

6. 牛瘤胃与网胃之间的开口称为________，网胃与瓣胃之间称为________。

7. 家畜体内消化的方式有机械消化、________、________。

8. 家畜大肠中最长段称________，其盲端的一段称________。

9. 位于牛羊腹腔左半边的胃有________和________；位于牛羊腹腔右半边的胃有________和________。

10. 牙齿结构包括________、________、________3 部分。

11. 家畜的牙齿按照其出现时期的不同可分为________和________。

12. 靠近猪胃贲门和幽门的黏膜分别是________和________。

13. 解剖学中将腹中部划分为________、________、________和________4 部分。

五、判断题

1. 小肠壁的肌层又分为内环肌和外纵肌，可分别使肠管缩小和变短。　　(　　)

2. 被覆在腹腔壁内的浆膜称为腹膜脏层，而转折被覆于内脏器官表面的称为腹膜壁层。　　(　　)

3. 消化管包括口、咽、喉、食管、气管、胃、小肠、大肠等。（　　）

4. 小肠壁的肌层又分为内环肌和外纵肌，可分别使肠管缩小和变短。（　　）

5. 被覆在腹腔壁内的浆膜称为腹膜脏层，而转折被覆于内脏器官表面的称为腹膜壁层。（　　）

6. 猪胃属于单胃，其胃黏膜全部有胃腺，可分为贲门腺区、胃底腺区和幽门腺区。（　　）

7. 牛共有4个胃，前3个胃是没有消化腺分布的，又称前胃。（　　）

8. 家畜的牙齿按照其出现时期的不同可分为乳齿和永久齿。（　　）

9. 位于牛、羊腹腔右半边的胃有瓣胃和皱胃。（　　）

10. 家畜大肠中最长段称结肠，其盲端的一段称盲肠。（　　）

11. 猪的胆囊位于肝脏的右内叶，其分泌出的胆汁排入十二指肠。（　　）

六、简答题

1. 腹腔是如何划分的?

2. 简述骨盆腔内包含的器官。

3. 简述牛的消化管中包含的器官。

4. 简述瘤胃的位置、形态、结构和功能。

5. 简述唾液的作用。

6. 简述胃液的成分及各成分的作用。

参考答案

项目五　呼吸系统

项目描述

呼吸系统是动物有机体与外界进行气体交换的系统，由肺和呼吸道组成。呼吸道包括鼻腔、咽、喉、气管和支气管，是气体进入肺的通道；肺是呼吸的核心器官，是发生气体交换的场所。

学习目标

知识目标

1. 掌握呼吸系统的构成。
2. 掌握鼻道的划分。
3. 掌握喉软骨的分类。
4. 掌握肺的位置和分叶。
5. 掌握各种动物气管和支气管的解剖特征。
6. 掌握动物的呼吸类型。
7. 掌握动物的呼吸频率。
8. 掌握气体的运输和交换的过程。

技能目标

1. 能够在动物新鲜标本上识别肺的分叶。
2. 能够进行呼吸器官形态结构的观察及肺脏体表投影位置的确定。

素质目标

1. 养成勤学好问、吃苦耐劳、爱岗敬业的精神。
2. 热爱动物，正确对待实验动物。

动物有机体在新陈代谢过程中需要不断地吸入氧气，呼出二氧化碳，这种气体交换的过程称为呼吸。

单元一　呼吸道

鼻、咽、喉、气管和支气管是气体进出肺的通道，称为呼吸道。它们以骨或软骨为支架，保证呼吸道的畅通，便于空气的进出并对吸入的空气进行加温、湿润和清除尘埃等异物，以维持肺泡的正常结构，保证其正常运转。

一、鼻

鼻既是气体出入肺的通道，也是嗅觉器官，对发声也有辅助作用。鼻包括鼻腔和鼻旁窦。

(一)鼻腔

鼻腔是呼吸道的起始部，前端有鼻孔，后端有鼻后孔通咽部，鼻腔正中有鼻中隔将其分为左、右两个腔(唯黄牛的两侧鼻腔在后 1/3 部是相通的)。鼻腔呈长圆筒状，位于面部的上半部，由面骨构成骨性支架，内衬黏膜。每个鼻腔均包括鼻孔、鼻前庭和固有鼻腔 3 部分。

1. 鼻孔

鼻孔为鼻腔的入口，由内、外侧鼻翼围成。鼻翼由鼻翼软骨、肌肉的皮肤褶组成，有一定的弹性和活动性。

马的鼻孔大，呈逗点状，鼻翼灵活；牛的鼻孔小，呈不规则的椭圆形，位于鼻唇镜的两侧，鼻翼厚而不灵活；猪的鼻孔小，呈卵圆形，位于吻突前端的平面上，鼻翼不灵活(图 5-1-1)。

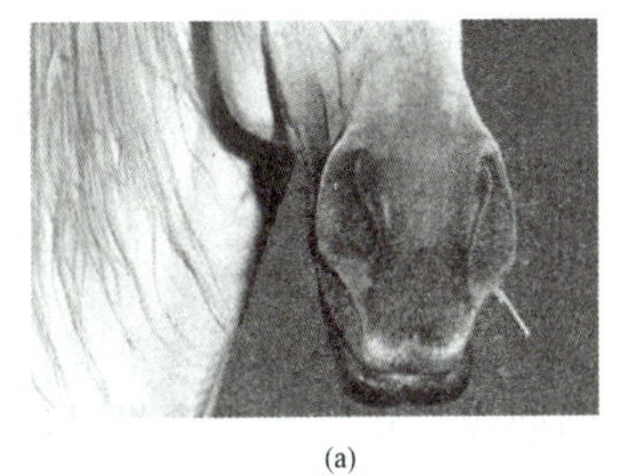
(a)

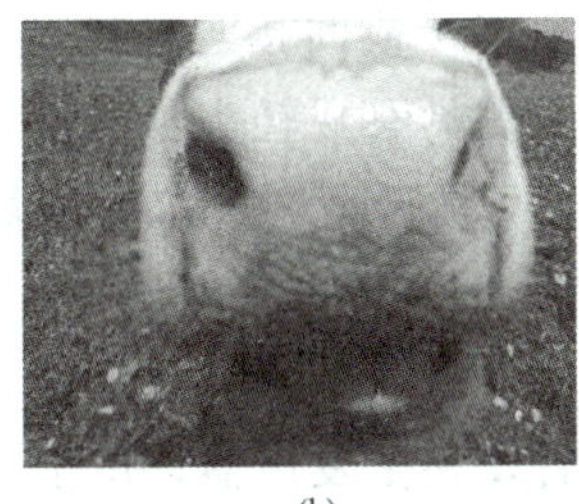
(b)

(c)

图 5-1-1　马、牛、猪的鼻孔

(a)马的鼻孔；(b)牛的鼻孔；(c)猪的鼻孔

2. 鼻前庭

鼻前庭为鼻腔前部被覆皮肤的部分，相当于鼻翼所围成的空腔，为鼻孔向后的延续，其内表面被覆一层有毛的皮肤，皮肤内含有色素。

马鼻前庭背侧皮下有一盲囊，向后达鼻颌切迹，称为鼻憩室或鼻盲囊。囊内皮肤呈黑色，生有细毛，富含皮脂腺。在鼻前庭的外侧下部，距鼻黏膜约 0.5 cm(马)处，或上壁距鼻孔上连合 1.0～1.5 cm(驴、骡)处的皮肤上有鼻泪管口。牛、羊、猪和犬无鼻憩室。牛的鼻泪管口位于鼻前庭侧壁，但被下鼻甲的延长部所覆盖，所以不易见到。猪的鼻泪管口位于下鼻道的后部。

3. 固有鼻腔

固有鼻腔位于鼻前庭之后，由骨性鼻腔覆以黏膜构成。在每半个鼻腔的侧壁上附着上、下两个纵行的鼻甲(由鼻甲骨覆以黏膜构成)，将鼻腔分为上、中、下 3 个鼻道。上鼻道较窄，位于鼻腔顶壁与上鼻甲之间，其后部主要为鼻黏膜的嗅区；中鼻道在上、下鼻甲之间，通鼻旁窦；下鼻道最宽，位于下鼻甲与鼻腔底壁之间，直接经鼻后孔通向咽部，是鼻孔到咽的主要气流通道，胃导管投药时可以由此鼻道插入胃导管。此外，上、下鼻道与鼻中隔之间的间隙称为总鼻道，与上述3个鼻道相通(图5-1-2)。

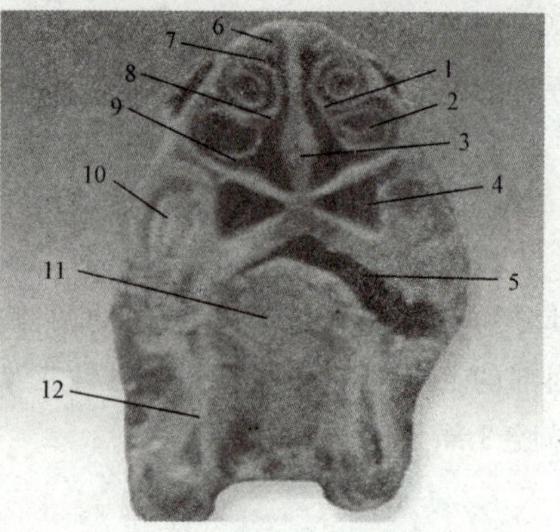

图 5-1-2 固有鼻腔的横断面

1—上鼻甲；2—下鼻甲；3—鼻纵隔；4—上颌窦；5—上腭；6—上鼻道；7—中鼻道；8—总鼻道；9—下鼻道；10—齿槽；11—舌；12—下颌骨

鼻黏膜被覆于固有鼻腔内表面和鼻甲表面，因结构与功能不同，可分为呼吸区和嗅区两部分。呼吸区位于鼻前庭和嗅区之间，占鼻黏膜的大部分，呈粉红色，由黏膜上皮和固有膜组成。嗅区位于呼吸区之后，其黏膜颜色随家畜种类不同而异，马、牛呈浅黄色，绵羊呈黄色，山羊呈黑色，猪呈棕色。嗅区黏膜上皮含有嗅神经细胞、神经末梢及嗅腺，具有嗅觉功能。

(二)鼻旁窦

鼻旁窦又称副鼻窦，为鼻腔周围头骨所围成的含气腔隙。腔的内表面衬以黏膜，与鼻黏膜相延续，但较薄，血管较少。鼻旁窦直接或间接与鼻腔相通。家畜的鼻旁窦包括上颌窦、额窦、蝶腭窦(马)和筛窦等。鼻旁窦具有减轻头骨质量、温暖和湿润吸入的空气及对发声起共鸣等作用。鼻黏膜发炎时，可波及鼻旁窦，引起炎症。

二、喉

喉是保证气体通过的重要器官，又是发声器，位于下颌间隙后部、头颈交界处的腹侧，悬于两个舌骨大角之间。其前端与咽相通，后端与气管相通，以软骨为支架，有肌肉和韧带将软骨连接起来，内表面衬以黏膜。

(一)喉软骨

喉软骨包括不成对的环状软骨、甲状软骨、会厌软骨和成对的杓状软骨(犬还有楔状软骨)，如图5-1-3所示。

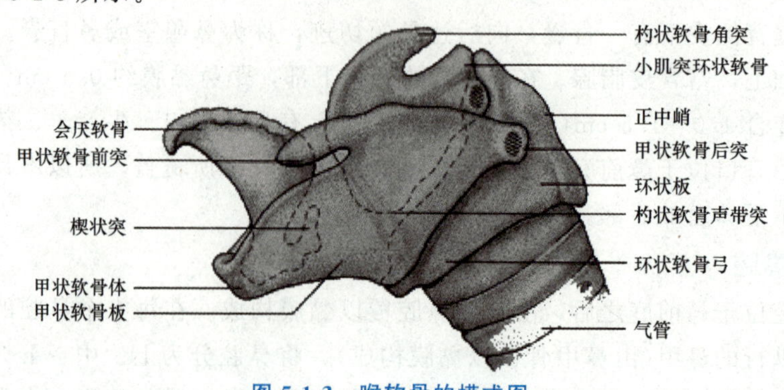

图 5-1-3 喉软骨的模式图

1. 环状软骨

环状软骨呈指环状，背部宽，其余部分窄。其前缘和后缘以弹性纤维分别与甲状软骨和气管软骨相连。

2. 甲状软骨

甲状软骨是喉软骨中最大的一块，位于会厌软骨与环状软骨之间，呈弯曲的板状，可分为体和两侧板。体连于两侧板之间，构成喉腔的底壁；两侧板呈菱形(马)或四边形(牛)，从体的两侧伸出，构成喉腔左、右两侧的大部分。其腹侧面的后部有一隆起，称为喉结。

3. 会厌软骨

会厌软骨位于喉的前部，呈叶片状，基部较厚，其由弹性软骨构成，借弹性纤维与甲状软骨体相连；尖端钝圆向舌根翻转。会厌软骨的表面覆盖着黏膜，合称会厌，具有弹性和韧性，当吞咽时，会厌翻转关闭喉口，可防止食物误入气管。

4. 杓状软骨

杓状软骨位于环状软骨的前上方，在甲状软骨侧板的内侧，左右各一，呈三角锥体形，其尖端弯向后上方，形成喉腔背侧壁的前部，上部较厚，下部较薄，形成声带突，供声韧带附着。

另外，犬和猫的杓状软骨的背侧有小突，称楔状突或楔状软骨。

喉软骨彼此借关节、韧带和纤维膜相连，构成喉的支架。

(二)喉肌

喉肌属于横纹肌，可分为外来肌和固有肌两群(图 5-1-4)。外来肌有胸骨甲状肌和舌骨甲状肌等；固有肌均起止于喉软骨。它们的作用与吞咽、呼吸及发声等运动有关。

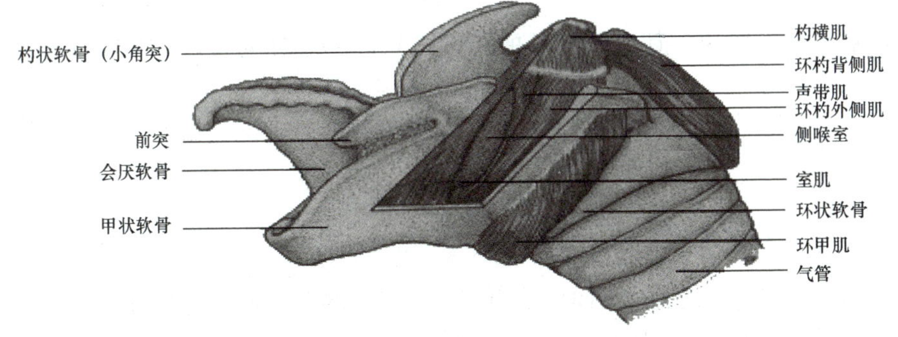

图 5-1-4　喉肌的模式图

(三)喉腔

喉腔为喉壁围成的管状腔(图 5-1-5)。前端有喉口与咽相通，后端与气管相连。在其中部的侧壁有一对明显的黏膜褶，称为声韧带，为杓状软骨至甲状软骨间的韧带，外被覆黏膜形成声带，是发声器官。声带将喉腔分为前、后两部分：前部为喉前庭，其两侧壁凹陷，称喉侧室；后部为喉后腔，又称声门下腔。两声带间形成的狭窄裂隙称声门裂，喉前庭与喉后腔经声门裂相通。声带和声门裂合称为声门。

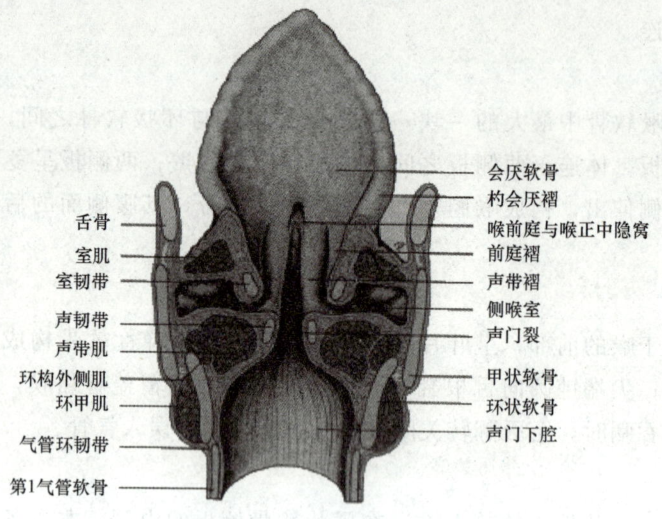

图 5-1-5　喉腔剖面的模式图

(四)喉黏膜

喉黏膜被覆于喉腔的内面，与咽的黏膜相连续，包括上皮和固有膜。上皮有两种：被覆于喉前庭和声带的上皮为复层扁平上皮；喉后腔的黏膜上皮为假复层柱状纤毛上皮。在反刍动物、肉食动物和猪的会厌部的上皮内有味蕾。固有膜由结缔组织构成，内有淋巴小结(反刍动物特别多，马次之，猪和肉食动物较少)和喉腺。喉腺分泌黏液和浆液，有润滑声带的作用。喉黏膜有丰富的感觉神经末梢，动物有机体受到刺激会引起咳嗽，将异物咳出。

牛的喉较马的喉短，且会厌软骨的声带也短，声门裂宽大。猪的喉较长，声门裂较窄。

三、气管和支气管

(一)形态位置和构造

气管和支气管为连接喉与肺间的管道，气管呈圆筒状，由气管软骨环借助结缔组织连接起来构成。每个环的背侧不完全闭合，两端或分开或重叠，由结缔组织和平滑肌连接。气管位于颈椎腹侧，在心基上方分出右尖叶支气管(牛、羊、猪)，在心基的背侧(在第 5～6 肋间隙处)分成左、右两个支气管，分别进入同侧肺内，入肺后继续多次分支形成支气管树。气管壁由黏膜、黏膜下组织和外膜组成。

(二)马、牛、羊、猪气管的特征

马的气管由 50～60 个软骨环连接组成。软骨环背侧两端游离，不相接触，而为弹性纤维膜所封闭。气管的横径大于垂直径。

牛、羊的气管较短，垂直径大于横径。软骨环缺口游离的两端重叠，形成向背侧突出的气管嵴。气管在分支为 2 个支气管之前，还在气管的右侧壁上分出 1 个右上支气管，到右肺尖叶。

猪的气管呈圆筒状，软骨环缺口游离的两端重叠或互相接触。猪的支气管也有 3 支，与牛、羊相似。

气管横断面的模式图如图 5-1-6 所示。

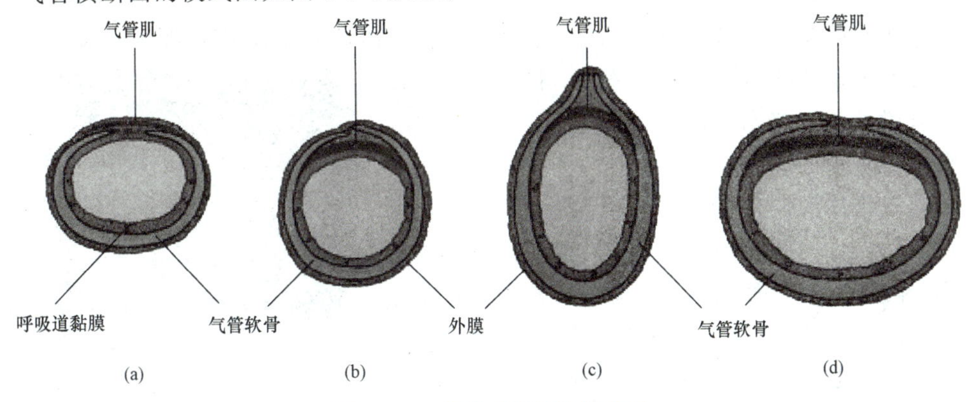

图 5-1-6　气管横断面的模式图

(a)犬；(b)猪；(c)牛；(d)马

单元二　肺

肺是呼吸系统中气体交换的重要器官，是吸入空气中的氧和血液中的二氧化碳进行交换的场所。

一、肺的位置和形态

肺位于胸腔内、纵隔的两侧，左、右各1，右肺通常大于左肺，两肺占据胸腔的大部分。健康家畜的肺为粉红色，呈海绵状，轻、柔软而富有弹性，表面光滑、湿润、闪光。图 5-2-1 所示为羊肺的位置、形态。

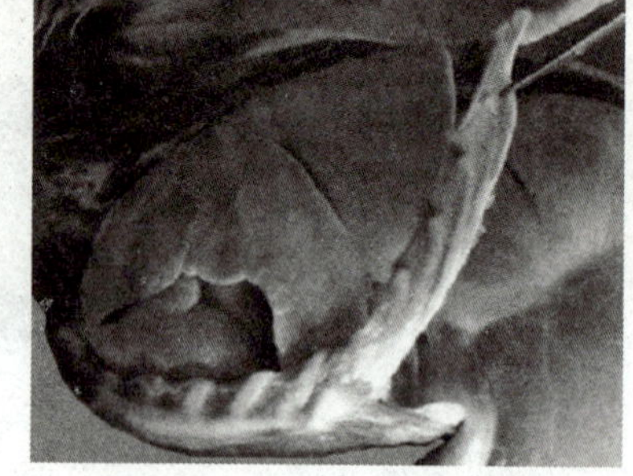

图 5-2-1　羊肺的位置、形态

肺略成锥体形，有 3 个面和 3 个缘。肺的外侧面(也称肋面)凸，与胸腔侧壁接触；后面凹，与膈相贴称膈面；内侧为纵隔面，平，与纵隔接触。肺的纵隔面上有肺门，其是支气管、血管、淋巴管和神经出入肺的地方。上述结构被结缔组织包裹成束，称为肺根。

肺的 3 个缘是背缘、腹缘和底缘。背缘钝而圆，位于肋椎沟中；腹缘薄而锐，位于胸外侧壁和纵隔间的沟中。腹缘上有心切迹和叶间裂，是肺分叶的依据。左肺心切迹较右肺的大。底缘位于胸外侧壁与膈之间的沟中。

二、马、牛、羊、猪肺形态的特征

马肺的分叶不明显，在心切迹以前的部分称肺尖(又称尖叶)；以后的部分称肺体(又称心膈叶)。此外，右肺有一副叶或中间叶，呈小锥体形，位于心膈叶的内侧，纵隔和后腔静脉之间(图 5-2-2)。

牛、羊的肺分叶明显，左肺分尖叶、心叶和膈叶。右肺分为尖叶(又分为前部和后部)、心叶、膈叶和副叶。

猪肺的分叶与牛、羊的肺分叶相似(图 5-2-3)。

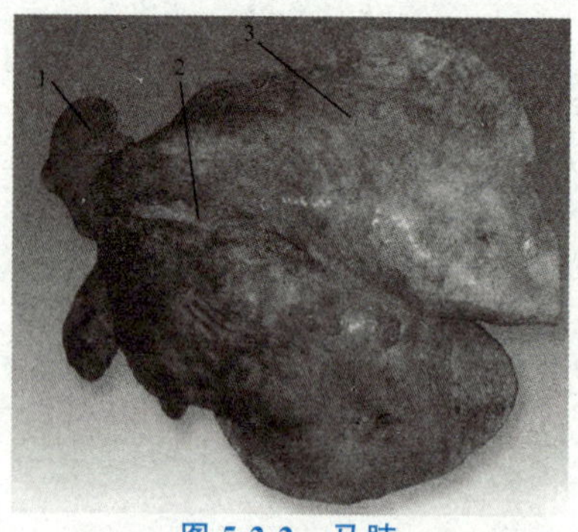

图 5-2-2　马肺

1—尖叶；2—主动脉；3—膈叶

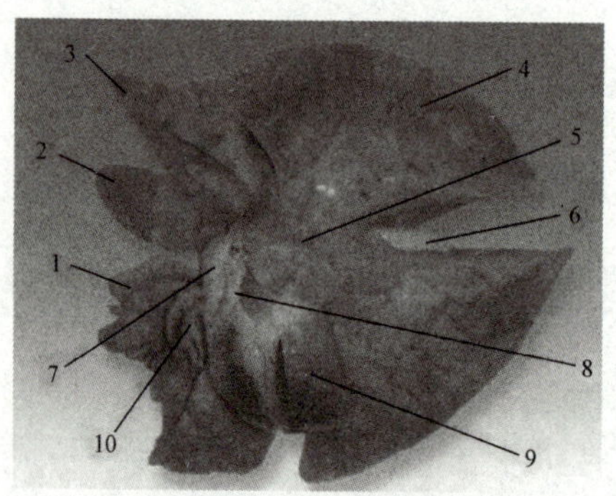

图 5-2-3　猪肺

1—气管；2—尖叶；3—心叶；4—隔叶；5—副叶；6—主动脉；7—主动脉弓；8—肺动脉；9—心脏；10—臂头动脉

三、肺的组织结构

肺表面覆盖光滑、湿润的浆膜称为肺胸膜，膜下的结缔组织伸入肺内，将肺实质分隔成许多肉眼可见的肺小叶。肺小叶是以细支气管为轴心，由更细的逐级支气管和所属肺泡管、肺泡囊、肺泡构成的相对独立的肺结构体，一般呈锥体形，锥底朝向肺表面，锥尖朝肺门。家畜小叶性肺炎即是肺以肺小叶为单位发生了病变。

肺的结构分为实质和间质两部分。在肺实质结构中，分为肺的通气部和呼吸部两部分。通气部是指从肺内支气管到终末支气管的各级管道；呼吸部包括呼吸性细支气管、肺泡管、肺泡囊和肺泡，肺呼吸部的主要作用是实现肺的气体交换功能。呼吸部的结构有利于气体交换的进行，呼吸部的肺泡管、肺泡囊由无数的肺泡连接而成，出现了囊泡状的肺泡，其管壁和肺泡壁很薄，且紧贴其外的毛细血管壁。

肺间质包括肺胸膜、小叶间的结缔组织及血管和神经等。

肺的组织结构为：

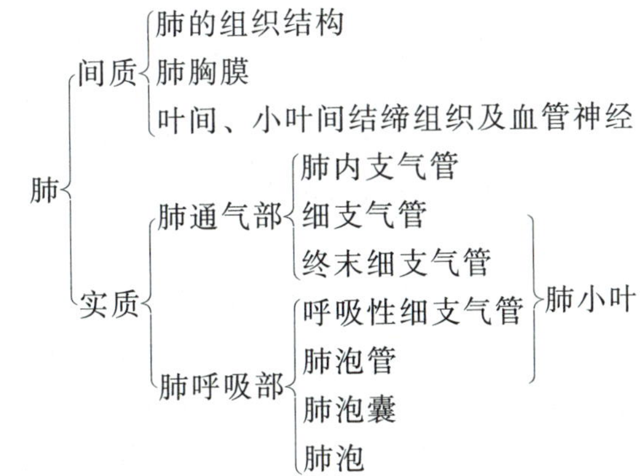

四、胸膜腔和纵隔

(一)胸膜腔

胸膜腔是衬贴于胸腔内壁面、纵隔表面的胸膜壁层与覆盖于肺表面的胸膜脏层(又称为肺胸膜)间的左、右密闭的狭窄腔隙，腔隙内有少量浆液，起润滑的作用，以减少在呼吸时两层胸膜间的摩擦。

胸膜发炎时，出现大量渗出液，或者胸膜壁层与脏层之间发生粘连，均影响家畜的呼吸运动。

马属动物的左、右胸膜腔间较薄，死亡后常见有小的孔道相通。牛、羊的胸膜腔之间无通道，当一侧发生气胸后，另一侧肺的功能仍可正常进行。

(二)纵隔

纵隔位于左、右胸膜腔之间，由两侧的纵隔胸膜及夹在其间的诸器官[心、心包、食管、气管、出入心脏的大血管(除后腔静脉)、神经(除右膈神经)、淋巴结及胸导管]和结缔组织构成。纵隔在心脏所在的部分，称为心纵隔又称心包胸膜；在之前和之后的部分，分别称为心前纵隔和心后纵隔。

单元三　呼吸生理

呼吸是家畜生命活动的重要特征，其全过程可以分为肺通气、肺换气、气体运输和组织换气 4 个连续环节。肺通气环节是指外界空气经过呼吸道进入肺泡的过程；肺换气环节是指肺泡与毛细血管之间的气体交换；气体运输是指血液在肺与心脏之间随血液循环运输的过程；组织换气是指体毛细血管与组织细胞之间的气体交换。

肺通气和肺换气两个环节称为外呼吸，组织换气称为内呼吸。肺换气和组织换气统称为气体交换。

一、肺通气

(一)呼吸运动

呼吸运动是指因呼吸肌群的交替舒缩引起胸腔和肺节律性扩张和收缩的活动。其中，胸腔和肺一同扩大使外界空气流入肺泡的过程称为吸气(氧气)；胸腔和肺一同缩小使肺泡内的气体逼出体外的过程称为呼气(二氧化碳)。呼吸运动是肺通气发生的原动力。

1. 吸气动作

平静呼吸时，吸气动作是主动性过程，可以使胸腔前后径、左右径和背腹径变大，主要是膈肌和肋间外肌相互配合收缩的结果。吸气时，膈肌收缩，膈向后移动，膈肌的隆起中心向后退缩，使胸腔前后径加长，同时腹内压升高，腹壁向下凸出；肋间外肌收缩时，肋骨向前向外移动，胸骨也随着向前向下移动，使胸腔左横径和右横径加宽。这样胸腔就扩大了，被动牵引而扩张，肺容积扩大，肺内压低于大气压，外界空气顺压力梯度进入肺内，引起吸气。随着空气的进入，肺内压又逐渐上升，当升至与大气压相等时，吸气停止。

2. 呼气动作

呼气动作在平静呼吸时是被动性的过程，是靠膈肌和肋间外肌舒张，腹腔脏器向前挤压，膈、肋骨与胸骨自然恢复原位，结果胸腔前后径、左右径和背腹径都缩小，肺容积减少，使肺内压上升大于大气压，肺内气体经呼吸道被压出体外，完成呼气运动。随着气体的排出，肺内压又逐渐下降，当降至与大气压相等时，呼气停止。

动物用力呼吸时，除膈肌和肋间外肌舒张外，肋间内肌和腹部肌群也参与收缩活动，因肋间内肌肌纤维的走向与肋间外肌相反，腹部肌肉收缩又挤压腹腔脏器向前移位，迫使胸腔和肺的容积变得更小，呼气动作变得更为明显，这时的呼气动作是主动过程。

3. 呼吸运动的形式

根据引起呼吸运动主要肌群的不同和胸腹部起伏变化的程度，呼吸型可分为以下 3 种。

(1)腹式呼吸。呼吸时以膈肌舒缩、腹部起伏为主的呼吸运动。动物患胸膜炎时，靠膈肌运动呼吸，以避免胸廓运动引起炎症部位疼痛，用腹式呼吸。

(2)胸式呼吸。呼吸时以肋间肌舒缩、胸部起伏为主的呼吸运动。腹部患有疾病时，如腹膜炎、胃肠炎，以胸式呼吸明显。

(3)胸腹式呼吸。呼吸时，肋间外肌和膈肌都同等程度地参与活动，胸部和腹部都有明显起伏运动的呼吸形式。在一般情况下，健康动物的呼吸多属于胸腹式呼吸类型。

(二)胸内负压及其意义

1. 概述

呼吸运动中，肺之所以随胸廓的运动而运动，是因为在肺与胸廓之间存在一密闭的潜在的胸膜腔和肺本身具有可扩张性。

胸膜有两层：内层是脏层，紧贴于肺的表面；外层是壁层，紧贴于胸壁内侧。正常情况下，两层胸膜之间实际没有真实的空间，内有少量的浆液将它们黏附，浆液的黏滞性很低，呼吸运动时，两层胸膜可相互滑动，减少摩擦力，在两层膜之间起到润滑作用。此外，浆液分子内聚力使两层胸膜贴附在一起不易分开，胸廓扩张时，肺就可以随胸廓的运动而运动。

若胸膜腔破裂与大气相通，空气就会进入胸膜腔，形成气胸，造成两层胸膜彼此分开，肺将因其回缩力而塌陷。

胸内压又称胸膜腔内压，是指胸膜腔内压力，此压力为负值。胸内压可用直接法和间接法进行测定，其中直接法测定胸内压是将连于水银检压计的针头经胸壁插入胸膜腔内，检压计的液面即可直接指示胸膜腔内的压力值。

2. 胸内负压形成原理

家畜吸气时，肺能随胸腔一同扩张的根本原因在于胸内负压。

胸膜壁层的表面由于受到坚固的胸腔和肌肉的保护，作用于胸壁的大气压影响不到胸膜腔，所以胸膜腔内的压力是通过胸膜脏层作用于胸膜腔内。作用于胸膜脏层的力有2种：肺内压，即肺泡内压力，使肺泡扩张，通常在吸气和呼气之末，肺内压等于大气压；肺的回缩力，肺是一弹性组织，而且始终处于一定的扩张状态，具有弹性回缩力，使肺泡缩小。因此，胸膜腔内的压力实际上是这两种相反力的代数和，即

$$\text{胸内压}=\text{肺内压(大气压)}-\text{肺回缩力}$$

可见，胸内压通常低于大气压，习惯上把低于大气压的压力称为负压，所以胸内压也称为胸内负压，若以大气压视为生理“0”标准，则：胸内压＝－肺回缩力。

因此，胸腔内负压是由肺的回缩力形成的，在一定限度内，肺越扩张，肺的回缩力就越大，胸腔内负压的绝对值也越大。正常动物在平静呼吸的全过程中，胸内压持续存在，并随着呼吸周期而变化。吸气时，肺扩张，肺的回缩力增大，胸内负压也增大。呼气时，肺缩小，肺回缩力减小，胸内压力减小。例如，马在平和呼吸时，吸气末胸内负压值为－2.133 kPa，呼气末为－0.79 kPa。

3. 胸内压负压的生理意义

(1)负压对肺的牵张作用，使肺泡保持充盈气体的膨隆状态，保证肺泡与血液持续进

行气体交换，有利于肺通气。

(2)胸内负压在吸气时，胸内负压加大，引起腔静脉和胸导管扩张，促进静脉血和淋巴回流。

(3)胸内负压作用于食管，利于呕吐反射，对反刍动物的逆呕也有促进作用。有利于牛、羊等反刍时胃内容物逆呕到口腔中。

生产中，当家畜由于外力损伤或肺结核等疾病造成胸腔破裂时，胸内负压便消失。胸内负压消失后，肺脏会因弹性回缩而塌陷，肺通气便不再发生。

(三)呼吸频率

家畜每分钟呼吸的次数称为呼吸频率。健康家畜安静时的呼吸频率见表 5-3-1。

表 5-3-1　家畜安静时的呼吸频率　　次・min^{-1}

畜别	频率	畜别	频率
牛	10～30	猪	15～24
羊	10～20	马	8～16
绵羊	12～24	犬	10～30
山羊	10～20	猫	10～25

呼吸频率可因年龄、外界温度、海拔高度、新陈代谢强度及疾病等的影响而发生改变，如幼年动物的呼吸频率比成年动物的略高；在气温高、寒冷、高海拔、使役等条件下，呼吸频率也会增高；乳牛在高产乳期呼吸频率高于平时。

(四)呼吸音

呼吸运动时，气体通过呼吸道及出入肺泡产生的声音叫作呼吸音，在肺部表面和颈部气管附近，可以听到下列呼吸音。

1. 肺泡呼吸音

肺泡呼吸音类似“V”的延长音，是由于空气进入肺泡而引起肺泡壁紧张所产生的。正常的肺泡呼吸音在吸气时能够较清楚地听到，肺泡音的强弱取决于呼吸运动的深浅、肺组织的弹性及胸壁的厚度。当动物剧烈呼吸时如用力、兴奋、疼痛等，肺泡音加剧。当肺部气体含量减少，如肺炎初期或肺泡受到液体压迫时，则肺泡呼吸音减弱。

2. 支气管呼吸音

支气管呼吸音类似“ch”的延长音，在喉头和气管常可听到(在呼气时能听到较清楚的支气管音)，小动物和很瘦的大动物也可在肺的前部听到，健康动物的肺部一般只能听到肺泡呼吸音。

3. 支气管肺泡音

支气管肺泡音是肺泡音和支气管音混合在一起产生的一种不定性呼吸音，仅在疾患引起肺泡音或支气管音减弱时出现。

二、气体交换

动物有机体通过呼吸运动吸入新鲜空气，进入肺泡的空气和肺毛细血管的血液进行气体交换，氧气由肺泡进入血液，并随血液运输到全身各组织，在组织中再进行一次气体交换，最后进入组织细胞。组织细胞代谢所产生的二氧化碳，经组织液进入血液，随血液循环到肺，进入肺泡，通过呼气运动排出体外。在呼吸过程中气体交换发生在两个部位：一是肺与血液间的气体交换，称为肺换气；二是组织细胞与血液间的气体交换，称为组织换气。呼吸时，气体的交换是通过气体分子的扩散运动实现的，推动气体分子扩散的动力来源于不同气体分压之间的差值。

(一)气体交换原理

气体交换发生在肺和全身组织，交换的动力是气体分压差，交换的先决条件是气体通透膜。气体通透膜是指肺呼吸部存在的呼吸膜和全身各部位存在的毛细血管壁与组织细胞膜相贴的结构。

(二)肺换气

1. 肺换气过程

肺泡与肺毛细血管血液之间的交换，称为肺换气。肺换气是通过呼吸膜完成的。

随着肺通气的不断进行，空气进入肺内，肺泡内和毛细血管血液中的 $P(CO_2)$ 和 $P(O_2)$ 发生变化。肺泡内 $P(CO_2)$ 为 5.33 kPa，$P(O_2)$ 为 13.59 kPa，而血液中的 $P(O_2)$ 为 5.33 kPa，$P(CO_2)$ 为 6.13 kPa。由此可见，肺泡内 $P(O_2)$ 比毛细血管血液(含混合静脉血)内高，$P(CO_2)$ 低于混合静脉血。因此，肺泡中的 O_2 透过呼吸膜扩散入毛细血管内，使静脉血变成动脉血，CO_2 则透过呼吸膜扩散进入肺泡内。

肺的呼吸膜的两侧存在氧分压差和二氧化碳分压差。因此，肺泡与肺泡壁外毛细血管间发生了如下气体交换：

$$\begin{array}{ccc} P(O_2)\text{较高} & & P(O_2)\text{较低} \\ \text{肺泡腔}\underset{CO_2}{\overset{O_2}{\rightleftharpoons}}\text{呼吸} & | & \text{膜}\underset{CO_2}{\overset{O_2}{\rightleftharpoons}}\text{肺毛细血管腔} \\ P(CO_2)\text{较低} & & P(CO_2)\text{较高} \end{array}$$

肺换气的主要结果是肺泡壁毛细血管血液的气体成分发生了改变，即血液中的氧气得以补充，二氧化碳废气得以排出。

2. 影响肺换气的因素

影响肺换气的因素主要有呼吸膜厚度、呼吸膜面积、肺血流量。

(1)呼吸膜厚度。呼吸膜是肺泡与肺毛细血管血液之间的结构，由 6 层结构组成，肺泡气体通过呼吸膜与血液气体进行交换。虽然呼吸膜有 6 层结构，但很薄，总厚度不到 1 μm，有的地方只有 2 μm，气体易于扩散通过。气体扩散速率与呼吸膜的厚度呈反比，即膜越厚，单位时间内交换的气体量就越少。所以，在病理条件下，如患肺炎时呼吸膜增厚，通透性降低，影响肺换气。

(2)呼吸膜面积。呼吸膜的面积极大，为 O_2 与 CO_2 在肺部的气体交换提供了巨大的表面积。一般来讲，呼吸膜面积越大，扩散的气体量就会越多。当动物运动或使役时，呼吸面积会增大；患肺气肿时，由于肺泡融合使扩散面积减小，使气体交换出现障碍。

(3)肺血流量。机体内的 O_2 与 CO_2 靠血液循环运输，所以单位时间内肺血流量增多会影响呼吸膜两侧的 $P(O_2)$ 与 $P(CO_2)$ 从而影响肺换气。

(三)组织换气

1. 组织换气的过程

血液与组织的气体交换是指组织中的气体通过组织细胞和组织毛细血管壁，与血液中的气体进行交换。在组织内由于细胞有氧代谢不断消耗 O_2 并产生 CO_2，使组织中的 $P(O_2)$ 含量低于动脉血，而 $P(CO_2)$ 含量高于动脉血。当动脉血流经组织毛细血管时，O_2 便顺分压差由血液向组织扩散，CO_2 则由组织向血液扩散，使动脉血因失去 O_2 得到 CO_2，而变成了静脉血。

组织换气发生于体毛细血管网与网间分布的组织细胞之间，此间有组织液。体毛细血管壁与组织细胞膜均有良好的气体通透性。血液侧与细胞浆侧存在氧分压差和二氧化碳分压差。因此，体毛细血管通过组织液与组织细胞之间发生了如下的气体交换：

$$
\begin{array}{ccc}
 & P(O_2)\text{较高} \quad\quad P(O_2)\text{较低} & \\
\text{体毛细胞血管腔} \underset{CO_2}{\overset{O_2}{\rightleftharpoons}} & \text{气体通透膜} & \underset{CO_2}{\overset{O_2}{\rightleftharpoons}} \text{肺毛细血管腔} \\
 & P(CO_2)\text{较低} \quad\quad P(CO_2)\text{较高} &
\end{array}
$$

组织换气的主要结果是组织细胞浆中发生了气体成分改变，即细胞浆中得到了氧气供应，二氧化碳废气得以排出，这种改变是组织细胞新陈代谢的必要保障。

2. 影响组织换气的因素

影响组织换气的因素除与影响肺换气的因素基本相同外，还受组织细胞代谢水平及组织血流量的影响。

当血流量不变时，代谢增强，耗氧量增大，$P(O_2)$ 下降，$P(CO_2)$ 升高；当代谢强度不变时，血流量增大，$P(O_2)$ 升高，$P(CO_2)$ 下降。

以上气体分压的变化将直接影响气体扩散和组织换气功能。

三、气体在血液中的运输

从肺泡扩散入血液的氧气必须通过血液循环到组织，从组织扩散入血液的二氧化碳，也必须由血液循环运输到肺泡。血液运输氧气和二氧化碳的方式有物理溶解和化学结合两种形式，以溶解形式存在的只有少部分，绝大部分呈化学结合的形式存在。

(一)氧气的运输过程

血液中的 O_2 溶解的量极少。血液中的 O_2 主要是与红细胞内的血红蛋白结合，以氧合血红蛋白的形式运输，占血液中的 O_2 总量的 98.5%。

红细胞内的血红蛋白(Hb)是一种结合蛋白，由 1 个珠蛋白和 4 个亚铁血红素组成。血红蛋白与 O_2 结合的特点是结合快、可逆、解离也快。当血液流经肺毛细血管与肺泡交换气体后，血液中 $P(O_2)$升高，促进结合形成氧合血红蛋白(HbO_2)。当 HbO_2 经血液运送至组织毛细血管时，组织中 $P(O_2)$低时，氧合血红蛋白迅速解离为脱氧血红蛋白(HHb)，并释放出 O_2。

1. 氧气的运输路径

氧气的运输路径如图 5-3-1 所示。

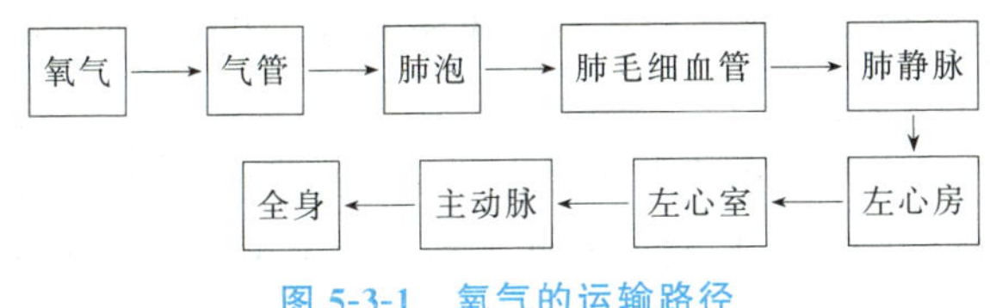

图 5-3-1　氧气的运输路径

2. 氧气的运输形式

每 100 mL 血液中，血红蛋白(Hb)所能结合的最大 O_2 量称为 Hb 氧容量(血氧容量)。血红蛋白实际结合 O_2 量称为 Hb 的氧含量(血氧含量)。Hb 氧含量和氧容量的百分比为 Hb 氧饱和度。通常情况下，由于血液中溶解的 O_2 甚少，可以略而不计。因此，常以血红蛋白氧容量代表血氧容量，以血红蛋白氧含量代表血氧含量，以血红蛋白氧饱和度代表血氧饱和度。

氧合血红蛋白呈鲜红色，多见于动脉血中，脱氧血红蛋白呈暗红色，静脉血中含量大，所以动脉血较静脉血鲜红。

氧在运输途中大部分靠红细胞中的血红蛋白(Hb)作载体，小部分直接溶解于血浆中。氧刚进入肺毛细血管时，因 $P(O_2)$较高而立即溶解于血浆并与血红蛋白结合形成氧合血红蛋白。氧被运输到体毛细血管时，因 $P(O_2)$较低而立即与血红蛋白分离，并从溶解状态中游离出来。

(二)二氧化碳的运输

血液中二氧化碳的运输是以化学结合方式为主，约占总量的 95%，而以溶解形式存在的量约占 5%。二氧化碳化学结合运输的形式有两种：一是形成碳酸氢盐，约占 88%；二是与血红蛋白结合成氨基甲酸血红蛋白，约占 7%。

1. 二氧化碳的运输路径

二氧化碳的运输路径如图 5-3-2 所示。

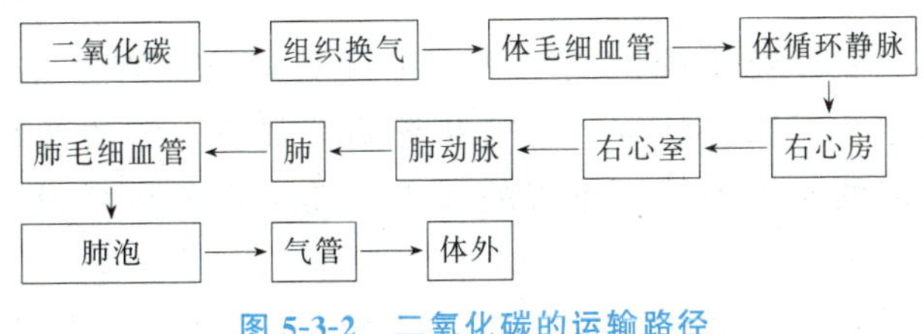

图 5-3-2　二氧化碳的运输路径

2. 碳酸氢盐形式

组织中的 CO_2 扩散并进入血液后，少量在血液中缓慢的与水结合形成碳酸，绝大部分进入红细胞，由于红细胞内碳酸酐酶(CA)较丰富，可使进入的 CO_2 和 H_2O 迅速生成 H_2CO_3(碳酸)，又迅速解离成为 H^+ 和 HCO_3^-。

$$CO_2+H_2O\xrightleftharpoons{CA}H_2CO_3\rightleftharpoons H^+ + HCO_3^-$$

随着生成 HCO_3^- 的增多，当超过血浆中含量时，HCO_3^- 可透过红细胞膜扩散进入血浆，此时有等量的 Cl^- 由血浆扩散进入红细胞，以维持细胞内外正负离子平衡。这样，HCO_3^- 不会在红细胞内积聚，使反应向右方不断进行，利于组织中产生的 CO_2，不断进入血液。

所生成的 HCO_3^-，在红细胞内与 K^+ 结合，在血浆内与 Na^+ 结合，分别以 $KHCO_3$(碳酸氢钾)和 $NaHCO_3$(碳酸氢钠)形式存在，所生成的 H^+ 大部分与 Hb 结合成为 HHb。

以上各项反应均是可逆的，当碳酸氢盐随血液循环到肺毛细血管时，新解离出的 CO_2 经扩散被交换到肺泡中，随着动物的呼气，将 CO_2 排出体外。

3. 氨基甲酸血红蛋白

一部分进入红细胞内的 CO_2 与血红蛋白的氨基($—NH_2$)相结合，形成氨基甲酸血红蛋白(Hb—NHCOOH)进行运输，也称碳酸血红蛋白($HbCO_2$)。

$$Hb—NH_2+CO_2\xrightleftharpoons[\text{在肺中}]{\text{在组织}}Hb—NHCOOH$$

氨基甲酸血红蛋白是不稳定的化合物，这一反应很快，无须酶的催化。在组织毛细血管内，CO_2 容易结合形成 Hb—NHCOOH；在肺毛细血管部，Hb—NHCOOH 被迫分离，促使 CO_2 释放进入肺泡，最后被呼出体外。

四、呼吸运动的调节

呼吸运动是一种节律性的活动，其深度和频率与机体代谢相适应。有机体通过神经和体液的调节使呼吸运动正常而有节律地进行，还能依有机体不同情况需要，改变呼吸运动的节律和深度，以适应各种需要。

(一)神经调节

参与呼吸运动的肌肉属于骨骼肌，没有自动产生节律性收缩的能力，呼吸运动依靠呼吸中枢的节律性兴奋而有节律地进行。

1. 呼吸中枢

呼吸中枢是指中枢神经系统内发动和调节呼吸运动的神经细胞群所在的位置，它们分布在大脑皮层、间脑、脑桥、延髓和脊髓等部位。脑的各级部位在呼吸节律的产生和调节中所起的作用不同，正常的呼吸运动是在各级呼吸中枢的相互配合下进行的。

(1)脊髓。脊髓是呼吸运动的初级中枢，有支配呼吸肌的运动神经元，脊髓是联系上位呼吸中枢和呼吸肌的中继站和整合某些呼吸反射活动的基本中枢。

(2)延髓和脑桥。呼吸运动的基本中枢在延髓，延髓中的呼吸神经元集中分布在背侧和腹侧两组神经核团内。脑桥前端的两对神经核团，可能的作用是限制吸气并促使吸气向呼气转化。

(3)高级呼吸中枢。脑桥以上部位，如大脑皮层、边缘系统、下丘脑等对呼吸也有影响。低位脑干的呼吸调节系统是不随意的自主呼吸调节系统，如情绪激动、血液温度升高时，通过对边缘系统和下丘脑体温调节中枢的刺激作用，反射性引起呼吸加快加强。而高位脑的调控是随意的，大脑皮层可以随意控制呼吸，在一定限度内可以随意屏气或加强、加快呼吸，使呼吸精确而灵敏地适应环境的变化。

2. 呼吸的反射性调节

呼吸节律虽然产生于脑，然而呼吸活动可受机体内、外环境各种刺激的影响使呼吸发生反射性改变，其中最重要的是肺牵张反射。

(1)肺牵张反射。肺牵张反射是由肺扩张或缩小引起的吸气抑制或兴奋的反射。它由肺扩张反射(肺扩张引起吸气反射性抑制)和肺缩小反射(肺缩小引起反射性吸气)组成。肺扩张反射的感受器位于气管到支气管的平滑肌中，属牵张感受器，传入纤维在迷走神经干内。吸气过程中，当肺扩张到一定程度时，牵张感受器兴奋，冲动沿迷走神经传入延髓，在延髓内经一定的神经联系，导致吸气终止，转入呼气，维持一定的呼吸频率和深度。因此，切断迷走神经后，吸气延长，呼吸加深变慢。

(2)呼吸肌本体感受性反射。与其他骨骼肌一样，当呼吸肌被牵拉时，刺激位于肌梭内的本体感受器，可反射性引起呼吸肌收缩。这一反射活动为呼吸肌本体感受性反射，其意义在于克服呼吸道阻力，加强吸气肌、呼气肌的收缩，保持足够的肺通气量。

(3)防御性呼吸反射。整个呼吸道都存在着防御性呼吸反射感受器，它们是分布在黏膜上皮的迷走传入神经末梢，受到机械或化学刺激时，引起防御性呼吸反射，以清除异物，避免其进入肺泡。

①咳嗽反射。感受器位于气管和支气管的黏膜。大支气管以上部位的感受器对机械刺激敏感，支气管以下部位的感受器对化学刺激敏感。传入冲动经舌咽神经、迷走神经传入延髓，触发一系列协调的反射效应，引起咳嗽反射。剧烈咳嗽时，因胸膜腔内压显著升高，可阻碍静脉回流，使静脉压和脑脊液压升高。

②喷嚏反射。刺激作用于鼻黏膜感受器，传入神经是三叉神经，呼出气体主要从鼻腔喷出，以清除鼻腔中的刺激物。

3. 呼吸的化学性调节

有机体通过呼吸运动调节血液中 O_2、CO_2、H^+ 的浓度，而动脉血中 O_2、CO_2、H^+ 的浓度又可以通过化学感受器反射性的调节呼吸运动。

化学感受器是指其适宜刺激是化学物质的感受器。按所在部位，参与呼吸调节的化学感受器可以分为外周化学感受器和中枢化学感受器。参与呼吸调节的化学感受器对血液中的 O_2、CO_2、H^+ 的浓度非常敏感。

(1)外周化学感受器：颈动脉体和主动脉体是调节呼吸和循环的重要外周化学感受

器，能感受到动脉血 $P(O_2)$、$P(CO_2)$ 和 H^+ 浓度的变化。当动脉血中 $P(O_2)$ 降低、$P(CO_2)$ 和 H^+ 浓度升高时，可反射性引起呼吸加深加快。在呼吸调节中颈动脉体的作用远大于主动脉体。$P(O_2)$ 降低、$P(CO_2)$ 和 H^+ 浓度升高这 3 种刺激，对化学感受器的刺激有协同作用，能增强呼吸运动，有利于吸入 O_2 和呼出 CO_2。

(2)中枢化学感受器：位于延髓腹外侧浅表部位。中枢化学感受器的生理刺激是脑脊液和局部细胞外液中的 H^+ 浓度。血液中的 CO_2，能迅速透过血脑屏障，与脑脊液中的 H_2O 结合成 HCO_3，然后解离出 H^+，刺激中枢化学感受器。中枢化学感受器的兴奋通过一定的神经联系，能引起呼吸中枢的兴奋，增强呼吸运动。但脑脊液中碳酸酐酶的含量少，CO_2 与水的水合反应慢，所以对 CO_2 的反应有一定的时间延迟。血液中的 H^+ 不易通过血脑屏障，故血液 pH 值的变化对中枢化学感受器的直接作用不大。

(二)CO_2、pH 值和 O_2 对呼吸的影响

1. CO_2 的影响

CO_2 是调节呼吸最重要的生理性体液因子，一定量的 $P(CO_2)$ 对维持呼吸和呼吸中枢的兴奋性是有必要的。当吸入气中 CO_2 含量升高时，肺泡气及动脉血液 $P(CO_2)$ 随之升高，呼吸加快加深，肺通气量增加，以促进 CO_2 的排出，使肺泡气与动脉血液 $P(CO_2)$ 可维持接近正常水平。但当吸入气中 CO_2 含量超过一定水平时，肺通气量不能做相应增加，致使肺泡气、动脉血中的 $P(CO_2)$ 陡升，使 CO_2 堆积，压抑中枢神经系统的活动，包括呼吸中枢，有机体发生呼吸困难，头痛、头昏、甚至昏迷，出现 CO_2 麻醉。

CO_2 调节呼吸的作用是通过中枢、外周两条途径实现的，以中枢机制为主，如果去掉外周化学感受器的作用，CO_2 的通气反应仅下降约 20%，可见中枢化学感受器在 CO_2 通气中起主要作用。但在动脉血 $P(CO_2)$ 突然大增时及中枢化学感受器受抑制时，CO_2 的反应降低时，外周化学感受器可以起到重要作用。

2. pH 值的影响

当动脉血 H^+ 浓度增加，呼吸加深加快，肺通气增加；当 H^+ 浓度降低，呼吸就受到抑制。H^+ 浓度调节呼吸的作用也是通过中枢、外周两条途径实现的。中枢化学感受器对 H^+ 的敏感性约为外周的 25 倍，但是由于血脑屏障的存在，限制了它对中枢化学感受器的作用，脑脊液中的 H^+ 才是中枢化学感受器的最有效刺激。

3. O_2 的影响

当吸入气 O_2 含量降低时，肺泡气、动脉血 $P(O_2)$ 都随之降低，呼吸加深加快，肺通气增加，缺氧对延髓的呼吸中枢有直接的抑制作用。当严重缺氧时，外周化学感受器的兴奋呼吸作用不足以克服低氧对中枢的抑制作用，将导致呼吸障碍，甚至呼吸停止。

上述因素是相互联系、相互影响的，在探讨它们对呼吸的调节时，必须全面进行观察分析，才能有正确的结论。

学习小结

知识点		需掌握内容
呼吸系统	呼吸系统组成	由鼻、咽、喉、气管、支气管和肺构成
	喉软骨	喉软骨是喉的支架，由环状软骨、甲状软骨、会厌软骨和杓状软骨(成对)构成
肺脏	位置	肺位于胸腔内、纵隔两侧，左、右各一，右肺通常大于左肺，两肺占据胸腔的大部分
	分叶	肺可分七叶，即左尖叶、左心叶、左膈叶、右尖叶(牛羊右尖叶又分前后两部)、右心叶、右膈叶和副叶。马肺的分叶不明显
呼吸生理	呼吸的4个环节	分为肺通气、肺换气、气体运输和组织换气。肺通气和肺换气两个环节合称外呼吸；组织换气又称内呼吸，肺换气和组织换气统称气体交换
	呼吸类型	胸式呼吸、腹式呼吸和胸腹式呼吸
	呼吸频率	家畜每分钟呼吸的次数称为呼吸频率。牛10～30次/min，羊10～20次/min，猪15～24次/min，马8～16次/min
	气体运输	氧的运输路径：氧气→气管→肺泡→肺毛细血管→肺静脉→左心房→左心室→主动脉→全身； 二氧化碳的运输路径：二氧化碳→组织换气→体毛细血管→体循环静脉→右心房→右心室→肺动脉→肺→肺毛细血管→肺泡→气管→体外

复习思考题

一、单选题

1. 下列喉骨中成对的是(　　)。

A. 环状软骨　　B. 甲状软骨　　C. 杓状软骨　　D. 会厌软骨

2. 胸膜脏层与胸膜壁层之间的腔隙称为(　　)。

A. 胸腔　　B. 胸廓　　C. 胸膜囊　　D. 胸膜腔

3. 家畜的肺位于(　　)。

A. 胸腔　　B. 胸廓　　C. 胸膜腔　　D. 胸纵隔

4. 心脏位于(　　)。

A. 腹腔　　B. 胸膜腔　　C. 腹膜腔　　D. 胸纵隔

5. 家畜的肺分左、右两肺，其大小为(　　)。

A. 左肺大于右肺　　B. 右肺大于左肺

C. 两肺一样大　　D. 两肺互有大小

6. 与鼻后孔相通的是(　　)。

A. 上鼻道　　B. 中鼻道　　C. 下鼻道　　D. 上、中、下鼻道

7. 胸廓的内腔称为(　　)。

A. 胸腔　　B. 胸膜腔　　C. 胸膜囊　　D. 心包腔

8. 下列器官中不在胸纵隔之内的是(　　)。

A. 心脏　　B. 肺　　C. 胸段气管　　D. 胸段食管

9. 下列结构中不属于肺的是(　　)。

A. 前叶　　B. 中叶　　C. 后叶　　D. 尾叶

10. 固有鼻腔中(　　)通咽。

A. 上鼻道　　B. 中鼻道　　C. 下鼻道　　D. 鼻总道

二、多选题

1. 下列软骨中只有1块的为(　　)。

A. 会厌软骨　　B. 杓状软骨

C. 甲状软骨　　D. 环状软骨

E. 气管软骨

2. 下列结构位于固有鼻腔内的为(　　)。

A. 上鼻道　　B. 中鼻道　　C. 下鼻道　　D. 总鼻道　　E. 鼻甲骨

3. 下列器官中属于呼吸系统的器官是(　　)。

A. 口腔　　B. 鼻腔　　C. 咽　　D. 舌　　E. 喉

4. 吸气过程中有下列肌肉收缩的为(　　)。

A. 肋间外肌　　B. 肋间内肌

C. 膈肌　　D. 腹外斜肌

E. 腹内斜肌

5. 下列器官中位于胸纵隔之内的为(　　)。

A. 心脏　　B. 肺　　C. 胸段气管　　D. 胸段食管　　E. 喉

三、判断题

1. 胸腔就是胸廓的内腔。(　　)
2. 肺的副叶位于左肺膈叶的内侧。(　　)
3. 当吸气时，肋间外肌和肋间内肌同时收缩。(　　)
4. 胸膜腔内的压力称胸内压，一般大于大气压。(　　)
5. 健康的肺呈粉红色，柔软富有弹性，入水易沉。(　　)
6. 左肺通常大于右肺。(　　)
7. 家畜的肺位于胸纵隔内。(　　)

四、简答题

1. 简述家畜呼吸系统的组成。
2. 简述肺的形态、结构和位置及肺的分叶。
3. 简述喉软骨的分类。
4. 简述肺的听诊区。
5. 简述胸内负压的生理意义。

参考答案

项目六　泌尿系统

项目描述

泌尿系统是由肾、输尿管、膀胱和尿道组成。肾是生成尿的器官；输尿管为输送尿至膀胱的管道；膀胱为暂时贮存尿液的器官；尿道是排出尿液的管道。有机体在新陈代谢过程中产生许多代谢终产物，其中大部分产物是通过泌尿系统排出的。本项目通过观察牛、马、猪泌尿系统的标本、模型介绍肾、输尿管、膀胱和尿道的位置、形态构造；借助显微镜观察肾脏的组织学结构。

学习目标

知识目标

1. 熟悉泌尿系统的组成和功能。
2. 掌握各种家畜肾脏位置、形态及结构特点。
3. 掌握尿的生成过程。
4. 掌握影响尿液形成的因素。
5. 了解肾脏组织学结构。
6. 了解肾脏的血液循环。

技能目标

1. 能够正确识别泌尿系统各器官。
2. 能够分析尿液的生成过程及影响因素。

素质目标

1. 养成勤学好问、吃苦耐劳、爱岗敬业的精神。
2. 热爱动物，正确对待实验动物。

单元一　泌尿系统各器官

有机体在新陈代谢过程中产生许多代谢终产物，其中大部分产物是通过泌尿系统排出的。泌尿系统是由肾、输尿管、膀胱和尿道组成(图 6-1-1)。肾是生成尿的器官。输尿管为输送尿至膀胱的管道。膀胱为暂时贮存尿液的器官。尿道是排出尿的管道。

一、肾形态构造的识别

借助牛、马、猪肾脏标本、模型及新鲜器官，学习肾的类型、肾的形态结构及体表投影。

(一)肾的一般构造

肾位于腰区，呈红褐色，在腹主动脉和后腔静脉的两侧，即最后几个胸椎和前 3 个腰椎腹侧。

肾是成对的实质性器官，左右各一。营养良好的家畜肾周围包有脂肪，称为肾脂肪囊。肾的表面包有由致密结缔组织构成的纤维膜，称为被膜。被膜在正常情况下容易被剥离。肾的内侧缘中部凹陷称为肾门，是肾的血管、淋巴管、神经和输尿管出入的地方。肾门向肾深部扩大形成的腔隙为肾窦，窦内含有肾盏、肾盂、血管及输尿管的起始部。

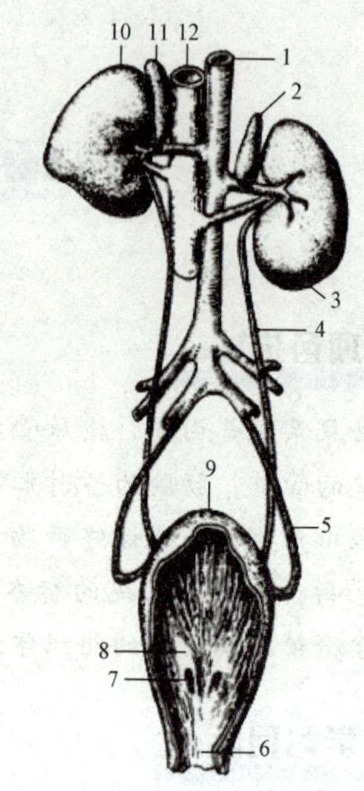

图 6-1-1 马泌尿系统(腹面观)

1—腹主动脉；2—左肾上腺；3—左肾；4—输尿管；5—膀胱圆韧带；6—膀胱颈；7—输尿管开口；8—输尿管柱；9—膀胱顶；10—右肾；11—右肾上腺；12—后腔静脉

肾的实质由若干个肾叶组成，每个肾叶分为浅部的皮质和深部的髓质。皮质富有血管，新鲜标本呈红褐色并可见许多细小红点状颗粒，为肾小体。髓质位于皮质的深部，呈淡红色，是由许多呈圆锥形的肾锥体构成。肾锥体的锥底朝向皮质并与皮质相连；锥尖朝向肾窦，呈乳头状，称为肾乳头。肾乳头突入肾窦内，与肾盏或肾盂相对。肾皮质与肾髓质互相穿插，皮质伸入肾锥体之间的部分称为肾柱，髓质伸入皮质的部分称为髓放线。两条髓放线之间的皮质称为皮质迷路。肾小体位于皮质迷路内。

(二)不同家畜肾的位置、形态及构造特点

1. 牛肾

牛肾(图 6-1-2)表面有深浅不一并充有脂肪的叶间沟，内部有分离的乳头，属有沟多乳头肾。右肾呈上下稍扁的长椭圆形，位于第 12 肋间隙至第 2～3 腰椎横突的腹侧。左肾呈厚三棱形，前端较小，后端大而钝圆，位于第 2～5 腰椎横突的腹面，因其有较长的系膜，位置不固定，往往随瘤胃充满程度的不同而左右移动。初生牛犊由于瘤胃不发达，左、右肾位置近于对称。牛肾肾叶明显，髓质内肾锥体明显，肾乳头与肾盏相对，无肾盂。肾盏汇合成两条收集管(肾大盏)，后接输尿管。

2. 猪肾

猪肾(图 6-1-3)表面平滑，内部有多个单独存在的乳头，属平滑多乳头肾。两肾均呈蚕豆状，较长而扁，且位置近于对称，位于最后胸椎及前 3 腰椎腹面两侧。右肾前端不与肝相接，肝上无肾压迹。肾门位于肾内侧缘正中部。猪肾的皮质完全合并，而髓质则是分开的。每个肾乳头均与 1 个肾小盏相对，肾小盏汇入两个肾大盏，肾大盏汇注于肾盂，肾盂延接输尿管。

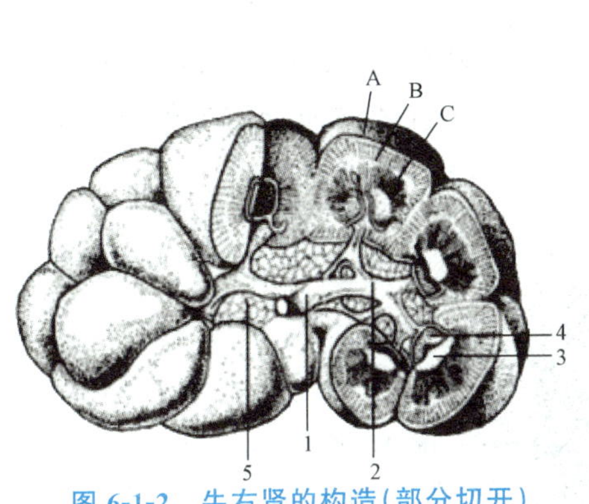

图 6-1-2　牛右肾的构造（部分切开）

A—纤维囊；B—皮质；C—髓质

1—输尿管；2—集收管；3—肾乳头；

4—肾小盏；5—肾窦

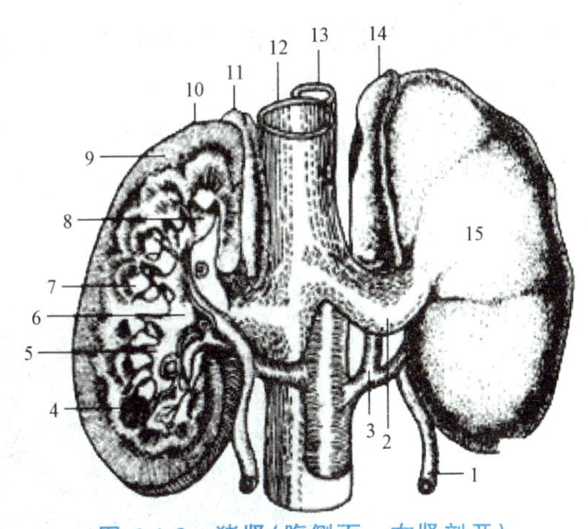

图 6-1-3　猪肾（腹侧面，右肾剖开）

1—左输尿管；2—肾静脉；3—肾动脉；4—髓质；5—肾大盏；

6—肾盂；7—肾乳头；8—肾小盏；9—皮质；10—右肾；

11—右肾上腺；12—后腔静脉；13—腹主动脉；

14—左肾上腺；15—左肾

3. 马肾

马肾（图 6-1-4）肾叶的皮质部和髓质部完全合并，肾乳头连成嵴状，属平滑单乳头肾。右肾呈钝角三角形，位置靠前，位于最后 2～3 肋骨的椎骨端及第 1 腰椎横突的腹侧。左肾呈豆形，位于最后肋骨和前 2～3 腰椎横突的腹侧。肾门位于肾内侧缘中部。肾乳头合成嵴状的肾总乳头，突入肾盂中，无肾盏。肾盂呈漏斗状，直接输尿管。

4. 羊肾

羊肾属平滑单乳头肾。两肾均呈豆形，右肾位于最后肋骨至第 2 腰椎下，左肾在瘤胃背囊的后方，位于第 3～6 腰椎横突腹侧，位置不固定。当胃近于空虚时，肾的位置相当于 2～4 腰椎椎体下方。当胃内食物充满时，左肾更向后移，左肾的前端约与右肾后端相对应。

羊肾除在中央纵轴为肾总乳头突入肾盂外，在总乳头两侧还有多个肾嵴，肾盂除有中央的腔外，并形成相应的隐窝。肾总乳头突入肾盂内。

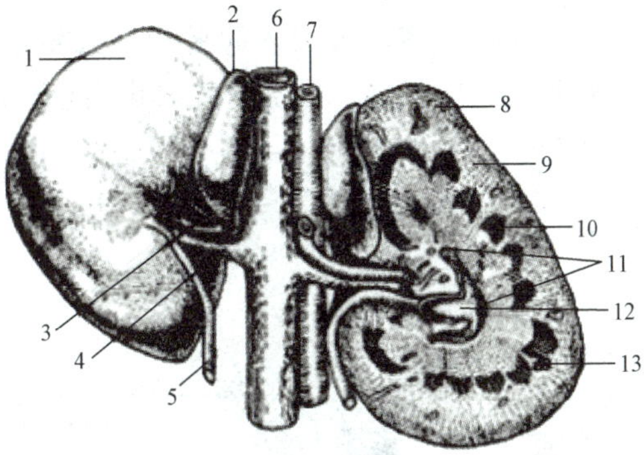

图 6-1-4　马肾（腹侧面，左肾剖开）

1—右肾；2—右肾上腺；3—肾动脉；4—肾静脉；

5—输尿管；6—后腔静脉；7—腹主动脉；

8—左肾；9—皮质；10—髓质；11—总乳头；

12—肾盂；13—弓状血管

二、输尿管、膀胱和尿道的识别

下面借助于标本及图片介绍输尿管、膀胱和尿道的位置、形态构造。

（一）输尿管的识别

输尿管是输送尿液至膀胱的一条肌性管道，起于集收管（牛）或肾盂（马、猪、羊、狗)，出肾门后，沿腹腔顶壁向后伸延进入骨盆腔，斜穿入膀胱颈背侧壁并在膀胱内延伸数厘米，可以阻止尿液倒流。

输尿管管壁由黏膜、肌层和外膜构成(图 6-1-5)。黏膜有纵行皱褶。黏膜上皮为变移上皮。肌层较发达，由平滑肌构成，可分为内纵行、中环行和薄而分散的外纵行肌层。外膜大部分属于浆膜。

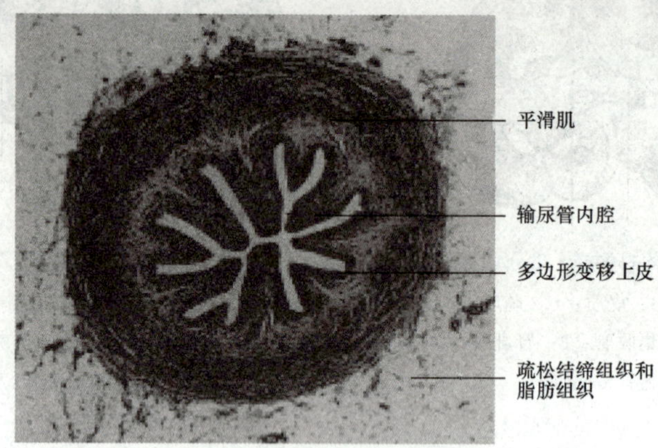

图 6-1-5 输尿管横断面

(二)膀胱的识别

膀胱是暂时贮存尿液的囊状器官，呈梨形(图 6-1-6)。前端钝圆称膀胱顶，中部膨大为膀胱体，后端狭窄为膀胱颈。膀胱空虚时，呈梨状，牛、马的约拳头大，位于骨盆腔内；充满时，其前端可突入腹腔内。公畜膀胱的背侧与直肠、尿生殖褶、输精管末端、精囊腺和前列腺相接。母畜膀胱的背侧与子宫、阴道相接。

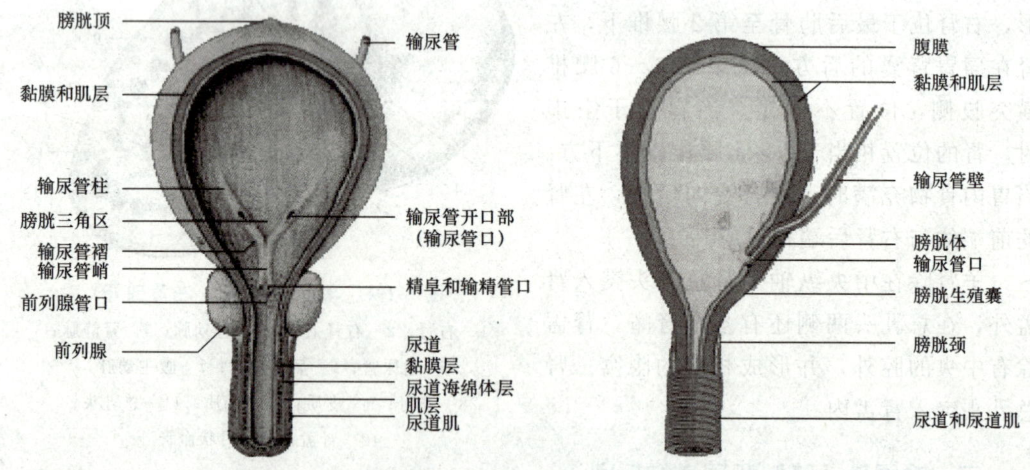

图 6-1-6 输尿管、膀胱模式图

膀胱壁由黏膜、肌层和浆膜构成。黏膜上皮为变移上皮，空虚时有许多皱褶。膀胱肌层为平滑肌，较厚，一般可分为内纵肌、中环肌和外纵肌，以中环肌最厚。在膀胱颈部环肌层形成膀胱括约肌。膀胱外膜随部位不同而异，膀胱顶部和体部为浆膜，颈部为结缔组织外膜。

(三)尿道的识别

尿道是排尿的通道，以尿道内口接膀胱颈、尿道外口通体外。公畜的尿道除有排尿功能外，还有排精的功能，故又称为尿生殖道，开口于阴茎头的尿道外口。其一部分位于骨盆腔内，称为骨盆部；另一部分经坐骨弓转到阴茎的腹侧，称为阴茎部。有些母畜(如母牛、母猪)的尿道开口于尿道前庭腹侧壁的前部、阴瓣的后方，在开口处的腹侧面有一凹陷，称为尿道憩室。导尿时切忌将导尿管误插入尿道憩室。

三、显微镜下观察肾组织切片

尽管各种家畜肾的形态不同，但结构上都是由被膜和实质两部分构成的。肾是由肾单位和集合管系组成的。借助显微镜可观察肾的组织结构。

(一)肾单位

肾单位是肾的结构和功能单位，由肾小体和肾小管组成。根据肾小体在皮质中分布的部位，可将肾单位分为皮质肾单位和髓旁肾单位。皮质肾单位又称浅表肾单位，其肾小体分布在皮质的浅层，数量较多。髓旁肾单位的肾小体位于皮质深部近髓质处，其肾小体体积较大。

1. 肾小体

肾小体是肾单位的起始部，位于皮质迷路内，呈球形，由血管球和肾小囊两部分组成。肾小体的一侧有血管极，是血管球的血管出入处；血管极的对侧称为尿极，是肾小囊延接近端小管处。

(1)血管球：是一团盘曲的毛细血管，位于肾小囊内。入球小动脉由血管极进入肾小体，分成数小支，每个小支再分成许多相互吻合的毛细血管袢。这些毛细血管袢又逐步汇合成一支出球小动脉，从血管极离开肾小体。入球小动脉较粗，出球小动脉较细，从而使血管球内保持较高的血压。

(2)肾小囊：是肾小管起始端膨大凹陷形成的双层杯状囊，囊内有血管球。囊壁分壁层和脏层，两层间有一狭窄的腔隙称肾小囊腔，与肾小管直接连通。囊腔壁层的细胞为单层扁平上皮，在血管极处折转为囊腔脏层。脏层的细胞为多突起的细胞，称为足细胞。足细胞紧贴在肾小球毛细血管外面，是重要的过滤装置。

2. 肾小管

肾小管是由单层上皮围成的细长而弯曲的小管，起始于肾小囊，顺次为近曲小管、髓袢和远曲小管，主要具有重吸收和排泄作用。

(1)近曲小管：肾小管中长而弯曲的部分，位于肾小体附近。其管径粗，上皮细胞的游离缘有密集的微绒毛，称刷状缘。刷状缘增加了细胞的表面积，有利于促进肾小管的重吸收功能。

(2)髓袢：是从皮质进入髓质，又从髓质返回皮质的U形小管，前接近曲小管，后接远曲小管。髓袢可分为降支和升支。髓袢降支有一细段，细段上皮薄，有利于水分及离子的通过，主要功能是重新吸收水分，使尿液浓缩。

(3)远曲小管：位于皮质内，比近曲小管短而且弯曲少，管壁由单层立方上皮构成，上皮细胞表面无刷状缘。其末端汇入集合管。

(二)集合管系

集合管系由弓形集合小管、直集合小管和乳头管 3 部分构成(图 6-1-7)。弓形集合小管起始端与远端小管曲部相连，呈弓形，进入髓放线，汇入直集合小管；直集合小管由皮质向髓质下行，与其他直集合小管汇合，在肾乳头处移行为较大的乳头管，开口在肾盏或肾盂内。集合小管有进一步浓缩尿液的作用。

(三)肾小球旁器

肾小球旁器包括球旁细胞和致密斑(图 6-1-8)。

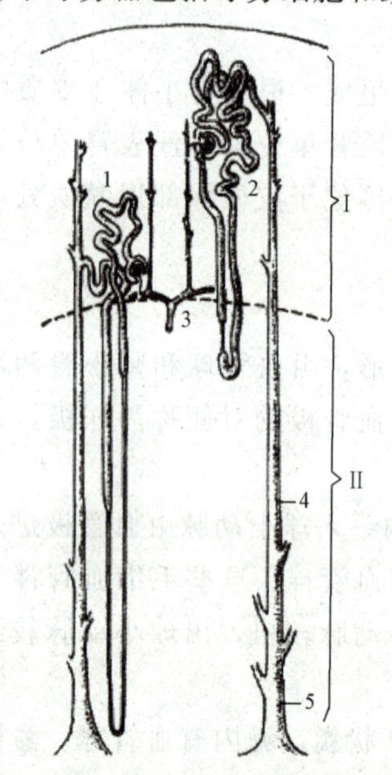

图 6-1-7　肾单位在肾叶内的分布示意

Ⅰ—皮质；Ⅱ—髓质

1—髓旁肾单位；2—皮质肾单位；

3—弓形动脉及小叶间动脉；

4—集合小管；5—乳头管

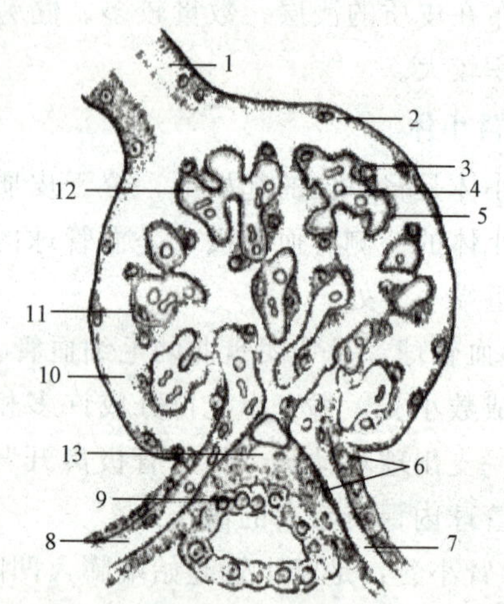

图 6-1-8　肾小体半模式图

1—近端小管起始部；2—肾小囊外层；3—肾小囊内层；

4—毛细血管内的红细胞；5—基膜；6—肾小球旁细胞；

7—入球微动脉；8—出球微动脉；9—远端小管上的致密斑；

10—肾小囊腔；11—毛细血管内皮；12—血管球毛细血管；

13—系膜细胞

1. 球旁细胞

入球小动脉进入肾小囊处，其管壁的平滑肌细胞转变为上皮样细胞，称为球旁细胞。细胞呈立方形或多角形，核为球形，胞质内有分泌颗粒，颗粒内含肾素。

2. 致密斑

远曲小管在靠近肾小体血管极一侧，管壁上皮细胞由立方形变为高柱状细胞，呈斑状隆起，排列紧密，称为致密斑。致密斑是一种化学感受器，可感受尿液中 Na^+ 浓度的变化并将信息传递至球旁细胞，调节肾素的释放。

(四)肾的血液循环

1. 肾血液循环途径

肾动脉是腹主动脉的一个分支，肾动脉由肾门入肾后，伸向皮质，并沿途分出许多小的入球小动脉(图 6-1-9)。入球小动脉进入肾小囊内形成毛细血管球，再汇成出球小动脉。这种动脉间的毛细血管是肾内血液循环的特点。出球小动脉离开肾小囊后，又在皮质和髓质内肾小管周围再次分支形成毛细血管网。这些毛细血管网又汇合成小静脉，小静脉在肾门处汇集成肾静脉，经肾门出肾口入后腔静脉。

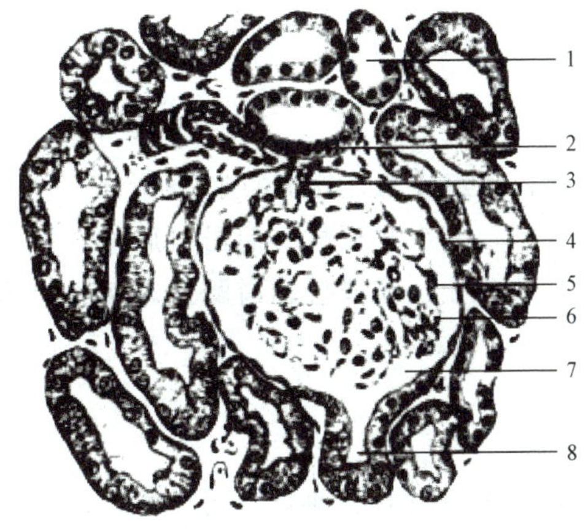

图 6-1-9　肾皮质切面(高倍镜观)

1—远曲小管；2—致密斑；3—血管极；4—肾小囊壁层；5—足细胞；6—毛细血管；7—肾小囊腔；8—近曲小管

2. 肾血液循环特点

肾动脉直接来自腹主动脉，口径粗、行程短、血流量大。入球小动脉口径大于出球小动脉，因而血管球内血压较高。动脉在肾内两次形成毛细血管网，即血管球和球后毛细血管网。第二次形成的毛细血管血压很低，以利于营养物质的吸收。

单元二 泌尿生理

动物有机体将代谢终产物和其他不需要的物质经过血液循环由体内排出的过程称为排泄。体内具有排泄功能的器官主要有肺、皮肤、消化道和肾脏。其中，尿液的排泄物种类多、数量大，因此，肾脏是动物有机体最主要的排泄器官。肾脏在排泄的同时，对机体的渗透压、水和无机盐的平衡等调节还起着重要的作用。肾脏的机能是通过肾小球的滤过作用、肾小管与集合管的重吸收、分泌、排泄作用和输尿管、膀胱与尿道的排放活动而实现的。

一、认知尿的成分与理化特性

尿来源于血液。尿的化学组成及理化特性可以反映泌尿系统的机能状态、体内物质代谢情况及全身机能状态。因此，在临床实践中，常通过尿液的化验检查，对某些疾病进行诊断。

(一)尿的成分

尿是由水、有机物和无机物组成的。其中的水分占96%～97%，有机物和无机物占3%～4%。有机物主要是尿素，其次是尿酸、肌酐、肌酸、氨、尿胆素等。无机物主要是氯化钠、氯化钾，其次是碳酸盐、硫酸盐和磷酸盐。在服用药物时，尿中还会有药物的分解产物。

(二)尿的理化特性

尿的颜色、透明度、酸碱度常因动物种类、饲料性质、饮水量等不同而变化。草食动物的尿液一般呈碱性，淡黄色；肉食动物尿液呈酸性；杂食动物尿液的酸碱性随饲料性质而变化。刚排出的尿为清亮的水样液，如放置时间较长，则因尿中碳酸钙逐渐沉淀而变得混浊。马属动物尿中因含有大量的碳酸盐，刚排出的尿也是混浊、不透明的。

二、认知尿生成过程

尿的生成是由肾单位和集合管系协同完成的，包括两个阶段：一是肾小球的滤过作用，生成原尿；二是肾小管和集合管的重吸收、分泌、排泄作用，生成终尿。

(一)肾小球的滤过作用

由于肾脏血管球内血压较高，当血液流经肾小球毛细血管时，除血细胞和大分子蛋白质外，血浆中的水和其他小分子溶质(如葡萄糖、氯化物、无机磷酸盐、尿素、肌酐及少量小分子蛋白质等)都能通过滤过膜滤入肾小囊腔内形成原尿。因此，原尿中除不含血细胞和大分子蛋白质外，其他成分均与血浆基本相同。

原尿的生成取决于两个条件：一是肾小球滤过膜的通透性；二是肾小球的有效滤过压。前者是原尿产生的前提条件，后者则是原尿滤过的必要动力。

1. 肾小球滤过膜及通透性

肾小球滤过膜由以下 3 层构成：内层是肾小球毛细血管的内皮细胞，极薄，内皮之间有许多贯穿的微孔；中间层为非细胞结构极薄的内皮基膜，膜上有许多网孔，是滤过膜的主要滤过屏障；外层是肾小囊脏层，表面有足状突起的足细胞，足细胞的突起间有许多缝隙。一般认为，基膜的孔隙较小，对大分子物质的滤过起到机械屏障作用。另外，在滤过膜上还覆盖有带负电荷的糖蛋白结构，能阻止带负电荷的物质通过，起到电荷屏障作用。在病理情况下，滤过膜上带负电荷的糖蛋白减少或消失，就会导致带负电荷的血浆蛋白滤过量比正常时明显增加，从而出现蛋白尿。

2. 有效滤过压

肾小球滤过作用的动力是肾小球的有效滤过压。有效滤过压是存在于滤过膜两侧起促进和阻止滤过力量的代数和。起促进滤过作用的力量是毛细血管血压；阻止滤过作用的力量有血浆胶体渗透压和肾小囊内压。因此，肾小球有效滤过压可用以下公式来表示：

肾小球有效滤过压＝肾小球毛细血管血压－(血浆胶体渗透压＋肾小囊内压)

在正常情况下，肾小球毛细血管血压为 9.3 kPa，血浆胶体渗透压为 3.3 kPa，肾小囊内压为 0.67 kPa，计算得出的有效滤过压约为 5.3 kPa，即肾小球入球小动脉端的血压(促进滤过压力)大于血浆胶体渗透压与肾小囊内压之和(阻止滤过的压力)，从而保证了原尿的生成。

(二)肾小管和集合管的重吸收、分泌、排泄作用

肾小球滤出的原尿在流经肾小管和集合管时，其中绝大部分的水和某些有用的物质，都被重吸收回到血液中。当肾小管和集合管在进行重吸收时，管壁还能将上皮细胞内形成的物质分泌到管腔，将某些不易代谢的物质排泄至管腔。

1. 肾小管和集合管的重吸收

(1)葡萄糖的重吸收：葡萄糖的重吸收的部位主要在近曲小管前半段。原尿中葡萄糖的浓度与血糖的浓度相同，但正常尿液中几乎不含葡萄糖，这说明葡萄糖全部被肾小管重吸收回到了血液中。肾小管重吸收葡萄糖有浓度限度，超过这个限度，就不能被完全重吸收而出现糖尿。这个浓度限度称为肾糖阈。

(2)氨基酸的重吸收：氨基酸的重吸收的部位在近曲小管，几乎完全被重吸收。

(3)Na^+、Cl^-、HCO_3^-的重吸收：Na^+的吸收主要在近球小管，由于Na^+的主动转运形成小管内外两侧的电位差，使Cl^-和HCO_3^-顺电位差被动重吸收。在Na^+重吸收的同时，还伴有负离子、葡萄糖、氨基酸等的协同转运，还能促进Na^+-H^+的交换，有利于H^+的排出。

(4)K^+、PO_4^{3-}(磷酸根离子)的重吸收：都是在近球小管处被重吸收，是主动转运过程。甲状旁腺素能抑制PO_4^{3-}的吸收，促进其排出。

(5)水的重吸收：原尿中 65%～70%的水在近球小管处被重吸收。由于Na^+、HCO_3^-、葡萄糖、氨基酸和Cl^-等被重吸收，降低了小管液的渗透压，而水则通过渗透作用被重吸收。

2. 肾小管和集合管的分泌与排泄

(1)H^+的分泌：肾小管细胞内二氧化碳(CO_2)和水(H_2O)在碳酸酐酶的催化下生成

碳酸(H_2CO_3)，并解离出 H^+ 和 HCO_3^-。H^+ 与小管液中的 Na^+ 进行 Na^+-H^+ 交换，H^+ 被分泌至管腔。

(2)NH_3(氨气)的分泌：远球小管和集合管上皮细胞在谷氨酰胺酶的作用下，谷氨酰胺脱氨基作用生成氨，并通过膜分泌到小管液中，再与分泌出的 H^+ 结合生成 NH_4^+(氨根离子)，NH_4^+ 与负离子结合成铵盐随尿排出。

(3)K^+ 的分泌：终尿中的 K^+ 是由远曲小管和集合管所分泌的。由于 Na^+ 的重吸收在小管两侧形成差(管内为负、管外为正)，促进 K^+ 从组织液被动扩散进入小管液。

(4)其他物质的排泄：肌酐及对氨基马尿酸可经肾小球滤出，又可以从肾小管排出。青霉素、酚红等进入体内的外来物质，主要通过近球小管的排泄而排出体外。

三、认知影响尿生成的因素

(一)影响肾小球滤过的因素

影响肾小球滤过的因素主要有有效过滤过压的改变和滤过膜的通透性。

1. 肾小球有效滤过压的改变

在正常情况下，肾小球的有效滤过压比较稳定。但当构成肾小球有效滤过压的 3 个因素发生变化时，有效滤过压也随之发生变化，影响尿的生成。动物有机体在创伤、出血、烧伤等情况下，会使肾小球毛细血管血压降低，有效滤过压降低，从而导致原尿生成量减少，出现少尿或无尿。当静脉注射大量生理盐水引起单位容积血液中血浆蛋白含量减少，血浆胶体渗透压降低；同时，毛细血管血压升高。因此，肾小球有效滤过压升高，原尿的生成量增多，出现多尿的情况。当输尿管、肾盂有结石或肿瘤压迫肾小管时，尿液流出受阻，肾小囊腔的内压增高，有效滤过压降低，原尿生成量减少，发生少尿。

2. 肾小球滤过膜通透性

当肾小球毛细血管或肾小管上皮受到损害时，会影响滤过膜的通透性。在发生急性肾小球肾炎时，会使肾小球毛细血管管腔狭窄甚至阻塞，以致有效滤过面积减少，肾小球滤过率降低，结果出现少尿甚至无尿。当动物有机体缺氧或中毒时，肾小球毛细血管壁通透性增加，使原尿生成量增加；同时，还会引起血细胞和血浆蛋白滤过，出现血尿或蛋白尿。

(二)影响肾小管和集合管重吸收和分泌的因素

1. 原尿中溶质浓度的改变

当溶质浓度增加超过肾小管对溶质的重吸收限度时，原尿的渗透压升高，妨碍肾小管对水的重吸收，于是尿量增加，称为渗透性利尿。例如，当静脉注射高渗葡萄糖后，血糖浓度升高，原尿中糖的浓度也随之增加，当超过肾小球重吸收的限度(肾糖阈)时，部分糖因不能被重吸收而使原尿的渗透压升高，影响肾小管上皮细胞对水的重吸收作用，从而使尿量增加。由于增加原尿中溶质的浓度能减少肾小管对水的重吸收作用，故在临床上有时给病畜服用不被肾小管重吸收的物质，提高小管液中溶质的浓度，从而阻碍水的重吸收，借此达到利尿和消除水肿的目的。

2. 肾小管上皮细胞的机能状态

当肾小管上皮细胞因某种原因而被损害时，往往会影响它的正常重吸收机能，从而使尿的质和量发生改变。例如，当有机体因根皮苷中毒时，能引起肾小管上皮细胞机能发生障碍，使它重吸收葡萄糖的能力大幅减弱，于是较多的葡萄糖随尿排出并因终尿中含有较多的葡萄糖而使尿量和排尿次数都有所增加。

3. 激素的影响

影响尿生成的激素主要有抗利尿激素和醛固酮。

(1)抗利尿激素。抗利尿激素的作用是提高远曲小管和集合管上皮细胞对水的通透性，促进水的重吸收，从而使排尿量减少。对于反刍动物来说，抗利尿激素还能增加 K^+ 排出。血浆晶体渗透压升高和循环血量的减少，均可引起抗利尿激素的释放增加，创伤及一些药物也能引起抗利尿激素的分泌，减少排尿量。相反，当血浆晶体渗透压降低和循环血量增加时，抗利尿激素的释放受到抑制。例如，当动物大量饮清水后，会使血浆晶体渗透压降低，抗利尿激素的释放减少，尿量增多，此现象为水利尿。

(2)醛固酮。醛固酮对尿生成的调节是促进远曲小管 Na^+ 的重吸收并促进 K^+ 排出。即醛固酮有保 Na^+ 排 K^+ 作用。

此外，甲状旁腺素能促进肾小管对钙的重吸收，抑制磷的重吸收。降钙素能促进钙、磷从尿中排出，抑制近曲小管对 Na^+ 和 Cl^- 的重吸收，使尿量和尿 Na^+ 的排出量增加。

学习小结

单元	知识点	需掌握内容
泌尿系统各器官的识别	肾的一般构造	肾脏由被膜、皮质、髓质组成
	牛肾	有沟多乳头肾，右肾呈上下稍扁的长椭圆形，位于第12肋间隙至第2～3腰椎横突的腹侧。左肾呈厚三棱形，前端较小，后端大而钝圆，位于第2～5腰椎横突的腹面
	猪肾	平滑多乳头肾，两肾均呈蚕豆状，较长而扁
	马肾	平滑单乳头肾，右肾呈钝角三角形，位置靠前，位于最后2～3肋骨的椎骨端及第1腰椎横突的腹侧。左肾呈豆形，位于最后肋骨和前2～3腰椎横突的腹侧
	羊肾	属平滑单乳头肾。两肾均呈豆形，右肾位于最后肋骨至第2腰椎下，左肾在瘤胃背囊的后方，第3至第6腰椎下
输尿管、膀胱和尿道的识别	输尿管	输尿管管壁由黏膜、肌层和外膜构成，黏膜上皮为变移上皮
	膀胱	膀胱壁由黏膜、肌层和浆膜构成。黏膜上皮为变移上皮，膀胱肌层为平滑肌，膀胱颈部环肌层形成膀胱括约肌
	尿道	尿生殖道、尿道憩室
	在显微镜下观察肾组织切片	肾单位包括肾小体和肾小管。肾小体由血管球和肾小囊组成；肾小管由近曲小管、髓袢和远曲小管组成；肾小球旁器；肾的血液循环

续表

单元	知识点	需掌握内容
尿的生成	尿的成分与理化特性	尿是由水、有机物和无机物组成的。草食动物的尿液一般呈碱性，淡黄色；肉食动物尿液呈酸性；杂食动物尿液的酸碱性随饲料性质而变化
	尿生成过程	肾小球的滤过作用，肾小管和集合管的重吸收、分泌、排泄作用
	影响尿生成的因素	影响肾小球滤过的因素，影响肾小管和集合管重吸收和分泌的因素

复习思考题

一、单选题

1. 牛肾属于(　　)类型。
   A. 有沟多乳头肾　　B. 平滑多乳头肾
   C. 平滑单乳头肾　　D. 平滑多乳头肾
2. 下列说法中不正确的是(　　)。
   A. 原尿中无葡萄糖　　B. 原尿中的胶体渗透压比血液中的小
   C. 滤过膜由 4 层结构组成　　D. 肾小囊的脏层由特殊的足细胞构成
3. 下列有关尿液说法不正确的是(　　)。
   A. 草食动物的尿液一般为碱性　　B. 健康动物的尿液中含有尿素
   C. 肉食动物的尿液一般呈酸性　　D. 健康动物的尿液中含有葡萄糖
4. 关于尿道，下列说法中不正确的是(　　)。
   A. 公畜的尿道有排精的功能
   B. 公畜的尿道分为骨盆部和阴茎部两部分
   C. 母畜的尿道兼有排卵的功能
   D. 母牛尿道开口的腹侧有一个凹陷，称为尿道憩室
5. 关于影响尿生成的描述，下列说法不正确的是(　　)。
   A. 滤过膜增厚，尿量减少　　B. 机体血压过低，尿量减少
   C. 醛固酮分泌增加，尿量增加　　D. 尿中糖浓度升高，尿量增加
6. 有关膀胱说法不正确的是(　　)。
   A. 膀胱可分为膀胱顶、膀胱体、膀胱颈
   B. 膀胱颈在前，膀胱顶在后，中间为膀胱体
   C. 膀胱黏膜覆盖的是变移上皮
   D. 膀胱位于盆腔，尿液充盈时可突入腹腔

二、简答题

1. 简述泌尿系统的组成及其中所含各器官的功能。
2. 简述尿的形成。
3. 简述肾的类型及代表动物。
4. 简述影响尿生成的因素。

参考答案

项目七　生殖系统

项目描述

生殖系统是家畜繁殖后代、保证种族延续的一个系统，它能产生生殖细胞并分泌性激素。生殖系统包括雄性生殖系统和雌性生殖系统。雄性生殖系统由睾丸、附睾、输精管和精索、尿生殖道、副性腺、阴囊、阴茎和包皮组成；雌性生殖系统由卵巢、输卵管、子宫、阴道、尿生殖前庭和阴门组成。本项目通过观察牛、马、猪生殖系统的标本、模型及挂图介绍公畜和母畜生殖系统的组成，睾丸、卵巢、子宫及阴囊的位置、形态构造和机能；通过显微镜观察睾丸、卵巢组织结构，介绍其组织学构造。

学习目标

知识目标

1. 熟悉雄性生殖系统和雌性生殖系统的组成和各器官的生理功能。
2. 掌握睾丸、附睾和阴囊的位置、形态结构。
3. 掌握不同动物卵巢、子宫的位置和形态结构。
4. 了解性成熟、体成熟对生产性能的影响。
5. 掌握初乳和常乳的区别。
6. 掌握妊娠期母畜的生理变化。
7. 掌握发情周期各阶段的生理变化。
8. 掌握受精的过程。

技能目标

1. 能够识别生殖系统各器官。
2. 能够鉴定母畜所处的发情阶段。
3. 能够分析生殖系统各器官形态结构对生产性能的影响。

素质目标

1. 养成勤学好问、吃苦耐劳、爱岗敬业的精神。
2. 热爱动物，正确对待实验动物。

单元一　雄性生殖系统各器官

雄性生殖系统包括睾丸、附睾、输精管和精索、尿生殖道、副性腺、阴囊、阴茎和包皮(图 7-1-1)。

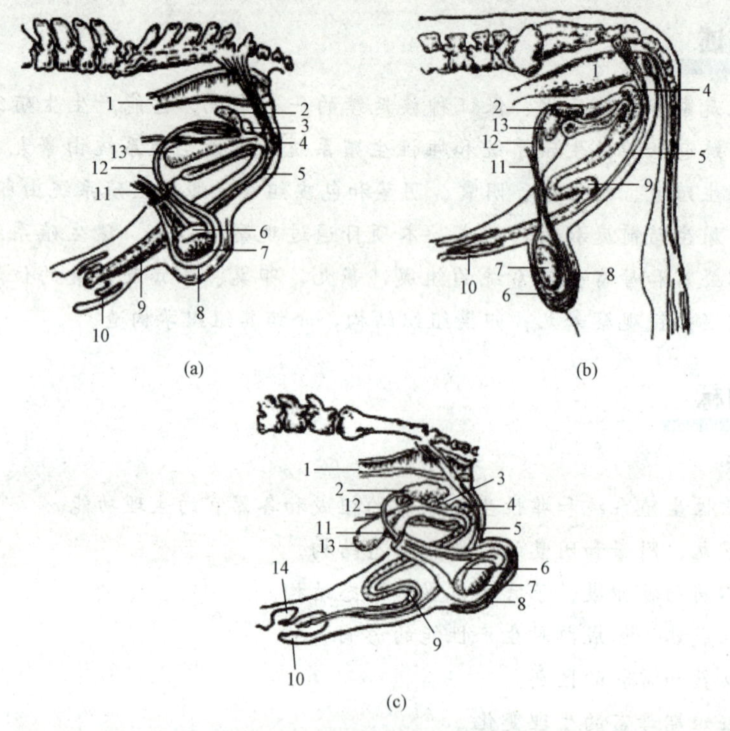

图 7-1-1　公畜生殖器官比较模式图

(a)马；(b)牛；(c)猪

1—直肠；2—精囊腺；3—前列腺；4—尿道球腺；5—阴茎缩肌；6—附睾；7—睾丸；8—阴囊；9—阴茎；10—包皮；11—精索；12—输精管；13—膀胱；14—包皮憩室

一、睾丸

睾丸具有产生精子和分泌雄性激素的作用。

睾丸是成对的实质器官，呈左右稍扁的椭圆形，位于阴囊内，左右各一。睾丸的一侧与附睾相连，称为附睾缘；另一侧游离，称为游离缘。睾丸分为睾丸头、睾丸体、睾丸尾 3 部分。血管和神经进入的一端为睾丸头，有附睾头附着；另一端为睾丸尾，有附睾尾附着；睾丸头与睾丸尾之间为睾丸体。

在胚胎时期，睾丸位于腹腔内，在肾脏附近。出生前后，睾丸和附睾一起经腹股沟管下降至阴囊中。通常，睾丸的温度比体温低 3～4 ℃，这对精子的生成、储藏很重要。如果有一侧或两侧睾丸没有下降至阴囊中，称单睾或隐睾，这种家畜的生殖功能弱或无生殖功能，不能作种用。

公牛的睾丸较大，呈长椭圆形，长轴与地面垂直，睾丸头位于上方，附睾位于睾丸的后缘，睾丸实质呈微黄色(图 7-1-2)。

公马的睾丸呈椭圆形，长轴近水平位，睾丸头向前。其左侧睾丸通常较大(图 7-1-3)。

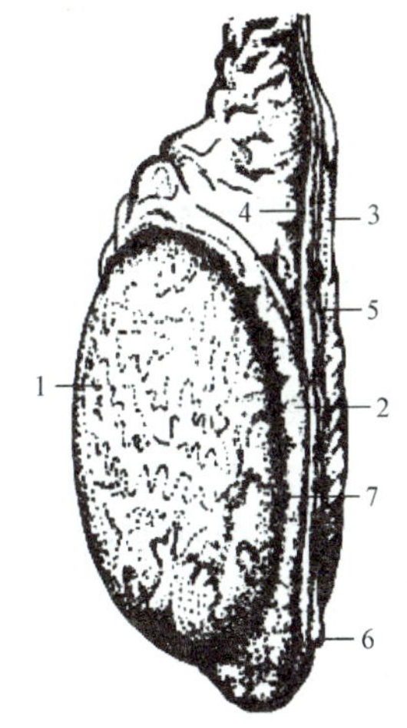

图 7-1-2　公牛的睾丸(外侧面)

1—睾丸；2—附睾；3—输精管；4—精索；5—睾丸系膜；6—阴囊韧带；7—附睾窦

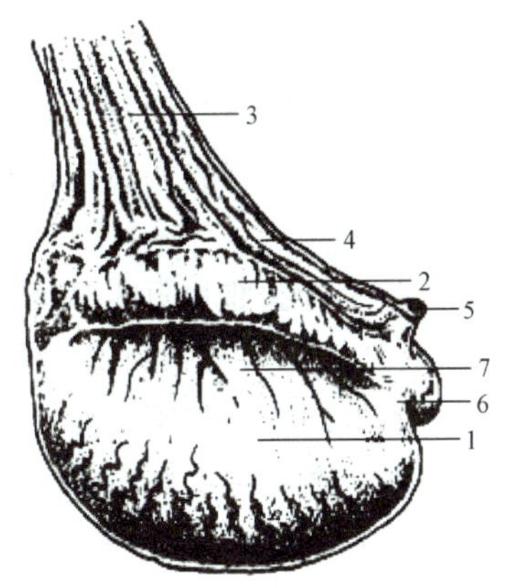

图 7-1-3　公马的睾丸(外侧面)

1—睾丸；2—附睾；3—精索；4—睾丸系膜；5—阴囊韧带；6—附睾韧带；7—睾丸背侧缘

猪的睾丸很大，质较软，位于会阴部，长轴斜向后上方，睾丸头位于前下方，游离缘朝向后方。

二、附睾

附睾附着在睾丸上，分为附睾头、附睾体和附睾尾 3 部分。附睾头由十多条睾丸输出小管组成；睾丸输出小管进而汇合成一条较粗且长的附睾管，盘曲成附睾体和附睾尾。附睾管在附睾尾处管径增大，延续为输精管。

附睾尾借附睾韧带与睾丸尾相连。附睾韧带由附睾尾延续至阴囊的部分，称为阴囊韧带。去势时切开阴囊后，必须切断阴囊韧带和睾丸系膜，方能摘除睾丸和附睾。

牛的附睾：附睾头扁平，呈 U 形，覆盖在睾丸上端的前缘和后缘；附睾体细长，沿睾丸后缘的外侧向下伸延，至睾丸下端，转为粗大明显的附睾尾且略下垂。

马的附睾：位于睾丸背侧缘稍偏外侧，前端为附睾头，后端为附睾尾，中间狭窄部分为附睾体。

猪的附睾：位于睾丸的前上方。附睾尾很发达，呈钝圆锥形，位于睾丸的后上方。

三、输精管和精索

输精管由附睾管直接延续而成，在附睾尾沿附睾体至附睾头附近，经腹股沟管入腹腔，然后折向后上方进入骨盆腔，在膀胱背侧的尿生殖褶内继续向后伸延，开口在尿生殖道起始部背侧壁的精阜上。

精索为一扁平的圆锥形结构，其基部附着于睾丸和附睾，上端达腹股沟管内环，由神经、血管、淋巴管、平滑肌束和输精管等组成，外表覆有固有鞘膜。

牛的输精管在膀胱背侧的尿生殖褶内膨大形成输精管膨大部，称为输精管壶腹。壶腹部黏膜内有腺体，称为壶腹腺，其分泌物有稀释、营养精子的作用。马也具有输精管壶腹，且很发达。猪没有输精管壶腹。

四、尿生殖道

尿生殖道为尿液和精液共同排出的通道。它起于膀胱颈，沿骨盆腔底壁向后伸延，绕过坐骨弓，再沿阴茎腹侧的尿道沟前行，向前延伸至阴茎头末端，以尿道外口开口于外界。

尿生殖道可分为骨盆部和阴茎部两部分，这两部分以坐骨弓为界。

(1)尿生殖道骨盆部：是指自膀胱颈部到坐骨弓的一段，位于骨盆腔底壁与直肠之间。在骨盆部起始处的背侧黏膜上有一圆形隆起，称为精阜，是输精管和精囊腺排出管的开口部位。此外，在骨盆部黏膜的表面还有其他副性腺开口。

(2)尿生殖道阴茎部：为骨盆部的直接延续，位于阴茎海绵体腹侧的尿道沟中，末端开口于阴茎头，开口处称为尿道外口。

牛的尿生殖道骨盆部较长，管径小而均等；马的尿生殖道骨盆部较短。

五、阴茎与包皮

阴茎为公畜的排尿、排精和交配器官，附着于两侧的坐骨结节，经左、右股部之间向前延伸至脐部的后方，分为阴茎根、阴茎体和阴茎头 3 部分。

牛的阴茎呈圆柱状，细而长，阴茎体在阴囊后方形成“乙”字形弯曲；阴茎头长而尖，自左向右扭转。阴茎末端形成尿道。

马的阴茎直而粗大，没有“乙”字形弯曲，呈左右压扁的圆柱状。阴茎头膨大形成龟头，其基部的周缘显著隆起，称为龟头冠。龟头前端的腹侧面上有一凹窝，称为龟头窝，窝内有一短的尿道突。

猪的阴茎与牛的相似，但“乙”字形弯曲部在阴囊前方。阴茎头呈螺旋状扭转，尿生殖道外口为一裂隙状口，位于阴茎头前端的腹外侧。

包皮是由皮肤折转形成的管状鞘，具有容纳、保护阴茎头和配合交配等作用。

六、副性腺

副性腺包括前列腺、成对的精囊腺及尿道球腺(图 7-1-4)。其分泌物与输精管壶腹部的分泌物以及睾丸生成的精子共同组成精液。

1. 精囊腺

精囊腺是成对的腺体，位于膀胱颈背侧的尿生殖褶中。每侧精囊腺的导管与同侧输精管共同开口于精阜。牛、羊的精囊腺大小和形状通常左右不对称。猪的精囊腺特别发达，外形似棱形三面体。马的精囊腺为囊状，呈长梨形。

2. 前列腺

前列腺位于尿生殖道起始部的背侧，以许多导管成行地开口于精阜附近的尿生殖道内。前列腺的发育程度因动物有机体的年龄而有变化，幼龄时较小，到性成熟期较大，老龄时又逐渐退化。

牛的前列腺分为腺体部和扩散部，腺体部很小，横位于尿生殖道起始部的背侧；扩散部较发达，位于尿生殖道骨盆部黏膜内，外被尿生殖道肌覆盖。羊的前列腺只有扩散部。猪的前列腺与牛的前列腺相似。马的前列腺发达。

3. 尿道球腺

尿道球腺是成对的腺体，位于尿生殖道骨盆部末端，坐骨弓附近，其导管开口于尿生殖道内。牛的尿道球腺大小似胡桃，其表面盖有一厚层致密的结缔组织和球海绵体肌；腺体的开口处有一半月状黏膜褶遮盖，此半月状黏膜褶在公牛导尿时会造成一定困难。马的尿道球腺呈椭圆形，表面覆盖尿道肌。猪的尿道球腺特别发达，呈圆柱形，有的公猪长达 12 cm，腺体的后小部分被球海绵体肌覆盖。

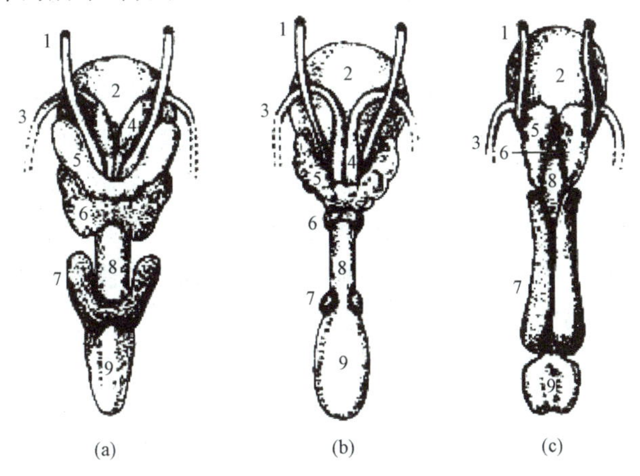

图 7-1-4　各种动物副性腺比较

(a)马；(b)牛；(c)猪

1—输尿管；2—膀胱；3—输精管；4—壶腹腺；5—精囊腺；6—前列腺；7—尿道球腺；8—尿生殖道骨盆部；9—阴茎球

七、阴囊

阴囊位于两股之间，为袋状的腹壁囊，借腹股沟管与腹腔相通，相当腹腔的突出部，内有睾丸、附睾及部分精索。阴囊壁的结构与腹壁相似，由阴囊皮肤、肉膜、阴囊筋膜、鞘膜构成(图 7-1-5)。

1. 皮肤

阴囊的皮肤薄而柔软、富有弹性，表面生有短而细的毛，内含丰富的皮脂腺和汗腺。阴囊表面的腹侧正中有阴囊缝，将阴囊从外表分为左、右两部。

2. 肉膜

肉膜紧贴于阴囊皮肤内面，不易剥离，是由含有弹性纤维和平滑肌纤维的致密结缔组织构成。肉膜在阴囊正中线处形成阴囊中隔，将阴囊分为左、右互不相通的两个腔。中隔背侧分为两层，沿阴茎两侧附着于腹壁。肉膜有调节温度的作用，天冷时肉膜收缩，使阴囊起皱，面积减小，以便保温；天热时肉膜松弛，阴囊下垂，散发热量，以降低温度。

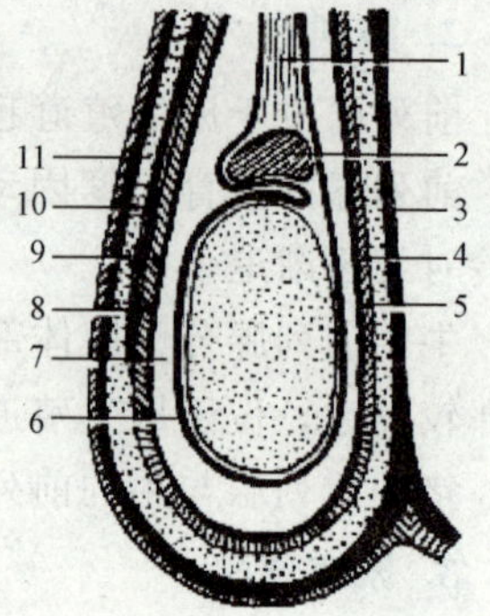

3. 阴囊筋膜

阴囊筋膜位于肉膜深面，由腹壁深筋膜和腹外斜肌腱膜延伸而来，将肉膜和总鞘膜疏松地连接起来，其深面有睾外提肌。

睾外提肌位于阴囊筋膜深面，来自腹内斜肌，包于总鞘膜的外侧面和后缘。收缩时可上提睾丸，接近腹壁，可与肉膜一同调节阴囊内的温度，以利于精子的发育和生存。猪的睾外提肌较发达，沿总鞘膜几乎扩展到阴囊中隔。

图 7-1-5　阴囊结构模式图

1—精索；2—附睾；3—阴囊中隔；4—总鞘膜纤维层；5—总鞘膜；6—固有鞘膜；7—鞘膜腔；8—睾外提肌；9—筋膜；10—肉膜；11—皮肤

4. 鞘膜

鞘膜包括总鞘膜和固有鞘膜两部分。总鞘膜是附着于阴囊最内面的鞘膜，由腹膜壁层延续而来。总鞘膜在靠近阴囊中隔处折转到睾丸和附睾表面的为固有鞘膜。折转处形成的浆膜褶，称为睾丸系膜。在总鞘膜和固有鞘膜之间的腔隙，称为鞘膜腔，内有少量浆液。鞘膜腔的上段细窄，称为鞘膜管，精索包于其中。鞘膜管通过腹股沟管以鞘膜管口或鞘环与腹膜腔相通。当鞘膜管口较大时，小肠可脱入鞘膜管或鞘膜腔内，形成腹股沟疝或阴囊疝。患该疾病的牲畜应手术治疗。

单元二　雌性生殖系统各器官

雌性生殖系统由卵巢、输卵管、子宫、阴道、尿生殖前庭和阴门组成(图 7-2-1～图 7-2-5)。卵巢、输卵管、子宫和阴道为内生殖器官。尿生殖前庭和阴门为外生殖器官。

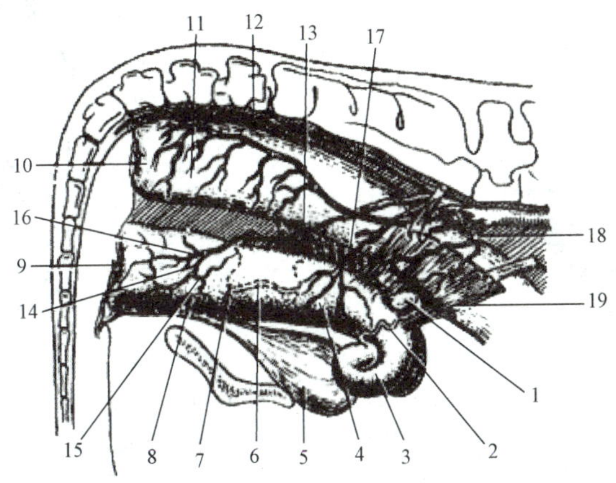

图 7-2-1　母牛生殖器官位置关系(右侧观)

1—卵巢；2—输卵管；3—子宫角；4—子宫体；5—膀胱；6—子宫颈管；7—子宫颈阴道部；8—阴道；9—阴门；10—肛门；11—直肠；12—荐中动脉；13—髂内动脉；14—尿生殖动脉；15—子宫后动脉；16—阴部内动脉；17—子宫中动脉；18—子宫卵巢动脉；19—子宫阔韧带

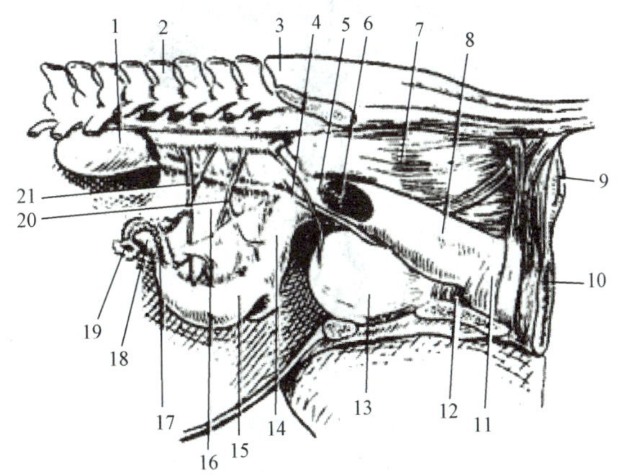

图 7-2-2　母马生殖器官位置关系(左侧观)

1—左肾；2—腰椎；3—髂骨；4—输尿管；5—子宫颈；6—子宫颈阴道部；7—直肠；8—阴道；9—肛门；10—阴门；11—尿生殖前庭；12—雌性尿道；13—膀胱；14—子宫体；15—子宫角；16—子宫阔韧带；17—输卵管；18—卵巢；19—输卵管伞；20—子宫中动脉；21—子宫卵巢动脉

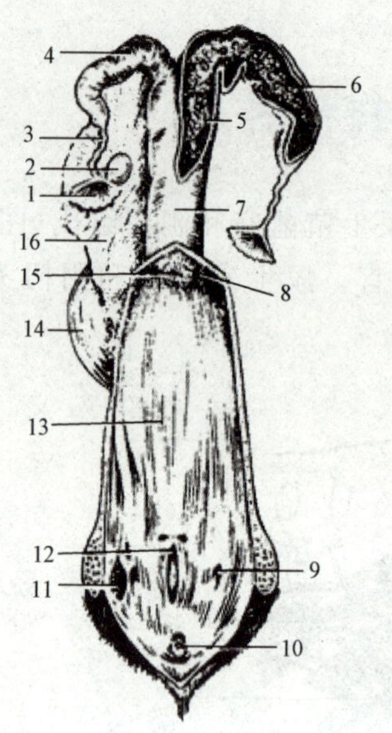

图 7-2-3　母牛的生殖器官(背侧面)

1—输卵管伞；2—卵巢；3—输卵管；4—子宫角；5—子宫内膜；6—子宫阜；7—子宫体；8—阴道穹窿；9—前庭大腺开口；10—阴蒂；11—剥开的前庭大腺；12—尿道外口；13—阴道；14—膀胱；15—子宫颈外口；16—子宫阔韧带

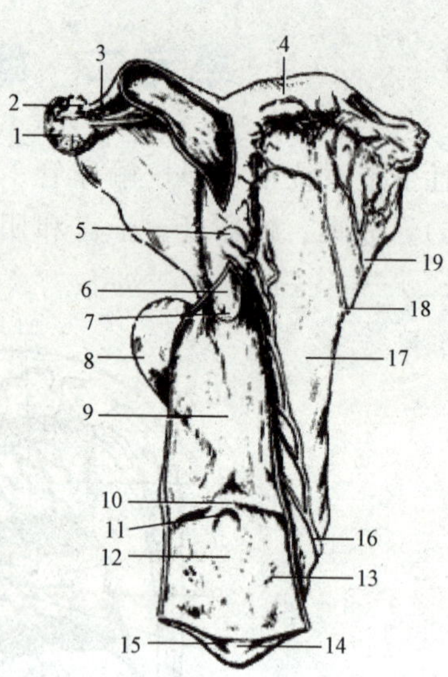

图 7-2-4　母马的生殖器官(背侧面)

1—卵巢；2—输卵管伞；3—输卵管；4—子宫角；5—子宫体；6—子宫颈阴道部；7—子宫颈外口；8—膀胱；9—阴道；10—阴瓣；11—尿道外口；12—尿生殖前庭；13—前庭大腺开口；14—阴蒂；15—阴蒂窝；16—子宫后动脉；17—子宫阔韧带；18—子宫中动脉；19—子宫卵巢动脉

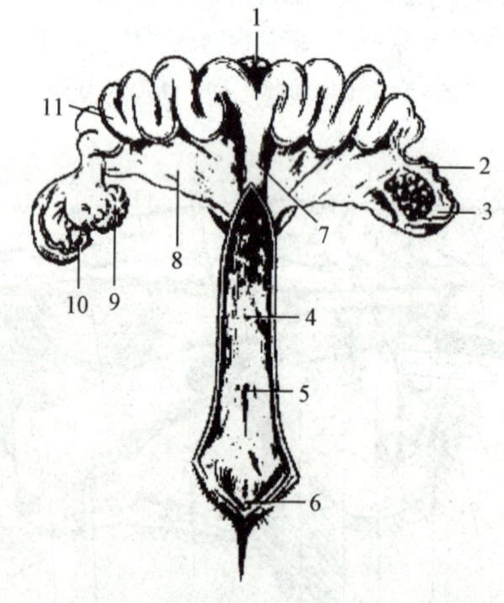

图 7-2-5　母猪的生殖器官(背侧面)

1—膀胱；2—输卵管；3—卵巢囊；4—阴道黏膜；5—尿道外口；6—阴蒂；7—子宫体；8—子宫阔韧带；9—卵巢；10—输卵管腹腔口；11—子宫角

一、卵巢

卵巢是产生卵子和分泌雌性激素的成对实质性器官。借卵巢系膜悬吊在腹腔的腰下部。其形状和大小因畜种、个体、年龄及性周期而异。卵巢的子宫端借助固有韧带与子宫角的末端相连。卵巢系膜的附着缘处有卵巢门，是血管、神经和淋巴管出入的地方。卵巢没有专门的排卵管道，成熟的卵细胞由卵巢破壁排出，而排出的卵细胞经腹膜腔落入输卵管起始部。

马的卵巢呈豆形，平均长约 7.5 cm，厚 2.5 cm。卵巢借卵巢系膜悬于腰下部肾的后方，约在第 4 或第 5 腰椎横突腹侧，常与腰部的腹壁相接。卵巢游离缘有一凹陷部，称为排卵窝，成熟的卵细胞由此排出(马属动物仅在排卵窝处有生殖上皮分布，其皮质和髓质位置倒置)，这是马属动物的特点(图 7-2-6)。

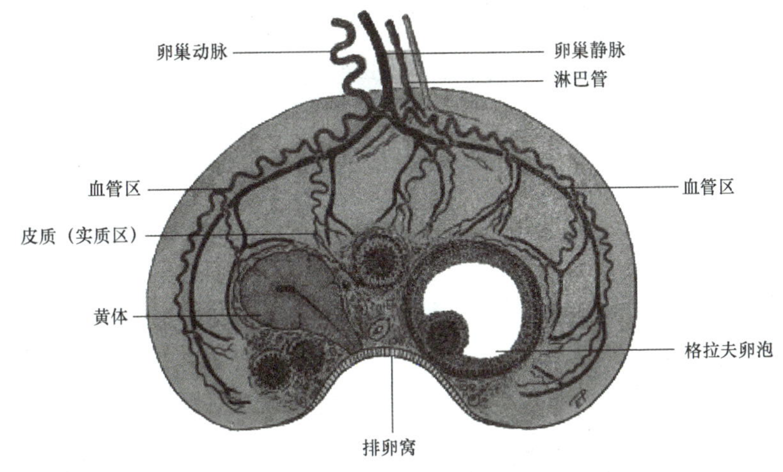

图 7-2-6　马卵巢模式图

牛、羊的卵巢一般位于骨盆前口的两侧附近、子宫角起始部的上方。母牛的卵巢呈稍扁的椭圆形。羊的卵巢较圆、较小(图 7-2-7)。未经产母牛的卵巢稍向后，多在骨盆腔内；经产母牛的卵巢则位于腹腔内，在耻骨前缘的前下方。牛、羊性成熟后，成熟的卵泡和黄体可突出于卵巢表面。

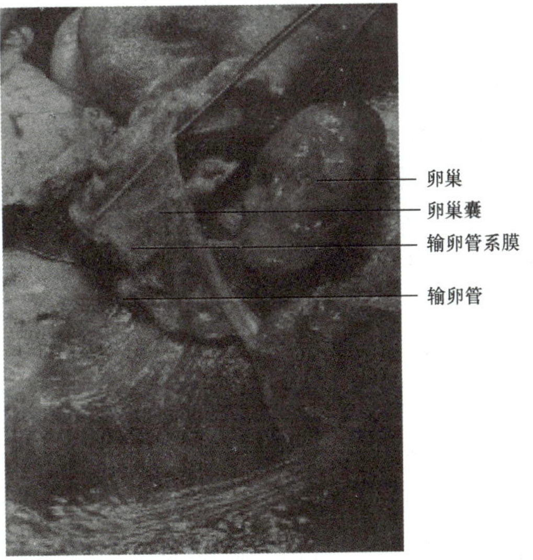

图 7-2-7　羊的卵巢

猪的卵巢一般较大，呈卵圆形，其位置、形状、大小因年龄不同而有很大的变化(图 7-2-8)。性成熟以前的小母猪，其卵巢较小，呈豆形，约为 0.4 cm×0.5 cm，表面光滑，呈淡红色，位于荐骨岬两侧稍靠后方，在腰小肌腱附近；卵巢系膜宽约为 3.5 cm，位置较为固定。接近性成熟时，猪卵巢体积增大，约为 2 cm×1.5 cm，表面有许多突出的卵泡，呈桑椹状；卵巢系膜宽为 6～10 cm，卵巢位置稍下垂前移，位于髋结节前缘横断面处的腰下部。其性成熟后，根据性周期的不同时期，猪有大的卵泡、红体和黄体突出于卵巢表面，为结节状。经产母猪卵巢移向前下方，处于髋结节与膝关节之间中点水平位置(图 7-2-8)。

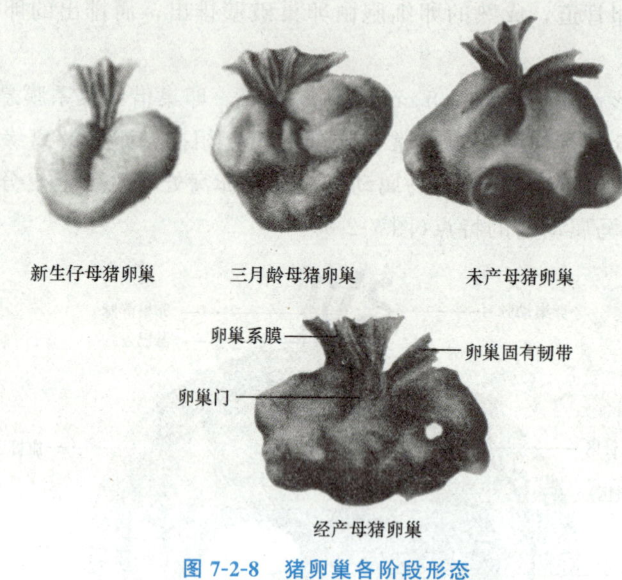

图 7-2-8　猪卵巢各阶段形态

二、输卵管

输卵管是位于卵巢和子宫角之间的一对细长而弯曲的管道，不仅有输送卵细胞的作用，也是卵细胞受精的场所(在输卵管前 1/3 处)。输卵管分为漏斗部、壶腹部和峡部 3 段。

输卵管前端为膨大的漏斗状，称为输卵管漏斗。漏斗边缘有许多不规则的皱褶，呈伞状，称为输卵管伞。漏斗的中央有一个小的开口通腹腔，称为输卵管腹腔口，有监测和吸收卵子的作用。输卵管壶腹较长，稍膨大，管壁薄而弯曲，黏膜形成复杂的皱褶。输卵管峡较短，细而直，管壁较厚，其末端以小的输卵管子宫口与子宫角相通连。

输卵管的管壁从内至外由黏膜、肌层和浆膜构成。黏膜上皮为单层柱状上皮，表面具有纤毛；肌层主要是环行肌；浆膜包裹在输卵管的外面，并形成输卵管系膜，它是由子宫阔韧带分出的连系输卵管和子宫角之间的浆膜褶。卵巢固有韧带是位于卵巢后端与子宫角之间的浆膜褶，它位于输卵管的内侧。靠近卵巢侧的部分，管径较粗，而靠近子宫角的部分，管径较细。

马的输卵管长度为 20～30 cm，壶腹部明显且特别弯曲，向后逐渐变细，弯曲减少，与子宫角之间界限明显。

牛的输卵管长，弯曲少，输卵管伞较大，末端与子宫角的连接部分无明显分界(图 7-2-9)。

猪的输卵管长度为 15～30 cm，其弯曲度比马的输卵管小。小母猪的输卵管管径较小，大母猪的输卵管管径较大。

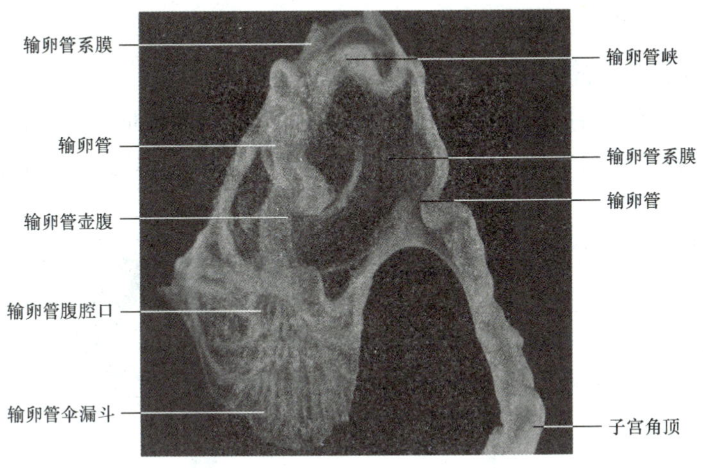

图 7-2-9 牛的输卵管

三、子宫

子宫是一种中空的肌质性器官，富于伸展性，是胎儿生长发育和娩出的器官。

1. 子宫的一般形态构造

子宫借子宫阔韧带附着于腰下部和骨盆腔侧壁，大部分位于腹腔内，小部分位于骨盆腔内。子宫背侧为直肠，腹侧为膀胱；前接输卵管，后接阴道。

家畜的子宫均属双角子宫，即左、右两个子宫角。整个子宫分为子宫角、子宫体和子宫颈 3 部分。子宫的形状、大小、位置和结构，因畜种、年龄、个体、性周期及妊娠时期等不同而有很大的差异。

(1)子宫角：1 对，在子宫的前部，呈弯曲的圆筒状，位于腹腔内(未经产的牛、羊则位于骨盆腔内)。其前端以输卵管子宫口与输卵管相通；后端汇合而成为子宫体。

(2)子宫体：呈圆筒状，一部分位于骨盆腔内；另一部分在腹腔内，向后延续为子宫颈。

(3)子宫颈：为子宫后段的缩细部，位于骨盆腔内，壁很厚，黏膜形成许多纵褶，内腔狭窄，称为子宫颈管。子宫颈向后突入阴道内的部分，称为子宫颈阴道部。子宫颈管平时闭合，发情时稍松弛，分娩时扩大。

2. 子宫壁构造

子宫壁由内膜、肌层和浆膜构成。

(1)子宫内膜呈粉红色，膜内有子宫腺，分泌物对早期胚胎有营养作用。

(2)子宫肌层由厚的内环行肌和薄的外纵行肌构成，内含丰富的血管和神经。子宫颈的环肌层特别发达，形成子宫颈括约肌，平时紧闭，分娩时开张。浆膜由腹膜延续而来，被覆于子宫表面。

(3)浆膜在子宫角背侧和子宫体两侧形成浆膜褶，称为子宫阔韧带(子宫系膜)，将子宫悬吊于腰下部。子宫阔韧带内有卵巢和子宫的血管通过。其中，动脉由前向后依次是子宫卵巢动脉、子宫中动脉和子宫后动脉。这些动脉在怀孕时即增粗，其粗细和脉搏性质的变化可通过直肠检查感觉到，常用于妊娠诊断。

3. 不同家畜子宫形态特征

母畜生殖器官模式图如图 7-2-10 所示。母马的子宫呈“Y”形。子宫角稍弯曲成弓形，背缘凹，借子宫阔韧带附着于腰下部。腹缘凸而游离。子宫体与子宫角等长。子宫颈阴道部的黏膜褶呈花冠状。

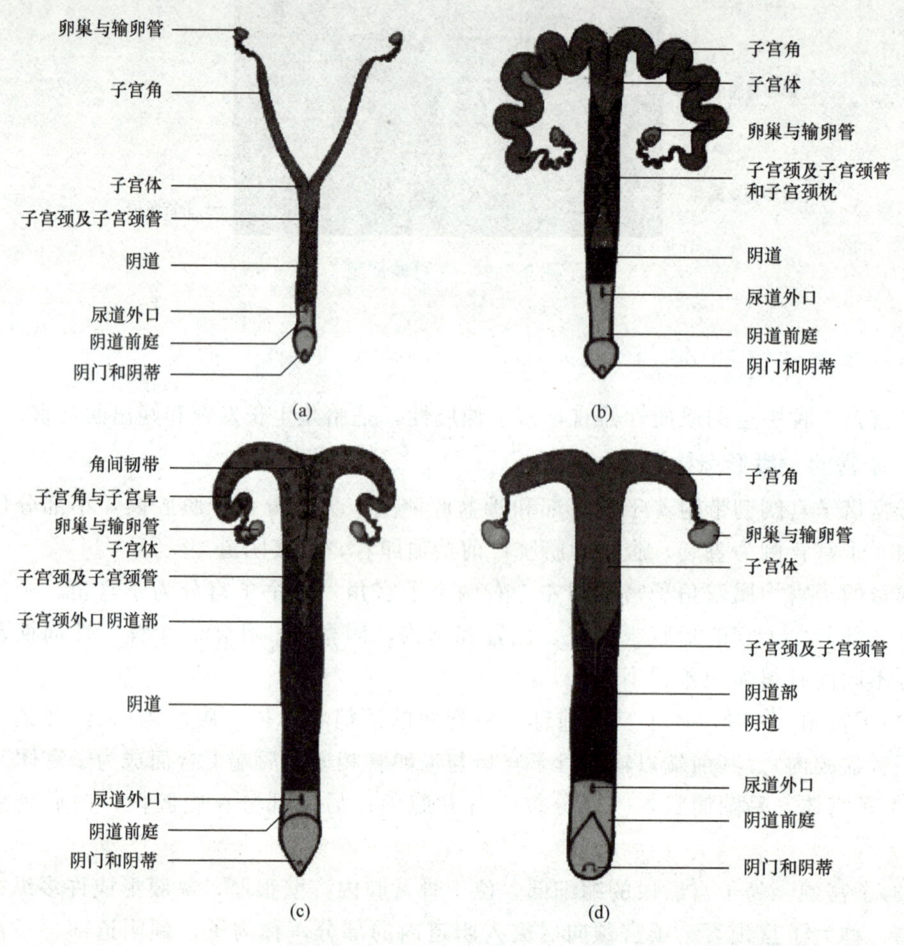

图 7-2-10　母畜生殖器官模式图

(a)犬；(b)猪；(c)牛；(d)马

成年母牛的子宫大部分位于腹腔内。子宫角较长，左、右子宫角的后部因有结缔组织和肌组织相连，表面又包有腹膜，从外表看很像子宫体，故称该部为伪体。子宫角的前部互相分开，卷曲成绵羊角状。子宫体短。子宫颈壁厚而坚实，子宫颈管由于黏膜突起的互相嵌合而呈螺旋状，平时紧闭，不易张开。子宫颈阴道部呈菊花瓣状。子宫体和子宫角的内膜上有特殊的圆形隆起，称为子宫阜，约有 100 多个(羊约 60 多个，顶端略凹陷)，是胎膜与子宫壁结合的部位。未妊娠时子宫阜很小，妊娠时逐渐增大。妊娠子宫的位置大部分偏于腹腔的右半部。

母猪的子宫角特别长，经产母猪可达 1.2～1.5 m；子宫体短，长约 5 cm。2 月龄以前的幼年母猪，子宫角细而弯曲，似小肠，但壁较厚。子宫角的位置依年龄而不同，较大的母猪，其前部位于骨盆腔入口处附近；性成熟后，子宫角增粗，壁厚而色较白，因子宫阔韧带较长，子宫角移向前下方，位于髋结节的前下部。成年猪的子宫颈较长，为10～15 cm。没有子宫颈阴道部，因此与阴道无明显界限。黏膜褶形成两行半圆形隆起，交错排列，使子宫颈管呈狭窄的螺旋形。

四、阴道

阴道是母畜的交配器官，也是产道，位于骨盆腔内，背侧为直肠，腹侧为膀胱和尿道，前接子宫，后接尿生殖前庭。阴道壁的外层在前部被覆有浆膜，后部为结缔组织构成的外膜；中层为肌层，由平滑肌和弹性纤维构成；内层为黏膜。阴道黏膜呈粉红色，较厚，并形成许多纵褶，没有腺体。马和牛的阴道前端，子宫阴道部的周围，形成一环状隐窝，称为阴道穹窿。猪无阴道穹窿。

五、尿生殖前庭与阴门

1. 尿生殖前庭

尿生殖前庭是交配器官和产道，也是尿液排出的径路，位于骨盆腔内，直肠的腹侧。前端腹侧以一横向的黏膜褶——阴瓣与阴道为界；后端以阴门与外界相通。在尿生殖前庭的腹侧壁上，靠近阴瓣的后方有尿道外口。母牛在尿道外口的腹侧面有一黏膜凹陷形成的盲囊，称为尿道憩室。给母牛导尿时应注意导尿管不要插入憩室内。

2. 阴门

阴门是尿生殖前庭的外口，也是泌尿和生殖系统与外界相通的天然孔，位于肛门下方，以短的会阴部与肛门隔开。阴门由左、右两阴唇构成，两阴唇间的垂直裂缝称为阴门裂。阴唇上、下两端的联合，分别称为阴门背侧联合和腹侧联合。腹侧联合之内有一小而凸出的阴蒂，与公畜的阴茎是同源器官，由海绵体构成。

单元三　睾丸、卵巢组织切片的观察

用显微镜(先用低倍镜，后用高倍镜)观察睾丸和卵巢的组织切片，注意观察睾丸和卵巢各部分组织的结构特点。

一、睾丸组织切片的观察

睾丸具有产生精子和产生性激素的功能。其结构包括被膜和实质(图 7-3-1)。

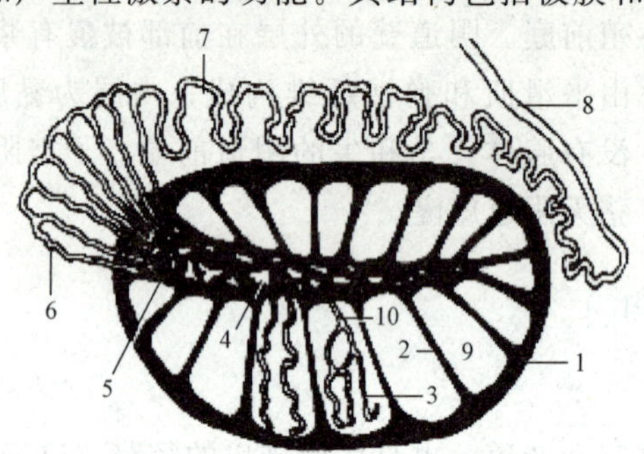

图 7-3-1　睾丸和附睾结构模式图

1—白膜；2—睾丸间隔；3—曲细精管；4—睾丸网；5—睾丸纵隔；6—输出小管；7—附睾管；8—输精管；9—睾丸小叶；10—直细精管

1. 被膜

被膜是由浆膜(睾丸固有鞘膜)和白膜构成。

浆膜即睾丸固有鞘膜，覆盖于睾丸表面。浆膜深面为致密的结缔组织构成的白膜。白膜厚而坚韧，在睾丸头处，白膜的结缔组织伸入睾丸实质内，形成睾丸纵隔。马的睾丸纵隔仅局限于睾丸头部，其他家畜的睾丸纵隔贯穿睾丸的长轴。自睾丸纵隔上分出许多呈放射状排列的结缔组织隔，称为睾丸小隔。睾丸小隔伸入睾丸实质内，将睾丸实质分成许多锥形的睾丸小叶。猪的睾丸小隔发达。牛、羊的睾丸小隔薄且不完整。

2. 实质

睾丸的实质由曲细精管、睾丸网和间质组织组成。

每个睾丸小叶内都有 2～3 条弯曲的曲细精管，曲细精管之间为间质组织。曲细精管伸向纵隔，在近纵隔处变直，成为直细精管。直细精管在睾丸纵隔内汇成睾丸网。此后汇合成 6～12 条较粗的输出管，输出管穿出睾丸头的白膜进入附睾头。

曲细精管为产生精子的地方，其管壁由基膜和多层生殖上皮细胞构成。生殖上皮包括两类细胞：一类为产生精子并处于不同发育阶段的生精细胞，包括精原细胞、初级精母细胞、次级精母细胞、精细胞和精子；另一类为支持细胞，起支持、营养和分泌等作用。各级生精细胞散布在支持细胞之间，镶嵌在其侧面。精子成熟后，脱离支持细胞进入管腔。

间质是指曲细精管之间的疏松结缔组织，其中含有血管、淋巴管、神经纤维和睾丸特有的间质细胞。睾丸间质细胞是一种内分泌细胞，能分泌雄激素，主要是睾丸酮，可促进正常的性欲活动、促进副性腺的发育并与第二性征的出现有密切关系。

二、卵巢组织切片的观察

卵巢具有产生卵子和产生性激素的功能。其结构包括被膜及实质，实质又由皮质和髓质构成(图 7-3-2)。一般皮质位于外周，髓质分布于中央，但马属动物卵巢的皮质和髓质的位置正好倒置，皮质结构处于中央靠近排卵窝处。

1. 被膜

被膜由生殖上皮和白膜构成。

生殖上皮覆盖在卵巢表面，生殖上皮的深面是一层由致密结缔组织组成的白膜。马的卵巢仅在排卵窝处有生殖上皮分布，而其余部分被浆膜覆盖。

2. 实质

实质分为皮质和髓质。皮质内含有许多不同发育阶段的卵泡，故又称为卵泡区。髓质是由结缔组织构成，含有丰富的血管、神经、淋巴管等，故又称为血管区。皮质和髓质之间没有明显的分界。

卵泡是由卵母细胞和包在其周围的卵泡细胞构成。根据发育程度不同，卵泡可分为原始卵泡、初级卵泡、次级卵泡和成熟卵泡。很多卵泡在发育过程中形成闭锁卵泡。

(1)原始卵泡：数量多、体积小，呈球形，位于皮质表层。原始卵泡是由初级卵母细胞及周围一层扁平的卵泡细胞组成。原始卵泡到动物性成熟才开始陆续生长发育。

(2)初级卵泡：卵母细胞不断增大，细胞周围出现透明带；卵泡细胞开始生长，细胞由扁平变成立方或柱状，并不断分裂增殖，由单层变为多层。卵泡周围的结缔组织逐渐分化形成卵泡膜。

(3)次级卵泡：卵泡体积逐渐增大，卵泡细胞有 6～12 层，在卵泡细胞之间出现充有卵泡液的卵泡腔。此时，卵母细胞通常已长到最大体积。随着卵泡腔内卵泡液的增多，卵泡腔也逐渐扩大，使卵母细胞及周围的一些卵泡细胞挤到卵泡腔的一侧，形成卵丘。其余的卵泡细胞被挤到卵泡腔的周边密集排列成数层，构成卵泡壁，称为颗粒层。在次级卵泡的后期卵丘上紧靠透明带表面的卵泡细胞增大变成柱状，围绕透明带呈放射状排列，称为放射冠。

(4)成熟卵泡：由于卵泡液的激增，卵泡体积显著增大并突出于卵巢表面，为成熟卵泡。成熟卵泡的大小因动物种类而异，牛的卵泡直径约 15 mm，马的卵泡直径约 70 mm，羊、猪的卵泡直径为 5～8 mm。

当卵泡腔形成时，初级卵母细胞的直径可达 100～150 μm，此后不再增大。排卵前初级卵母细胞必须完成第 1 次成熟分裂，分裂为 1 个次级卵母细胞和 1 个第一极体。第 2 次成熟分裂则在排卵受精后完成，形成 1 个卵细胞和 1 个第 2 极体。初级卵母细胞经两次成熟分裂，只产生 1 个卵细胞，并且卵细胞染色体的个数只为初级卵母细胞的 1/2，所以成熟分裂又称为减数分裂。

由于成熟卵泡内卵泡液迅速增加，内压升高，颗粒层和卵泡膜变薄，卵泡体积增大并突出于卵巢表面，最后卵泡破裂，卵母细胞及周围的放射冠随同卵泡液一同排出，此过程称为排卵。

排卵时，由于毛细血管受损可以引起出血，血液充满卵泡腔内，形成红体。随着周围血管伸入卵泡，逐渐将血液吸收；同时，卵泡中的颗粒细胞发育成粒性黄体细胞，颜色变黄，称为黄体。黄体是内分泌腺。其分泌物为孕酮或黄体素，有刺激子宫腺分泌和乳腺发育的作用，并保证胚胎附植和胎儿在子宫内发育。黄体的发育程度和存在时间决定于排出的卵是否受精。如果排出的卵已受精，黄体可继续发育并存在直到妊娠后期，称为妊娠黄体；如母畜未妊娠，称为周期性黄体，并逐渐退化，最终由结缔组织所代替，形成瘢痕，称为白体。

在正常情况下，卵巢内绝大多数的卵泡不能发育成熟，而在各发育阶段中逐渐萎缩退化。这些退化的卵泡称为闭锁卵泡。

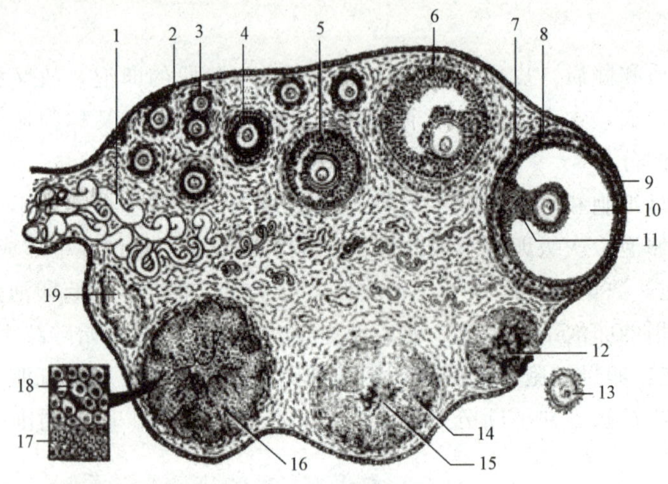

图 7-3-2 卵巢结构模式图

1—血管；2—生殖上皮；3—原始卵泡；4—早期生长卵泡(初级卵泡)；
5、6—晚期生长卵泡(次级卵泡)；7—卵泡外膜；8—卵泡内膜；
9—颗粒膜；10—卵泡腔；11—卵丘；12—血体；13—排出的卵；
14—正在形成中的黄体；15—黄体中残留的凝血；16—黄体；
17—膜黄体细胞；18—颗粒黄体细胞；19—白体

单元四　生殖生理

生殖是动物有机体保持种族延续、繁衍后代的最基本的生理活动，是通过生殖系统各器官的活动得以实现的。生殖过程包括生殖细胞的产生、交配、受精、妊娠及分娩等环节。

一、动物初次配种时间的确定

（一）性成熟和体成熟

1. 性成熟

当动物生长发育到一定阶段，生殖器官基本发育完全，开始具备了繁殖后代的能力，这一时期称为性成熟。性成熟的两性个体开始生成成熟的精子和卵子，出现各种性反射，有配种的欲望，能进行交配、受精、妊娠和胚胎发育等生殖活动。

性成熟是发展的过程，其开始阶段称为初情期。雌性动物初情期的主要表现是开始出现发情，但发情周期不规律；雄性动物初情期不易判定，一般以开始出现阴茎勃起、爬跨异性、交配等各种性行为为标志。动物从初情期到具有正常生殖能力的性成熟通常需要较长一段时间。

2. 体成熟

当动物性成熟时，虽然具备了繁殖能力，但身体还未发育完全，如果立即用于配种繁殖，必将对自身的继续发育和后代的体质产生不良影响，只有待身体发育成熟，即达到体成熟以后再用于繁殖。各种家畜性成熟和体成熟的年龄见表 7-4-1。

表 7-4-1　家畜性成熟和体成熟的年龄

动物种类	性成熟	体成熟	动物种类	性成熟	体成熟
牛	10～18 个月	2～3 周岁	山羊	6～8 个月	12～18 个月
马	18～24 个月	3～4 周岁	犬	6～8 个月	12 个月
猪	5～8 个月	9～12 个月	兔	4～5 个月	4～8 个月

性成熟和体成熟的年龄因动物品种、饲养管理和外界环境而异。早熟品种、营养水平高和环境状况好可使性成熟和体成熟的年龄提前；当群体中有异性存在时，初情期便可提前。

（二）性季节

猪、牛和家兔在一年之中，除在妊娠期外，都能周期性地出现发情，称为终年多次发情；羊、马等动物只在一定季节里多次发情，称为季节性多次发情；犬在每个性季节里只表现 1 次发情，称为季节性单次发情。雌性动物在发情季节之间要经过一段无发情表现时期，称为乏情期。

季节性发情的动物，在接近原始类型或较粗放条件下的品种，发情的季节性比较明显。影响季节性发情的因素有营养、光照等。随着驯化程度和饲养管理的改善，季节性限制在逐渐减弱。

二、精子质量的鉴定

通过鉴定精子的质量，学习精子的产生及影响因素、性反射、精液组成、精子活力判定。

(一)精子的产生及影响因素

精子是由睾丸曲细精管生殖上皮的生精细胞发育而成的。原始的生精细胞分化成精原细胞，再经过多次分裂，增加数目而成为初级精母细胞。初级精母细胞不断生长，体积增大，经 2 次成熟分裂(减数分裂)成精母细胞。第 1 次成熟分裂生成 2 个次级精母细胞，其中的染色体数减半，每个次级精母细胞经第 2 次成熟分裂生成 2 个精细胞，此时脱氧核糖核酸(DNA)分子数目减半。初级精母细胞经 2 次成熟分裂成为 4 个精细胞，精细胞再经历一系列复杂的形态变化成为精子。

精子进入曲细精管管腔，并沿着曲细精管、直细精管及睾丸网进入附睾。附睾管内的条件，很适宜精子的存活、发育和成熟。如果精子在附睾管中停留时间过长，就会失去受精的能力，最后衰老、死亡而被吸收。因此，附睾的主要功能是精子的转运、浓缩、成熟和储藏。

环境温度尤其是睾丸的局部温度是影响公畜精子生成的决定性因素。睾丸温度一般较体温低 3～4 ℃，是生成正常精子的必需条件。离体后的精子容易受外界因素的作用而影响活力，甚至造成死亡。例如，在 0 ℃下，精子呈不活动状态；阳光直射、40 ℃以上温度、偏酸或偏碱环境、低渗或高渗环境及消毒液的残余等都会造成精子迅速死亡。因此，在处理精液时要注意避免不良因素的影响。

(二)性反射

高等动物的精子进入雌性生殖道是通过性活动(如交配等)来实现的。性活动是复杂的神经反射活动，雄性和雌性动物都具有这种反射。性反射包括勃起反射、爬跨反射、抽动反射、射精反射。这些反射是在交配活动中按一定的顺序出现的。

(三)精液组成

精液是由精子和精清组成的黏稠、不透明、呈弱碱性、有特殊臭味的混合物。精子在睾丸中形成后即储存于附睾中，而精清则是副性腺、附睾管和输精管的混合分泌物，精子悬浮在精清之中。精液量的大小主要取决于各副性腺的分泌量。精清内含有果糖、蛋白质、磷脂化合物、无机盐和各种酶等。精清的主要作用为稀释精子，便于精子运行；为精子提供能量，保持精液正常的 pH 值和渗透压；刺激子宫、输卵管平滑肌的活动，有利于精子运行。

(四)精子活力判定

精子是高度特异化的浓缩细胞，呈蝌蚪状，分为头、颈、尾。头部呈扁圆形，内有

1个核，核的前面为顶体。核的主要成分是脱氧核糖核酸(DNA)和蛋白质。颈部很短，内含供能物质。尾部很长，在精子运行起重要作用。精子形态的任何异常，如头部狭窄、尾弯曲、双头、双尾等，都是精液品质不良的表现。

精子活动性是评定精子生命力的重要标志。精子的运动形式为直线前进运动、原地转圈运动和原地颤动。只有呈直线前进运动的精子才具有受精能力。

三、发情的鉴定

通过鉴定动物的发情，判断动物的发情周期及排卵。

(一)发情周期

母畜性成熟以后，伴随卵巢内卵泡发育、成熟和排卵，母畜整个机体特别是生殖器官，发生一系列形态、功能及行为的周期性变化。家畜从这次发情开始到下次发情开始的间隔时间，称为性周期(发情周期)。一般可以把发情周期分为发情前期、发情期、发情后期和休情期。

1. 发情前期

发情前期是发情周期的准备阶段和性活动的开始时期。此时，卵泡迅速发育生长，充满卵泡液，体积增大，并突出于卵巢表面。子宫黏膜内血管增生、阴道上皮组织增生加厚、腺体活动加强，为受精做好准备。但此时还看不到阴道流出黏液，没有交配欲。

2. 发情期

发情期是集中表现发情症状的阶段。动物性兴奋强烈，有交配欲；卵巢内的卵泡已成熟并开始排卵；生殖道黏膜充血、肿胀，腺体分泌活动增强，可以看到黏液自阴道流出；子宫和输卵管加强蠕动，子宫颈口微开。

3. 发情后期

发情后期是发情结束后的一段时期，不再表现性兴奋和交配欲，生殖系统的变化逐渐消退；卵巢中出现黄体并分泌孕激素(孕酮)。在孕酮的作用下，子宫内膜增厚，腺体增生，为接受胚胎附植做准备。如已妊娠，发情周期结束，进入妊娠阶段，直到分娩后重新出现性周期；如未受精，黄体萎缩退化进入休情期。

4. 休情期

卵巢中黄体退化消失，孕酮分泌减少，整个生殖系统处于相对静止阶段，并向发情前期过渡。待黄体完全消失，卵巢中卵泡开始生长发育，进入下次的发情周期。

(二)排卵

突出于卵巢表面的成熟卵泡，由于不断增多的卵泡液压迫和卵泡液中的蛋白分解酶的作用，卵泡壁逐渐变薄，最后破裂。卵泡液和成熟的卵子从破裂卵泡排出的过程叫作排卵。一般家畜卵巢表面的任何地方都可排卵，唯有母马的排卵只发生在排卵窝处。

排卵的类型可分为两种：自发性排卵和诱发性排卵。牛、马、猪、羊等动物卵泡发育成熟后自然发生破裂而排卵的现象称自发性排卵。猫、兔等动物只有交配活动才能发生排卵的现象，称为诱发性排卵。

牛、马等动物每次发情一般只有 1 个卵泡成熟并排出，且左右两侧卵巢交替出现，少数可排出 2 个卵子。而猪、山羊、犬、兔等动物，每次发情时能排出多个卵子。每次发情成熟的卵泡数目在很大程度上决定着动物的产仔数。

四、受精过程

精子与卵子相遇并结合成合子的过程称为受精。受精部位在输卵管壶腹部。受精后的卵子称为受精卵。受精卵一经形成便开始分裂、发育并成为新的个体，因此，可以把受精卵看成是新生命的开始。

(一)精子受精前准备

1. 精子的运行

精子的运行是指精子在雌性动物生殖道内由射精部位向受精部位运动的过程。精子的运行除本身具有运动能力外，更重要的是借助于子宫和输卵管的收缩和蠕动。趋近卵子时，精子本身的运动十分重要。精子从射精部位到达受精部位的时间：牛 2～12 min，马约 24 min，猪 15～30 min。

2. 精子保持受精能力的时间

精子在母畜生殖道内保持受精能力的时间：牛 15～56 h，猪 50 h，马可达 6 d 之久，犬也可达 90 h。

3. 精子获能

精子在母畜生殖道内须经过一定的变化才具有受精的能力，这一变化过程称为精子的受精获能过程。经获能的精子才能穿越卵子的放射冠和透明带，进入卵子完成受精。一般情况下，交配往往发生在发情开始或盛期，而排卵发生在发情结束时或结束后。因此，精子一般先于卵子到达受精部位。在这段时间内，精子可以自然地完成获能过程。

(二)卵子受精前准备

1. 卵子保持受精能力的时间

卵子在输卵管内保持受精能力的时间就是卵子运行至输卵管壶腹部所需的时间。一般来说，猪为 8～10 h，牛为 8～12 h，马为 6～8 h，绵羊为 16～24 h。卵子排出后如未遇到精子，则沿输卵管继续下行，并逐渐衰老，被输卵管分泌物所包裹，精子不能进入，即失去受精能力。

2. 卵子的成熟

马和犬排出的卵子为初级卵母细胞，须在输卵管中完成第 1 次减数分裂；牛、绵羊、猪排出的卵子虽然已经过第 1 次减数分裂，也需继续发育才能进行受精过程。

(三)受精过程

1. 精子和卵子的相遇

雄性动物每次射精中精子的总数达几亿或几十亿个，但到达输卵管壶腹部的数量却很少，一般不超过 1 000 个。精子在输卵管壶腹部经获能后与卵子相遇，经过选择性识别迅速引起精子的顶体反应。这一反应表现为精子的顶体中释放出能溶解放射冠的顶体酶，使精子顺利穿过放射冠，到达卵子的透明带外侧。

2. 精子进入卵子

到达透明带外侧的精子先与透明带发生结合，并借顶体酶的作用穿过透明带。之后，精子头部与卵黄膜接触，激活卵子，使其开始发育。最终精子的头穿过卵黄膜，进入卵子。

当精子穿过透明带与卵黄膜接触时，可激活卵黄膜收缩，透明带硬化并封闭，以阻止随后到达的精子再进入，这一反应称为透明带反应。兔无透明带反应，可有多个精子穿过透明带。

当精子头部与卵黄膜接触时，卵黄膜紧缩、增厚，并排出部分液体进入卵黄周围，使卵黄膜不再允许其他精子通过，这一反应称为卵黄膜的封闭作用，以保证单精子受精。

3. 合子的形成

精子进入卵子后，头部膨大，细胞核形成雄原核。同时，卵子也继续发育，进行第 2 次减数分裂，并排出第 2 极体，卵子的核形成雌原核。雄原核和雌原核形成后，互相接近并接触，核膜破裂、原核和核仁消失、核染色体进行组合形成合子，从而完成受精过程。接着发生第 1 次卵裂，表明新的个体开始发育。

五、妊娠与分娩

(一)妊娠

妊娠是指受精卵在母畜子宫内生长发育成为成熟胎儿的过程。在妊娠过程中，除子宫因胚胎生长发育而发生形态和机能的变化外，整个机体也发生一系列生理变化。

1. 卵裂和胚泡的附植

受精卵沿输卵管向子宫移动的同时也会进行细胞分裂，称为卵裂，经 3～4 d 进入子宫。卵裂达到 16～32 个细胞时，形似桑葚，称为桑葚胚。桑葚胚继续分裂，体积扩大，形成中央含有少量透明液体的空腔，称为胚泡。在胚泡周围形成一层滋养层，供给胚泡迅速增殖所需要的营养物。其后逐渐埋入子宫内膜而被固定，称为附植。

从受精卵到附植牢固所需的时间：牛为 45～75 d，猪为 2～3 周，马为 2～3 个月。

2. 胎膜与胎盘

胎膜是胚胎发育过程中形成的暂时性器官，由羊膜、尿囊膜和绒毛膜组成。羊膜包围着胎儿，形成羊膜囊，囊内充满羊水，胎儿浮于羊水中；尿囊膜在羊膜囊的外面，有内、外两层并形成囊腔，内有尿囊液；绒毛膜位于最外层，表面有绒毛。

胎盘是由胎儿的绒毛膜和母体的子宫内膜共同构成，是维持妊娠最重要的临时性器官。胎盘除对胎儿有营养代谢、呼吸和排泄等功能外，还是重要的内分泌器官。胎盘能分泌孕酮、催乳素等激素。

根据形态结构特点，可将胎盘分为 4 种类型：弥散型胎盘(上皮绒毛膜胎盘，如马、猪等动物)、子叶型胎盘(结缔组织绒毛膜胎盘，如牛、羊等动物)、环状胎盘(内皮绒毛膜胎盘，如犬、猫等动物)、盘状胎盘(血性绒毛膜胎盘，如兔、鼠等动物)。

3. 妊娠

(1)妊娠期。从卵子受精到时正常分娩所经历的时间，称为妊娠期。各种家畜妊娠期的长短，因动物品种、年龄、营养、季节等因素的不同而有所变化。各种动物的妊娠期见表 7-4-2。

表 7-4-2　各种动物的妊娠期

动物种别	平均妊娠期	变动范围	动物种别	平均妊娠期	变动范围
牛	282 天	240～311 天	犬	62 天	59～65 天
马	340 天	307～402 天	猫	58 天	55～60 天
猪	115 天	110～140 天	兔	30 天	28～33 天
绵羊、山羊	152 天	140～169 天	鼠	22 天	20～25 天

(2)妊娠期母畜的生理变化。母畜妊娠后，为了适应胎儿的生长发育，各器官生理机能都要发生一系列的变化。

①生殖系统的变化。妊娠黄体分泌大量孕酮，抑制新卵泡生长发育及排卵；子宫重量和体积增大，平滑肌兴奋性降低，黏膜增厚，子宫颈收缩，黏液封闭子宫颈通道；乳腺增大，导管和腺泡发育完全，为泌乳做准备。

②内分泌的变化。孕酮在整个妊娠期维持高水平，至分娩前几天下降；雌激素在妊娠中期分泌增多；催产素和肾上腺皮质激素含量也在分娩前升高。

③其他系统变化。母体代谢增强，食欲旺盛，对饲料的消化和吸收能力提高，体重增加，被毛光亮；后期出现浅而快的胸式呼吸；血容量增加，血凝和血沉加快；妊娠末期，血中碱贮减少，出现酮体，形成生理性酮血症；排尿次数增加且尿中出现蛋白质。

(二)分娩

发育成熟的胎儿和胎衣通过母畜生殖道产出的生理过程称为分娩。分娩主要依靠子宫肌肉强烈的节律性收缩(阵缩)来完成，一般分为以下时期。

1. 开口期

子宫阵缩，把胎儿和胎膜挤入子宫颈，迫使子宫颈口开放，部分胎膜突入阴道并因受到强烈压迫导致破裂而流出部分羊水。

2. 胎儿娩出期

子宫更为频繁而持久地收缩，且在腹肌和膈肌的协同作用下，腹内压显著升高，迫使胎儿经阴道排出体外。

3. 胎衣排出期

在胎儿产出后的一段时间，子宫又开始阵缩，使胎衣与子宫壁分离，随后排出体外。胎衣排出后，子宫收缩压迫血管裂口，阻止继续出血。各种家畜胎衣排出的时间不同，狗、猫等肉食动物胎衣随胎儿同时排出；猪在胎儿全部产出后很快排出胎衣；马的胎衣在 1 h 内排出；牛的胎衣不易脱落，排出速度较慢，但一般不超过 12 h。

六、泌乳

(一)乳腺

1. 乳腺位置

乳腺是由皮肤腺体衍生而来，牛有 2 对、马和羊仅有 1 对，位于耻骨部的腹下壁，两股之间；猪的乳腺从后胸到腹股沟部排列成两行，其数量因品种而异，一般有 6～10 对。

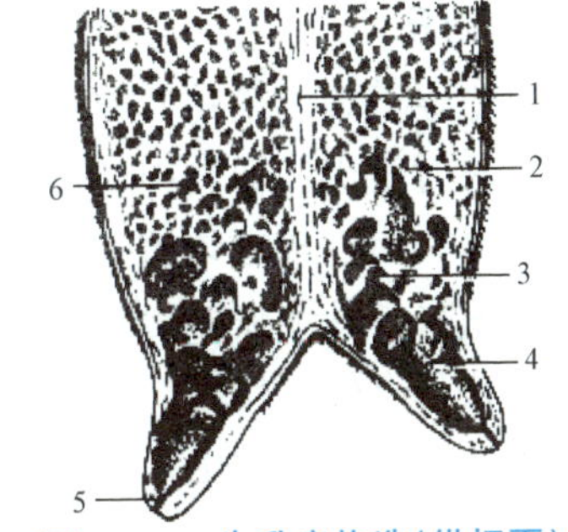

图 7-4-1　牛乳房构造(纵切面)

1—乳房中隔；2—腺小叶；3—乳池腺部；4—乳头乳池部；5—乳头管；6—乳道

2. 乳腺结构

乳房的外面被覆柔软的皮肤，皮下为浅筋膜，浅筋膜下为深筋膜，深筋膜与结缔组织和脂肪组织包围整个乳腺，结缔组织和脂肪组织还穿入腺体部将乳腺分为若干个小叶(图 7-4-1)。结缔组织和脂肪组织构成了乳房的间质，具有保护和支持腺体组织的作用。腺体部构成了乳房的实质。

腺体部由腺泡和导管系统构成。腺泡是由分泌上皮构成，是生成乳汁的部位，呈泡状或管状，并有 1 条细小的乳导管通向导管系统，泌乳期的腺泡是中空的，形成腺泡腔；导管系统的起始部与细小的乳导管相连，并逐级汇合成粗大的乳导管，最后汇合成乳池。乳池是乳房下部储藏乳汁的较大腔道，经乳头末端的乳头管开口于外面，乳头管的开口处有括约肌控制。

母牛乳房的皮肤薄而柔软，长有稀疏的细毛。在乳房后部至阴门裂之间，有明显的带有线状毛流的皮肤褶，称为乳镜。乳镜越大，乳房愈能舒展，含乳量就越多。因此，乳镜在鉴定产乳能力方面有重要作用。

3. 乳腺的生长发育

母畜在性成熟前，乳腺主要是结缔组织和脂肪组织增生；性成熟后，在雌激素的作用下导管系统开始发育；母畜妊娠时，导管末端开始出现腺泡。至妊娠中期，腺泡开始出现腺泡腔，导管和腺泡体积不断增大，逐渐代替脂肪组织和结缔组织。到妊娠后期，母畜的腺泡中的分泌上皮开始具有分泌机能。临产前，母畜的腺泡开始分泌初乳。分娩后，母畜的乳腺开始正常的泌乳活动。

经过一定时期的泌乳活动后，腺泡的体积又逐渐缩小，腺泡腔消失，细小乳导管逐渐萎缩，腺体组织又被脂肪组织和结缔组织代替，乳房体积缩小，最后泌乳停止。待下一次妊娠时，乳腺组织又重新形成，腺泡腔重新扩大，并开始再次泌乳活动。如此反复进行，直至失去生殖能力。

(二)乳的分泌

乳腺的腺泡上皮细胞从血液中摄取营养物质生成乳汁后，分泌入腺泡腔内的过程，称为乳的分泌。

1. 乳的生成过程

乳是由腺泡的上皮细胞分泌的。当大量血液流经乳腺血管时，腺泡上皮细胞能选择性地吸收血液中的营养物质，并将其中的一部分物质浓缩，而将另一部分物质经酶的作用，改造成乳的成分。例如，乳中的酪蛋白是由血液中的氨基酸合成的；乳糖则是由血液中的葡萄糖合成的；乳中的球蛋白、酶、维生素、无机盐则是腺泡上皮细胞由血液选择性的吸收后，加以浓缩而形成的。乳中含有仔畜生长发育所必需的一切营养物质，是仔畜理想的食物。

2. 初乳

母畜在分娩后最初 3～5 d 内所产的乳称为初乳。初乳色黄而浓稠，稍有咸味和臭味，煮沸时凝固。初乳中成分的含量与常乳相差悬殊。干物质含量高，蛋白质含量超出常乳数倍，而且含有丰富的免疫球蛋白，仔畜摄食后，有利于迅速增加其的血浆蛋白，并使其获得被动免疫能力，增强抗病能力；初乳中含有较多的无机盐，其中特别富含镁盐，镁盐具有轻泻作用，促使肠道排除胎粪；初乳中含有丰富的维生素、乳糖、酶等成分。因此，初乳是初生仔畜不可替代的食物。

3. 常乳

初乳期过后，乳腺所分泌的乳汁叫作常乳。各种动物的常乳均含有水、蛋白质、脂肪、糖、无机盐、酶和维生素等。蛋白质主要是酪蛋白，其次是白蛋白和球蛋白，当乳变酸时(pH 值为 4.7)，酪蛋白与钙离子结合而沉淀而使乳汁凝固。乳中的脂肪叫作乳脂，它们形成很小的脂肪球悬浮于乳汁中。乳中唯一的糖类是乳糖，可被乳酸菌分解为乳酸。乳中还含有来自饲料的各种维生素和植物性饲料中的色素(如胡萝卜素、叶黄素等)，以及血液中的抗毒素、药物等物质。

(三)排乳

哺乳或挤乳时反射性地引起乳房容纳系统紧张度改变，使腺泡和导管中的乳液迅速流入乳池排出的过程，称为排乳。乳腺的腺泡上皮细胞生成的乳汁，不断地分泌到腺泡腔内。当腺泡腔和细小乳导管充满乳汁时，腺泡周围的肌上皮和导管系统的平滑肌反射性收缩，将乳汁转移入乳导管和乳池内。乳腺的全部腺泡腔、导管、乳池构成蓄积乳的容纳系统。

排乳是一种复杂的反射过程。由于哺乳或挤乳时刺激了母畜乳头的感受器，反射性地引起腺泡和细小乳导管周围的肌上皮收缩，于是腺泡乳就流入导管系统，接着乳池的平滑肌强烈收缩，乳池内压迅速升高，乳头括约肌弛缓，乳汁就排出体外。在挤乳期间，只有当乳池内的压力保持在较高水平并在一定范围内波动，方可保证乳汁不断流出。最先排出的乳是乳池内的乳，之后排出的是从乳腺腺泡及乳导管所获得的乳，叫作反射乳。开始哺乳或挤乳刺激乳房不到 1 min，就可引起牛的排乳反射。仔猪用吻突冲撞母猪乳房

2～5 min 之后，才引起排乳，排乳持续 30～60 s，两次哺乳间隔约 1 h。马的乳池很小，而乳导管粗短，一昼夜可引起多次排乳。

排乳能建立条件反射。挤乳的地点、时间、挤乳设备、挤乳动作、挤乳人员的出现等，都能作为条件刺激而形成条件反射。因此，在固定的时间、地点、挤乳设备和熟悉的挤乳人员，以及按操作规程进行挤乳，可提高产乳量；反之，则使产乳量降低。因此，在进行畜牧业生产时，合理挤乳可获得很高的效益。

学习小结

知识点		需掌握内容
雄性生殖系统	睾丸	睾丸的形态位置，牛、马的睾丸形态结构特点
	附睾	分为附睾头、附睾体和附睾尾 3 部分，牛、猪、马附睾的形态结构特点
	输精管和精索	输精管、精索形态结构，牛的输精管形态结构
	尿生殖道	尿生殖道的形态结构，牛、马的尿生殖道形态特征
	阴茎与包皮	阴茎、包皮的形态结构，牛、马的阴茎形态特征
	副性腺	前列腺、精囊腺及尿道球腺
	阴囊	阴囊的形态结构
雌性生殖系统	卵巢	卵巢位置及形态结构
	输卵管	输卵管形态结构
	子宫	子宫的一般形态构造，不同家畜子宫形态特征
	阴道	阴道形态结构
	尿生殖前庭与阴门	尿生殖前庭与阴门的位置及形态结构
睾丸、卵巢组织结构	睾丸的组织结构	包括被膜和实质两部分。被膜是由浆膜(睾丸固有鞘膜)和白膜的构成，睾丸的实质由曲细精管、睾丸网和间质组织的组成
	卵巢的组织结构	包括被膜及实质，实质又由皮质和髓质构成
生殖规律的认识	动物初次配种时间的确定	体成熟、性成熟及性季节
	精子质量的鉴定	精子的产生及影响因素、性反射、精液组成、精子活力判定
	发情的鉴定	发情周期及排卵
	受精过程	精子受精前准备，卵子受精前准备，受精过程
妊娠与分娩	妊娠	妊娠的概念，卵裂和胚泡的附植，胎膜与胎盘，妊娠期及母畜的生理变化
	分娩	分娩的概念及分期
泌乳	乳腺	乳腺位置及结构
	乳的分泌及排乳	乳的生成过程，初乳，常乳，排乳

复习思考题

一、填空题

1. 一般雄性家畜的副性腺包括________、________和________。

2. 一般雄性家畜的生殖器官包括________、________、________、________、________、________、________和________。

3. 一般雌性家畜的生殖器官包括________、________、________、________、________和________。

二、单选题

1. 有关母畜性周期的说法中不正确的是(   )。

A. 发情前期母畜愿意接受交配

B. 发情期母畜兴奋不安，子宫颈口开张

C. 发情后期卵巢中出现黄体

D. 体情期时黄体逐渐萎缩

2. 有关副性腺的说法中不正确的是(   )。

A. 犬只有前列腺

B. 尿道球腺位于尿生殖道骨盆部末端

C. 精囊腺位于膀胱颈背侧

D. 羊没有前列腺

3. 有关卵巢的说法中不正确的是(   )。

A. 卵巢位于卵巢囊内

B. 成年母畜卵巢位于腹腔内

C. 卵巢表面的生殖上皮下面为白膜

D. 卵巢的髓质内有发育不同阶段的卵泡

4. 有关卵泡的说法中不正确的是(   )。

A. 原始卵泡小位于皮质浅层

B. 生长卵泡又可分为初级卵泡和次级卵泡

C. 次级卵泡外面有一层透明带

D. 成熟卵泡体积大，突出于卵巢表面

5. 卵巢表面覆盖的结构是(   )。

A. 生殖上皮　　B. 白膜　　C. 固有鞘膜　　D. 总鞘膜

6. 只在排卵窝处排卵的动物是(   )。

A. 马　　B. 猪　　C. 羊　　D. 牛

7. 睾丸中能分泌雄激素的细胞是(   )。

A. 支持细胞　　B. 生精细胞

C. 睾丸间质细胞　　D. 睾丸输出小管细胞

8. 包围胎儿的膜是(　　)。

A. 尿囊膜　　B. 卵黄膜　　C. 羊膜　　D. 绒毛膜

9. 卵巢中出现黄体是的时期是(　　)。

A. 发情前期　　B. 发情期　　C. 发情后期　　D. 休情期

10. 在动物中，下列子宫角内有子宫阜的是(　　)。

A. 羊　　B. 猪　　C. 马　　D. 犬

11. 有关附睾的说法不正确的是(　　)。

A. 附睾分为附睾头、附睾体和附睾尾三部分

B. 附睾是精子成熟的地方

C. 去势时需切断附睾和阴囊的连结

D. 睾丸输出管向后移行为输精管

12. 下列动物中子宫角呈绵羊角状的是(　　)。

A. 羊　　B. 猪　　C. 马　　D. 犬

13. 下列动物中子宫角长而弯曲的是(　　)。

A. 羊　　B. 猪　　C. 马　　D. 犬

14. 有关子宫，下列说法中不正确的是(　　)。

A. 家畜子宫可分为子宫角、子宫体和子宫颈 3 部分

B. 猪子宫角部有圆形隆起，称为子宫阜

C. 牛子宫呈绵羊角状

D. 成年牛子宫大部分位于腹腔内

15. 下列属于终年多次发情动物的是(　　)。

A. 猪　　B. 马　　C. 犬　　D. 兔

三、简答题

1. 简述雄性生殖系统的组成及各器官的生理功能。
2. 简述雌性生殖系统的组成及各器官的生理功能。
3. 简述睾丸的形态结构。
4. 简述睾丸壁的构造。
5. 简述卵巢的组织结构。
6. 简述牛、猪子宫结构的特点。
7. 性成熟和体成熟对生产实践有何指导意义?
8. 简述初乳的作用。

参考答案

项目八　心血管系统

项目描述

心血管系统是由心脏、血管(包括动脉、毛细血管和静脉)和充满其中的血液组成。心脏是血液循环的动力器官；动脉是从心脏起始，输送血液到肺和全身各部的血管；毛细血管是连接于动静脉之间的微细血管，互相连接成网状，遍布全身各部；静脉是收集血液回心脏的血管。哺乳动物的胎儿在母体子宫内发育，其发育过程中所需要的全部营养物质和氧都是由母体通过胎盘供应的，而代谢产物也是由母体通过胎盘运走的，所以胎儿血液循环具有与此相适应的一些特点。

学习目标

知识目标

1. 熟悉心血管系统的组成和功能。
2. 掌握心脏的形态和位置。
3. 掌握心腔的基本结构。
4. 掌握各种血管的解剖特征。
5. 掌握出生前、后胎儿心血管系统的变化情况。
6. 了解主动脉的主要分支。
7. 了解主要回流前腔静脉和后腔静脉的血管。
8. 掌握自动节律性、心动周期、脉搏、血压、收缩压、舒张压的概念。
9. 掌握血液的主要成分。
10. 掌握血液凝固的过程。

技能目标

1. 能够指出心脏的体表投影位置及左心房、右心房、左心室、右心室的位置。
2. 能够识别血液成分中的红细胞和白细胞。
3. 能够正确测量心动次数。

素质目标

1. 养成勤学好问、吃苦耐劳、爱岗敬业的精神。
2. 热爱动物，正确对待实验动物。

心血管系统由心脏、血管(包括动脉、毛细血管和静脉)和血液组成。心血管系统的主要功能是运输，即通过血液将营养物质运送到全身各部组织细胞进行新陈代谢，同时又将其代谢产物如CO_2、尿素等运送到肺、肾和皮肤排出体外。心血管系统是机体内重要的防卫系统，存在于血液内的一些细胞和抗体，能吞噬、杀伤及灭活侵入体内的细菌和病毒，并能中和它们所产生的毒素。另外，心脏也具有内分泌功能，起到分泌心房肽、利尿和扩张血管的作用。

单元一　心　　脏

一、心脏的形态和位置

(一)位置

心脏位于胸腔纵隔内，约在胸腔下 2/3 部，或第 3 对肋骨(第 2 对肋间隙)与第 6 对肋骨(或第 6 对肋间隙)之间，夹在左肺与右肺之间，略偏左(马、猪心的 3/5，牛心的 5/7 位于正中矢状面的左侧)。马的心基大致位于第 1 肋骨中点的水平线上(由最高点至胸的腹侧缘中点之下 3～4 cm)，心尖距膈 6～8 cm，距胸骨约 1 cm；牛的心基大致位于肩关节的水平线上，心尖距膈 2～5 cm；猪的心脏一般位于第 2～5 肋，心尖与第 7 肋软骨和胸骨结合处相对，距膈较近(图 8-1-1)。

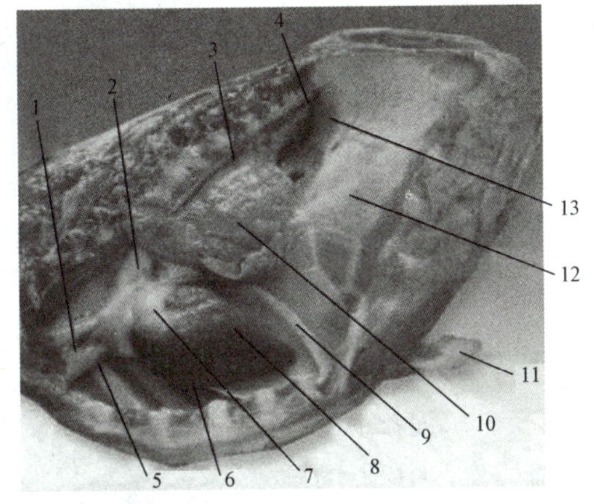

图 8-1-1　猪的心脏

1—臂头动脉；2—主动脉弓；3—胸主动脉；4—主动脉裂孔；5—前腔静脉；6—右心室；7—肺(动脉)干；8—左心室；9—心包(壁层、纤维层、心包胸膜)；10—肺；11—剑状软骨；12—膈肌的腱质部；13—膈肌的肌质部

(二)形态

心脏是一个中空的圆锥形肌质器官，外面包围着心包(图 8-1-2、图 8-1-3)。心脏呈左、右稍扁的倒立圆锥形，其前缘凸，后缘短而直：上部宽大，称为心基，有进出心脏的大血管，位置较固定；下部尖且游离，称为心尖。

(三)表面构造

心脏表面靠近心基的位置有一环状的冠状沟，是心房与心室的外表分界，上部为心房，下部为心室。此外，心脏表面还有左、右两条纵沟，左纵沟又称锥旁室间沟，位于心的左前方，几乎与心的右缘平行；右纵沟又称窦下室间沟，位于心的右后方，可伸达心尖。两纵沟是左、右心室的外表分界，前部为右心室，后部为左心室。在冠状沟和纵沟内有营养心脏的血管，并有填充脂肪。

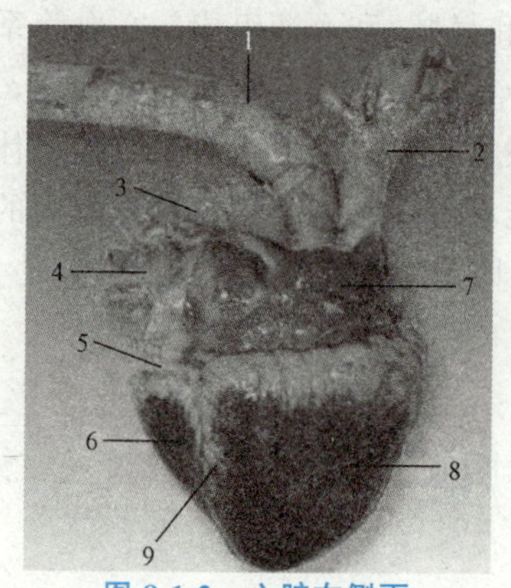

图 8-1-2　心脏右侧面

1—主动脉弓；2—臂头(动脉)干；3—肺(动脉)干；4—肺静脉；5—冠状沟；6—左心室；7—右心房；8—右心室；9—窦下室间沟(右纵沟)

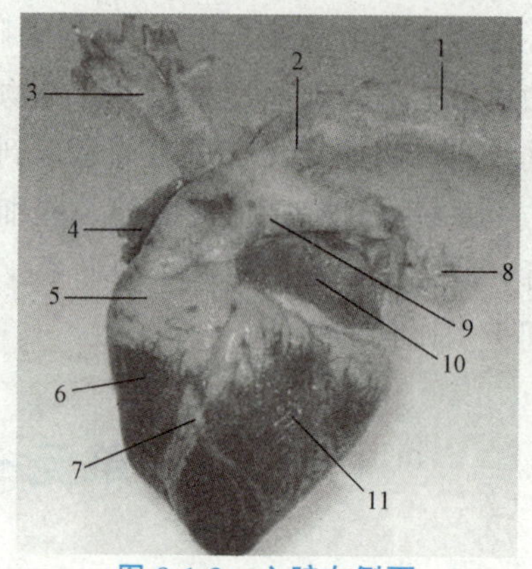

图 8-1-3　心脏左侧面

1—主动脉弓；2—动脉韧带；3—臂头(动脉)干；4—右心房；5—冠状沟；6—右心室；7—锥旁室间沟(左纵沟)；8—肺静脉；9—肺(动脉)干；10—左心房；11—左心室

二、心腔的结构

心腔以纵走的房中隔和室中隔分为左、右互不相通的两半。每半又分为上部的心房和下部的心室，同侧的心房和心室各以房室口相通。右心壁薄，左心壁厚。马心脏的内部结构(纵切面、左侧观)如图 8-1-4 所示。

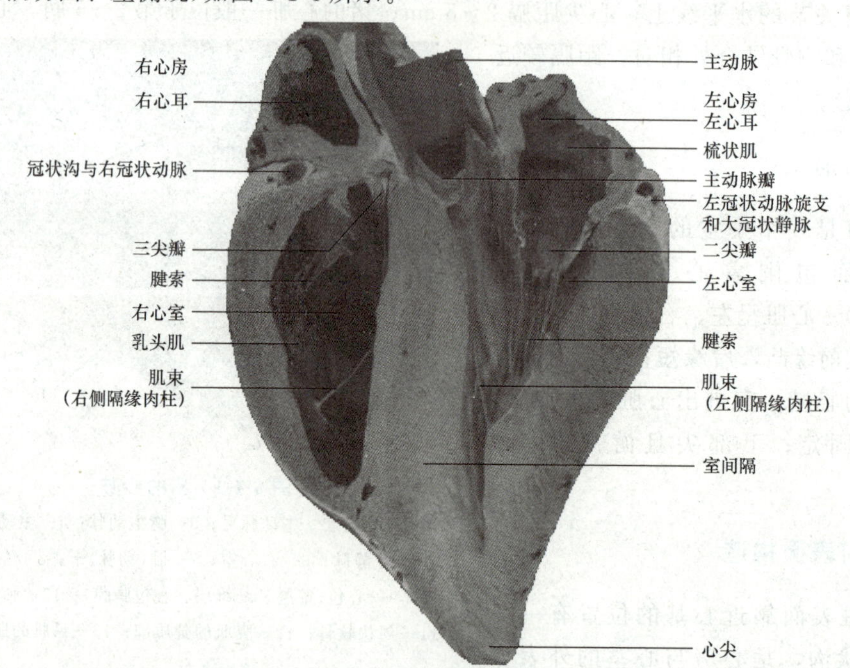

图 8-1-4　马心脏的内部结构(纵切面，左侧观)

(一)右心房

右心房占据心基的右前部，包括右心耳和静脉窦。

右心耳呈圆锥形盲囊，尖端向左向后至肺动脉前方，内壁有许多方向不同的肉嵴，称梳状肌。静脉窦接受体循环的静脉血，前、后腔静脉分别开口于右心房的背侧壁和后壁，两开口之间有一发达的肉柱称静脉间嵴，可分流前、后腔静脉血，避免相互冲击的作用。后腔静脉口的腹侧有冠状窦，为心大静脉和心中静脉的开口。在后腔静脉入口附近的房中隔上有卵圆窝，是胎儿时期卵圆孔的遗迹。成年的牛、羊、猪约有 20%的卵圆孔闭锁不全。马的右奇静脉发达，开口于右心房背侧或前腔静脉根部。牛和猪的左奇静脉发达，开口于冠状窦。

(二)右心室

右心室位于心的右前部，顶端向下，不达心尖。

右心室的入口为右房室口。右房室口以致密结缔组织构成的纤维环为支架，环上附有 3 个三角形瓣膜，称为三尖瓣或右房室瓣。其游离缘向下垂入心室，通过腱索连于乳头肌(乳头肌为突出于心室壁的圆锥状肌肉)。当心房收缩时，房室口打开，血液由心房流入心室；当心室收缩时，心室内压升高，血液将瓣膜向上推使其相互合拢，关闭房室口，由于腱索的牵引，瓣膜不致翻向右心房，从而可防止血液倒流。

右心室出口为肺动脉口。肺动脉位于右心室的左上方，也有一纤维环支持，环上附有 3 个半月形的瓣膜(称为半月瓣)。每片瓣膜均呈袋状，袋口向着肺动脉。当心室收缩时，瓣膜开放，血液进入肺动脉；当心室舒张时，室内压降低，肺动脉内的血液倒流入半月瓣的袋口，使其互相靠拢，从而关闭肺动脉口，以防止血液倒流入右心室。心室里的室中隔上有横过室腔走向室侧壁的心横肌(也称隔缘肉柱)，可以防止心室过度扩张。

(三)左心房

左心房构成心基的左后部，其构造与右心房相似。

左心耳呈圆锥形盲囊，向左向前突出，内壁有梳状肌。左心房背侧壁的后部有 6～8 个肺静脉入口，其数目因家畜的种类而存在差异。左心房下方有一左房室口与左心室相通。

(四)左心室

左心室构成心室的左后部，由左心耳和静脉窦构成。

左心室室壁很厚，室腔伸达心尖，室腔的上方有左房室口和主动脉口(图 8-1-5)。左心室内也有心横肌。左心室入口为左房室口，出口为主动脉口。左房室口纤维环上附有两片瓣膜，称二尖瓣，也称左房室瓣，其结构和作用同三尖瓣。主动脉口的纤维环上附有 3 个半月瓣，其结构及作用与肺动脉口的半月瓣相同。

马的主动脉口的纤维环内有 2～3 块软骨，在牛则为左、右 2 块心小骨。

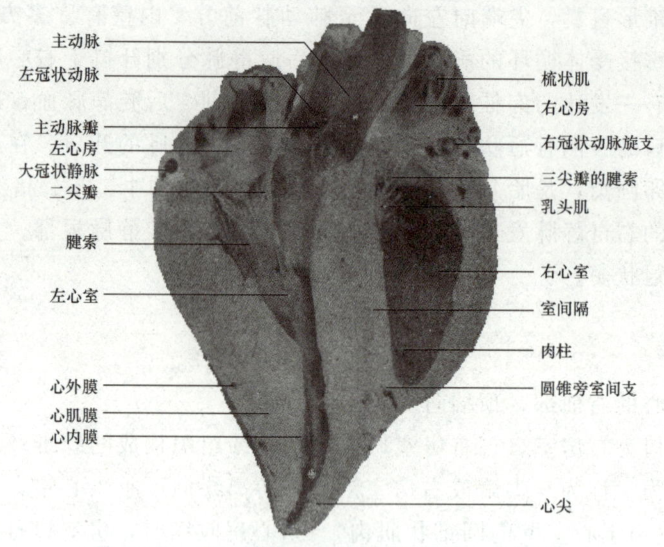

图 8-1-5　马心脏的内部结构(纵切面，右侧观)

三、心壁的组织结构

心壁的构造由外向内依次为心外膜、心肌和心内膜。

(1)心外膜：由间皮和结缔组织构成，紧贴于心肌外表面，为心包浆膜脏层。血管、淋巴管和神经等沿心外膜的深面伸延。

(2)心肌：为心壁中最厚的 1 层，主要由心肌纤维构成，内有血管、淋巴管和神经等。心肌由房室口的纤维环分为心房肌和心室肌 2 个独立的肌系，所以心房和心室可分别收缩和舒张。心房肌薄，分深、浅两层，其中浅层为左、右心房共有，深层为各心房所独有。心室肌较厚，其中左心室壁最厚，有些地方为右心室壁的 3 倍，但心尖部较薄，心室壁的肌纤维呈螺旋状排列，分为外纵行、中环行、内斜行，其中中环行肌最厚。

(3)心内膜：薄而光滑，紧贴于心肌内表面，并与血管的内膜相连续。心腔内的瓣膜就是由心内膜褶叠成的皱襞及夹在其中的致密结缔组织构成。

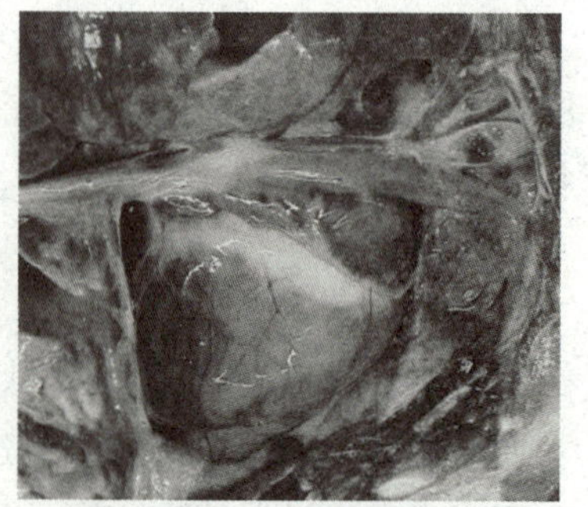

图 8-1-6　心包

四、心包

心包(图 8-1-6)为包在心脏周围的锥形囊，囊壁由浆膜和纤维膜组成，具有保护心脏的作用。纤维膜是坚韧的结缔组织膜，在心基部与出入心脏的大血管的外膜相连，在心尖部折转而附着于胸骨背侧，与心包胸膜共同构成胸骨心包韧带，使心脏附着于胸骨的背面。浆膜分为壁层和脏层。壁层衬于纤维膜的里面，在心基折转后成为脏层，覆盖于心肌表面形成心外膜。壁层和脏层之间的裂隙称为心包腔，腔内有少量浆液，可润滑心脏，缓解其在搏动时产生的摩擦。心包位于纵隔内，被覆在心包外面的纵隔胸膜称为心包胸膜。

五、心脏的血管

心脏本身的血液循环称为冠状循环，由冠状动脉、毛细血管和心静脉组成。

冠状动脉分为左、右两支，分别由主动脉根部发出，沿冠状沟和左纵沟、右纵沟伸延，分支分布于心房和心室，在心肌内形成丰富的毛细血管网。

心静脉包括心大静脉、心中静脉和心小静脉。心大静脉和心中静脉伴随左、右冠状动脉分布。心大静脉注入右心房的冠状窦，心中静脉在右纵沟(窦下室间沟)起始部注入心大静脉。心小静脉分成数支，于冠状沟附近直接在右心房的梳状肌之间开口。

六、心脏的传导系统和神经支配

(一)心脏的传导系统

心脏的传导系统由特殊的心肌细胞组成，其主要功能是产生并传导心搏动的冲动至整个心脏，是调整心脏节律性运动的系统(图 8-1-7 和图 8-1-8)。心传导系包括窦房结、房室结、房室束和浦金(肯)野纤维。

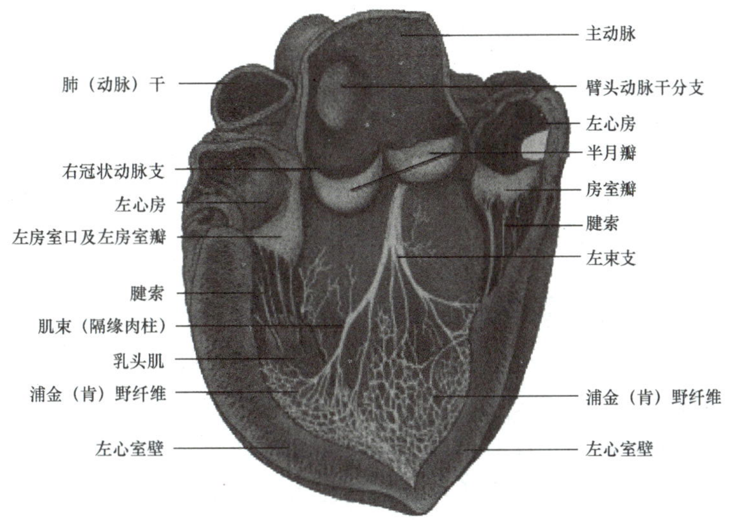

图 8-1-7　左心房和左心室的传导系统模式图

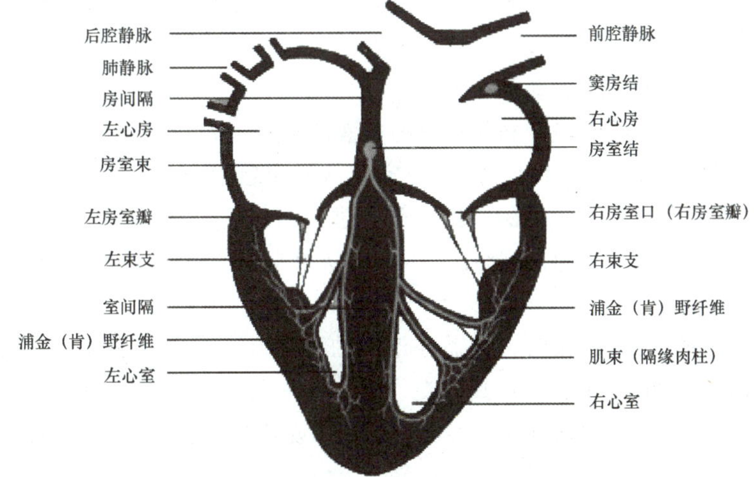

图 8-1-8　右心房和右心室的传导系统模式图

1. 窦房结

窦房结是心跳动的起搏点，位于前腔静脉和右心耳间界沟内的心外膜下，除分支到心房肌外，还分出数支结间束与房室结相连。

2. 房室结

房室结位于房中隔下部右心房侧冠状窦前面的心内膜下，起接收作用。

3. 房室束

房室束为房室结的直接延续，在室中隔上部，分为一较细的右束支(右脚)和一较粗的左束支(左脚)，后者穿过室中隔。两者分别沿室中隔的左室侧和右室侧心内膜下延伸，分出小分支至室中隔，并通过隔缘肉柱(心横肌)分布到左、右心室的侧壁。

4. 浦金(肯)野纤维

浦金(肯)野纤维房室束的小分支在心内膜下分散成浦金(肯)野纤维，与普通心肌纤维连接。

(二)心脏的神经

心脏的运动神经有交感神经和副交感神经，前者可兴奋窦房结，使心肌活动加强，因此称为心加强神经；后者作用正好相反，所以称为心抑制神经。心脏的感觉神经分布于心壁各层，其纤维随交感神经和迷走神经进入脊髓和脑。

七、血液在心内的流向及其与心搏动和瓣膜的关系

心房和心室有节律地收缩和舒张，可使心腔内的瓣膜开张和关闭，从而保证血液在心腔内按一定方向流动。

心房收缩时，心室舒张，此时房内压大于室内压，二尖瓣和三尖瓣被打开，血液经房室口流入心室。此时，肺动脉和主动脉内的压力大于室内压，将半月瓣关闭，动脉内的血液不会倒流回心室。

心室收缩时，心房舒张，室内压大于房内压，使二尖瓣和三尖瓣关闭房室口，心室的血液不会逆流入心房。同时，由于室内压大于动脉内的压力，可以将半月瓣推开，左、右心室内的血液分别被压入主动脉和肺动脉。

心房舒张时，前、后腔静脉和肺静脉的血液分别进入右心房和左心房。

体循环(大循环) 心室收缩时，从左心室将含有丰富氧气和营养物质的动脉血输出，经主动脉及其分支流到全身各部的毛细血管，进行组织内气体和物质的交换，使动脉血变成含组织代谢产物和 CO_2 的静脉血，再经各级静脉，最后主要汇合成前、后腔静脉，注入右心房。

肺循环(小循环)心室舒张时，体循环返回的静脉血，从右心房注入右心室。当心室收缩时，从右心室输出经肺动脉及其分支，到达肺泡周围的毛细血管后使在此进行气体和物质的交换，成为含氧的动脉血，经肺静脉流入左心房后再流入左心室。

单元二　血　　管

一、血管的分类

血管根据其结构和功能的不同，可分为动脉、毛细血管和静脉 3 种。动脉和静脉通过毛细血管相通。

(一)动脉

动脉是将血液由心脏引出的血管，管壁厚，富有收缩性和弹性，流向畜体各个器官。动脉内血压高，出血呈喷射状，在延伸时常与神经伴行并由结缔组织包围呈束状，因此当结扎血管时应分离神经。多数动脉支在延伸时位于深部、关节的曲侧或安全隐蔽的部位。动脉支的粗细不取决于器官的大小，而取决于器官的功能。动脉反复分支，越分越细，管壁越分越薄，最后形成毛细血管。交通支是连接距离较远的两动脉干间的横支。

(二)毛细血管

毛细血管为动脉和静脉之间的微细血管，是动脉末端分支，短而密，相互吻合成网。其管壁很薄，具有较高的通透性，有助于血液和组织液之间的物质交换，是体内分布最广的血管。

(三)静脉

静脉是将全身各部的血液引入心脏的血管。静脉管壁薄，管腔较大，有些部位的静脉内(静脉的入口)有静脉瓣(膜)，尤以四肢部的静脉瓣较多，具有防止血液倒流的作用。静脉的分支可分为深静脉与浅静脉。深静脉常有 1～2 支与动脉伴行；浅静脉位于皮下，所以也称为皮下静脉，它不伴行动脉，但随处可汇合入深静脉。因浅静脉位于皮下，在体表可以看见，临床上常用来采血、放血和静脉注射。

二、肺循环的血管

肺循环血管包括肺动脉、肺静脉和毛细血管。

1. 肺动脉

肺动脉起始于右心室，在主动脉的左侧向上方延伸，至心基的后上方分为左、右两支，分别与同侧支气管一起经肺门入肺，牛、羊和猪的右肺动脉在入肺前还分出 1 支到右肺的尖叶。肺动脉在肺内随支气管而分支，最后在肺泡周围形成毛细血管网，在此进行气体交换。

2. 肺静脉

肺静脉由肺内毛细血管网汇合而成，和肺动脉、支气管伴行，最后汇合成 6～8 支肺静脉，由肺门出肺后注入左心房。

三、体循环的血管

（一）体循环的动脉系

主动脉起于左心室的主动脉口，是体循环的动脉主干，全身所有的动脉支都直接或间接自此发出，可分为主动脉弓、胸主动脉和腹主动脉（图 8-2-1 和表 8-2-1）。主动脉弓为主动脉的第 1 段，自主动脉口斜向背后侧，呈弓状延伸至第 6 胸椎腹侧；主动脉沿胸椎腹侧向后延续至膈，此段称为胸主动脉。胸主动脉穿过膈上的主动脉裂孔进入腹腔，即成为腹主动脉。腹主动脉位于第 5 或第 6 腰椎腹侧，分为左、右髂内动脉和左、右髂外动脉，分别至左、右侧的骨盆和后肢。

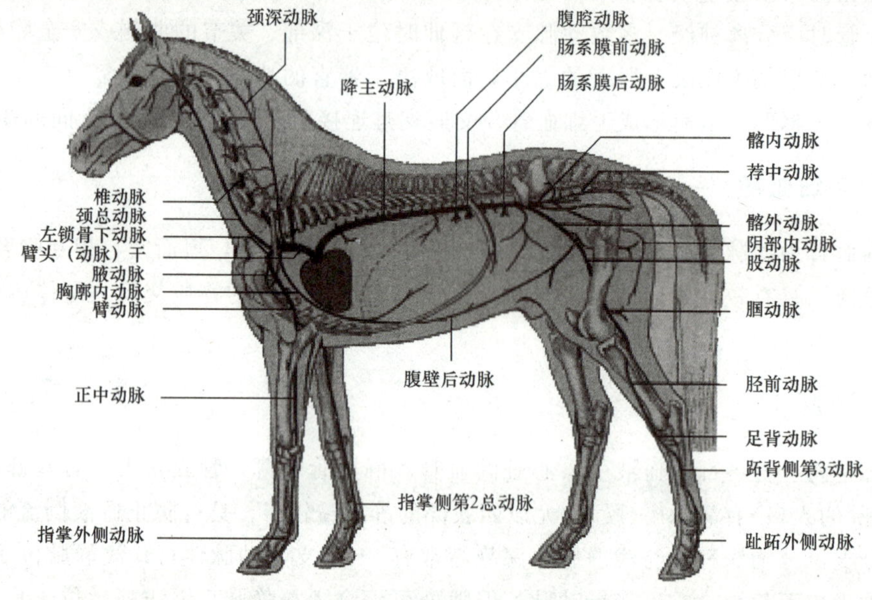

图 8-2-1 体循环的动脉系模式图

表 8-2-1 体循环的动脉系

<table>
<tr><th>起始</th><th>主动脉分段</th><th colspan="4">主要分支</th><th>主要分布区域</th></tr>
<tr><td rowspan="8">左心室</td><td rowspan="6">主动脉弓</td><td colspan="4">左、右冠状动脉</td><td>心脏</td></tr>
<tr><td rowspan="5">臂头动脉总干</td><td rowspan="2">左锁骨下动脉</td><td colspan="2">左腋动脉</td><td>胸壁、颈后部</td></tr>
<tr><td colspan="2">胸腔动脉分支</td><td>左前肢</td></tr>
<tr><td rowspan="3">臂头动脉</td><td colspan="2">双颈动脉干</td><td>头颈部</td></tr>
<tr><td rowspan="2">右锁骨下动脉</td><td>胸腔动脉分支</td><td>胸壁、颈后部</td></tr>
<tr><td>右腋动脉</td><td>右前肢</td></tr>
<tr><td rowspan="2">胸主动脉</td><td colspan="4">肋间动脉（第 6 对以后）</td><td>胸壁、脊髓</td></tr>
<tr><td colspan="4">支气管、食管动脉</td><td>肺内支气管、食管</td></tr>
</table>

续表

起始	主动脉分段	主要分支	主要分布区域
左心室	腹主动脉	壁支	腰腹部肌肉、皮肤、脊髓
		脏支	胃、肠、肝、胰、脾、肾等
		髂内动脉	骨盆及骨盆腔器官
		髂外动脉	后肢

1. 主动脉弓及分支

主动脉弓为主动脉的第1段，主动脉弓的主要分支如下。

(1)左、右冠状动脉：由主动脉的根部分出，大部分分布到心脏，只有少量小的分支到大血管的起始部。

(2)臂头动脉干：供血液至头、颈、前肢和胸壁前部的大动脉干。在牛、羊和马，臂头动脉干出心包后沿气管腹侧向前延伸，约在第2、3肋骨处分出左锁骨下动脉后，主干移行为臂头动脉。臂头动脉在气管腹侧继续向前至第1肋附近，分出短而粗的双颈动脉干后再向右移行为右锁骨下动脉。在胸腔内臂头动脉总干还分出数条分支于鬐甲、颈部脊椎管和胸腔底壁。猪的左锁骨下动脉则与臂头动脉干同起于主动脉弓。

(3)锁骨下动脉：向前下方及外侧呈弓状延伸，绕过第1肋骨前缘出胸腔，延续为到前肢的腋动脉。在胸腔内左锁骨下动脉发出的分支有：左肋颈动脉、左颈深动脉、左椎动脉、左胸内动脉和左颈浅动脉；右侧的肋颈动脉、颈深动脉和椎动脉自臂头动脉干发出，右胸内动脉和右颈浅动脉自右锁骨下动脉发出。

①肋颈动脉：分出第2、第3、第4肋间动脉，主干出胸腔分布于鬐甲部的肌肉和皮肤。

②颈深动脉：在胸腔内分出第1肋间动脉，出胸腔沿头半棘肌的内侧面向前上方延伸，分布到颈背侧部和侧部的肌肉及皮肤。

③椎动脉：出胸腔后进入颈椎横突管内，向头侧伸延，主要分布于脑、脊髓、脊膜。

④胸内动脉：为较大的分支，沿胸骨背侧向后伸延，有分支到胸腺、纵隔、心包、胸壁肌肉和膈，向后到剑状软骨与肋软骨交界处穿出胸腔，延续为腹壁前动脉，在腹直肌和腹横肌间继续向后延伸，与腹壁后动脉吻合。

⑤颈浅动脉：即肩颈动脉，分布于胸前和肩前方的肌肉和皮肤。

⑥双颈动脉干：在胸前口处气管的腹侧，分为左、右颈总动脉，分布于头、颈和脑的动脉干。

2. 胸主动脉主要分支

(1)支气管食管动脉：马由第6胸椎处起自胸主动脉，后分为1支气管动脉和1支食管动脉，分别分布于肺内支气管和食管。牛的支气管动脉和食管动脉通常分别起于胸主动脉的起始部，有时以1总干起于胸主动脉，称为支气管食管动脉。猪的支气管动脉起于胸主动脉。

(2)肋间动脉：其数目与肋骨数一致。马肋间动脉的第 1 对起自颈深动脉，第 2、第 3、第 4 对起自肋颈动脉，其余各对起自胸主动脉；牛肋间背侧动脉前 3 对由肋颈动脉干发出，其余均起自于胸主动脉。每一支肋间动脉在肋间隙的上端均分为背侧支和腹侧支，背侧支分出脊髓支入椎间孔，分出肌支分布于脊柱背侧的肌肉和皮肤；腹侧支较粗，沿肋骨后缘向下延伸，与胸内动脉的分支吻合，分布于胸侧壁的肌肉和皮肤。

3. 腹主动脉主要分支

腹主动脉是胸主动脉的延续，沿腰椎腹侧向后伸延，其分支有两类：一类为壁支，即成对的腰动脉，分布于腰部腹侧、背侧的肌肉、皮肤及脊髓、脊膜等处；另一类为脏支，分布于腹腔、骨盆腔的器官。腹主动脉脏支的分支主要如下：

(1)腹腔动脉：不成对，短而粗，在主动脉裂孔后方起自腹主动脉的腹侧，分支分布于胃、脾、肝、胰、网膜和部分十二指肠。

(2)肠系膜前动脉：不成对，为腹主动脉最粗的分支。在第 1 腰椎腹侧起于主动脉，又分出 20～30 条小动脉，分支为十二指肠动脉、空肠动脉、回肠动脉、盲肠动脉、结肠前动脉。

(3)肾动脉：成对，短而粗，由肾门入肾，入肾前尚有分支到肾上腺。

(4)睾丸动脉或子宫卵巢动脉：成对，由肠系膜后动脉附近起于腹主动脉。公畜称为睾丸动脉，经腹股沟进入精索，分布于精索、睾丸和附睾。母畜称为子宫卵巢动脉，又分出卵巢动脉和子宫动脉，分别分布于卵巢和子宫角。

(5)肠系膜后动脉：不成对，在第 3、第 4 腰椎腹侧起于腹主动脉，分 2 支，其中 1 支为结肠后动脉分布小结肠(马)或结肠后部(牛)；另 1 支为直肠前动脉分布直肠。

(6)腰动脉：共 6 对，前 5 对起自腹主动脉，第 6 对起自髂外动脉。腰动脉分布于腰腹部的肌肉、皮肤和脊髓。

(7)髂内动脉：腹主动脉在第 5、6 腰椎处腹侧分成左、右髂内动脉。髂内动脉是骨盆部动脉的主干，分布于骨盆内器官、荐臀部及尾部的肌肉和皮肤。腹主动脉在分出左、右髂内动脉后，在左、右髂内动脉间或一侧髂内动脉，分出小而不成对的荐中动脉，向后伸延至尾根腹侧，转为尾中动脉。牛的尾中动脉比较发达，临床常利用此动脉触诊脉搏。

(8)髂外动脉：腹主动脉在分出髂内动脉处还分出左、右髂外动脉，髂外动脉在腹膜和髂筋膜覆盖下，沿髂骨前缘向后下方伸延，至耻骨前缘出腹腔，是后肢动脉的主干。髂外动脉分出旋髂深动脉、精索外动脉或子宫中动脉、股深动脉、腹壁后动脉和阴部外动脉等，其不仅分布于后肢、腰、腹及臀部肌肉和皮肤，还分布于公畜的阴茎、阴囊、包皮及母畜的子宫和乳房等。

4. 头颈部动脉

双颈动脉干是头颈部动脉的主干。双颈动脉干在胸前口分为左、右颈总动脉，在颈静脉沟的深部，沿气管(右颈总动脉)或食管(左颈总动脉)的外侧向前上方伸延，在寰枕关节处分为 3 支：枕动脉(分布于脑、脊髓、硬脑膜及头后部的皮肤和肌肉)、颈内动脉

(经破裂孔入颅腔，分布于脑和硬脑膜。成年牛退化)和颈外动脉(分布于面部、口腔、咽、腮腺、牙齿、眼球、泪腺等)。猪的枕动脉和颈内动脉以一总干起于颈总动脉。

5. 前肢动脉

前肢动脉依据位置的不同可分为以下几段。

(1)腋动脉：锁骨下动脉出胸腔后即成为腋动脉，位于肩关节内侧，分出肩胛上动脉和肩胛下动脉，分布于肩部的肌肉和皮肤。

(2)臂动脉：为腋动脉向下的延续，位于臂部内侧，沿途除分支分布于喙臂肌、臂二头肌、胸深肌和肱骨外，还分出臂深动脉、尺侧副动脉、桡侧副动脉和骨间总动脉等，分布于臂部和前臂部的肌肉和皮肤。

(3)正中动脉：为臂动脉的延续，位于前臂内侧，分布于前臂部的肌肉和皮肤。

(4)指总动脉：正中动脉在前臂远端延续为指总动脉，位于掌骨的掌内侧，分布于前肢远端的皮肤和肌肉。

6. 后肢动脉

后肢动脉依据位置的不同可分成以下几段。

(1)股动脉：为髂外动脉的直接延续，在股薄肌深面向后肢远端伸延，可分出股前动脉、股后动脉及分布到股内侧皮下的隐动脉。牛的隐动脉发达，下行到趾部。

(2)腘动脉：股动脉延续至膝关节后方为腘动脉，被腘肌覆盖。腘动脉在小腿近端分出胫后动脉后，主干延续为胫前动脉。

(3)胫前动脉：穿过小腿间隙，沿胫骨背外侧向下伸延，至跗关节背侧分出跗动脉后，转为跖背外侧动脉(马)或跖背侧动脉(牛)。

(二)体循环的静脉系

体循环的静脉系包括心静脉系、前腔静脉系、后腔静脉系和奇静脉系(图 8-2-2、图 8-2-3)。

1. 心静脉系

心脏的静脉血通过心大静脉、心中静脉和心小静脉注入右心房。

2. 前腔静脉系

前腔静脉系是汇集头、颈、前肢和部分胸壁血液的静脉干。在胸前口处由左、右腋静脉和左、右颈内静脉、颈外静脉(牛、猪)或左、右颈静脉(马)汇合而成，位于气管和臂头动脉总干的腹侧，在心前纵隔内向后延伸，注入右心房。在注入右心房时还接纳了胸壁、胸椎等部位的静脉支。

3. 后腔静脉系

后腔静脉系是汇集腹壁、腹腔器官、骨盆壁、骨盆腔器官、尾部、后肢及乳房的静脉血注入右心房的静脉干。在骨盆腔入口处由左、右髂总静脉汇合而成，沿腹主动脉右侧向前伸延，经肝的腔静脉窝，穿过膈上的腔静脉孔进入胸腔，经右肺膈叶和副叶间进入右心房，沿途有腰静脉、睾丸静脉(或子宫卵巢静脉)、肾静脉、肝静脉等注入。

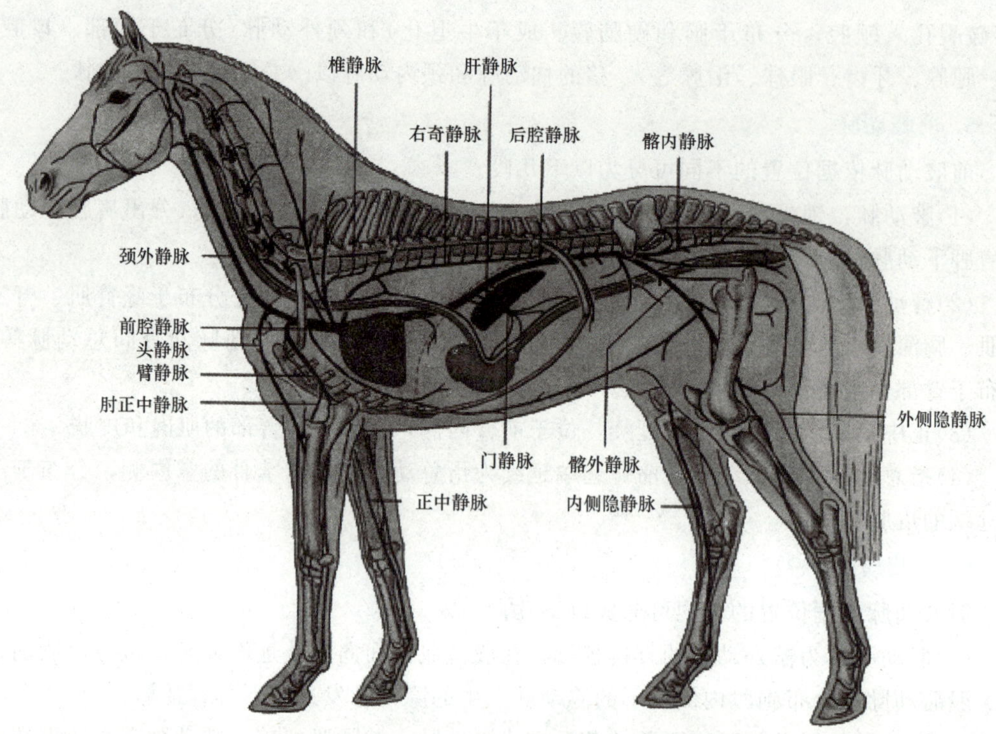

图 8-2-2　体循环的静脉系模式图

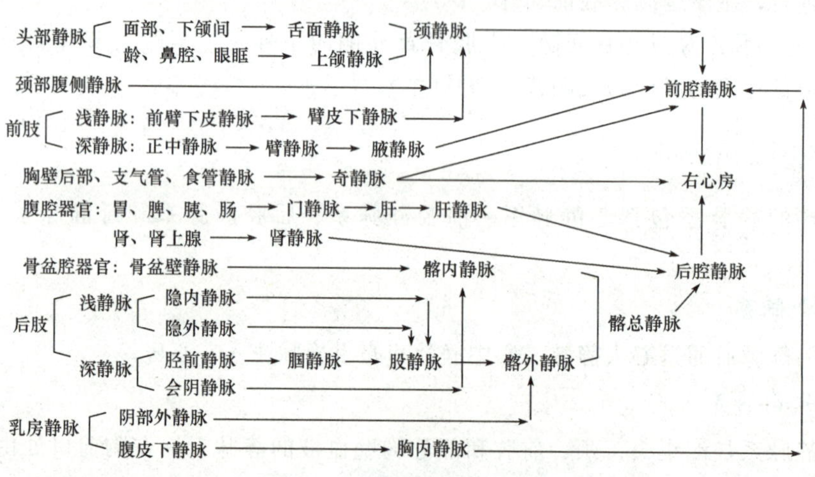

图 8-2-3　体循环静脉回流简图

4. 门静脉

门静脉由胃十二指肠静脉、脾静脉、肠系膜前静脉、肠系膜后静脉汇集而成，位于后腔静脉腹侧，为引导胃、脾、胰、小肠和大肠(除直肠后段外)静脉血的静脉干，经肝门入肝后反复分支至窦状隙，然后汇集成数条肝静脉注入后腔静脉。因此，门静脉与一般静脉不同，其两端均为毛细血管网(图 8-2-4)。

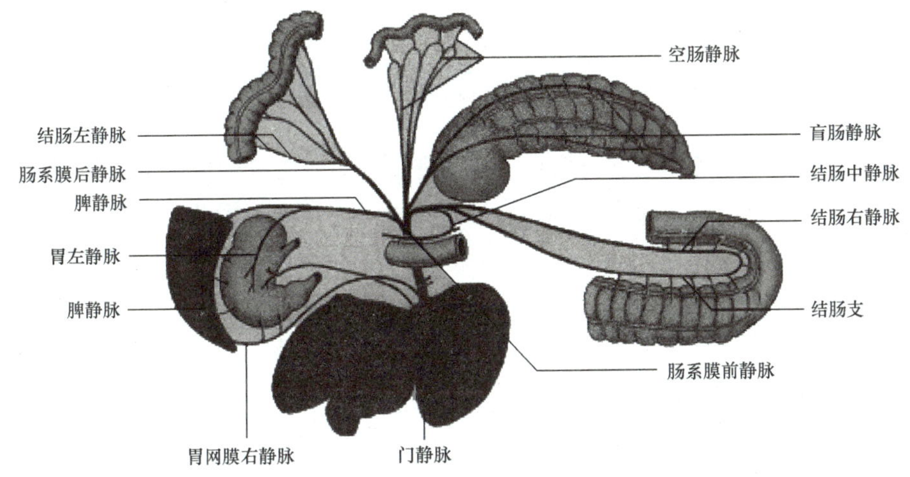

图 8-2-4　门静脉模式图

5. 奇静脉系

奇静脉系接受部分胸壁和腹壁的静脉血，也接收支气管和食管的静脉血，其由第 4 肋间隙以后的肋间静脉和支气管食管静脉汇集而成。右奇静脉（马）位于胸椎腹侧偏右面，与胸主动脉和胸导管伴行向前伸延，注入右心房；左奇静脉（牛）位于胸主动脉的左侧向前伸延，注入右心房。另一侧的奇静脉在前腔静脉注入右心房之前注入前腔静脉。

单元三　胎儿血液循环的特点

哺乳动物的胎儿在母体子宫内发育，其发育过程中所需要的全部营养物质和氧气都是通过胎盘由母体供应，代谢产物也是通过胎盘由母体运走。因此，胎儿血液循环具有与此相适应的一些特点。

一、胎儿心血管结构的特点

1. 房中隔上有一卵圆孔

胎儿心脏的房中隔上有一卵圆孔，使左、右心房相互沟通。但因卵圆孔左侧有瓣膜，右心房的压力又高于左心房，血液只能由右心房流向左心房。

2. 主动脉与肺动脉间有动脉导管

胎儿的主动脉与肺动脉间有动脉导管相通。因此，来自右心房的大部分血液由肺动脉通过动脉导管流入主动脉，仅有少量血液经肺动脉进入肺内。

3. 有脐动脉和脐静脉

胎盘是胎儿与母体进行气体及物质交换的特有器官，借助脐带与胎儿相连。脐带内有两条脐动脉和 1 条(马、猪)或 2 条(牛)脐静脉。

脐动脉由髂内动脉(牛)或阴部内动脉(马)分出，沿膀胱侧韧带至膀胱顶，再沿腹腔底壁向前伸延至脐孔，进入脐带，经脐带到胎盘，分支形成毛细血管网。脐静脉由胎盘毛细血管汇集而成。经脐带由脐孔进入胎儿腹腔(牛的 2 条脐静脉入腹腔后则合成 1 条)，沿肝的镰状韧带延伸，经肝门入肝。

4. 有静脉导管

牛与食肉动物的胎儿的脐静脉除与入肝血管及窦状隙连通外，还直接延续为静脉导管汇入后腔静脉，保证脐静脉的胎盘来血迅速到达胎儿体循环，而不至于过久地停留于肝内。

二、胎儿血液循环的途径

胎盘内从母体吸收来的富含营养物质和氧气的动脉血，经脐静脉进入胎儿肝内，反复分支后汇入窦状隙(在此与来自门静脉、肝动脉的血液混合)，最后汇合成数支肝静脉，注入后腔静脉(牛有一部分脐静脉的血液经静脉导管直接注入后腔静脉)，与来自胎儿身体后半部的静脉血混合后入右心房。进入右心房的大部分血液经卵圆孔到左心房，再经左心室到主动脉及其分支，其中大部分血液到头、颈和前肢。

来自胎儿身体前半部的静脉血，经前腔静脉入右心房到右心室，再入肺动脉。由于肺没有功能活动，因此，肺动脉中的血液只有少量进入肺内。大部分血液经动脉导管到主动脉，然后分布到身体后半部，并经脐动脉到胎盘。由此可见，胎儿体内的大部分血液是混合血，但混合程度不同。到达肝、头、颈和前肢的血液，由于氧气和营养物质的含量较高，可以适应肝功能活动和胎儿头部发育较快的需要；而到肺、躯干和后肢的血液，氧气和营养物质的含量较少。

三、胎儿出生后心血管系统的变化

胎儿出生后，肺和胃肠道都开始了功能活动；同时，脐带中断，胎盘循环停止，血液循环随之发生改变。胎儿出生后，心血管系统的变化如下。

1. 卵圆孔闭锁

肺循环开放，自肺静脉流入左心房的血液大量增加，左心房压力增高，压迫卵圆孔瓣膜紧贴房中隔，使卵圆孔封闭形成卵圆窝，从而使左、右心房完全分开，左心房内为动脉血，右心房内为静脉血。

2. 动脉导管退化

出生后动脉导管收缩闭合，形成动脉导管索，也称动脉韧带。

3. 脐动脉和脐静脉闭锁退化

脐带断裂，胎盘循环终止，脐动脉和脐静脉收缩闭合，分别退化成膀胱圆韧带和肝圆韧带。

4. 静脉导管闭锁退化

牛与食肉动物的静脉导管一样，闭锁退化成静脉导管索。

单元四　血　　液

一、血液的组成及其机能

血液是一种流动的结缔组织，含有红细胞、白细胞和血小板等(图 8-4-1)。血液离心后分为上层的血清、中层的白细胞和血小板和下层的红细胞。

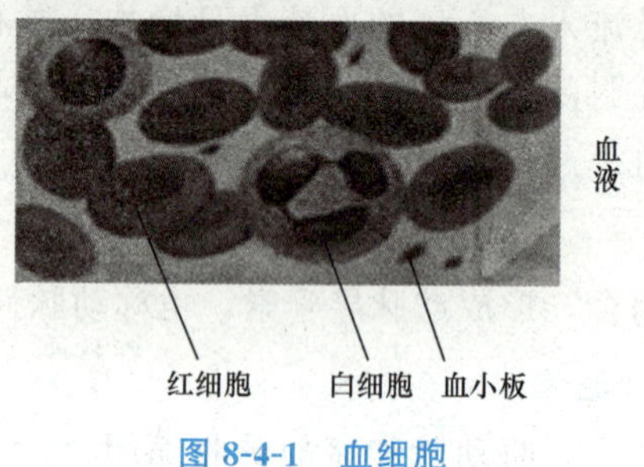

图 8-4-1　血细胞

血液是一种流体组织，在心脏的推动下，不断在心血管系统中循环流动。血液在流动过程中，运输营养物质、激素、气体和代谢产物。

(一)血浆

血浆是血液中的液体部分，是机体内环境的重要组成部分。

血浆含有 90%～92%的水，在 8%～10%的溶质中主要是血浆蛋白质(占 5%～8%)，其余是各种无机盐和小分子有机物(2%～3%)。

(二)血清

离开血管的血液若不做抗凝处理，将在很短时间内凝固成胶冻状的血块，并逐渐紧缩，析出黄色清亮液体，即血清。

(三)白细胞

1. 白细胞的形态和数量

白细胞是有核细胞，它的体积比红细胞大，相对密度小、数量少。根据胞浆中有无特殊染色颗粒，白细胞可分为颗粒细胞和无颗粒细胞两类。颗粒细胞按其染色特点，又可分为嗜中性粒细胞、嗜酸性粒细胞和嗜碱性粒细胞；无颗粒细胞包括单核细胞和淋巴细胞两种。

在各类白细胞中，嗜中性粒细胞和淋巴细胞的数量较多，嗜酸性粒细胞的数量较少，嗜碱性粒细胞的数量最少。如果白细胞总数发生变化，表明动物患有某种疾病。

2. 白细胞的机能

嗜中性粒细胞具有很强的吞噬能力、活跃的变形运动及敏锐的趋化性，能吞噬入侵的微生物，并将它们限制住，就地杀灭，以防止其扩散。嗜中性粒细胞的数量明显增加的情况，常与急性化脓性感染有关。

嗜酸粒性细胞具有吞噬能力，在动物患寄生虫病、荨麻疹和过敏性疾病时，其数量明显增加。

嗜碱性粒细胞具有解毒等功能。

淋巴细胞是具有特异性免疫机能的免疫细胞，它主要参与机体的免疫过程。

单核细胞也具有运动与吞噬能力，能吞噬坏死细胞和衰老红细胞。它有激活淋巴细胞的特异性免疫机能、促进淋巴细胞发挥免疫作用的机能。

(四)血小板

血小板是由骨髓巨核细胞的胞浆断裂而成的，呈不规则的圆盘形、椭圆形或杆状小体，没有细胞核。血小板参与凝血、止血过程，其寿命很短，在循环血液中通常只存活8～11天。

(五)红细胞

1. 形态与数量

成熟的红细胞为无核、双面内凹的圆盘形细胞，直径为5～10 μm。红细胞是各种血细胞中数量最多的一种。

同种动物的红细胞数量常随品种、年龄、性别、生理状态和生活条件等的不同而有差异，幼年比成年多，雄性比雌性多，营养状况好的比营养不良的多，高原地带的比平原地区的多等。

2. 机能

红细胞的主要机能是运输 O_2 和 CO_2，并对进入血液的酸、碱物质起缓冲作用，这些机能均与细胞所含的血红蛋白有关。

二、血量

通常所说的血量是指体内的血液总量。其中一部分在心血管系统循环流动，称为循环血量；另一部分存在于肝、脾、肺及皮下等处毛细血管和血窦之中，称为储备血量。

三、血液凝固

血液由液体状态转变为凝胶状态的过程，称为血液凝固。畜体一旦受伤出血，凝血作用可避免失血过多，因此，凝血也是机体的一种保护机能。血浆与组织中直接参与凝血的物质称凝血因子。

(一)凝血过程

凝血过程基本上是一系列蛋白质有效水解的过程。凝血过程大致经历3个阶段：凝血酶原激活物的形成→凝血酶原激活物催化凝血酶原转变为凝血酶→凝血酶催化纤维蛋白原转变为纤维蛋白。至此便形成了血凝块。

(二)凝血时间

血液从流出血管开始到出现丝状的纤维蛋白所需要的时间，称为凝血时间。牛的凝血时间为 5～6 min，绵羊的为 2～5 min。

(三)影响血液凝固的因素

1. 机械因素

使血液与粗糙面接触，可促进血液凝固，因此临床上常用纱布、棉花按压伤口来止血。

2. 温度

血凝过程是一系列酶促反应，酶的活性明显受温度影响，适当地提高温度可加速凝血反应。因此，在某些部位的外科手术中，用温生理盐水浸泡的纱布敷伤口可以有效止血。

3. 化学因素

在凝血过程中，几乎每个环节都需有 Ca^{2+} 存在，除去血浆中的 Ca^{2+}，就能阻止血凝。柠檬酸钠能与血浆 Ca^{2+} 生成不易解离的柠檬酸钠钙，使血浆 Ca^{2+} 减少，起到促进血液凝固的作用。

知识拓展

一、成年动物白细胞数量及各类白细胞所占比例

成年动物白细胞数量及各类白细胞所占比例见表 8-4-1。

表 8-4-1　成年动物白细胞数及各类白细胞的比例

动物	白细胞总数/(10^9 个 · L^{-1})			各类白细胞所占比例/%		
		嗜中性粒细胞	嗜酸粒细胞	嗜碱粒细胞	淋巴细胞	单核细胞
猪	8.5	53.0	4.0	0.6	39.4	3.0
奶牛	8.0	36.5	4.0	0.5	57.0	2.0
绵羊	8.2	37.2	4.5	0.6	54.7	3.0
山羊	9.6	42.2	3.0	0.8	50.0	4.0
犬	9.0	61.0	6.0	1.0	25.0	7.0
猫	18.0	68.25	4.5	0.25	25.8	1.2
兔	7.6	35.0	1.0	2.5	59.0	2.5

二、各种动物的红细胞数量

各种动物的红细胞数量见表 8-4-2。

表 8-4-2 成年健康动物红细胞数量及血红蛋白含量

动物种类	红细胞/(10^{12} 个·L^{-1})	血红蛋白/(g·L^{-1})
猪	6.5(5.0～8.0)	130(100～160)
牛	7.0(5.0～10.0)	110(80～150)
绵羊	10.0(8.0～12.0)	120(80～160)
山羊	13.0(8.0 ～18.0)	110(80～140)

三、白细胞的生成与破坏

1. 白细胞的生成

各类白细胞由机体的不同器官组织生成。颗粒白细胞是由红骨髓的原始粒细胞分化而来；单核细胞大部分来源于红骨髓，一部分来源于单核巨噬细胞系统；淋巴细胞生成于脾、淋巴结、胸腺、骨髓、扁桃体及肠黏膜下的集合淋巴结内。

2. 白细胞的破坏

白细胞在血液中停留的时间很短，有的只有几小时或 2～4 天。衰老的白细胞大部分被单核巨噬细胞清除，小部分在执行防御任务时被细菌或毒素所破坏，或经由唾液、尿、肺和胃肠黏膜排出。

四、红细胞的生成与破坏

1. 红细胞的生成

红细胞由红骨髓生成。红细胞的平均寿命为 120～130 天，血红蛋白是组成红细胞的主要成分。

2. 红细胞的破坏

红细胞的破坏主要是由于自身的衰老所致。衰老的红细胞变形能力减退，脆性增大，容易在血液的冲击下破裂。而大部分衰老细胞难以通过微小孔隙，只能停滞在脾、肝和骨髓的单核巨噬细胞系统中，被吞噬细胞所吞噬。红细胞被破坏后，释放出的血红蛋白降解为胆绿素、铁和珠蛋白。铁和蛋白可被重新代谢利用；胆绿素进入肝脏，经胆色素代谢，其代谢产物大部分经粪、尿排出体外，小部分经直肠吸收后进入血液，被重新利用。

单元五　心脏生理

心脏和血管巩固成循环系统。动物体循环系统包括体循环和肺循环。心脏有规律地收缩和舒张，像泵一样产生推动力，推动血液在循环系统定向流动，一旦心脏活动停止，血流中断，意味着生命即将完结。

一、心肌的生理特性

心脏的节律性运动是由心肌细胞和自律细胞共同作用而完成的。心房和心室的收缩及瓣膜的开张和关闭产生了心音。

心肌有心肌细胞和自律细胞两种。心肌细胞具有舒张性、收缩性和传导性，没有自动节律性。自律细胞在没有外来刺激时，通过本身内部的变化可以自动地发生节律性兴奋。其中，窦房结的自律细胞自律性最高，是心脏内兴奋和搏动的起源部位，称为正常起搏点。

(一)自动节律性

心脏在没有神经支配的情况下，能自动发生节律性跳动的特性称为自动节律性。自动节律性源于心脏的传导系统。心脏特殊传导系统的自律细胞均有自律性，但自律性高低不一。窦房结的自律性最高，成为心脏正常活动的起搏点。其他自律细胞的自律性依次降低，在正常情况下不自动产生兴奋，只起传导兴奋的作用，是潜在的起搏点。以窦房结为起搏点的心脏节律性活动称为窦性心律。当窦房结的功能出现障碍，兴奋传导阻滞或某些自律细胞的自律性异常升高时，潜在起搏点也可自动产生兴奋而引起部分或全部心脏的活动。这种以窦房结以外为起搏点的心脏活动称为异位心律。

(二)传导性

传导性是指心肌细胞的兴奋沿着细胞膜向外传播的特性。由于心肌细胞之间存在闰盘结构，兴奋能通过闰盘传递到另一个心肌细胞，从而引起全部心肌细胞的兴奋和收缩。在正常情况下，由窦房结发出的兴奋可沿心脏的传导系统传播到心脏各部，顺次引起整个心脏中的全部心肌细胞进入兴奋状态。兴奋在房室结的传导速度明显放慢，并有约 0.07 s 的短暂延搁，称为房一室延搁。其生理作用是保证心房完全收缩把全部血液送入心室，使心室在收缩时有充足的血液射出。

(三)兴奋性

心肌对适宜刺激发生反应的能力，称为兴奋性。心肌细胞和其他可兴奋细胞一样，发生一次兴奋后，兴奋性也要经历各个时期变化之后才恢复正常。心肌细胞兴奋性的一个重要特点是绝对不应期特别长。

1. 心肌兴奋性的周期性变化

当心肌兴奋时，它的兴奋性也发生相应的周期性变化。

(1)绝对不应期。心肌在受到刺激而出现一次兴奋后，有一段时间兴奋性极度降低到零。无论给予多大的刺激，心肌细胞均不发生收缩，称为绝对不应期。这对保证心肌细胞完成正常功能是极其重要的。

(2)相对不应期。在心肌开始舒张的一段时间内，心肌细胞的兴奋性有所恢复，但仍低于正常水平。此时给予较弱的刺激，心肌细胞不产生兴奋；若给予较强的刺激，可引起心肌细胞产生兴奋，称为相对不应期。

(3)超常期。在心肌舒张完毕之前的一段时间内，细胞的兴奋性高于正常水平，此时给予较小强度的刺激即可引起心肌细胞兴奋，故称超常期。超常期过后，心肌细胞的兴奋性也恢复正常。

(4)低常期。在超常期过后，心肌细胞兴奋性低于正常水平，对阈刺激不产生反应，需要经历一段较长时间(约 70 ms)，才能使兴奋性恢复正常水平，此时期称为低常期。

2. 期前收缩和代偿间歇

在心脏的相对不应期内，如果给予其一次较强的额外刺激，则心脏会发生一次比正常心律提前的收缩，称为期前收缩(早搏)。期前收缩后，往往发生一个较长的间歇期，称为代偿间歇，恰好补偿上一个额外收缩所缺的间歇期时间，以保证心脏有充足的时间补偿氧气和营养物质，而不至于产生疲劳。

(四)收缩性

心肌兴奋的表现是肌纤维收缩，即收缩性，具有以下特点。

1. 不发生强直性收缩

心肌不会发生如骨骼肌那样的强直性收缩，能始终保持收缩后必有舒张的节律性活动，从而保证心脏的射血和血液回流等功能的实现。

2. 同步收缩

心肌细胞之间的闰盘电阻很低，因此，兴奋在心房或心室内传导很快，几乎同时到达所有的心房肌或心室肌，从而引起全心房肌或全心室肌同时收缩，称为同步收缩。同步收缩效果好，力量大，有利于心脏射血。

心肌的各种特性常因内环境中许多理化因素的改变而改变。例如体温升高可使心跳加强加快，体温下降则使心跳变慢；血液 pH 值低于 7.35 时，心肌收缩明显减弱；血液中 Na^{+}、K^{+}、Ca^{2+} 必须同时存在，因为 Na^{+} 是维持心肌兴奋性必不可少的离子，K^{+} 又可抑制心肌的兴奋性和传导性，若血钾过高会引起心动过缓，传导阻滞，心肌收缩不良，但血钾过低又会引起心肌自动节律性增强，发生期前收缩，Ca^{2+} 是心肌维持收缩性所必需的离子，含量过高则会导致心脏舒张不全，甚至发生心脏停止于收缩期的现象。

二、心动周期

心脏跳动由心房肌和心室肌地节律性收缩和舒张来完成。心脏每收缩和舒张 1 次即构成心脏的 1 个机械活动周期，称为心动周期。

心脏每次心动周期均包括收缩期和舒张期，但左、右心房或左、右心室都是同步收缩。在 1 个心动周期中，首先是两心房同时收缩，继而两心房舒张，当心房开始舒张时两心室同步收缩，两心室收缩的持续时间要长于心房；然后心室开始舒张，此时心房仍处于收缩后的舒张状态；即心房和心室处于共同舒张状态。接着两心房又开始收缩进入下 1 个心动周期。因此，1 个心动周期中可顺序出现 3 个时期，即心房收缩期、心室收缩期和心房心室共同舒张期(也称全心舒张期)。心动周期时程的长短与心率有关。例如，心率为 75 次/min，则每个心动周期历时 0.8 s，其中心房收缩期 0.1 s，舒张期 0.7 s；心室收缩期 0.3 s，舒张期 0.5 s。在 1 个心动周期中，无论是心房还是心室，其舒张期均长于收缩期。从全心分析，全心舒张期占半个心动周期。舒张期心肌耗能较少，有利于心脏休息，能够有效地补充消耗和排出代谢产物。这是心肌能够不断活动而不发生疲劳的根本原因。全心舒张期占心动周期总时间的 50%，这样就保证了心脏有充足的时间让静脉血回流和充盈心室，充盈足够量的血液才能保证正常的射血量。

由于心脏泵血推动血液流动主要是依靠心室的收缩和舒张，心房的舒缩活动处于辅助地位，人们在习惯上把心室的收缩期和舒张期分别称为心缩期和心舒期。心动周期的持续时间与心率关系密切，心率越快，心动周期越短，收缩期和舒张期均相应缩短，但舒张期缩短更显著。因此，当心率过快时，心脏工作时间明显延长，而休息及充盈的时间明显缩短，从而使心脏的泵血功能减弱。

三、心率

动物在安静状态下单位时间内的心脏搏动的次数称为心率。心率可因动物种类、年龄、性别、所处环境、地域等情况而不同。一般表现为基础代谢率高者，心率稍快。如幼龄、雄性、妊娠母畜、小动物等心率稍快，而运动剧烈、惊恐等情绪紧张时，心率也会加快。同一个体在安静或睡眠时心率较慢。常见动物心率的正常变动范围见表 8-5-1。

表 8-5-1　常见动物心率的正常变动范围　　次・min^{-1}

动物名称	心率	动物名称	心率
奶牛	60～80	骆驼	25～40
公牛	30～60	犬	80～130
羊	60～80	猫	110～130
马	28～42	兔	120～150
猪	60～80	鸡	300～400

四、心音

在心动周期中，由于心肌收缩和舒张、瓣膜启闭等因素引起血流振动产生的声音，称为心音。振动可通过周围组织传播到胸壁，通常在胸壁的心区可以听到。由“通”和“嗒”两种声音组成，分别为第一心音和第二心音。

第一心音为心缩音，在心脏收缩时，由于房室瓣关闭、腱索弹性振动，血液冲开主动脉瓣、肺动脉瓣及血液在动脉根部的振动，以及心肌收缩心室壁的振动而产生。第一心音的特点是音调低而持续时间长。

第二心音为心舒音，在心脏的舒张期，心室内压突然下降，引起心室壁振动，主动脉瓣、肺动脉瓣关闭产生的振动。第二心音的特点是音调高而持续时间短。

在动物心区听诊心音，判断心音的频率及节律，注意心音的强度与性质的改变，是否有心音分裂和心杂音，依此推断心脏的功能及血液循环状态。

五、心输出量及其影响因素

(一)每搏输出量和每分输出量

在一个心动周期中，左、右心室射出的血量基本上是相等的。每个心室每次收缩射出的血量称为每搏输出量。每个心室每分钟射出的总血量称为每分输出量，简称心输出量。它是衡量心脏功能的一项重要指标。每分输出量大致等于每搏输出量和心率的乘积，即

心输出量＝每搏输出量×心率

在正常生理状态下，心输出量随有机体新陈代谢的强度而改变。新陈代谢增强时，心输出量会相应增加。心脏这种能够以增加心输出量来适应机体需要的能力，叫作心脏的储备力。当心脏的储备力发挥到最大限度仍不能适应有机体的需要时，即发生心力衰竭。

(二)影响心输出量的主要因素

心输出量的大小取决于心率和每搏输出量，而每搏输出量的大小主要受静脉回心血量和心室肌收缩力的影响。

1. 静脉回心血量

心脏能自动地调节并平衡射血量和回心血量之间的关系。在生理范围内，心脏能将回流的血液全部泵出，可使血液不在静脉内蓄积。心脏的这种自身调节不需要神经和体液的参与。

当静脉回心血量增加时，心室容积相应增大，收缩力加强，每搏输出量就增多。反之，当静脉回心血量减少时，每搏输出量也随之减少。

2. 心室肌收缩力

在静脉回流量和心舒末期容积不变的情况下，心肌可在神经系统和各种体液因素的调节下，改变心肌的收缩力量。例如，在动物活动时，心舒末期容积并不增大，但是在交感－肾上腺系统的调节下，心肌收缩力量增强，使心缩末期的容积比正常时进一步缩小，减少心室的残余血量，从而使每搏输出量明显增加。

3. 心率

心率加快在一定范围内能够增加心输出量。但心率过快会使心动周期的时间缩短，

特别是舒张期的时间缩短。这样就造成心室还没有被血液完全充盈的情况下进行收缩，结果每搏输出量减少。此外，心率过快还会使心脏过度消耗供能物质，从而使心肌收缩力降低。因此，当动物心力衰竭时，尽管心率增加，但并不能增加心输出量而使循环功能好转。经过良好训练的动物，主要依靠增加每搏输出量的方式来提高心输出量；而没有经过充分锻炼的动物常依靠增加心率来提高心输出量。

知识拓展

心脏的调节作用

尽管心脏具有自动节律性，但神经和体液对心脏的活动具有调节作用。

一、神经调节

调节心脏活动的高级中枢在延脑中。延脑内的心血管活动中枢可分为心脏的兴奋中枢和抑制中枢。当兴奋中枢兴奋时，经交感神经传到心脏的传导系统，使心脏收缩加强、加快。当抑制中枢兴奋时，经迷走神经传到心脏的传导系统，使心脏收缩减弱、减慢。兴奋中枢与抑制中枢互相配合，相互协调，保持平衡，从而保证了心脏活动的正常进行。

二、体液调节

体液中的各种化学物质对心脏活动也有一定的影响。当血液中的 CO_2 增加时，可以加强兴奋中枢的兴奋，使心跳加快。血中的 Ca^{2+}、K^+、Na^+ 对心肌细胞有非常显著的影响：Na^+ 维持心肌的兴奋；Ca^{2+} 维持心肌的收缩；K^+ 抑制心肌的兴奋和传导。血中 K^+、Na^+、Ca^{2+} 3 种离子必须按一定比例同时存在。血液中的钾离子浓度增高时，可使心跳减慢，收缩不全，可引起心动过缓，传导阻滞，心肌收缩不良，甚至使心脏停止于舒张状态；当血液中的 K^+ 浓度过低时，可引起心肌自动节律性增强，发生额外收缩，即心脏发生一次比正常心律提前的收缩。血液中 Ca^{2+} 浓度增高时，心脏收缩力加强；Ca^{2+} 浓度降低，心脏的收缩力减弱。Na^+ 能维持细胞内外 K^+、Na^+ 离子平衡，使机体处于正常的生理活动状态。

单元六　血管生理

一、血管的种类与功能

血管不仅是运输血液的管道，而且在调节血压、控制各个局部器官的血流量、组织液的生成及进行物质交换等方面都起到重要作用。血管系统包括动脉、毛细血管和静脉，按生理功能，血管可分为以下几类。

(1)弹性血管：主动脉及其大分支血管。这一类血管管壁厚，含弹性纤维较多，具有较大的可扩张性和弹性。

(2)阻力血管：包括小动脉和微动脉。管壁富含平滑肌，在神经和体液的调节下可做舒缩活动，改变管径，使血液流动的阻力发生变化。

(3)交换血管：指毛细血管。管壁纤薄，仅由单层内皮细胞构成，内皮细胞之间有裂隙，有很大的通透性，是血管内血液与组织液之间进行物质交换的场所。

(4)容量血管：指静脉血管，与同级的动脉比较，数量多，口径大，管壁薄，容量大。在静息状态下，静脉系统容纳的血量可达循环血量的60%～70%。

(5)短路血管：指小动脉与小静脉之间的吻合支。这种结构可使动脉血液不用经过毛细血管网便可直接回流静脉系统，所以没有物质交换功能。这类血管主要分布于末梢等处的皮肤中，可能与体温调节有关。

二、血压

血压是指血液在血管内流动时对单位面积血管壁产生的侧压力，惯用毫米汞柱(mmHg)作为单位：1 mmHg=0.133 kPa。

(一)血压的形成

血压的形成需3个基本因素：血管内血液充盈、心脏射血、外周阻力。血量多或血管容量减小，则充盈程度大，反之则充盈程度小。当心脏射血时，一方面推动血液向后流动，另一方面产生使血管壁扩张的侧压力。外周阻力是阻碍血液流动的作用力，这是血流的动能不断转化为压迫血管壁势能的必要条件。

由于血液从大动脉流向心房的过程中不断消耗能量，血管系统各部分的血压是逐渐降低的。主动脉血压最高，中、小动脉血压较低，毛细血管血压进一步降低，到近心端的大静脉处，血压降到最低点，而且常为负值。

(二)血压的测量

血压测量方法有直接测量和间接测量两种。

(1)直接测量：将导管一端插入动物动脉血管；另一端与带有U形管的水银检压计相连，通过观察U形管两侧水银柱高度差值，便可直接读出血压数值。但使用此法仅能测出平均血压的近似值，不能精确反映心动周期中血压的瞬间变动值。

(2)间接测量：通常用听诊法，或采用压力传感器将压力变化转换为可直接读取的数值，这种方法在兽医临床上使用较多。临床上大动物多在尾中动脉或正中动脉测量，小动物多在股动脉测量。

三、动脉血压和动脉脉搏

(一)动脉血压

通常所说的血压是指动脉血压。在一个心动周期中，动脉血压随心室的舒缩而不断变化。在心室收缩期，动脉血压升高，其最高值，称为收缩压。在心室舒张期末，动脉血压降至最低值，称为舒张压。收缩压与舒张压的差值称为脉搏压。脉搏压可以反映动脉管壁的弹性，脉搏压越大则弹性越差，脉搏压越小则弹性越好。

动脉血压的平均值称为平均动脉压，通常可按下式计算：

$$平均动脉压=舒张压+1/3\ 脉搏压$$

动脉血压在血液循环中占有重要地位，它决定其他血管中的压力，是保证血液克服阻力供应各器官的主要因素，动脉血压过低不能保证有效的循环和血液供应；动脉血压过高会增加心脏和血管的负担，甚至损伤血管引起出血。血压长期过高往往会引起左心室代偿性肥大和心血管系统的其他功能性和器质性的病理性变化。

常见成年动物颈动脉或股动脉的血压见表 8-6-1。

表 8-6-1　常见成年动物颈动脉或股动脉的血压

动物名称	收缩压	舒张压	脉搏压	平均动脉压
牛	18.7	12.6	6.0	14.7
绵羊	18.7	12.0	6.7	14.3
猪	18.7	10.6	8.0	13.3
马	17.3	12.6	4.7	14.3
鸡	23.3	19.3	4.0	20.7
兔	16.0	10.6	5.3	12.4
犬	16.0	9.3	5.3	11.6
猫	18.7	12.0	6.7	14.3

动脉血压的数值主要取决于心输出量和外周阻力，因此，凡是能影响心输出量和外周阻力的各种因素，都影响动脉血压。

(二)动脉脉搏

1. 动脉脉搏的形成

当心室收缩时，血液射向主动脉，使主动脉管壁扩张；当心室舒张时，主动脉内压下降，血管壁弹性回缩而复位。这种随着心脏节律性泵血的活动使主动脉管壁发生的扩张—回缩的振动，以弹性波形式沿血管壁传向外周，即形成了动脉脉搏。通常临床上所说的脉搏是指动脉脉搏。

2. 脉搏检查的临床意义

由于脉搏是心搏动和动脉管壁的弹性所产生，它不但能够直接反映心率和心动周期的节律，而且能够在一定程度上通过脉搏的速度、幅度、硬度、频率等特性反映整个循环系统的功能状态。所以，检查动脉脉搏有重要的临床意义。

3. 脉搏检查的部位

牛在尾中动脉或颌外动脉；马在颌外动脉；猪在桡动脉；羊和小动物在股动脉。

四、静脉血压和静脉回流

(一)静脉血压

血液通过毛细血管后，绝大部分能量用于克服血管系统的阻力而消耗，所以静脉血压很低，而且在整个静脉系统中的压力相差较小。右心房作为体循环的终点，血压最低，接近于零。通常将在右心房和胸腔内大静脉的血压称为中心静脉压，而各器官的静脉血压称为外周脉压。

(二)静脉回流

血液在静脉内的流动主要依赖于静脉与右心房之间的压力差。能引起这种压力差发生变化的任何因素都能影响静脉血的回流，从而改变静脉回流量。影响静脉回流量最主要的因素如下。

1. 血压差促使血液回流

动物躺卧时，全身各大静脉大都与心脏处在同一水平，由于静脉血压由远心端向近心端依次降低，所以单靠静脉系统中各段的血压差就可以推动血液流回心脏。

2. 骨骼肌的挤压作用

动物在站立时，因受重力影响血液将积滞在心脏水平以下的腹腔和四肢的末梢静脉中，这时骨骼肌的收缩是促进静脉回流的重要因素。骨骼肌收缩时，挤压附近的静脉，使其中的血液推开瓣膜朝着向心的方向流动。静脉瓣游离缘只朝心脏方向开放，因此，当肌肉舒张时，静脉血不至于倒流。

3. 胸内负压的抽吸作用

呼吸运动时胸内负压的变化也是促进静脉回流的另一个重要因素。胸内负压吸气时更低。吸气时胸腔内的大静脉受到负压牵引而被动扩张，使静脉容积增大，内压下降，因而对静脉血回流起着抽吸作用。此外，在心舒期，心房和心室内产生的较小负压对静脉回流也具有一定的抽吸作用。

(三)静脉脉搏

由大静脉(如腔静脉、颈静脉等)不断流回心脏的血液，当心房收缩时回流受阻，静脉内压升高，静脉管壁受到压力而膨胀；当心房舒张时，滞留在静脉内的血液则快速流回心脏，静脉内压下降，管壁内陷。这样，随着心房舒缩活动引起大静脉管壁规律性的膨胀和塌陷，即形成静脉脉搏。此外，心室的舒缩活动也能间接影响静脉脉搏。

牛和马可在颈静脉沟处观察到颈静脉的搏动，尤其是牛更易看到。由于颈静脉脉搏能在一定程度上反映右心内压的变化，检查颈静脉脉搏具有临床意义。

五、微循环

微循环是指小动脉和小静脉之间微细血管的血液循环，功能是完成血液和组织液之间的物质交换。典型的微循环由微动脉、后微动脉、毛细血管前括约肌、真毛细血管、通血毛细血管、动—静脉吻合支和微静脉 7 部分组成。微动脉的管壁有环形的平滑肌，其收缩和舒张可控制微血管的血流量。微动脉分支成管径更细的后微动脉。每根后微动脉向一根至数根真毛细血管供血。在真毛细血管起始端通常有 1～2 个平滑肌细胞，形成一个环，即毛细血管前括约肌。该括约肌的舒缩状态决定进入真毛细血管的血流量。

在微循环系统中，血液由微动脉到微静脉有以下 3 条不同的途径。

1. 直捷通路

微循环的基本路径：微动脉→后微动脉→通血毛细血管→微静脉。这一通路的途径较短，血流速度快并经常处于开放状态，物质交换的功能较弱，主要是促使血液迅速通过微循环而由静脉回流入心脏。直捷通路在骨骼肌组织的微循环中较为多见。

2. 营养通路

营养通路又称迂回通路，基本路径：微动脉→后微动脉→毛细血管前括约肌→真毛细血管→微静脉。真毛细血管管壁薄，路径迂回曲折，血流缓慢，与组织接触面广，是血液与组织液间完成物质交换的主要场所。

3. 动—静脉短路

在某些情况下，血液从微动脉经动—静脉吻合支直接流进微静脉。这一通路管壁较厚，液流速较快，完全没有物质交换的作用。在一般情况下，此通路经常处于关闭状态，它的开闭活动主要与体温调节有关。这条通路多见于皮肤、耳郭、肠系膜、肝和脾等器官中。

六、组织液的生成与回流

存在于血管外组织细胞间隙中的体液成分称为组织液，是血液与血管外组织细胞之间进行物质交换的媒介。组织液大部分呈凝胶状态，不能自由流动，不会因重力作用而流向躯体的低垂部位。

(一)组织液的生成与回流

组织液是血浆通过毛细血管管壁滤出而生成的；同时，其也会被毛细血管重吸收返回血液。在正常生理状态下，组织液的生成与重吸收保持动态的平衡。因毛细血管管壁具有通透性，除血细胞和大分子物质(如高分子蛋白质)外，水和其他小分子物质(如营养物质、代谢产物、无机盐等)都可以通过弥散或滤过的方式透过毛细血管管壁，在血液和组织液之间进行物质交换。组织液中各种离子成分与血浆相同。组织液中也存在各种血浆蛋白质，但其浓度明显低于血浆。

组织液的生成与回流取决于 4 个因素：毛细血管血压、组织液胶体渗透压、组织液静水压、血浆胶体渗透压。其中，毛细血管血压和组织液胶体渗透压是促使血浆的成分通过毛细血管管壁向外滤过的作用力，即组织液生成的动力；组织液静水压和血浆胶体渗透压是促使组织液的成分通过毛细血管管壁重吸收入血的作用力，即组织液生成的阻力。滤过的动力与阻力之差，称为有效滤过压，其具体公式如下：

有效滤过压＝(毛细血管血压＋组织液胶体渗透压)－(组织液静水压＋血浆胶体渗透压)

例如，在有机体中，血浆胶体渗透压约为 3.3 kPa，毛细血管动脉端血压约为 4.0 kPa，毛细血静脉端血压约为 1.6 kPa，组织液静水压约为 1.33 kPa，组织液胶体渗透压约为 2.0 kPa。将这些数值代入上式，即

毛细血管动脉端有效滤过压：(4.0＋2.0)－(3.3＋1.33)＝1.37(kPa)

毛细血管静脉端有效滤过压：(1.6＋2.0)－(3.3＋1.33)＝－1.03(kPa)

由计算结果可以推断，在毛细血管动脉端有液体滤出，形成组织液；在毛细血管静脉端组织液被重吸收。约有 90%滤出的组织液又重新流回血液，其余约 10%进入毛细淋巴管，成为淋巴液。

(二)影响组织液生成的因素

组织液的生成与回流取决于有效滤过压和毛细血管的通透性。因此，凡是影响有效滤过压和毛细血管通透性的因素，均可影响组织液的生成。

1. 毛细血管血压

毛细血管血压升高，组织液生成增加。例如，炎症部位的小动脉舒张，或静脉回流受阻时毛细血管后阻力增加，都可以使毛细血管血压升高，使组织液和淋巴液的生成量增加，导致水肿。

2. 血浆胶体渗透压

当血浆蛋白生成减少(如慢性消耗疾病、肝病等)或排出增加(如肾病)时，均可导致血浆蛋白减少，使血浆胶体渗透压下降，从而使组织液生成增多，甚至发生水肿。

3. 淋巴回流

由于一部分组织液经由淋巴管系统流回血液，当淋巴回流受阻(如丝虫病、肿瘤压迫等)时，组织间隙中组织液积聚，可导致局部水肿。

4. 毛细血管的通透性

当组织活动代谢增强、局部温度升高、pH 值降低、氧气消耗增加，这些都可以使毛细血管壁通透性增大，可以促进组织液和淋巴液的生成。

知识拓展

心血管功能的体液调节

心血管功能的体液调节是指血液和组织液中的某些化学物质对心血管活动所产生的调节作用。按化学物质的作用范围，心血管功能的体液调节可分为全身性体液调节和局部性体液调节两大类。

一、全身性体液调节

体液中这类化学物质不易被破坏，可随血液循环到达机体各部，对心血管活动产生调节效应。

1. 肾上腺素和去甲肾上腺素

循环于血液中的肾上腺素和去甲肾上腺素，主要来自肾上腺髓质。其中，肾上腺素约占80%，去甲肾上腺素约占20%。肾上腺素和去甲肾上腺素在化学结构上都属于儿茶酚胺类。

血液中的肾上腺素和去甲肾上腺素对心脏和血管的作用有许多共同点，但并不完全相同，因为两者对不同的肾上腺素能受体的结合能力不同。肾上腺素可与α和β两类肾上腺素能受体结合。在心脏，肾上腺素与β肾上腺素能受体结合，产生正性变时和变力作用，使心输出量增加；在血管，肾上腺素的作用取决于血管平滑肌上α和β肾上腺素能受体分布的情况。在皮肤、肾、胃肠、血管平滑肌上，α肾上腺素能受体在数量上占优势，肾上腺素的作用是使这些器官的血管收缩；在骨骼肌和肝脏的血管上，β肾上腺素能受体占优势，小剂量的肾上腺素常以兴奋β肾上腺素能受体的效应为主，引起血管舒张，大剂量时以兴奋α肾上腺素能受体的效应为主，引起血管收缩。去甲肾上腺素主要与血管α肾上腺素能受体结合，引起血管平滑肌的收缩，使外周阻力增大，血压升高；也可与心肌β肾上腺素能受体结合，产生强心作用，但这种强心作用往往被升压作用引起的压力感受性反射所抑制，故强心作用较弱。这也是临床上将肾上腺素作为强心剂，而去甲肾上腺素作为收缩血管的升血压药物的主要原因。

2. 肾素—血管紧张素—醛固酮系统

当循环血量减少，动脉血压下降，导致使肾的血流量减少时，可刺激肾脏产生并释放肾素。血浆中无活性的血管紧张素原在肾素的作用下水解，生成血管紧张素Ⅰ。血管紧张素Ⅰ在血浆和组织中(特别是肺循环血管内皮表面)的血管紧张素转换酶作用下，生成血管紧张素Ⅱ。血管紧张素Ⅱ在血浆和组织中的血管紧张素酶A的作用下，生成血管紧张素Ⅲ。血管紧张素Ⅱ和血管紧张素Ⅲ作用于血管平滑肌和肾上腺皮质等细胞的血管紧张素受体，引起相应的生理效应。其中以血管紧张素Ⅱ的作用最为重要，其主要作用包括：

(1)可直接使全身微动脉收缩，血压升高；也可使静脉收缩，回心血量增多。

(2)可作用于交感神经节后纤维，使其释放递质增多。

(3)作用于中枢神经系统内一些神经元的血管紧张素受体，使交感缩血管神经元的紧张性加强。

(4)与血管紧张素Ⅲ一起强烈刺激肾上腺皮质合成和释放醛固酮，后者可促进肾小管对 Na^+、水的重吸收，使循环血量增加。

由于肾素、血管紧张素、醛固酮 3 者关系密切，故将它们合称为肾素一血管紧张素一醛固酮系统。在某些病理情况下(如大量失血时)，肾素一血管紧张素一醛固酮系统的活动加强，促使血压回升和血量增加，对循环功能的调节起重要作用。

3. 血管升压素

血管升压素(VP)由下丘脑的视上核和室旁核合成，经下丘脑一垂体束运输到神经垂体储存，需要时释放入血。其主要作用是促进肾远曲小管和集合管对水的重吸收，故又称抗利尿素(ADH)。血管升压素对循环系统的重要作用是引起全身血管平滑肌收缩，使血压升高。在正常生理情况下，由于血管升压素浓度过低而对血压调节作用不大。但在机体大量失血、严重失水等情况下，血管升压素大量释放，对保留体内液体、维持动脉血压具有重要意义。

二、局部性体液调节

近年的研究已证实，血管内皮细胞可以生成并释放若干种血管活性物质，引起血管平滑肌舒张或收缩。

1. 血管内皮生成的舒血管物质

血管内皮生成和释放的舒血管物质有多种。其中比较重要的是内皮舒张因子(EDRF)。EDRF 的化学结构尚未完全弄清，但多数人认为可能是一氧化氮(NO)。EDRF 可使血管平滑肌内收缩力降低而使血管舒张，还可以减弱缩血管物质对血管平滑肌的直接收缩效应。

2. 血管内皮生成的缩血管物质

血管内皮细胞也可产生多种缩血管物质，称为内皮缩血因子(EDCF)。近年来研究的较深入的是内皮素(ET)。内皮素是已知的最强烈的缩血管物质之一，给动物注射内皮素可引起持续时间较长的升血压效应，但在升血压之前常先出现一个短暂的降血压过程。

3. 激肽释放酶—激肽系统

激肽释放酶存在于动物血浆和某些组织中，能分解底物激肽原为激肽。激肽是一类舒血管多肽物质，最常见的为舒缓激肽和血管扩张激肽。这类激肽有强烈的舒张血管作用，使血管平滑肌舒张，增加毛细血管的通透性，但会引起其他平滑肌的收缩。

4. 前列腺素

前列腺素(PG)是一组活性强、类别多、功能复杂的脂肪酸衍生物，几乎存在于全身的所有组织中。各种前列腺素对血管平滑肌的作用是不同的。例如，前列腺素 E2 具有强烈的舒血管作用；前列腺素 PGF2α 则使静脉收缩；前列环素(前列腺素 I2)是在血管组织中合成的一种前列腺素，具有强烈的舒张血管作用。

5. 阿片肽

垂体释放的β-内啡肽可使血压降低，其降压作用可能主要是中枢性的。血浆中的内啡肽可进入脑内并作用于某些与心血管活动有关的神经核团，使交感神经活动抑制，心迷走神经活动加强。除中枢作用外，阿片肽也可作用于外周的阿片受体。血管壁的阿片受体在阿片脑的作用下，可导致血管平滑肌舒张。交感缩血管纤维末梢也存在接头前阿片受体，这些受体被阿片肽激活时，可使交感纤维释放递质减少。

6. 组织胺

组织胺存在于疏松结缔组织的肥大细胞中。当组织受到损伤或发生炎症及过敏反应时，就可释放出组织胺。组织胺可以使局部毛细血管高度扩张，从而明显增加血管壁的通透性，导致局部组织水肿。

学习小结

<table>
<tr><th colspan="2">知识点</th><th>需掌握内容</th></tr>
<tr><td rowspan="6">心脏</td><td>位置</td><td>心脏位于胸腔纵隔中，夹于左右两肺之中，略偏左</td></tr>
<tr><td>结构</td><td>心脏可分为右心房、右心室、左心房、左心室 4 部分</td></tr>
<tr><td>组织结构</td><td>外层为心外膜，中层为心肌，内层为心内膜</td></tr>
<tr><td>传导系统</td><td>由窦房结—房室结—房室束—浦金(肯)野纤维</td></tr>
<tr><td>自动节律性</td><td>心肌细胞通过本身内部的变化可自动地发生节律性兴奋，称自动节律性</td></tr>
<tr><td>心动周期</td><td>心脏每收缩和舒张 1 次即构成 1 个机械活动周期，称为 1 个心动周期</td></tr>
<tr><td rowspan="2">血管</td><td>种类</td><td>动脉、毛细血管、静脉</td></tr>
<tr><td>体循环
肺循环</td><td>1. 体循环：血液从左心室→主动脉→全身毛细血管→前、后腔静脉→右心房；
2. 肺循环：血液从右心室→肺动脉→肺毛细血管网→肺静脉→左心房</td></tr>
<tr><td rowspan="2">胎儿血液循环特点</td><td>出生前</td><td>1. 胎儿心脏的房中隔上有一卵圆孔，使左、右心房相互沟通。但血液只能由右心房流向左心房；
2. 胎儿的主动脉与肺动脉间有动脉导管相通。因此，采自右心房的大部分血液由肺动脉通过动脉导管流入主动脉，仅有少量血液经肺动脉进入肺内；
3. 胎盘是胎儿与母体进行气体及物质交换的特有器官，借助脐带与胎儿相连。脐带内有两条脐动脉和一条(马、猪)或两条(牛)脐静脉</td></tr>
<tr><td>出生后</td><td>1. 脐动脉和脐静脉闭锁，分别形成膀胱圆韧带和肝圆韧带，牛的静脉导管成为静脉导管索；
2. 动脉导管闭锁，形成动脉导管索或称动脉韧带；
3. 卵圆孔闭锁形成卵圆窝，左、右心房完全分开，左心房内为动脉血，右心房内为静脉血</td></tr>
</table>

复习思考题

一、填空题

1. 心脏的传导系统包括________、________、________和________。

2. 家畜的胎儿出生后脐带断裂，脐动脉退化成________，脐静脉退化成________；主动脉与肺动脉间的动脉导管转化为________。

二、单选题

1. 家畜心脏的右房室口是(　　)。

A. 二尖瓣　　B. 三尖瓣　　C. 半月瓣　　D. 肌肉瓣

2. 主动脉口位于(　　)。

A. 左心房　　B. 左心室　　C. 右心房　　D. 右心室

3. 心脏的自动节律性产生于(　　)。

A. 脑　　B. 脊髓　　C. 心脏的神经　　D. 特殊心肌

4. 心脏的自动节律性最高处是(　　)。

A. 窦房结　　B. 房室结　　C. 房室束　　D. 心室

5. 心肌的传导系统是由(　　)构成。

A. 心肌细胞　　B. 特殊的心肌细胞

C. 神经纤维　　D. 神经细胞

6. 下列物质中，不能透过毛细血管的物质有(　　)。

A. 水分　　B. 气体　　C. 葡萄糖　　D. 血细胞

7. 肺动脉口位于(　　)。

A. 左心室　　B. 右心室　　C. 左心房　　D. 右心房

8. 家畜心脏的左房室口是(　　)。

A. 二尖瓣　　B. 三尖瓣　　C. 半月瓣　　D. 肌肉瓣

9. 家畜心脏的主动脉口是(　　)。

A. 二尖瓣　　B. 三尖瓣　　C. 半月瓣　　D. 肌肉瓣

10. 家畜心脏的肺动脉口是(　　)。

A. 二尖瓣　　B. 三尖瓣　　C. 半月瓣　　D. 肌肉瓣

11. 环绕心基部代表心房和心室分界的是(　　)。

A. 冠状沟　　B. 左纵沟　　C. 右纵沟　　D. 副纵沟

12. 肺静脉内的血液首先流入(　　)。

A. 左心室　　B. 右心室　　C. 左心房　　D. 右心房

13. 前腔和后腔静脉内的血液首先流入(　　)。

A. 左心室　　B. 右心室　　C. 左心房　　D. 右心房

14. 首先把血液挤压进主动脉的是(　　)。

A. 左心室　　B. 右心室　　C. 左心房　　D. 右心房

15. 首先把血液挤压进肺动脉的是(　　)。

A. 左心室　　B. 右心室　　C. 左心房　　D. 右心房

三、判断题

1. 主动脉口位于右心室。(　　)
2. 体循环起于右心室，终于左心室。(　　)
3. 肺循环起于右心室，终于右心房。(　　)
4. 家畜的胸腔内有 2 个互不相通的腹膜腔。(　　)
5. 家畜的胸腔内有 2 个互不相通的胸膜腔。(　　)
6. 家畜心脏内的右房室口有 2 片二尖瓣。(　　)
7. 家畜心脏内的左房室口有 2 片二尖瓣。(　　)
8. 家畜胃肠内的静脉血汇合后直接流入后腔静脉。(　　)
9. 毛细血管广泛分布于畜体中的每个器官内。(　　)

四、简答题

1. 简述牛心脏的形态和位置。
2. 试述体循环和肺循环的路径。
3. 如何找到各种家畜心脏听诊的部位?
4. 简述动脉、静脉、毛细血管的解剖学特点。
5. 简述血液成分的分类。
6. 简述家畜胎儿出生前后心血管系统及血液循环的特点。

参考答案

项目九　淋巴系统

淋巴系统是动物有机体的重要防卫体系，它与心血管系统密切相关。淋巴系统能制造白细胞和抗体，滤出病原体，参与免疫反应，还可对液体和养分在体内的分配起重要作用。

知识目标

1. 熟悉淋巴系统的组成和功能。
2. 掌握胸腺、脾脏的形态和位置。
3. 了解动物浅表淋巴结的位置。

技能目标

1. 能够指出脾脏的体表投影位置。
2. 能够在活体上指出动物常检浅表淋巴结的位置。

素质目标

1. 养成勤学好问、吃苦耐劳、爱岗敬业的精神。
2. 热爱动物，正确对待实验动物。

淋巴系统是动物有机体的重要防卫体系，它与心血管系统密切相关。淋巴系统由淋巴管道、淋巴组织和淋巴器官组成。淋巴沿着淋巴管向心流动，最后归入静脉，因此可将淋巴管看作静脉的辅助导管。淋巴管道是起始于组织间隙，最后注入静脉的管道系；淋巴组织为含有大量淋巴细胞的网状组织，包括弥散淋巴组织、淋巴弧结和淋巴集结；淋巴器官是被膜包裹淋巴组织形成。淋巴组织与淋巴器官可产生淋巴细胞。此外，淋巴系统还可协同神经及内分泌系统，参与机体其他神经体液调节，共同维持代谢平衡、生长发育和繁殖等。

淋巴系统没有一个像心脏那样的泵来压送淋巴液。新的组织液流入细胞间的空隙中将旧组织液挤入淋巴管。动脉和肌肉的张缩也对淋巴液施加向前的压力。呼吸作用则在胸导管内形成负压，使淋巴液向上流而回到血液中。

有机体受伤以后组织会肿胀，要靠淋巴系统来排除积聚的液体，恢复正常的液体循环。

单元一　淋巴管道

淋巴管道为淋巴液通过的管道。根据汇集顺序、口径大小及管壁薄厚，淋巴管道可分为毛细淋巴管、淋巴管、淋巴干和淋巴导管(图 9-1-1)。

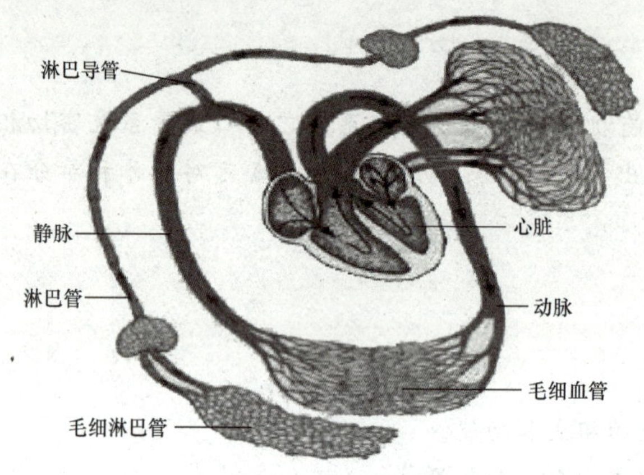

图 9-1-1　淋巴管道模式图

一、毛细淋巴管

毛细淋巴管以盲端起始于组织间隙，其结构类似毛细血管，管壁只有 1 层内皮细胞，相邻细胞以叠瓦状排列，与毛细血管相邻，但不相通。毛细淋巴管的管径较毛细血管的管径大，粗细不一，通透性也比毛细血管大，因此一些不能透过毛细血管壁的大分子物质如蛋白质、细菌等由毛细淋巴管收集后回流。

除无血管分布的组织器官如上皮、角膜、晶状体等，以及中枢神经和骨髓外，有机体全身均有毛细淋巴管的分布。

二、淋巴管

毛细淋巴管汇集而成淋巴管，其形态结构与静脉相似，但管壁较薄，管径较细且不均，外形常呈串珠状，瓣膜较多。

按所在位置，淋巴管可分为浅层淋巴管和深层淋巴管。前者汇集皮肤及皮下组织淋巴液，多与浅静脉伴行；后者汇集肌肉、骨和内脏的淋巴液，多伴随深层血管和神经。此外，根据淋巴液对淋巴结的流向，淋巴管还可分为输入淋巴管和输出淋巴管两类。

三、淋巴干

淋巴干为机体一个区域内大的淋巴集合管，由深淋巴管汇集而成，多与大血管伴行。淋巴干主要分为气管淋巴干、腰淋巴干、腹腔淋巴干和肠淋巴干。

1. 气管淋巴干

气管淋巴干有左右对称的两条，分别伴随左右颈总动脉，沿气管的腹内侧后行；分别收集左、右侧头颈、肩胛和前肢的淋巴，最后左支注入胸导管，右支注入右淋巴导管或前腔静脉或颈静脉。

2. 腰淋巴干

腰淋巴干有两条，由腰荐部腹侧的髂内淋巴结的输出管汇成，伴随腹主动脉和后腔静脉前行，收集骨盆壁、部分腹壁、后肢、骨盆内器官及结肠末端的淋巴，注入乳糜池。

3. 腹腔淋巴干

腹腔淋巴干有一条，由胃、肝、脾、胰、十二指肠等处的淋巴结的输出管汇合形成，并收集相应器官组织的淋巴，有时与肠淋巴干汇合成内脏淋巴干并将其注入乳糜池。

4. 肠淋巴干

肠淋巴干有 1 条，由空肠和结肠淋巴结的输出管汇成，参与形成内脏淋巴干或单独注入乳糜池。汇集空肠、回肠、盲肠、大部分结肠的淋巴。

四、淋巴导管

淋巴导管由淋巴干汇集而成，包括胸导管和右淋巴导管(图 9-1-2)。

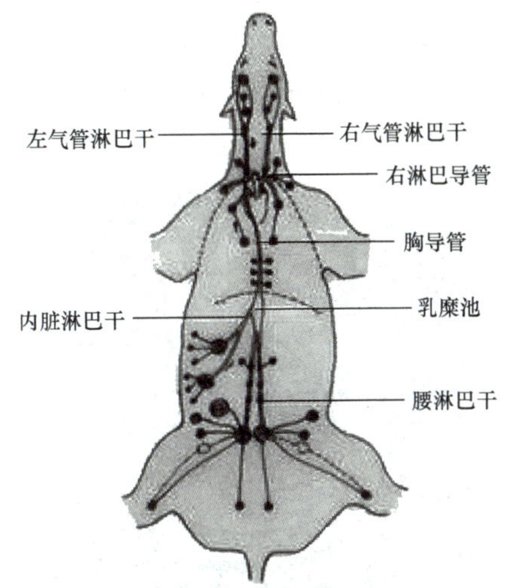

图 9-1-2　牛全身淋巴导管模式图

1. 胸导管

胸导管为全身最大的淋巴管道，起始于乳糜池，穿过膈上的主动脉裂孔进入胸腔，沿胸主动脉的右上方、右奇静脉的右下方向前行，然后越过食管和气管的左侧向下行，在胸腔前口处注入前腔静脉。胸导管收集除右淋巴导管以外的全身淋巴。

乳糜池是胸导管的起始部，呈长梭行膨大，位于最后胸椎和前 1～3 腰椎腹侧，在腹主动脉与右膈脚之间。

2. 右淋巴导管

右淋巴导管短而粗，位于胸腔入口附近，为右侧气管干的延续，收集右侧头颈、右前肢、右肺、心脏右半部及右侧胸下壁的淋巴，末端注入前腔静脉。

五、淋巴和淋巴生成

(一)淋巴

淋巴即淋巴液，是免疫系统的组成成分，也是机体中体液的成分之一，来自组织液，又回到组织液，是无色或微黄色的液体，由淋巴浆和淋巴细胞组成(没通过淋巴结的淋巴没有淋巴细胞)。淋巴的成分与血液成分相似，但蛋白质含量较少，其主要功能包括：可起免疫、屏障、防御作用；调节血浆和组织细胞之间的体液平衡；重新吸收组织液中的蛋白质；参与脂肪的运输。

(二)淋巴生成

淋巴生成(图 9-1-3)：血液经动脉输送到毛细血管时，其中一部分液体经毛细血管动脉端滤出，进入组织间隙形成组织液。组织液与周围组织细胞进行物质交换后，大部分渗入毛细血管静脉端，少部分渗入毛细淋巴管成为淋巴液。淋巴液在淋巴管内流动(只能向心流动)，最后注入静脉。淋巴管周围的动脉搏动或肌肉收缩、呼吸时胸腔压力变化对淋巴管的影响和新淋巴的不断产生，可促使淋巴管内的淋巴向心流动，最后经淋巴导管进入前腔静脉，形成淋巴循环，以协助体液回流。因此，可将淋巴循环看作血液循环的辅助部分。

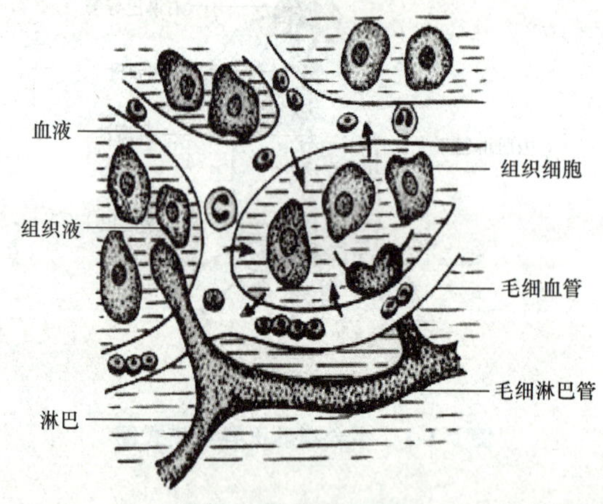

图 9-1-3　淋巴生成模式图

单元二　淋巴器官

一、淋巴组织

淋巴组织分布很广，存在形式多种多样，主要有两种形态，即弥散淋巴组织和淋巴小结。

(一)弥散淋巴组织

弥散淋巴组织没有特定的结构，淋巴细胞分布弥散，与周围组织无明显界限，常分布于咽、消化道及呼吸道等与外界接触较频繁的部位或器官的黏膜内。

(二)淋巴小结

淋巴小结(图 9-2-1)为致密的淋巴组织，呈球形或卵圆形，轮廓清晰。其单独存在时称淋巴孤结，成群存在时称淋巴集结，如回肠黏膜内的淋巴孤结和淋巴集结。

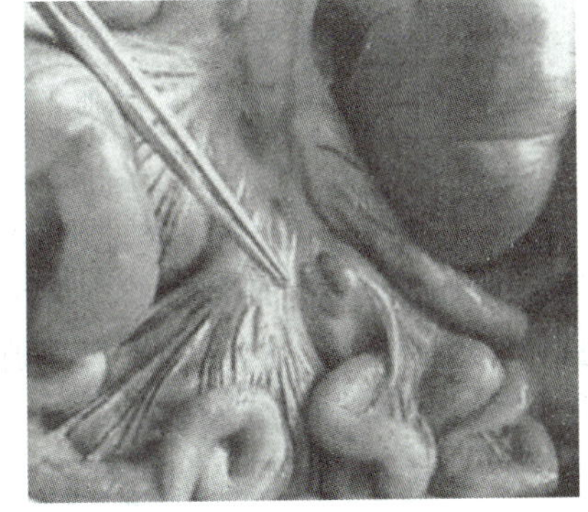

图 9-2-1　淋巴小结

二、淋巴器官

淋巴器官是由被膜包裹的淋巴组织，包括中枢淋巴器官或初级淋巴器官(胸腺、骨髓)和外周淋巴器官或次级淋巴器官(淋巴结、脾、扁桃体和血淋巴结)。

中枢淋巴器官发育较早，其原始淋巴细胞来源于骨髓的干细胞，在此类器官的影响下，分化成 T 淋巴细胞(T 细胞)和 B 淋巴细胞(B 细胞)。外周淋巴器官发育较迟，其淋巴细胞由中枢淋巴器官迁移而来，定居在特定区域内，就地繁殖，再进入淋巴和血液循环，参与机体的免疫反应。

(一)中枢淋巴器官

中枢淋巴器官包括胸腺和骨髓，是免疫细胞产生、分化和成熟的场所。

1. 胸腺

(1)形态位置。胸腺位于胸腔前部纵隔内及颈部气管的两侧，分为颈、胸两部分，为灰红色至黄白色的分叶腺体(图 9-2-2)。胸腺在幼畜发达，性成熟后逐渐退化，到老年几乎被脂肪组织所代替，但并没有完全消失。单蹄类和肉食类动物的胸腺主要在胸腔内，偶蹄类动物的胸腺位于胸部和颈部。猪和反刍动物的胸腺除胸部外，颈部也很发达，向前可到喉部。

牛的胸腺由颅底沿食管、气管两旁经胸前口入胸腔前部，在胸腔内左右合并，性成熟后逐渐退化。牛的颈部胸腺在 8 周龄后开始退化，其胸部胸腺可保留至 6 岁。

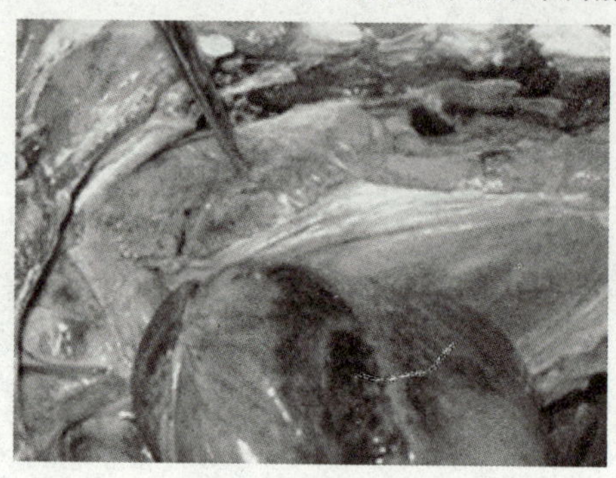

图 9-2-2 胸腺

羊的胸腺与牛相似，呈淡黄色，由心前伸至甲状腺附近，羔羊的胸腺较为发达，到 2 岁时开始退化。

幼猪胸腺发达，呈灰红色，分为颈、胸两部分，在颈部沿左、右颈总动脉向前伸延至枕骨的下方。性成熟后颈部胸腺退化，以后胸部胸腺退化。

(2)功能。胸腺可以产生胸腺激素。转移到胸腺内的骨髓干细胞在胸腺激素影响下，分化为成熟的 T 淋巴细胞，经血液输送到外周免疫器官，参与细胞免疫作用。

2. 骨髓

骨髓(图 9-2-3)位于骨髓腔和骨松质间隙内。骨髓是形成各类淋巴细胞、巨噬细胞和各种血细胞的场所。骨髓中的多能干细胞具有强大的分化能力，可分化为淋巴细胞通过胸腺(畜)或腔上囊(禽)分化成 T 细胞或 B 细胞；髓样干细胞可发育成红细胞系、粒细胞系、单核细胞系和巨噬细胞系等。

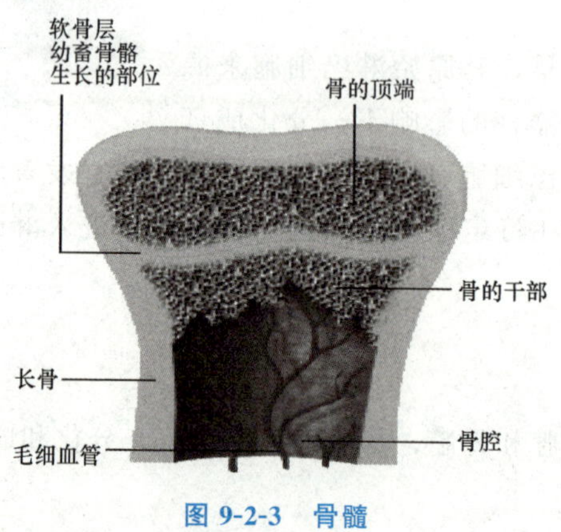

图 9-2-3 骨髓

(二)外周淋巴器官

外周淋巴器官主要包括脾、扁桃体、血淋巴结和淋巴结，形成于胚胎晚期，终身存在。

1. 脾

(1)形态位置。脾是动物体内最大的淋巴器官，位于腹前部、胃的左侧，只有输出淋巴管，没有输入淋巴管。

马的脾呈扁平镰刀形，上端宽大，下端狭小，深红色，位于胃左侧和左肾之间。

牛的脾呈长而扁的椭圆形，灰蓝色，质较硬，位于瘤胃背囊的左前方。

羊的脾为钝角的三角形，呈红紫色，质地柔软。长轴斜向前下方，约由最后肋骨的椎骨端至第10肋间隙的中部。

猪的脾长而狭窄，呈紫红色，质较软，位于胃大弯左侧。

(2)功能。脾具有造血、滤血、贮血及参与机体免疫活动等功能。

2. 扁桃体

扁桃体位于舌、软腭和咽的黏膜下组织内，其形状和大小因动物种类而不同，仅有输出管，注入附近的淋巴结，没有输入管。

3. 血淋巴结

血淋巴结一般呈圆形或卵圆形，紫红色，直径为5～12 mm，结构似淋巴结，但无淋巴输入管和输出管，其中充盈血液而非淋巴。血淋巴结主要分布在主动脉附近，胸腹腔脏器的表面和血液循环的通路上，具有过滤血液的作用。血淋巴结多见于牛、羊，但灵长类动物和马属动物身上也会出现。

4. 淋巴结

(1)形态、分布。淋巴结是位于淋巴管径路上唯一的淋巴器官。淋巴结大小不一，形状多样，有球形、卵圆形、肾形、扁平状等。淋巴结一侧凹陷为淋巴门，是输出淋巴管、血管及神经出入之处，另一侧隆凸，有多条输入淋巴管进入(猪淋巴结输入管和输出管的位置正好相反)。淋巴结多位于凹窝或隐蔽之处，如腋窝、关节屈侧、内脏器官门及大血管附近。浅层淋巴结可在畜体表面摸到，特别是因病理情况而肿胀时。深层淋巴结是病理剖检和卫生检验的重要检查对象。

(2)功能。淋巴结产生淋巴细胞，参与免疫活动和过滤淋巴液。

(3)动物常检浅层淋巴结包括下颌淋巴结、腮腺淋巴结、颈浅淋巴结、髂下淋巴结、腹股沟浅淋巴结和腘淋巴结。

①下颌淋巴结：位于下颌间隙皮下，左右各一。牛的下颌淋巴结在下颌间隙后部，其外侧与颌下腺前端相邻；猪的下颌淋巴结位置更加靠后，表面有腮腺覆盖；马的下颌淋巴结则与血管切迹相对。下颌淋巴结收集头腹侧、鼻腔、口腔前部及唾液腺的淋巴是食检的首选淋巴结。

②腮腺淋巴结：位于颞下颌关节后下方，部分或全部被腮腺覆盖。

③颈浅淋巴结：又称肩前淋巴结，位于肩前，在肩关节前下方，被臂头肌和肩胛横突肌(牛)覆盖。猪的颈浅淋巴结分背侧和腹侧两组，背侧淋巴结相当于其他家畜的颈浅淋巴结，腹侧淋巴结则位于腮腺后缘和胸头肌之间。颈浅淋巴结收集颈部、前肢和胸壁的淋巴。

④髂下淋巴结：又称股前淋巴结，位于膝关节前上方，在股阔筋膜张肌前缘皮下。髂下淋巴结收集来自腰腹部、臀股部皮肤的淋巴。

⑤腹股沟浅淋巴结：位于腹底壁皮下，大腿内侧，腹股沟皮下环附近。公畜的位于

阴茎背侧，称为阴茎背侧淋巴结；母畜的位于乳房的后上方，称为乳房上淋巴结。腹股沟浅淋巴结收集股内侧、腹下壁、阴茎或乳房淋巴。

⑥腘淋巴结：位于臀股二头肌与半腱肌之间，腓肠肌外侧头的脂肪中。腘淋巴结收集小腿以下肌肉和皮肤的淋巴。

学习小结

知识点		需掌握内容
淋巴管	毛细淋巴管	毛细淋巴管管壁通透性比毛细血管通透性大，可以通过蛋白质、细菌、异物等较大的物质
	淋巴管	淋巴管由毛细淋巴管汇集而成。淋巴管管壁结构与静脉相似
	淋巴干	淋巴干是机体一个区域内较大的淋巴集合管。淋巴干常与大血管伴行
	淋巴导管	淋巴导管是全身最大的淋巴集合管，有两条，即胸导管和右淋巴导管
	淋巴生理作用	调节血浆和组织细胞之间的体液平衡；淋巴液可起免疫、屏障、防御作用；重新吸收组织液中的蛋白质；参与脂肪的运输
淋巴器官	中枢淋器官	胸腺：为灰红色至黄白色的分叶腺体，原为一对。牛由颅底沿食管、气管两旁经胸前口入胸腔前部，在胸腔内左右合并
		骨髓：位于骨髓腔和骨松质间隙内。骨髓是形成各类淋巴细胞、巨噬细胞和各种血细胞的场所
	外周淋巴器官	淋巴结：淋巴结呈豆形至长条形，略凹陷处为淋巴结门，输出淋巴管和血管由此进出
		脾：各动物的脾脏形态不一样，具有造血、滤血、贮血及参与机体免疫活动等功能
		扁桃体：位于舌、软腭和咽的黏膜下组织内，形状和大小因动物种类而不同，仅有输出管，注入附近的淋巴结，没有输入管
		血淋巴结：一般呈圆形或卵圆形，紫红色，结构似淋巴结，但无淋巴输入管和输出管，其中充盈血液而非淋巴，主要分布于主动脉附近，有滤血的作用

知识拓展

一、组织液与淋巴液

血液经主动脉输送到毛细血管动脉端时，其中一部分液体进入组织间隙形成组织液。组织液与组织、细胞进行物质交换后，大部分渗入毛细血管静脉端，另一部分则进入毛细淋巴管成为淋巴液。淋巴液沿着淋巴管向心流动，最后归入静脉。淋巴管的通路上有许多淋巴结。

二、胸腺的组织结构

胸腺小叶的外周为皮质，中间为髓质。皮质由淋巴细胞及少量上皮、网状细胞组成。髓质中的淋巴细胞较少，而上皮网状细胞较多。此外还有胸腺小体，由扁平的网状细胞呈同心圆排列形成。

三、淋巴结的组织结构

外面包有结缔组织被膜，向内分出小梁构成支架，实质分为外周的皮质和内部的髓质。皮质内的淋巴组织形成的淋巴小结，其中央是生发中心，为B细胞的聚集处。小结的外周是T细胞区。髓质的淋巴组织排成髓索，髓索也为B细胞区。

四、脾的组织结构

脾实质称脾髓，分为红髓和白髓。红髓由淋巴组织构成脾索，是B细胞区；白髓形成淋巴鞘和典型的淋巴小结，它们的外周是T细胞区，小结的中央称生发中心主要为B细胞区。

五、免疫细胞

1. T细胞

T细胞来自骨髓，在胸腺成熟后，T细胞进入血液、淋巴液，可直接杀伤靶细胞，辅助或抑制B细胞产生抗体，以及产生细胞因子等，是机体抵御疾病感染、肿瘤形成的英勇斗士。T细胞不产生抗体，而是直接起作用，所以T细胞的免疫作用叫作细胞免疫。

2. B细胞

B细胞也来自骨髓，当它受到抗原的刺激后就会成为成熟的B细胞，然后转移至中脾，大部分分化为浆细胞。浆细胞中内质网丰富，合成和分泌大量的抗体参与免疫应答。若未遇抗原刺激，数天后相当数量的B细胞死亡。

B细胞是通过产生抗体起作用的，而抗体存在于体液里，所以，B细胞的免疫作用叫作体液免疫。

3. K 细胞

K 细胞具有非特异性杀伤功能，不能单独杀伤靶细胞，但能杀伤与抗体结合的靶细胞，且杀伤力较强，还能杀伤肿瘤细胞以及被微生物或寄生虫感染的细胞。

4. NK 细胞

NK 细胞又称自然杀伤细胞，它不依赖抗体，不需要抗原刺激即可杀伤靶细胞，且对肿瘤细胞及病毒感染细胞具有明显的杀伤作用。

5. 单核巨噬细胞系统

单核巨噬细胞系统是分散在许多器官组织中的具有强大吞噬能力的细胞，这些细胞都来自单核细胞，包括肺内的尘细胞、疏松结缔组织中的组织细胞、肝窦中的枯否氏细胞、血液中的单核细胞、脾中的巨噬细胞、脑和脊髓中的小胶质细胞等。

6. 粒细胞

细胞质中含有颗粒的白细胞称为粒细胞，有中性粒细胞、酸性粒细胞、大碱性粒细胞。中性粒细胞除具有吞噬细菌、抗感染能力外，还可与抗体、抗原结合，形成中性粒细胞—抗体—抗原复合物，加大对抗原的吞噬作用，参与机体的免疫过程；嗜酸性粒细胞与免疫反应有关，有较强的抗寄生虫作用；嗜碱性粒细胞参与体内的过敏反应和变态反应。

复习思考题

一、单选题

1. 家畜体内性成熟后逐渐退化并消失的器官是(　　)。

A. 淋巴结　　B. 脾　　C. 扁桃体　　D. 胸腺

2. 淋巴液来自(　　)。

A. 组织液　　B. 血液　　C. 细胞内液　　D. 脑脊液

3. 位于肩关节前上方的淋巴结是(　　)。

A. 股前淋巴结　　B. 颌下淋巴结

C. 颈浅淋巴结　　D. 腘淋巴结

4. 位于乳房基部后上方的淋巴结是(　　)。

A. 腘淋巴结　　B. 腹股沟浅淋巴结

C. 颌下淋巴结　　D. 髂下淋巴结

5. 淋巴器官中有造血和滤血功能的器官是(　　)。

A. 脾　　B. 胸腺　　C. 扁桃体　　D. 淋巴结

6. 下列物质中，不能透过毛细淋巴管的是(　　)。

A. 蛋白质　　B. 细菌　　C. 组织液　　D. 血块

7. 位于下颌间隙的淋巴结是(　　)。

A. 颈浅淋巴结　　B. 颌下淋巴结

C. 腹股沟浅淋巴结　　D. 腮淋巴结

8. 具有血淋巴结的动物是(　　)。

A. 猪　　B. 牛　　C. 鸭　　D. 鸡

9. 成年家畜体内最大的淋巴器官是(　　)。

A. 脾　　B. 扁桃体　　C. 淋巴结　　D. 胸腺

10. 家畜体内收集淋巴液最广泛的是(　　)。

A. 输入淋巴管　　B. 输出淋巴管　　C. 右淋巴导管　　D. 胸导管

二、多选题

1. 家畜体表主要淋巴结有(　　)。

A. 颌下淋巴结　　B. 颈浅淋巴结

C. 肝门淋巴结　　D. 肠系膜淋巴结

E. 腮淋巴结

2. 牛的脾脏位于(　　)。

A. 左季肋部　　B. 腹中部

C. 右季肋部　　D. 瘤胃左侧

E. 瘤胃右侧

3. 家畜体腔内的淋巴结有(　　)。

A. 腮淋巴结　　B. 颈浅淋巴结

C. 肝门淋巴结　　D. 肠系膜淋巴结

E. 胃淋巴结

4. 具有产生淋巴细胞的器官有(　　)。

A. 肝　　B. 淋巴结　　C. 脾　　D. 胰　　E. 胸腺

5. 位于头部浅表的主要淋巴结有(　　)。

A. 腮淋巴结　　B. 下颌淋巴结

C. 颈浅淋巴结　　D. 腘淋巴结

E. 髂下淋巴结

三、判断题

1. 淋巴液来源于血液。(　　)

2. 血淋巴结有过滤血液的作用。(　　)

3. 脾是成年畜体体内最大的淋巴器官。(　　)

4. 淋巴液的流动方式是从中心向外周。(　　)

5. 淋巴液来源于组织液。(　　)

四、简答题

列举牛主要浅表淋巴结的名称。

参考答案

项目十　神经系统

项目描述

神经系统是动物有机体的调节系统，它能接受来自体内、外环境的各种刺激，并将刺激转变为神经冲动进行传导。它一方面调节机体内各器官系统的活动，使之协调成为统一的整体；另一方面能使畜体适应外界环境的变化，保证机体与环境之间的相对平衡。本项目的主要任务是通过观察标本及挂图识别脊髓和脑的构造、主要躯体神经；讨论植物性神经的分布与特点、躯体神经和植物性神经的区别。

学习目标

知识目标

1. 掌握神经系统的主要组成。
2. 掌握脊髓、脑的形态结构。
3. 掌握植物性神经的分布、特点。
4. 掌握条件反射的形成机理。
5. 掌握主要神经递质、受体及产生的作用。
6. 掌握内分泌系统主要器官位置和功能。

技能目标

1. 能够识别脊髓、脑的形态结构。
2. 能够分析条件反射的形成条件。
3. 能够分析主要激素作用、对动物有机体的影响。

素质目标

1. 养成勤学好问、吃苦耐劳、爱岗敬业的精神。
2. 热爱动物，正确对待实验动物。

单元一　神经系统构造

神经系统分为中枢神经系统和外周神经系统。中枢神经系统包括脊髓和脑。外周神经系统包括躯体神经和植物性神经。躯体神经由脑神经和脊神经组成，从脑部出入的神经称为脑神经，从脊髓出入的神经称为脊神经。植物性神经是控制心肌、平滑肌和腺体活动的神经称为植物性神经，又分为交感神经和副交感神经。

神经元是神经系统结构和功能的基本单位。神经元借突触彼此连接构成了整个中枢和外周神经。神经元的胞体和树突在中枢内聚集，因富含血管在新鲜标本中色泽灰暗，故称灰质，包括脊髓灰质、大脑皮质(位于大脑和小脑表面的灰质称为皮质)和小脑皮质。神经元的胞体在外周聚集构成神经节，包括脊神经节、脑神经节和植物性神经节。神经元的轴突(神经纤维)在中枢聚集形成脑、脊髓的白质，在外周形成神经。神经纤维与感受器和效应器相连，形成各种末梢器官。

一、脊髓的构造

脊髓发出一系列脊神经，广泛分布于躯干和四肢的肌肉和皮肤，使脊髓与各部直接联系而成为低级的反射中枢。同时，脊髓与脑的各部有广泛的传导路径，可把外周的信息通过脊髓传导到脑，也可将脑的冲动通过脊髓传至外周，引起各部的活动。

(一)脊髓的位置与形态

脊髓位于椎管内，呈上下略扁的圆柱形。其前端在枕骨大孔处与延髓相连；后端到达荐骨中部，逐渐变细呈圆锥形，称脊髓圆锥。脊髓末端形成 1 根来自软膜的细丝称为终丝，终丝外面包以硬膜附着于尾椎椎体的背侧，起到固定脊髓的作用。脊髓各段粗细不一，有两个膨大部位：颈、胸交界处形成颈膨大，由此发出支配前肢的神经；腰、荐交界处形成腰膨大，由此发出支配后肢的神经。由于脊柱比脊髓长，荐神经和尾神经要在椎管内向后伸延一段，才能到达相应的椎间孔，它们包围脊髓圆锥和终丝，共同构成马尾。

脊髓背侧有背正中沟，腹侧有腹正中裂。在背正中沟的两侧各有一背外侧沟，脊神经背侧根的根丝经此沟进入脊髓。在腹正中裂的两侧各有一腹外侧沟，是脊神经腹侧根的根丝发出的部位。

(二)脊髓的内部结构

脊髓中部颜色较深，呈蝴蝶形，为灰质部；外周颜色较浅，为白质部。在灰质中央有 1 个脊髓中央管(图 10-1-1)。

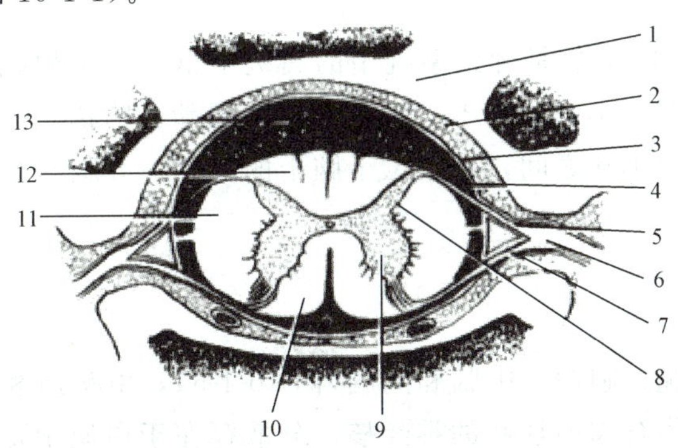

图 10-1-1　脊髓横断面模式图

1—椎弓；2—硬膜外腔；3—脊硬膜；4—硬膜下腔；5—背侧根；6—脊神经节；7—腹侧根；8—背侧柱；9—腹侧柱；10—腹侧索；11—外侧索；12—背侧索；13—蛛网膜下腔

1. 脊髓灰质

脊髓灰质主要由神经元的胞体构成，有 1 对背侧角(柱)和 1 对腹侧角(柱)，背侧角(柱)和腹侧角(柱)之间为灰质联合。在脊髓的胸段和腰前段腹角基部的外侧，还有稍隆起的外侧角(柱)。腹侧柱内有运动神经元的胞体，支配骨骼肌纤维。外侧柱内有植物性神经节前神经元的胞体。背侧柱内含有中间(联络)神经元的胞体，这些中间神经元接受脊神经节内的感觉神经元的冲动，传导至运动神经元或下一个中间神经元。

背侧柱基部外侧还有网状结构。网状结构由中枢神经内白质和灰质相混合而成，是分散的神经元胞体，被神经纤维所穿连，使其位于神经纤维网眼内而形成的结构。网状结构既是上行和下行传导径的联络站，又是某些反射中枢，是运动和感觉的终极点。网状结构的神经元在神经系发生史上相当古老。较低等动物的网状结构在神经系中有十分重要的地位，分布也广泛。对于较高等的脊椎动物，由于大脑的高度发展，其作用和分布有所减退。

2. 脊髓白质

脊髓白质由神经纤维构成，被灰质分成背侧索、腹侧索和外侧索。背侧索位于两个背侧柱及背正中沟之间，主要由脊神经节内的感觉神经元的中枢突构成。腹侧索位于两个腹侧柱及腹正中裂之间，外侧索位于背侧柱和腹侧柱之间，外侧索和腹侧索均由来自背侧柱的中间神经元的轴突(上行纤维束)及来自大脑和脑干的中间神经元的轴突(下行纤维束)组成。

3. 脊神经根

脊髓两侧发出成对的脊神经根，每根脊神经根又分为背侧根(或感觉根)和腹侧根(或运动根)。背侧根较粗，其上有脊神经节。脊神经节由感觉神经元的胞体构成，其外周突髓脊神经伸向外周；中枢突构成背侧根，进入脊髓背侧索或与背侧柱内的中间神经元发生突触。腹侧根较细，由腹侧柱运动神经元的轴突构成。背侧根和腹侧根在椎间孔附近合并为脊神经。

二、脑的构造

脑(图 10-1-2～图 10-1-4)是神经系统中的高级中枢，位于颅腔内，在枕骨大孔与脊髓相连。脑可分为大脑、小脑、脑干。脑干又包括延髓、脑桥、中脑和间脑。大脑位于前方，脑干位于大脑与小脑之间，小脑位于脑干的背侧，大脑与小脑之间的大脑横裂将两者分开。

(一)脑干

脑干通常包括延髓、脑桥、中脑和间脑(图 10-1-5)，由灰质和白质构成，灰质是由功能相同的神经细胞集合成团块状的神经核，分散存在于白质中。脑干内的神经核可分为两类：一类是与脑神经直接相连的脑神经核，其中接受感觉纤维的，称为脑神经感觉核；发出运动纤维的，称为脑神经运动核。另一类为传导径上的中继核，是传导径上的联络站。此外，脑干内还有网状结构。脑干的白质为上、下行传导径。脑干联系着视、听、平衡等专门感觉器官，是内脏活动的反射中枢；是联系大脑高级中枢与各级反射中枢的重要径路；也是大脑、小脑、脊髓及骨骼肌运动中枢之间的桥梁。

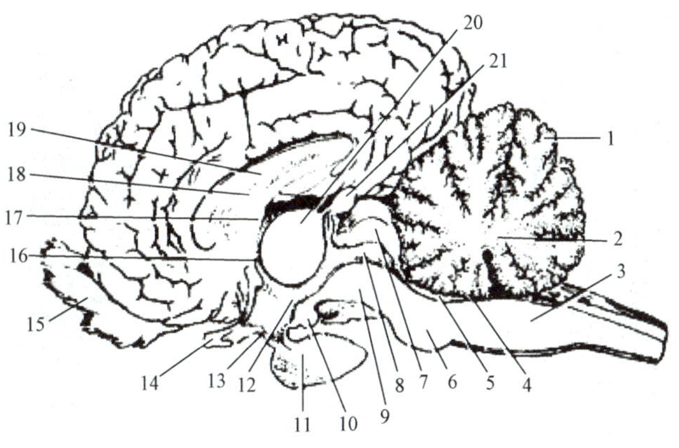

图 10-1-2　马脑（正中切面）

1—小脑皮质；2—小脑髓树；3—延髓；4—第四脑室；5—前髓帆；6—脑桥；7—四叠体；8—中脑导水管；9—大脑脚；10—乳头体；11—脑垂体；12—第三脑室；13—灰结节；14—视神经交叉；15—嗅球；16—室间孔；17—穹窿；18—透明隔；19—胼胝体；20—丘脑中间块；21—松果体

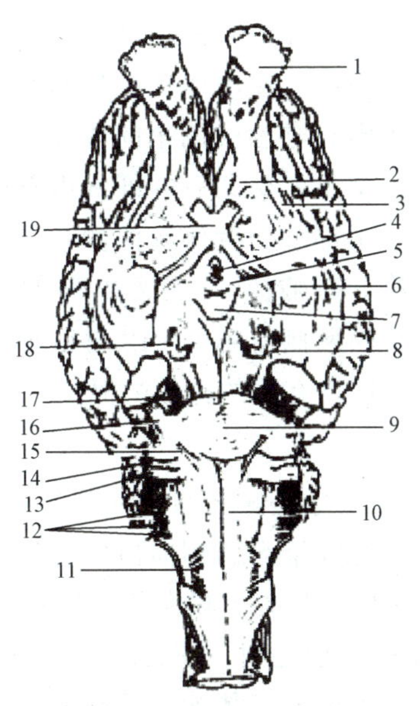

图 10-1-3　马脑（腹侧面）

1—嗅球；2—内侧嗅回；3—外侧嗅回；4—漏斗；5—灰结节；6—梨状叶；7—乳头体；8—大脑脚；9—脑桥；10—延髓锥体；11—舌下神经根；12—舌咽、迷走和副神经根；13—前庭耳蜗神经根；14—面神经根；15—外展神经根；16—三叉神经根；17—滑车神经根；18—动眼神经根；19—视神经交叉

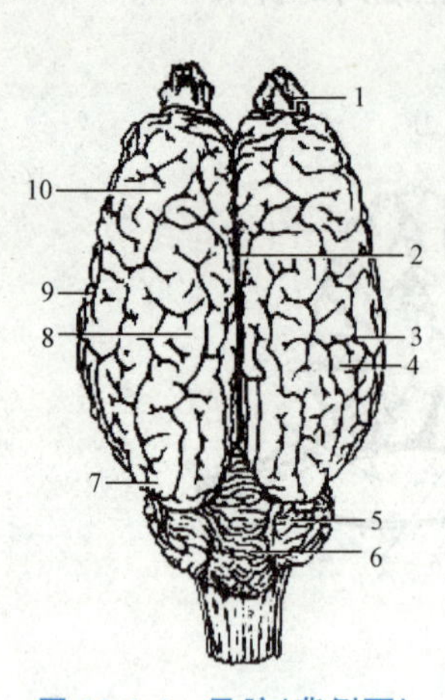

图 10-1-4　马脑(背侧面)

1—嗅球；2—大脑纵裂；3—脑沟；4—脑回；
5—小脑半球；6—小脑蚓部；7—枕叶；
8—顶叶；9—颞叶；10—额叶

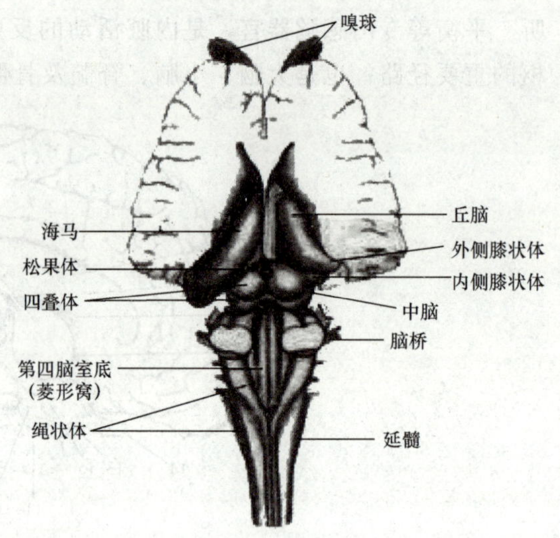

图 10-1-5　脑额切面
(大脑额切，小脑已切除，背面观)

1. 延髓

延髓为脑干的末段，位于枕骨基部的背侧，呈前宽后窄略扁的锥形体，自脑桥向后伸至枕骨大孔与脊髓相连，形似脊髓。在腹侧正中裂的两侧各有一条纵行隆起，称为锥体。锥体是由大脑皮质运动区发出到脊髓腹侧角的传导束构成的。该束纤维在延髓后端大部分与对侧的交叉，形成锥体交叉，交叉后的纤维沿脊髓外侧索下行。延髓背侧面的前部扩展，形成第四脑室底壁后半部分。背侧及两侧各有一股纤维束，与小脑相连。延髓内有第 6～12 对脑神经核、第 5 对脑神经(三叉神经)感觉核的一部分、薄束核、楔束核、下橄榄核及网状结构等。延髓两侧有第 6～12 对脑神经神经根发出。延髓中含有与唾液分泌、吞咽、呼吸、心血管活动有关的神经中枢。

2. 脑桥

脑桥位于小脑腹侧，在大脑脚与延髓之间。背侧面凹，构成第四脑室底壁的前部；腹侧面呈横行的隆起，其中的横行纤维自两侧向后向背侧伸入小脑，形成小脑中脚又称脑桥臂。在脑桥腹侧部与小脑中脚交界处有粗大的三叉神经根。

第四脑室位于延髓、脑桥和小脑之间，前方通中脑导水管，后方通脊髓的中央管，内充满脑脊髓液。第四脑室顶壁由前向后依次为前髓帆、小脑、后髓帆和第四脑室脉络丛。前、后髓帆系白质薄板，附着于小脑前脚和后脚。第四脑室脉络丛在后髓帆和菱形窝后部之间，由富含血管丛的室管膜和软脑膜组成，伸入第四脑室内，能产生脑脊髓液。该脉络丛上有孔(1 个正中孔和 2 个外侧孔)，第四脑室经此孔与蛛网膜下腔相通。第四脑室底呈菱形，也称菱形窝，前部属脑桥，后部属延髓的开放部。菱形窝被正中沟分为左、右两半。

3. 中脑

中脑位于脑桥前方，包括四叠体、大脑脚以及两者之间的中脑导水管。

(1)四叠体。四叠体是中脑的背侧部分，主要由前后两对圆丘构成。前丘较大，为灰质和白质相间的分层结构，接受视神经的纤维，发出纤维至外侧膝状体，再至大脑皮质。前丘也接受后丘的纤维，发出纤维形成顶盖脊髓束下行至脊髓，完成视觉和听觉所引起的反射活动，是皮质下视觉反射中枢；后丘较小，其表面为白质、深部为灰质的后丘核，主要接受耳蜗神经核的纤维，发出纤维至内侧膝状体，再至大脑皮质；并有纤维至前丘，再经顶盖脊髓束完成听觉的反射活动，是皮质下听觉反射中枢。后丘的后方有滑车神经根，是唯一从脑干背侧面发出的脑神经。

(2)大脑脚。大脑脚是中脑的腹侧部分，位于脑桥之前，为一对由纵行纤维束构成的隆起，分为腹侧的大脑脚底和背侧的被盖。大脑脚底为白质，主要由大脑皮质至脑桥、延髓和脊髓的运动束组成。被盖在中脑水管与脚底之间，相当于脑桥被盖的延续，内有脑神经核(如动眼神经核和滑车神经核)、中继核(如红核、黑质)、网状结构和一些上、下行纤维。左、右大脑脚之间的凹窝称脚间窝，第 3 对脑神经由脚间窝的外侧出脑。

(3)中脑导水管。中脑导水管位于四叠体和大脑脚之间，前接第三脑室，后通第四脑室。

4. 间脑

间脑位于中脑和大脑之间，被两侧大脑半球所覆盖，内有第三脑室。间脑由丘脑和下丘脑组成。

(1)丘脑：为 1 对卵圆形的灰质团块，占间脑的最大部分，内部由白质分隔为许多不同机能的核群组成。左、右两丘脑的内侧部相连，断面呈圆形，称丘脑间黏合。其周围的环状裂隙为第三脑室，其前方经左、右脑室间孔与大脑半球内的侧脑室相通，后方经中脑导水管与第四脑室相通。

丘脑一部分核是上行传导径的总联络站，接受来自脊髓、脑干和小脑的纤维，由此发出纤维至大脑皮质。在丘脑后部的背外侧，有外侧膝状体和内侧膝状体。外侧膝状体接受视束传入纤维，发出纤维至大脑皮质，是视觉冲动传向大脑皮质的最后联络站。内侧膝状体接受由耳蜗神经核来的纤维，发出纤维至大脑皮质，是听觉冲动传向大脑的最后联络站。丘脑还有一些与运动、记忆和其他功能有关的核群。在左、右丘脑的背侧、中脑四叠体的前方，有一椭圆形小体，名为松果体，属于内分泌腺。

(2)下丘脑(丘脑下部)：位于丘脑腹侧，包括第三脑室侧壁内的一些结构，是植物性神经系统的皮质下中枢。从脑底面看，由前向后依次为视交叉、视束、灰结节、漏斗、脑垂体、乳头体等结构。丘脑下部形体虽小，但与其他各脑有广泛的纤维联系。接受来自嗅脑、大脑皮质额叶、丘脑和纹状体等的纤维；发出纤维至丘脑、垂体后叶、脑干网状结构、脑神经核和植物性神经核，通过植物性神经主要调节心血管和内脏的活动。

(3)第三脑室：位于间脑内，呈环形围绕着丘脑间黏合，向后通中脑导水管，其背侧壁为第三脑室脉络丛。前方以 1 对室间孔通 2 个大脑半球的侧脑室；腹侧形成一漏斗形凹陷；顶壁为第三脑室脉络丛，向前经室间孔与侧脑室脉络丛相接，含有丰富的血管，是脑脊液的来源。

（二）小脑

小脑近似球形，位于大脑后方，在延髓和脑桥的背侧，表面为灰质，称为小脑皮质；深部为白质，呈树枝状分布，称小脑髓质。髓质呈树枝状伸入小脑各叶，形成髓树或活树。其表面有许多平行的横沟，将小脑分成许多小叶；而两条近平行的纵沟，将小脑分为两侧的小脑半球和中央部分的蚓部。小脑借小脑后脚、小脑中脚及小脑前脚分别与延髓、脑桥和中脑相连。白质中有分散存在的神经核。

蚓部由一系列的小叶组成，最后一小叶称小结，向两侧伸入小脑半球腹侧，与小脑半球的绒球合称绒球小结叶，是小脑最古老的部分，属于旧小脑，与延髓的前庭核相联系。蚓部和绒球小结叶主管平衡和调节肌紧张。

小脑半球是随大脑半球发展起来的，属新小脑，与大脑半球密切相联系，参与调节随意运动。

（三）大脑

大脑位于脑干前方，主要由左、右 2 个完全对称的大脑半球组成，借胼胝体相连。胼胝体位于大脑纵裂底，构成侧脑室顶壁，将左、右大脑半球连接起来。2 个大脑半球内分别有 1 个呈半环形狭窄腔隙，称为侧脑室，两侧脑室分别以室间孔与第三脑室相通。大脑半球包括大脑皮质、白质、嗅脑、基底核和侧脑室等结构。

1. 大脑皮质

大脑皮质为覆盖于大脑半球表面的 1 层灰质，其表面凹凸不平，凹陷处为脑沟，凸起处为脑回，以增加大脑皮质的面积。每个大脑半球根据机能和位置不同，都可分为 5 个叶，即额叶、顶叶、颞叶、枕叶、边缘叶。

额叶位于大脑皮质背侧面的前部，是运动区；枕叶位于大脑皮质背侧面的后部，是视觉区；颞叶位于大脑皮质背侧面的外侧部，是听觉区；顶叶位于大脑皮质背侧面的背侧部，是一般感觉区。各区的面积和位置因动物种类不同而异。

大脑半球内侧面的扣带回、海马回（海马旁回）、齿状回和海马等，因其位置处于大脑和间脑交界处的边缘，所以称为边缘叶。边缘叶以及有关的皮质下结构（包括基底核、杏仁核、隔区、下丘脑、丘脑前核和中脑的被盖等），在功能和结构上密切联系，合成一功能系统，称为边缘系统（图 10-1-6）。其活动与情绪变化、记忆和内脏的活动有关。

2. 白质

白质位于皮质深面，主要由连合纤维、联络纤维和投射纤维 3 种纤维组成。连合纤维是联系左、右半球的横向神经纤维，构成胼胝体；联络纤维是联系同侧半球各脑回、各叶之间的神经纤维；投射纤维是连接大脑皮质与脑其他各部分及脊髓之间的神经纤维，分上行（感觉）和下行（运动）。以上这些纤维先把脑的各部分与脊髓联系起来，再通过外周神经与各个器官联系起来，因此大脑皮质能支配所有的活动。

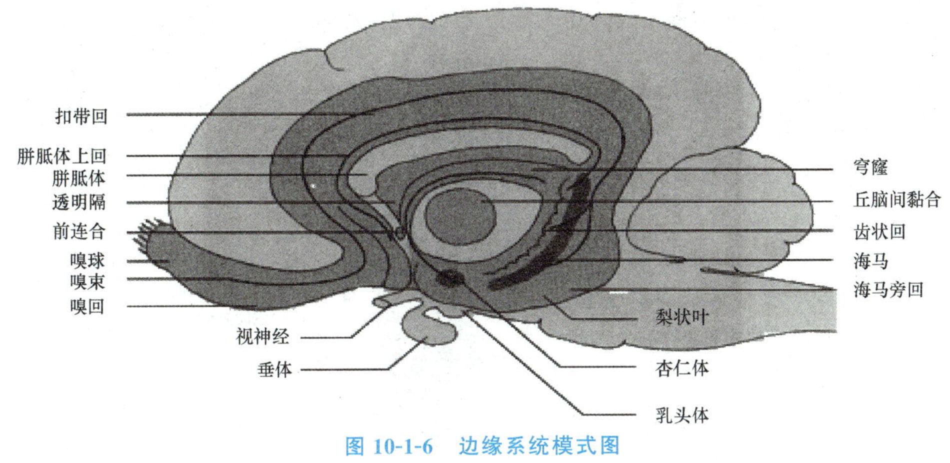

图 10-1-6　边缘系统模式图

3. 嗅脑

嗅脑主要包括位于大脑腹侧前端的嗅球以及沿大脑腹侧面延续的嗅束、嗅三角、梨状叶、海马和齿状回等部分。

嗅球略呈卵圆形，位于底面最前端，接受来自鼻腔嗅区的嗅神经。嗅球的后面接嗅束。嗅束向后分为内侧嗅束和外侧嗅束。内、外侧嗅束之间的三角区称为嗅三角。内侧嗅束伸向半球的内侧面，形成大脑前连合，外侧嗅束向后延续为梨状叶。它们的深部为基底核(纹状体)。嗅三角、梨状叶、海马是嗅觉的高级中枢。

梨状叶的表层是灰质，称为梨状叶皮质。梨状叶内有腔，是侧脑室的后角。在梨状叶的前端深部有杏仁核，位于侧脑室的底面。梨状叶向背侧折转，称为海马回(海马旁回)。海马回转至侧脑室成为海马。海马回在折转处，借助海马裂与内侧的齿状回相邻。海马呈双角状，也称海马角。海马由后向前内侧伸延，在正中与对侧海马相接，形成侧脑室底壁的后部。海马的纤维向外侧集中形成海马伞。伞的纤维向前内侧伸延并与对侧相连形成穹窿。穹窿在脑的正中面位于胼胝体腹侧，与胼胝体间有透明隔，向前下方终止于下丘脑的乳头体。

4. 基底核

基底核是皮质下运动中枢，是大脑白质中基底部的灰质核团，位于大脑半脑基底部。基底核主要由尾状核和豆状核构成，两核之间有白质(上、下行的投射纤维)构成的内囊。尾状核、内囊和豆状核在横切面灰质、白质交错呈花纹状，故又称纹状体。纹状体接受丘脑和大脑皮质的纤维，发出纤维至红核和黑质，是锥体外系统的主要联络站，有维持肌紧张和协调肌肉运动的作用。

5. 侧脑室

侧脑室位于左、右大脑半球内的不规则腔体，共有 2 个(图 10-1-7)。侧脑室借室间孔与第三脑室相通。侧脑室底壁的前部为尾状核，后部为海马；顶壁为胼胝体；内壁是透明隔。尾状核与海马之间有侧脑室脉络丛，在室间孔处与第三脑室脉络丛相连，可产生脑脊液。侧脑室很不规则，前部通嗅球腔，后部向腹侧到达梨状叶内。

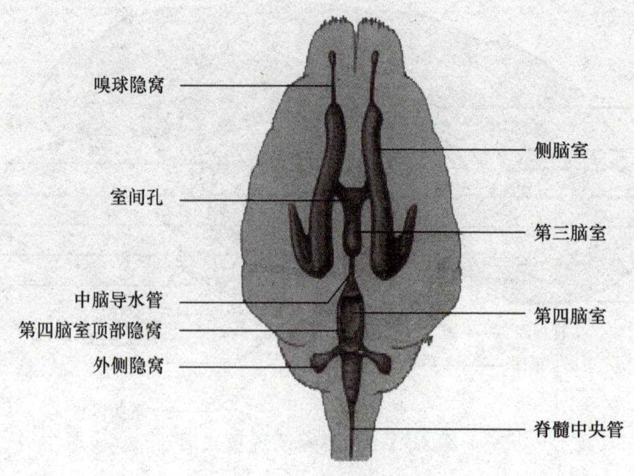

图 10-1-7　侧脑室模式图

三、脑脊膜

(一) 脊髓膜

脊髓外周包有 3 层结缔组织膜，由外向内依次为硬脊膜、脊髓蛛网膜和软脊膜。硬脊膜是一层较厚而坚韧的致密结缔组织。硬脊膜与椎管内面骨膜之间的腔隙称硬膜外腔，内含大量的脂肪、静脉和疏松结缔组织。硬膜外腔麻醉就是自腰荐间隙将麻醉剂注入硬膜外腔，以麻醉脊神经根。硬膜与脊髓蛛网膜之间的腔隙称为硬膜下腔，内含淋巴液。在脊髓蛛网膜与软脊膜之间的间隙，称为蛛网膜下腔，内含脑脊液。

(二) 脑膜

脑膜和脊髓膜一样，分为硬脑膜、脑蛛网膜和软脑膜。硬脑膜与脑蛛网膜之间形成硬膜下腔，脑蛛网膜和软脑膜之间形成蛛网膜下腔。但硬脑膜与衬于颅腔内壁的骨膜紧密结合而无硬膜外腔。硬脑膜内含有若干静脉窦，接受来自脑的静脉血。

在脑室壁的一些部位，软脑膜上的血管丛与室管膜上皮共同折入脑室，形成脉络丛。脉络丛是产生脑脊液的部位。

(三) 脑脊液

脑脊液是由各脑室脉络丛产生的无色透明液体，充满于脑室、脊髓中央管和蛛网膜下腔。各脑室中的脑脊液均汇集到第四脑室，经第四脑室脉络丛流入蛛网膜下腔后，流向大脑背侧，再经脑蛛网膜粒透入硬脑膜中的静脉窦，最后回到血液循环中。

脑脊液的主要作用是维持脑组织渗透压和颅内压的相对恒定；保护脑和脊髓免受外力的震荡；供给脑组织的营养；参与代谢产物的运输等。若脑脊液循环障碍，可导致脑积水或颅内压升高。

(四)脑、脊髓的血管

脑中的血液主要来自颈动脉及椎动脉，这些血管在脑底部吻合成动脉环，由此分出小动脉分布于脑。脊髓的血液来自椎动脉、肋间动脉和腰动脉等分支，在脊髓腹侧汇合成脊髓腹侧动脉，沿腹正中裂延伸，分布于脊髓。静脉血则汇入颈内静脉和一些节段性的同名静脉。

四、躯体神经

(一)脑神经

脑神经共有 12 对，多数从脑干发出。按其与脑相连的前后顺序及其功能、分布和行程而命名。根据所含纤维的种类的不同，脑神经还分为感觉神经、运动神经和混合神经(图 10-1-8)。脑神经名称的记忆口诀：“一嗅二视三动眼，四滑五叉六外展，七面八听九舌咽，十迷一副舌下全。”脑神经的名称、分布、所含纤维及机能见表 10-1-1。

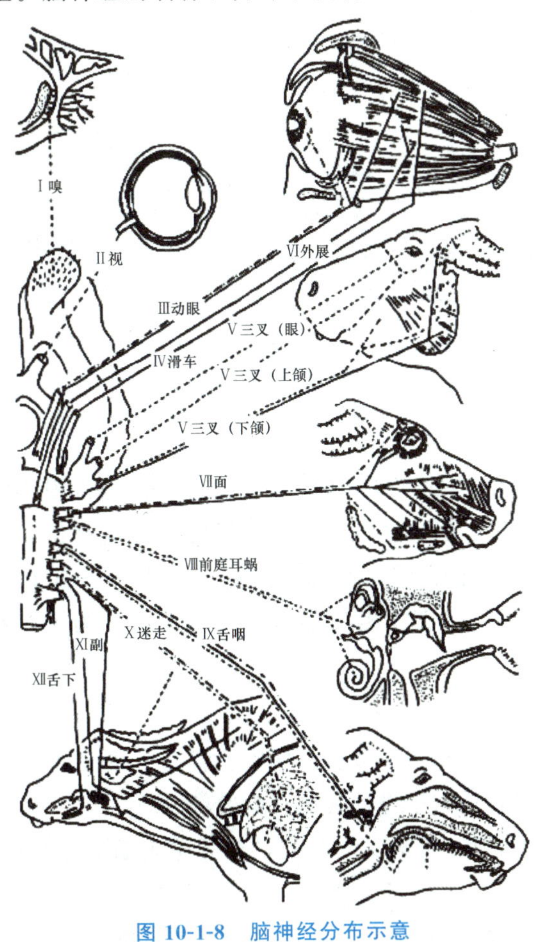

图 10-1-8　脑神经分布示意

-----感觉神经　—·—·—副交感神经　———运动神经

表 10-1-1 脑神经的名称、分布所含纤维及机能

名称	与脑联系部位	纤维成分	分布部位	机能
Ⅰ嗅神经	嗅球	感觉	鼻黏膜	传导嗅觉
Ⅱ视神经	间脑外侧膝状体	感觉	视网膜	传导视觉
Ⅲ动眼神经	中脑大脑脚	运动	眼直肌	眼球运动(瞳孔括约肌和睫状肌的活动)
Ⅳ滑车神经	中脑四叠体	运动	眼球上斜肌	眼球运动
Ⅴ三叉神经	脑桥	混合	面部皮肤，口、鼻腔、泪腺黏膜，舌、齿髓，咀嚼肌	头部皮肤、口、鼻腔、舌(舌的前 2/3)等感觉，咀嚼运动
Ⅵ外展神经	延髓	运动	眼球外直肌和眼球退缩肌	眼球运动
Ⅶ面神经	延髓	混合	面、耳、睑肌、唾液腺和部分味蕾	面部感觉、运动、唾液分泌
Ⅷ位听神经(前庭耳蜗神经)	延髓	感觉	内耳	听觉和平衡觉
Ⅸ舌咽神经	延髓	混合	舌、咽和味蕾	咽肌运动、味觉、舌部感觉(舌后 1/3)
Ⅹ迷走神经	延髓	混合	咽、喉、食管、气管和胸、腹腔内脏	咽、喉和内脏器官的感觉和运动
Ⅺ副神经	延髓和颈部脊髓	运动	咽、喉、食管以及胸头肌、斜方肌和臂头肌	头、颈、肩带部的运动
Ⅻ舌下神经	延髓	运动	舌肌和舌骨肌	舌的运动

(二)脊神经

脊神经(图 10-1-9)为混合神经，由椎管中的背侧根(感觉根)和腹侧根(运动根)汇合而成，分为背侧支和腹侧支，每支均含有感觉纤维和运动纤维。背侧支分布于颈背侧、鬐甲、背部、腰部和荐尾部的肌肉和皮肤；腹侧支粗大，分布于颈侧、胸壁、腹壁，以及四肢肌肉和皮肤。按照从脊髓发出的部位，脊神经可分为颈神经、胸神经、腰神经、荐神经和尾神经。

1. 分布于躯干的神经

(1)脊神经的背侧支：分布于颈背侧、鬐甲、背部、腰部。

(2)脊神经的腹侧支：分布于脊柱腹侧、胸腹壁。

耳大神经：为第 2 颈神经腹侧支的分支，在腮腺表面沿腮耳肌向上延伸，分布于耳廓凸面。

颈横神经：又称颈皮神经，为第 2 对颈神经腹侧支的分支，穿过臂头肌，沿颈静脉向后伸延，分出小支至腮腺部、喉部的皮肌和皮肤，并有 1 支向前至下颌间隙。

膈神经：由第 5～7 对颈神经腹侧支连合而成，经胸前口入胸腔，沿纵隔后行，分布于膈的腱质部。

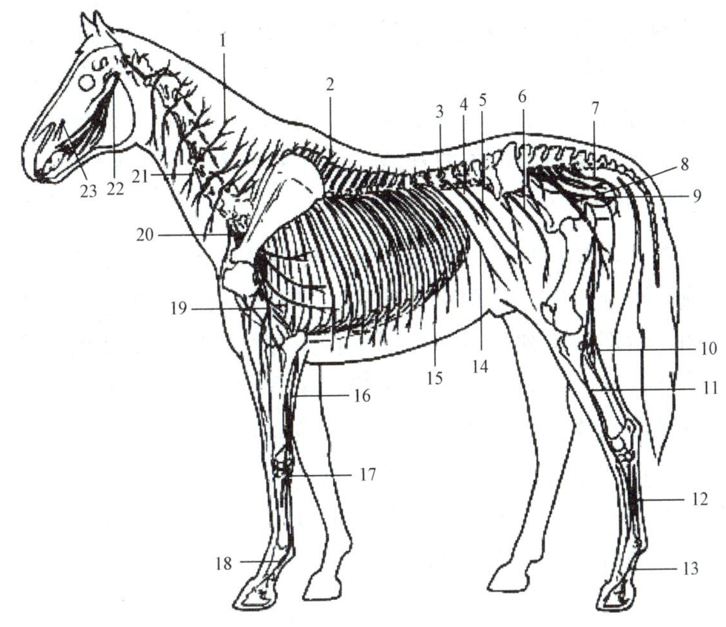

图 10-1-9　马的脊神经

1—颈神经的背侧支；2—胸神经的背侧支；3—腰神经的背侧支；4—髂下腹神经；5—髂腹股沟神经；6—股神经；7—直肠后神经；8—坐骨神经；9—阴部神经；10—胫神经；11—腓神经；12—足底外侧神经；13—趾外侧神经；14—最后肋间神经；15—肋间神经；16—尺神经；17—掌外侧神经；18—指外侧神经；19—桡神经；20—臂神经丛；21—颈神经的腹侧支；22—面神经；23—眶下神经

肋间神经：为胸神经腹侧支。在每一肋间隙沿肋间动脉后缘下行，分布于肋间肌。最后一对肋间神经沿最后肋骨后缘，向下延伸，在第 1 腰椎横突末端前下缘进入腹壁，分布于腹肌和腹部皮肤，以及阴囊皮肤、包皮或乳房等处。

髂下腹神经(髂腹后神经)：为第 1 腰神经腹侧支，经过第 2、3 腰椎横突之间进入腹壁肌肉，分布于腹肌和腹部皮肤。

髂腹股沟神经：为第 2 腰神经的腹侧支，沿第 4 腰椎横突末端的外侧缘延伸于腹肌之间，分布于腹肌、腹壁和股内侧皮肤。

生殖股神经：来自第 2～4 腰神经的腹侧支，沿腰肌间下行，分为前、后两支，向下延伸穿过腹股沟管与阴部外动脉分布于睾外提肌、阴囊和包皮(公畜)或乳房(母畜)。

股外侧皮神经：纤维来自第 3 和第 4 腰神经的腹侧支，分布于膝关节以上股前和外侧部的皮肤。

阴部神经：来自第 2～4 荐神经的腹侧支，沿荐结节阔韧带向后向下延伸，其终支绕过坐骨弓，在公畜至阴茎背侧，成为阴茎背神经，分支分布于阴茎；在母畜称为阴蒂背神经，分布于阴蒂、阴唇。

直肠后神经：其纤维来自第 3、第 4(马)或第 4、第 5(牛)荐神经的腹侧支，有 1～2 支，在阴部神经背侧沿荐结节阔韧带的内侧面向后、向下延伸，分布于直肠和肛门；

在母畜还分布于阴唇。

2. 分布于前肢的神经

分布于前肢的神经由臂神经丛发出，臂神经丛位于腋窝内，在斜角肌背侧部和腹侧部之间穿出，丛根主要由第 6、第 7、第 8 颈神经和第 1、第 2 胸神经的腹侧支构成。由此发出的神经有胸肌神经、肩胛上神经、肩胛下神经、腋神经、桡神经、尺神经和正中神经等。其中，正中神经是前肢最长的神经，由臂神经丛向下伸延到蹄。

3. 分布于后肢的神经

分布于后肢的神经由腰荐神经丛发出。腰荐神经丛由第 4～6 腰神经及第 1、第 2 荐神经的腹侧支构成，可分为前、后两部。前部为腰神经丛，在髂内动脉之前、位于腰椎横突和腰小肌之间；后部为荐神经丛，一部分位于荐结节阔韧带外侧；另一部分位于荐结节阔韧带内。由此发出的主要神经有股神经、坐骨神经、闭孔神经、臀前神经和臀后神经。其中，坐骨神经是体内最粗最大的神经，扁而宽，自坐骨大孔穿出盆腔，沿荐结节阔韧带的外侧向后向下伸延，经大转子与坐骨结节之间，绕过髋关节后方，约在股骨中部，分为腓总神经和胫神经。坐骨神经在臀部有分支分布于闭孔肌；在股部分出大的分支分布于半膜肌、臀股二头肌和半腱肌。

五、植物性神经

植物性神经是分布于内脏器官、血管和皮肤的平滑肌、心肌和腺体等的传出神经，又称为自主神经。植物性神经又分交感神经和副交感神经。

(一)植物性神经特点

与躯体运动神经相比较，植物性神经具有下列特点。

1. 支配器官不同躯体运动神经

躯体运动神经支配骨骼肌。植物性神经支配平滑肌、心肌和腺体，从而支配内脏正常有节律的活动，如呼吸、消化、循环、排泄等，以调节机体的新陈代谢；并在环境突变时，使机体能应付应急情况。

2. 纤维来源不同

躯体传入纤维传导来自体表浅部感觉和躯体深部感觉的刺激，以调节机体的运动和平衡。植物性神经的传入纤维传导内脏来的冲动，对机体内在环境的调节起重要作用。

3. 从中枢到效应器的神经元数目不同

躯体运动神经神经元的胞体存在于脑和脊髓，神经冲动由脑和脊髓传至效应器只需要 1 个神经元。植物性神经的神经冲动由中枢部传至效应器则需通过两个神经元，第 1 个神经元称为节前神经元，位于脑干和脊髓灰质外侧柱，由它发出的轴突称节前纤维；第 2 个神经元，称为节后神经元，位于外周神经系植物性神经节内，由它发出的轴突称节后纤维。节前纤维离开中枢后，在植物性神经节内与节后神经元形成突触；节后神经元发出的节后纤维将中枢发出的冲动传至效应器。

4. 神经纤维的结构不同

躯体运动神经纤维为粗的有髓纤维，通常以神经干的形式分布；而植物性神经的节前纤维为细的有髓纤维，节后纤维为细的无髓纤维，节后纤维常袢附在血管或脏器表面形成神经丛。

5. 运动性不同

躯体运动神经一般都受意识支配；而植物性神经在一定程度上不受意识支配，具有相对的自主性。

6. 划分不同

躯体运动神经不划分，植物性神经分为交感神经和副交感神经。分布于器官的植物性神经，一般来说是双重的，既有交感神经，也有副交感神经(但也有一些器官只由一种植物性神经支配)。它们对同一种器官的作用是不相同的，在中枢的调节下，既相互对抗，又相互统一。交感神经使心跳加强，血压升高；而副交感神经使心跳减慢，血压降低，以维持心脏的正常活动。

(二)交感神经与副交感神经的区别

交感神经和副交感神经都是内脏神经，但两者在结构和功能上又有以下区别。

1. 节前神经元存在部位不同

交感神经的节前神经元存在于胸腰段脊髓的灰质外侧柱；而副交感神经的节前神经元主要存在于脑干和荐段脊髓的灰质外侧柱。

2. 节前神经纤维与节后神经纤维长度不同

交感神经的节前神经纤维短，节后神经纤维长；副交感神经的节前神经纤维长，节后神经纤维短。

3. 节后神经元存在的部位不同

交感神经的节后神经元胞体位于椎旁神经节(椎神经节)和椎下神经节内；副交感神经的节后神经元位于其支配的器官内或附近。

4. 作用范围不同

交感神经作用范围广泛，而副交感神经作用范围较局限。动物有机体的绝大部分器官或组织都接受交感神经和副交感神经的双重支配，但交感神经的支配更广。一般认为，肾上腺髓质、四肢血管、头颈部的大部分血管及皮肤的腺体和竖毛肌等，没有副交感神经支配。在中枢神经的调节下，交感神经和副交感神经对同一器官的作用既相互对抗，又相互统一。

(三)交感神经

交感神经中枢部分位于胸腰段脊髓灰质侧角中，外周部分包括交感神经干、神经节(椎旁神经节和椎下神经节)和神经丛等。

交感神经节主要有颈前神经节、颈中神经节、颈后神经节(星状神经节)、腹腔肠系膜前神经节、肠系膜后神经节。

交感神经的神经节发出的节后纤维分布如下：

(1)加入每一对脊神经内，伴髓脊神经分布于血管、皮肤的腺体和竖毛肌。

(2)颈前神经节的分支攀附于头部血管及连于脑神经，伴随血管和脑神经分布于头部的腺体和平滑肌。

(3)颈中神经节和颈后神经节(或星状神经节)的分支，分布于心、气管、肺、食管，以及前肢和颈部的血管和皮肤。

(4)腹腔肠系膜前神经节的分支分布于胃、肠、肝、胰、肾和脾等。

(5)肠系膜后神经节的分支分布于结肠、直肠、输尿管、膀胱，以及公畜的睾丸、附睾、输精管或母畜的卵巢、输卵管和子宫等。

交感干是交感神经的周围部分，位于脊柱两侧，由一系列椎旁节通过节间支相连而成，呈串珠状。

交感干分为颈部交感干、胸部交感干、腰部交感干及荐尾部交感干等。

1. 颈部交感干

颈部交感干由前部胸段脊髓发出的节前神经纤维构成。颈部交感干没有白交通支(由椎间孔到相应的椎旁神经节这段的节前神经纤维)、灰交通支(由椎旁神经节到相应的椎间孔这段的节后神经纤维)；在颈动脉背外侧与迷走神经并行，称为迷走交感干；颈部交感干上有颈前、颈中和颈后 3 个椎神经节。

2. 胸部交感干

紧贴于胸椎的腹外侧，每节胸椎上有 1 个胸神经节。胸部交感干有白交通支、灰交通支；有星状神经节。节后神经纤维有 3 种去向。

(1)组成灰交通支返回胸神经，随胸神经分布于胸壁的皮肤。

(2)形成小支，分布于主动脉、食管、气管和支气管，并参与心和肺神经丛。

(3)向后伸延形成内脏大神经和内脏小神经。内脏小神经由胸部交感干的后段分出，在内脏大神经的后方，也连腹腔肠系膜前神经节，并参与构成肾神经丛；内脏大神经由胸部交感干中后段分出，并与其并行，分开后穿过膈脚的背侧入腹腔，连于腹腔肠系膜前神经节。

3. 腰部交感干

腰部交感干紧贴腰椎椎体的侧面，沿腰小肌内侧缘向后伸延，每节有一个腰神经节，发出节后神经纤维组成灰交通支返回腰神经。腰部交感干还发出腰内脏神经，连于肠系膜后神经节内更换神经元。腹腔内有两个主要神经节：腹腔肠系膜前神经节和肠系膜后神经节。节后神经纤维沿肠系膜分布。

(1)腹腔肠系膜前神经节：由两个腹腔神经节和一个肠系膜前神经节构成，位于腹腔动脉根部的两侧和肠系膜前动脉根部的后方，由节前纤维连在一起，因其呈半月形，故也称为半月状神经节。此神经节接受内脏大神经和内脏小神经的纤维，迷走神经背侧干的纤维也经此通过。从此神经节发出的节后纤维，构成腹腔肠系膜前神经丛，沿动脉的分支分布到肝、胃、脾、胰、小肠、大肠和肾等器官，但支配肾上腺髓质的纤维属节前纤维。腹腔肠系膜前神经节与肠系膜后神经节之间有节间支，沿主动脉腹侧伸延。

(2)肠系膜后神经节：在肠系膜后动脉根部两侧，位于肠系膜后神经丛内，接受来自交感神经干的腰内脏神经和来自腹腔肠系膜前神经节的节间支。从肠系膜后神经节发出的节后神经纤维沿动脉分布到结肠后段、精索、睾丸、附睾或卵巢、输卵管和子宫角；还分出一对腹下神经，向后延伸到盆腔内，参与构成盆神经丛，分布于结肠后段、直肠、膀胱、前列腺和阴茎(公畜)或子宫和阴道(母畜)。

4. 荐尾部交感干

荐尾部交感干沿荐骨骨盆面向后延伸并逐渐变细，前部的神经节较大，后部的变小，交感神经链越来越细；节后神经纤维组成灰交通支连荐神经和尾神经。它没有白交通支，只有灰交通支；荐部神经节数与荐椎数相同，尾部神经节数比尾椎数少。

(四)副交感神经

副交感神经的中枢部分位于脑干和荐部脊髓。节后神经元位于器官内或器官附近。

1. 颅部副交感神经

颅部副交感神经由脑干发出的副交感神经与某些脑神经一起行走，分布到头、颈和胸腹腔器官。

(1)动眼神经内的副交感神经节前纤维，起于中脑的动眼神经副交感核(缩瞳核)，伴随动眼神经至眼眶内的神经节(睫状神经节)，交换神经元，其节后纤维分布于眼球的睫状肌和瞳孔括约肌。

(2)面神经内的副交感神经节前纤维，起于脑桥的面神经副交感核(泌涎核)，一部分至上颌神经上的翼腭神经节，节后纤维伴随上颌神经的分支分布于泪腺、腭腺、颊腺和鼻黏膜腺；另一部分通过鼓索神经至下颌神经节，节后纤维分布于舌下腺和颌下腺。

(3)舌咽神经内的副交感神经节前纤维，起于延髓的舌咽神经副交感核，至下颌神经内侧面的耳神经节，节后纤维分布于腮腺。

(4)迷走神经内的副交感神经节前纤维，起于延髓的迷走神经背核，随迷走神经延伸至终末神经节，其节后纤维主要分布于咽、喉、气管、食管、胃、脾、肝、胰、小肠、盲肠及大结肠等器官。

迷走神经是机体内行程最长、分布最广的混合神经。它由延髓发出，出颅腔后行，在颈部与交感神经干形成迷走交感干，经胸腔至腹腔，伴随动脉分布于胸腹腔器官。

2. 荐部副交感神经

其节前神经元胞体位于荐部脊髓第1～4节的外侧柱内，节前纤维随第2～4荐神经的腹侧支出椎管，形成2～3支盆神经。盆神经沿骨盆侧壁向腹侧延伸到直肠或阴道外侧，与腹后神经一起构成盆神经丛。节前纤维在盆神经丛中的终末神经节(盆神经节)交换神经元，节后纤维分布于结肠末段、直肠、膀胱、前列腺和阴茎(公畜)或子宫和阴道(母畜)。

单元二　神经系统对机体活动的影响

神经系统是在动物生命活动中起主导作用的整合和调节系统。

一、神经纤维兴奋传递和突触传递

神经系统主要由神经元和神经胶质细胞构成。神经元是神经系统的结构和功能单位，具有接受、整合和传递信息的功能。神经元的胞体和树突能接受信息并进行整合；轴突能产生神经冲动并传导动作电位。

(一)神经纤维的兴奋传递

神经纤维的主要功能是传导动作电位，即传导冲动或兴奋。神经纤维传递兴奋具有以下特征。

1. 完整性

神经纤维只有在结构和生理机能上都完整时，才具有传导冲动的能力。当神经纤维被撕裂、切断、挤压或受到物理、化学刺激(如低温、麻醉等)时，其生理完整性受到破坏，均可发生传导阻滞。

2. 绝缘性

每条神经干中包含有数量很多的神经纤维，但各条纤维之间传导的冲动互不干扰，以保证神经调节具有极高的精确性。

3. 双向传导性

神经纤维上的任何一点受到刺激，所产生的冲动都可沿纤维同时向两端传导。

4. 不衰减性

神经纤维传导冲动时，无论传导的距离多远，冲动的幅度、数量、速度都始终保持相对恒定，以保证机体调节机能的及时、迅速和准确。

5. 相对不疲劳性

实验表明，用50～100次/s的感应电流连续刺激蛙的神经9～12 h，神经纤维仍保持传导冲动的能力，这说明神经纤维具有相对不疲劳性。

一般来说，神经纤维的直径越大，其传导速度越快；有髓纤维比无髓纤维传导速度快(有髓纤维传导兴奋是以跳跃的方式)。在一定范围内，若温度降低，则传导速度减慢(临床上出现低温麻醉方法)。

(二)突触与突触传递

神经系统的调节功能是通过多个神经元互相联系，联合活动而实现的。神经元之间的信息传递是通过突触联系完成的。一个神经元的轴突末梢与其他神经元的胞体或突起相互接触所形成的特殊结构，称为突触。神经冲动通过突触从一个神经元传递给另一个神经元的过程称为突触传递。

1. 化学性突触传递的机理

(1)兴奋性突触的传递。当神经冲动传至突触前膜时，引起突触前膜去极化，促使突触小泡释放某种兴奋性递质(乙酰胆碱或去甲肾上腺素等)。递质通过突触间隙，与突触后膜上的相应受体结合，引起突触后膜对 Na^+、K^+、Cl^- 的通透性增大，尤其是对 Na^+ 的通透性增大，使 Na^+ 快速内流，导致突触后膜局部去极化，产生兴奋性突触后电位(EPSP)。单个兴奋性突触产生的一次 EPSP 一般不足以激发神经元产生动作电位，只有在许多兴奋突触同时产生 EPSP，或单个兴奋性突触相继产生一连串 EPSP 时，突触后膜才会把许多 EPSP 总和起来。达到所需阈电位时，便触发突触后神经元的轴突始端首先爆发动作电位，并沿轴突传导，使整个突触后神经元进入兴奋状态。

(2)抑制性突触的传递。当神经冲动传至突触前膜时，突触小泡所释放的是抑制性递质，该递质扩散到后膜，并与后膜特异受体结合，使后膜对 K^+、Cl^- 通透性升高，尤其是 Cl^- 通透性增大。Cl^- 进入细胞内、K^+ 逸出膜外，使后膜内负电位增大而出现超极化，形成所谓的抑制性突触后电位(IPSP)。抑制性突触后电位使突触后神经元的兴奋性降低。总和起来的抑制性突触后电位不仅有抵消兴奋性突触后电位的作用，而且使突触后神经元不易发生兴奋，表现为突触后神经元的活动被抑制。

在中枢神经系统中，一个神经元常与许多其他神经元构成突触联系，在这些突触中，有的是兴奋性突触，有的是抑制性突触，突触后神经元的状态取决于同时产生的 EPSP 与 IPSP 的代数和。如果 EPSP 占优势并达到阈电位水平时，突触后神经元产生兴奋；相反，若 IPSP 占优势，突触后神经元则呈现抑制状态。

2. 突触传递特性

(1)单向传递。突触传递冲动只能从突触前神经元沿轴突传递到下一个神经元的胞体或突起，不能逆向传递。因为只有突触前膜才能释放递质，递质也只能作用于突触后膜的特异性受体。只有这样，才能使神经冲动循着特定的方向和途径传播，从而保证整个神经系统的调节和整合活动有规律地进行。

(2)总和作用。在突触传递过程中，只有同一突触前神经末梢连续传来一系列冲动，或许多突触前神经末梢同时传来一排冲动时，才能释放较多的神经递质，使兴奋性突触后电位积累达到阈值时，才能激发突触后神经元产生动作电位。这种现象称为兴奋总和作用。同样，在抑制性突触后膜也可以发生抑制总和。

(3)突触延搁。突触传递需经历递质的释放、扩散、作用于突触后膜及突触后电位的总和等过程，需要耗费较长时间，称为突触延搁。据测定，冲动通过一个突触需要 0.3～0.5 ms。在反射活动中，当兴奋通过中枢的突触数越多，延搁耗费的时间就越长。

(4)对内环境变化的敏感性和易疲劳。神经元间的突触最易受内环境变化的影响。缺氧、酸碱度升降、离子浓度变化等均可改变突触传递能力。因为突触间隙与细胞外液相沟通，细胞外液中许多物质到达突触间隙而影响突触传递。此外，突触部位是反射弧中最易疲劳的环节。

（三）神经递质及受体

1. 神经递质

神经递质是指突触前神经元合成并在末梢释放，经突触间隙扩散，特异性地作用突触后神经元或效应器上的受体，导致信息从突触前传递到突触后的一些化学物质。

神经递质根据其产生部位可分为中枢递质和外周递质。外周递质可包括乙酰胆碱、去甲肾上腺素和嘌呤类或肽类；中枢递质主要有乙酰胆碱、单胺类、氨基酸类和肽类。

2. 受体

受体是指细胞膜或细胞内能与某些化学物质（如递质、激素等）发生特异性结合并诱发生物学效应的特殊生物分子。能与受体发生特异性结合的化学物质称为配体。其中能产生生物效应的物质称为激动剂；只发生特异性结合，但不产生生物效应的化学物质则称为拮抗剂。

3. 主要的递质与受体

(1)乙酰胆碱(ACH)及其受体。在外周神经系统，释放乙酰胆碱作为递质的神经纤维称为胆碱能神经纤维。所有植物神经节前纤维、绝大多数副交感神经的节后纤维、全部躯体运动神经，以及支配汗腺和舒血管平滑肌的交感神经纤维都属于胆碱能纤维。在中枢神经系统中，以乙酰胆碱作为递质的神经元，称为胆碱能神经元。胆碱能神经元在中枢的分布极为广泛。脊髓腹角运动神经元、脑干网状结构前行激动系统、大脑基底神经节等部位的神经元皆属于胆碱能神经元。

凡是能与乙酰胆碱结合的受体，都称为胆碱能受体。胆碱能受体可分为毒蕈碱型受体和烟碱型受体两种。

①毒蕈碱型受体(M 受体)：分布在胆碱能节后纤维所支配的心脏、肠道、汗腺等效应器细胞和某些中枢神经元上。当乙酰胆碱作用于这些受体时，可产生一系列植物神经节后胆碱能纤维兴奋的效应，它包括心脏活动的抑制、支气管平滑肌的收缩、胃肠平滑肌的收缩、膀胱逼尿肌的收缩、虹膜环形肌的收缩；消化腺分泌的增加及汗腺分泌的增加和骨骼肌血管的舒张等，这些作用称为毒蕈碱样作用(M 样作用)。

②烟碱型受体(N 受体)：这些受体存在于中枢神经系统内和所有植物性神经节后神经元的突触后膜和神经－肌肉接头的终板膜上。发生的效应是导致节后神经元和骨骼肌的兴奋，这些作用称为烟碱样作用(N 样作用)。

(2)儿茶酚胺及其受体。儿茶酚胺类递质包括肾上腺素、去甲肾上腺素和多巴胺。在外周围神经系统，大多数交感神经节后纤维释放的递质是去甲肾上腺素，因此，称这类神经纤维为肾上腺素能纤维。最近研究表明，在植物性神经系统中，还有少量的神经末梢释放多巴胺的多巴胺纤维。在中枢神经系统中，以肾上腺素为递质的神经元称为肾上腺素能神经元，其胞体主要分布在延髓。以去甲肾上腺素为递质的神经元称为去甲肾上腺素能神经，其胞体主要分布在延髓和脑桥。

凡是能与去甲肾上腺素或肾上腺素结合的受体均称为肾上腺素能受体，可分为 α 受体与 β 受体 2 种。肾上腺素、去甲肾上腺素与 α 受体结合引起效应器的兴奋，但也有抑制的情况，如小肠平滑肌；与 β 受体结合则引起效应器的抑制，但对心脏的作用是兴奋。

部分肾上腺素能受体的分布与效应见表 10-2-1。

表 10-2-1　部分肾上腺素能受体的分布与效应简表

效应器	受体	效应	效应器	受体	效应
瞳孔放大肌	α	收缩	肺血管	α	收缩
睫状肌	β	舒张	腹腔内脏血管	α、β	收缩、舒张(除肝血管外，收缩为主)
心肌	β	心率加快、传导加速、收缩加强	支气管平滑肌	β	舒张
冠状动脉	α、β	收缩、舒张(在体内主要为舒张)	胃平滑肌	β	舒张
骨骼肌血管	α、β	收缩、舒张(舒张为主)	小肠平滑肌	α、β	舒张
皮肤血管	α	收缩	胃肠括约肌	α	收缩
脑血管	α	收缩			

二、反射

(一)反射与反射弧

反射是神经系统活动的基本形式，是指在中枢神经系统参与下，有机体对内、外环境刺激的应答性反应。所有机体功能活动的神经调节都是通过反射实现的。

实现反射活动的结构称为反射弧，包括感受器、传入神经、反射中枢、传出神经和效应器 5 个部分。感受器一般是神经组织末梢的特殊结构，是一种换能装置，其可将所感受到的各种刺激的信息转变为神经冲动。感受器的种类多，分布广，并具有严格的选择性，只能接受特定的某种适宜刺激。反射中枢是中枢神经系统中调节某一特定生理功能的神经细胞群。简单的反射活动，其神经中枢的部位较局限，如膝跳反射中枢在腰部脊髓；而较复杂的反射活动，如呼吸活动的反射中枢则分散存在于延髓、脑桥、下丘脑直至大脑皮质等部位。效应器是实现反射的“执行机构”，如骨骼肌、平滑肌、心肌和腺体等。

反射弧反射的基本过程：特定刺激为特定感受器接受→感受器兴奋→(以神经冲动形式通过)传入神经→反射中枢(分析、综合) 传出神经→效应器(产生相应活动)。

若反射弧中任何一个环节被破坏，反射活动就不能完成了。

(二)中枢兴奋过程的特征

1. 单向传递

在中枢神经系统中，冲动只能沿特定的方向和途径传播，即感受器兴奋产生冲动通过传入神经传到中枢，中枢通过传出神经传到效应器，这种现象称为单向传递。

2. 中枢延搁

从刺激作用于感受器起，到效应器发生反应所经历的时间，称为反射时。其中兴奋通过突触时所经历的时间较长，即突触延搁。兴奋在中枢内通过突触所发生的传导速度明显减慢的现象，叫作兴奋的中枢延搁。

3. 总和

在反射过程中，单条神经纤维的传入冲动到达中枢一般不能引起反射活动，但若干条纤维同时把冲动传至同一中枢或 1 条纤维连续传入若干个冲动，就能引起反射动作，这种现象叫作总和。反射总和实际上就是突触总和。

4. 扩散与集中

由机体不同部位传入中枢的冲动，常最后集中传递到中枢同一部位，这种现象称为中枢兴奋的集中。例如饲喂时，由嗅觉、视觉和听觉器官传入中枢的冲动，可共同引起唾液分泌中枢的兴奋，从而导致唾液分泌。从机体某一部位传入中枢的冲动，常不限于中枢的某一局部，而往往可引起中枢其他部位发生兴奋，这种现象称为中枢的扩散。例如，当皮肤受到强烈伤害性刺激时，所产生的兴奋传到中枢后，在引起机体的许多骨骼肌发生防御性收缩反应的同时，还出现心血管、呼吸、消化和排泄系统等活动的改变，这就是中枢兴奋扩散的结果。

5. 后放

在一个反射活动中，当刺激停止后，传出神经仍可在一定时间内连续发放冲动，使反射能延续一段时间，这种现象称为后放。

三、神经系统的感觉分析功能

各种内外环境变化作用于感受器，产生神经冲动，这些神经冲动经一定的传导通路进入中枢神经系统，再经多次转换神经元，最后抵达大脑皮层的特定部位，产生相应的感觉。

(一)脊髓的感觉传导功能

来自各感受器的神经冲动除通过脑神经传入中枢外，大部分经脊神经背根进入脊髓，然后分别经各自的上行传导路径传至丘脑，再经更换神经元抵达大脑皮层。

由脊髓前传到大脑皮层的感觉传导路径分为浅感觉传导路径和深感觉传导路径两类。浅感觉传导路径传导痛觉、温觉和轻触觉；深感觉传导路径传导肌肉本体感受器和深部压觉。

(二)丘脑的感觉投射系统

丘脑是重要的感觉总转换站，各种感觉通路(嗅觉除外)都要汇集在此处更换神经元，然后向大脑皮层投射；同时，丘脑也能对感觉进行粗糙的分析和综合。

根据丘脑各核团向大脑皮层投射特征的不同，丘脑的感觉投射系统可分为两类，即特异性投射系统和非特异性投射系统。

1. 特异性投射系统

从机体各种感受器传入的神经冲动(如视、听觉，皮肤、深部躯体痛觉)进入中枢神经后，均沿专一特定的传入通路到达丘脑，再通过纤维投射到大脑皮层的特定区域，产生特定感觉，称为特异性投射系统。特异性投射系统的功能是传递精确的信息到大脑皮层引起特定的感觉，并激发大脑皮层发出传出神经冲动。

2. 非特异性投射系统

在特异性传导系统的纤维途经脑干时发出侧支，与脑干网状结构内的神经元发生突触联系，通过其短轴突多次更换神经元后，抵达丘脑的皮质下联系核，再发出纤维弥散地投射于大脑皮质，叫作非特异传入系统。由于上行过程中经过脑干网状结构神经元的错综复杂的换元传递，因此失去了特异感觉的特异性和严格的定位区分，上行纤维广泛终止于大脑皮层的各层细胞，不引起特定的感觉，所以称为非特异投射系统。其生理作用是激动整个大脑皮质，维持和提高其兴奋性，使大脑处于觉醒状态。

特异性传导系统与非特异性传导系统互相影响，互相依存，引起大脑皮层产生感觉。

(三)大脑皮层的感觉分析功能

大脑是感觉的最高级中枢。各种感觉传入冲动最终都到达大脑皮层，通过对信息的精细分析和综合而产生感觉，并发生相应的反应。

大脑皮层的不同区域在感觉功能上具有不同的分工，即不同感觉在大脑皮层内有不同的代表区：躯体感觉区位于大脑皮层的顶叶，产生触觉、压觉、温觉和痛觉及本体感觉；视觉感觉区在枕叶距状裂的两侧；听觉感觉区在颞叶外侧；嗅觉感觉区在边缘叶的前梨状区和大脑基底的杏仁核；味觉感觉区在颞叶外侧裂附近；内脏感觉区在边缘叶的内侧面和皮层下的杏仁核等部。大脑皮层的这些感觉区在功能上经常密切联系，协同活动，产生各种复杂的感觉。

四、神经系统对躯体运动的调节

躯体运动是动物对外界进行反应的主要活动。任何躯体运动必须在神经系统各个部位的调节下，以骨骼肌收缩活动为基础进行姿势和位置的改变。

(一)脊髓对躯体运动的调节

脊髓是躯干与四肢骨骼肌反射的低级中枢所在部位，通过脊髓可以完成一些较简单的反射活动，如屈肌反射和牵张反射。

1. 屈肌反射

当肢体皮肤受到伤害性刺激时(如针刺、热烫等)，该肢体的屈肌强烈收缩，伸肌舒张，使该肢体出现屈曲反应，以使该肢体脱离伤害性刺激，此种反应称为屈肌反射。当伸肌反射出现时，与伸肌相拮抗的屈肌便发生舒张，使肢体伸直。这是兴奋和抑制交互影响脊髓不同运动神经元的结果，这种神经支配的关系称为交互神经支配。交互神经支配可使一切反射活动成为协调的动作，从呼吸运动、眼球运动、复杂或随意的肢体运动直至最简单的牵张反射，都有拮抗肌群的交互抑制。

屈肌反射的强度与刺激的强度有关。例如，足部的较弱刺激仅引起踝关节屈曲，若刺激强度增加，则膝关节及髋关节也将发生屈曲。如果刺激较强，受刺激的肢体在产生屈肌反射的同时，对侧肢体出现伸直的反射活动，这称为对侧伸肌反射。对侧伸肌反射属于姿势反射，具有保持身体平衡、维持姿势的意义。

2. 牵张反射

当骨骼肌受到外力牵拉使其伸长时，能反射性地引起受牵拉的同一肌肉收缩，称为牵张反射。

牵张反射分为腱反射和肌紧张两种类型。腱反射是指快速牵拉肌腱时发生的牵张反射。例如，扣击跟腱引起腓肠肌收缩的跟腱反射，就是典型的腱反射。肌紧张是当骨骼肌受到缓慢而持续的牵拉时，该肌肉经常处于持续的轻度收缩的状态。例如，支持体重的关节受重力作用而使其趋向弯曲时，势必使伸肌受到持续的牵拉，从而使伸肌紧张，以对抗关节的屈曲，维持直立姿势。

(二)脑干对肌紧张的调节

1. 脑干网状结构对肌紧张的调节

脑干网状结构是中枢神经系统中最重要的皮层下整合调节机构。脑干网状结构是指从延髓、脑桥、中脑内侧全长直到间脑这一脑干中央部分的广泛区域。其中，抑制区能抑制肌紧张和运动，易化区能加强肌紧张和运动。在正常情况下，这两个作用相反的区域保持动态平衡，维持适宜的肌紧张，以保证正常的躯体运动，如果两者的作用平衡失调，将引起肌紧张亢进或减弱。

2. 去大脑僵直

人们在动物实验中发现，在中脑上、下丘之间切断动物的脑干，动物会出现四肢僵直、脊柱硬挺、头尾昂起、躯体呈角弓反张姿态，此现象称为去大脑僵直。

3. 脑干对姿势的调节

中枢神经系统调节骨骼肌的肌紧张或产生相应运动，以保持或改正动物躯体在空间的姿势，称为姿势反射。对伸肌反射和牵张反射是简单的姿势反射。状态反射和翻正反射是较为复杂的姿势反射。

状态反射：当动物头部在空间的位置改变或头部与躯干的相对位置改变时，反射性地改变躯体肌肉的紧张性，称为状态反射。

翻正反射：当动物被推倒或使它从空中仰面放落时，它能迅速翻身、起立或改变为四肢朝下的姿势而着地，这种复杂的姿势反射称为翻正反射。

(三)小脑对躯体运动的调节

小脑是躯体运动调节的重要中枢。它具有维持身体平衡、调节肌紧张和协调随意运动的功能。在动物实验中，破坏动物的小脑后，导致肌肉软弱无力，肌紧张降低，平衡失调，站立不稳，四肢分开，步态蹒跚，体躯摇摆，容易跌倒；全部切除禽类小脑后，不能行走或飞翔；切除一侧小脑后，同侧腿部僵直。

(四)大脑皮层对躯体运动的调节

大脑皮层是中枢神经系统控制和调节躯体运动的最高级中枢，它是通过锥体系统和锥体外系统来实现的。皮层运动区支配对侧躯体的骨骼肌，呈左右交叉支配关系。即左侧运动区支配右侧躯体的骨骼肌，右侧运动区支配左侧躯体的骨骼肌。

1. 锥体系统

皮层运动区内存在着许多大锥体细胞，这些细胞发出粗大的下行纤维组成锥体系统。其纤维的一部分经脑干交叉到对侧，与脊髓的运动神经元相连，具有调节骨骼肌的精细动作和随意运动的功能。

2. 锥体外系统

除大脑皮层运动区外，其他皮层运动区也能引起对侧或同侧躯体某部分的肌肉收缩。这些部分和皮质下神经结构发出的下行纤维，大部分组成锥体外系统，该系统调节肌肉群活动，主要是调节肌紧张，使躯体各部分协调一致。

动物有机体的锥体外系统较锥体系统发达。当锥体外系统受到损伤后，动物有机体虽能产生运动，但动作不协调、不准确。

五、神经系统对内脏活动的调节

(一)植物性神经的功能

调节内脏活动的神经称为植物性神经。植物性神经系统包括传入神经和传出神经。但其传入神经常与躯体神经并行，习惯上植物性神经主要指支配内脏器官和血管的传出神经。根据其从中枢神经的发出部位和功能特征，分为交感神经和副交感神经。内脏器官一般受交感神经和副交感神经的双重支配，这两种神经对同一内脏器官的调节作用既是相反的，又互相协调统一。

1. 交感神经机能

交感神经的机能活动一般比较广泛，其的主要作用是促使机体适应环境的急骤的变化(如剧烈运动、窒息和大失血等)。交感神经兴奋可使心脏活动加强加快，心率加快，皮肤与腹腔内脏血管收缩，促进大量的血液流向脑、心及骨骼肌；使肺活动加强、支气管扩张和肺通气量增大；使肾上腺素的分泌量增加，抑制消化及泌尿系统的活动。

2. 副交感神经机能

副交感神经活动比较局限，其的主要作用是使机体休整，促进消化、贮存能量及加强排泄，提高生殖系统功能。副交感神经活动有利于营养物质的同化，增加能量物质在体内的积累，提高机体的储备力量。

交感神经和副交感神经的主要功能见表 10-2-2。

表 10-2-2　交感神经和副交感神经的主要功能

器官	交感神经	副交感神经
心血管	心搏动加快、加强，腹腔脏器、皮肤、唾液腺与生殖器官等血管收缩，肌肉血管收缩或舒张(胆碱能)	心搏动减慢，收缩减弱，分布于软脑膜与外生殖器的血管舒张
呼吸	支气管平滑肌舒张	气管平滑肌收缩，黏液腺分泌
消化	分泌黏稠的唾液，抑制胃肠运动，促进括约肌收缩，抑制胆囊活动	分泌稀薄的唾液，促进胃液、胰液分泌，促进胃肠运动，括约肌舒张，胆囊收缩

续表

器官	交感神经	副交感神经
泌尿	逼尿肌舒张，括约肌收缩	逼尿肌收缩，括约肌舒张
眼	瞳孔放大，睫状肌松弛，上眼睑平滑肌收缩	瞳孔缩小，睫状肌收缩，泪腺分泌
皮肤	竖毛肌收缩，汗腺分泌	—
代谢	促进糖的分解，促进肾上腺髓质的分泌	促进胰岛素的分泌

(二)中枢对内脏活动的调节

1. 脊髓对内脏活动和调节

脊髓有调节内脏活动的低级中枢。在脊髓的外侧角存在的交感神经和部分交感神经的节前神经元，构成植物性反射的初级中枢，能整合简单的植物性反射，如排粪反射、排尿反射、勃起反射、血管运动反射、出汗与竖毛反射等。这些简单反射均受高级中枢的调节。

2. 低位脑干对内脏活动的调节

低位脑干是许多内脏活动的基本中枢部位。例如，在延髓内存在与心血管、呼吸和消化系统等内脏活动有关的神经元，一旦受损，可立即致死，故延髓又称生命中枢。此外，脑桥有角膜反射中枢、呼吸调整中枢，中脑有瞳孔对光反射中枢等。

3. 下丘脑对内脏活动的调节

下丘脑是皮质下内脏活动调节的最高级中枢，能够调节体温、营养摄取、水平衡、内分泌、情绪反应、生物节律等许多生理过程。

4. 大脑皮层对内脏活动的调节

(1)新皮层。在动物实验中，电刺激动物的新皮层，除能引起躯体运动外，也可使内脏发生反应。例如，可引起直肠和膀胱运动起变化，呼吸和心血管活动变化，消化道运动和唾液分泌的变化等，这些都说明新皮层对内脏活动均有调节作用。

(2)边缘系统。大脑半球内侧面皮层与脑干连接部和胼胝体旁的环周结构称边缘叶。边缘叶和与它相关的某些皮层下神经核合称为大脑边缘系统。该系统是调节内脏活动的十分重要的高级中枢，能调节许多低级中枢的活动，其调节作用复杂而多变。

六、条件反射

反射活动是中枢神经系统的基本活动形式，分为条件反射和非条件反射。

(一)条件反射与非条件反射

1. 条件反射

条件反射是通过后天接触环境、训练等而建立起来的反射。它是反射活动的高级形式，是动物在个体生活过程中获得的外界刺激与机体反应间的暂时联系。它没有固定的反射路径，易受客观环境影响而改变。由于其反射中枢在大脑皮层，切除大脑皮层后，此反射便会消失。凡能引起条件反射的刺激称为条件刺激。条件刺激在条件反射形成之前，对这个反射还是一个无关的刺激，只有与某种反射的非条件刺激相伴或提前出现并多次重复后能引起某种反射，才能成为条件刺激。

2. 非条件反射

非条件反射是通过遗传获得的先天性反射活动，它能保证机体各种基本生命活动的正常进行。它是神经系统反射活动的低级形式，是动物在种族进化中固定下来的，也是外界刺激与机体反应间的联系。它有固定的神经反射路径，不受客观条件的影响而改变。其反射中枢多数在皮层下部位，切除大脑皮层后，这种反射还存在。能引起非条件反射的刺激称为非条件刺激。非条件反射的数量是有限的，如食物反射、防御反射，以及各种内脏反射，这些反射只能保证动物的基本生存和简单适应环境。

3. 条件反射与非条件反射的区别

条件反射和非条件反射是动物行为中的两种学习方式。条件反射是指动物根据外界刺激和后果来建立起的某种特定的行为模式，而非条件反射则是一种与外界刺激无关的自发性行为。条件反射与非条件反射的区别见表 10-2-3。

表 10-2-3　条件反射与非条件反射的区别

方式	非条件反射	条件反射
形式方式	初生时即有，是长期进化过程中获得的反射，是先天的本能行为	是后天的生活过程中，在一定条件下形成的反射，是后天获得的复杂行为
刺激结果	有固定的神经反射路径，较稳定不变	主要靠大脑皮层的参与才能完成的反射
反射弧特点	通过皮层下各级中枢参与就能完成的反射	暂时性反射路径，不稳定、不强化易消退
数量	数目少，恒定不灵活，适应性有限，只能维持基本生命活动和种族延续	数目大，有极大的易变性、灵活性，具有精确而完善的适应性

(二)条件反射的形成

条件反射是一种复杂的过程，动物采食时，食物入口引起唾液分泌，这是非条件反射。如食物在入口之前，给予哨声刺激，最初哨声和食物没有联系，只是作为一个无关的刺激而出现，哨声并不引起唾液分泌。但如果哨声与食物总是同时出现，经过多次结合后，只给哨声刺激也可引起唾液分泌，便形成了条件反射，这时的哨声就不再是与吃食物无关的刺激了，而成为食物到来的信号。

可见，形成条件反射的基本条件，就是条件刺激与非条件刺激在时间上的结合，这一结合过程称为强化。任何条件刺激与非条件刺激结合应用，都可以形成条件反射。

(三)影响条件反射形成的因素

条件反射必须是在非条件反射的基础上建立的，条件反射的形成主要受以下因素的影响。

(1)条件刺激必须与非条件刺激多次反复紧密结合；条件刺激必须在非条件刺激之前或同时出现；刺激强度要适宜，已建立起来的条件反射要经常用非条件刺激来强化和巩固，否则条件反射会逐渐消失。

(2)要求动物必须健康、清醒。昏睡或病态的动物是不易形成条件反射的。此外，还应避免周围环境其他刺激对动物的干扰。

学习小结

单元	知识点	需掌握内容
神经系统构造	脊髓的构造	脊髓的位置与形态，脊髓的内部结构，脊神经根
	脑的构造	脑包括脑干、小脑和大脑，脑干包括延髓、脑桥、中脑和间脑
	脑脊膜	脑脊膜结构，脑膜，脑脊液，脑、脊髓的血管
	躯体神经	脑神经和脊神经
	植物性神经	植物性神经的特点、分类
神经系统对机体活动的影响	神经纤维兴奋传递和突触传递	神经纤维传递特征，化学性突触传递的机理，抑制性突触的传递，突触传递特性
	神经递质及受体	递质及受体概念、类型及作用特点
	反射	反射与反射弧，中枢兴奋过程的特征
	神经系统的感觉分析功能	脊髓的感觉传导功能，丘脑的感觉投射系统，大脑皮层的感觉分析功能
	神经系统对躯体运动的调节	脊髓对躯体运动的调节，脑干对肌紧张的调节，小脑对躯体运动的调节，大脑皮层对躯体运动的调节
	神经系统对内脏活动的调节	植物性神经的功能，中枢对内脏活动的调节
	条件反射	非条件反射与条件反射，条件反射的形成，影响条件反射形成的因素

复习思考题

一、填空题

1. 脑干由______、______、______、______组成。

2. 按功能和神经冲动传导的方向可将神经元______、______、______。

3. 十二对脑神经依次为______、______、______、______、______、______、______、______、______、______、______、______。

4. 外周神经包括______、______、______、______。

5. 按突起的多少可将神经元分为______、______、______。

6. 十二对脑神经中属于混合神经的是________、________、________、________。

7. 脊髓外面被盖有 3 层结缔组织膜，并形成 3 个腔，这 6 层结构由内向外依次是________、________、________、________、________、________。

8. 十二对脑神经中属于运动神经的是________、________、________、________、________。

二、单选题

1. 下列哪个不是交感神经兴奋后的表现？(　　)
   A. 心率加快　B. 血压上升　C. 血糖升高　D. 消化液分泌增加
2. 第三脑室位于(　　)部位。
   A. 延髓　B. 脑桥　C. 中脑　D. 间脑
3. 呼吸中枢位于(　　)部位。
   A. 延髓　B. 脑桥　C. 中脑　D. 间脑
4. 紧贴脊髓表面的是(　　)。
   A. 硬膜　B. 蛛网膜　C. 软膜　D. 鞘膜
5. 下列大脑皮质与运动有关的是(　　)。
   A. 额叶　B. 顶叶　C. 颞叶　D. 枕叶
6. 第 1 对脑神经是(　　)。
   A. 三叉神经　B. 迷走神经　C. 视神经　D. 嗅神经
7. 锥体交叉在(　　)部位。
   A. 延髓　B. 脑桥　C. 中脑　D. 间脑
8. 四叠体位于(　　)部位。
   A. 延髓　B. 脑桥　C. 中脑　D. 间脑
9. 对于神经的描述，下列说法错误的是(　　)。
   A. 自主神经需要两个神经元到达效应器
   B. 躯体运动神经需一个神经元到达效应器
   C. 交感神经的节前神经元位于胸腰段脊髓灰质侧角内
   D. 副交感的节后纤维比节前纤维长
10. 下列不属于条件反射特点的是(　　)。
   A. 后天获得的　B. 需大脑皮质参与
   C. 恒定，不易变　D. 数量无限
11. 下列不属于副交感神经兴奋发生的变化的是(　　)。
   A. 心率加快　B. 胃肠运动增强
   C. 消化液分泌增加　D. 糖类分解减少
12. 垂体位于(　　)部位。
   A. 上丘脑　B. 丘脑　C. 后丘脑　D. 下丘脑
13. 脊髓灰质腹侧角中存在的是(　　)。
   A. 运动神经元的胞体　B. 中间神经元的胞体

C. 感觉神经元的胞体　　D. 交感神经节前神经元的胞体

E. 副交感神经节前神经元的胞体

14. 脊髓灰质背侧角中存在的是(　　)。

A. 运动神经元的胞体　　B. 中间神经元的胞体

C. 感觉神经元的胞体　　D. 交感神经节前神经元的胞体

E. 副交感神经节前神经元的胞体

15. 支配咀嚼运动的脑神经是(　　)。

A. 三叉神经　B. 面神经　C. 舌咽神经　D. 迷走神经

E. 舌下神经

三、多选题

1. 尼氏体存在于(　　)内。

A. 神经元胞浆　　B. 神经元胞核

D. 轴丘　　E. 树突

2. 迷走神经的感觉纤维来自(　　)。

A. 消化管　B. 呼吸道　C. 外耳　D. 内耳　E. 泌尿道

3. 感觉神经末梢存在于(　　)。

A. 骨膜　B. 皮下组织　C. 骨骼肌　D. 平滑肌　E. 腺体

4. 延髓的功能包括(　　)。

A. 心跳中枢　　B. 呼吸中枢

C. 呕吐中枢　　D. 运动中枢

E. 听觉、视觉中枢

5. 与视觉冲动传导有关的中枢神经系统结构有(　　)。

A. 前丘隆起　　B. 后丘隆起

C. 外侧膝状体　　D. 内侧膝状体

E. 大脑脚

6. 交感神经的节前神经元存在于(　　)。

A. 脊髓胸段灰质外侧柱内　　B. 脊髓第1～3腰节段的灰质外侧柱内

C. 脑干　　D. 荐部脊髓

E. 颈段脊髓

四、简答题

1. 简述脑和脊髓的形态和构造。

2. 简述躯体神经与植物性神经的区别。

3. 简述交感神经与副交感神经的区别。

4. 简述突触传递的特征。

5. 简述条件反射与非条件反射的区别。

参考答案

项目十一　内分泌系统

项目描述

内分泌系统是有机体的重要调节系统，它与神经系统相辅相成，共同调节机体的生长发育和各种代谢，维持内环境的稳定，并影响行为和控制生殖等。内分泌系统由内分泌腺组成。有机体的内分泌腺包括独立的内分泌器官和分布于一些器官内的内分泌组织或细胞。

学习目标

知识目标

1. 掌握独立内分泌器官的名称。
2. 了解腺垂体分泌激素及其功能。
3. 了解神经垂体分泌激素及其功能。
4. 了解肾上腺皮质部分泌的激素及功能。
5. 了解甲状腺素和降钙素的功能。

技能目标

能够指出牛、猪甲状腺的位置。

素质目标

1. 养成勤学好问、吃苦耐劳、爱岗敬业的精神。
2. 热爱动物，正确对待实验动物。

单元一　内分泌器官

内分泌系统由内分泌腺组成。内分泌腺无输出导管(分泌物通过输出导管排出的腺体称为外分泌腺)，其腺细胞分泌的某些特殊化学物质称为激素，激素通过毛细血管或毛细淋巴管直接进入血液或淋巴，随血液循环传递到全身，对机体新陈代谢、生长发育和繁殖等起着重要的调节作用。机体内分泌腺包括独立的内分泌器官和分布于一些器官内的内分泌组织或细胞。各种内分泌腺的功能活动相互联系，而且内分泌腺还要受到神经系统和免疫系统活动的影响，三者相互作用和调节，共同组成神经—内分泌—免疫网络。

独立内分泌器官有垂体(脑体)、甲状腺、甲状旁腺、肾上腺和松果体等。

一、垂体

垂体借助垂体柄连于下丘脑，在视神经交叉的后方位于颅底蝶骨上的垂体窝内，依据其发生和结构上的特点，可分为腺垂体和神经垂体。

1. 腺垂体

腺垂体内有丰富的腺细胞，主要分泌生长激素、催乳素及调节其他内分泌腺的激素，如促性腺激素、促甲状腺激素、促肾上腺皮质激素、促甲状旁腺激素、黑色素细胞刺激素等。此外，还可分泌多种神经肽。

2. 神经垂体

神经垂体不含腺细胞，因此不具备分泌功能。其由下丘脑视上核和室旁核神经细胞的轴突和神经胶质细胞构成，可贮存由下丘脑视上核和室旁核神经细胞的分泌物，如抗利尿激素和催产素。

- 垂体
  - 腺垂体
    - 远侧部（垂体外周）｝前叶
    - 结节部（颈的下侧方，围绕着神经垂体的漏斗）｝前叶
    - 中间部（位于远侧部和神经部之间的薄层腺细胞）｝后叶
  - 神经垂体
    - 神经部（中间实体）｝后叶
    - 漏斗部（位于颈部，其上方中间空为漏斗腔）

马的垂体如蚕豆大，远侧部和中间部之间无垂体腔；牛的垂体较大，远侧部和中间部之间有垂体腔；猪的垂体较小，与牛一样具有垂体腔。马、牛、猪垂体的结构如图 11-1-1 所示。

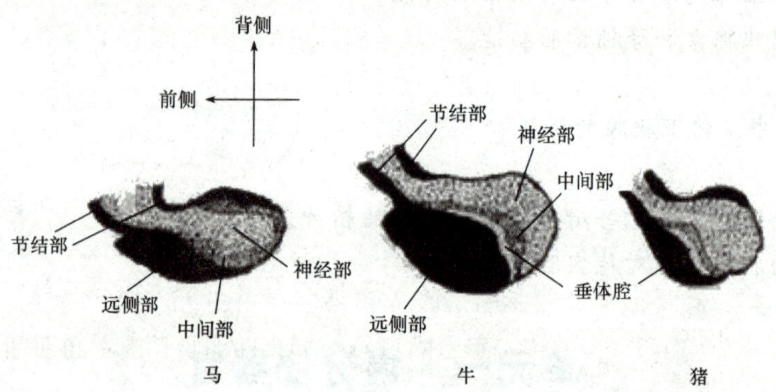

图 11-1-1　马、牛、猪垂体的结构(正中矢状面)

二、肾上腺

各种家畜有 1 对肾上腺，位于肾的前内侧缘附近，为红褐色(图 11-1-2)。肾上腺实质可分为周围的皮质和中央的髓质两部分。皮质占腺体大部分，其分泌的激素，按作用可大致分为盐皮质激素、糖皮质激素、性激素(包括雄激素和少量雌激素)3 类。髓质分泌肾上腺素和去甲肾上腺素。

牛的右肾上腺呈心形，位于右肾前端内侧，左肾上腺呈肾形，于左肾前方；猪的肾上腺长而窄，表面有沟，位于肾内侧缘的前方；马的肾上腺呈扁椭圆形，位于肾内侧缘稍前上方，一般右肾上腺较大；羊的左、右肾上腺均为扁椭圆形。

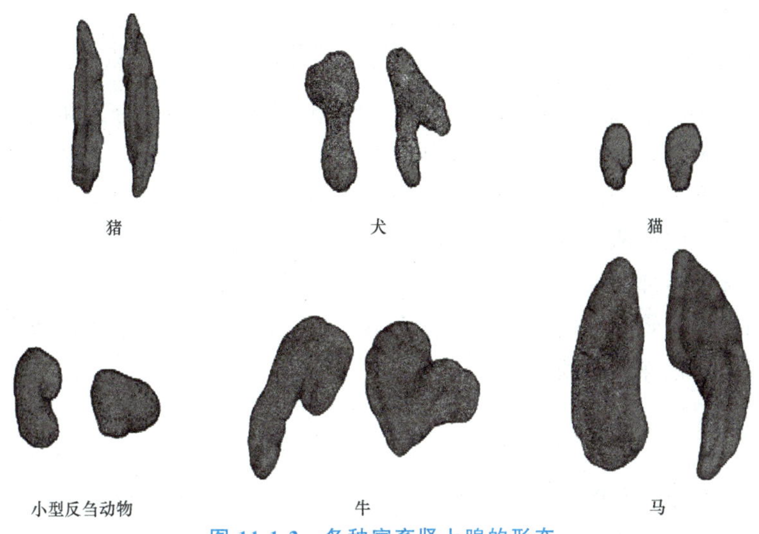

图 11-1-2　各种家畜肾上腺的形态

三、甲状腺

甲状腺位于喉后方，在前 2～3 个气管软骨环的两侧面和腹侧面，由左、右 2 个侧叶和中间的腺峡组成，但形状各异(图 11-1-3)。甲状腺主要分泌甲状腺素、甲状腺降钙素。

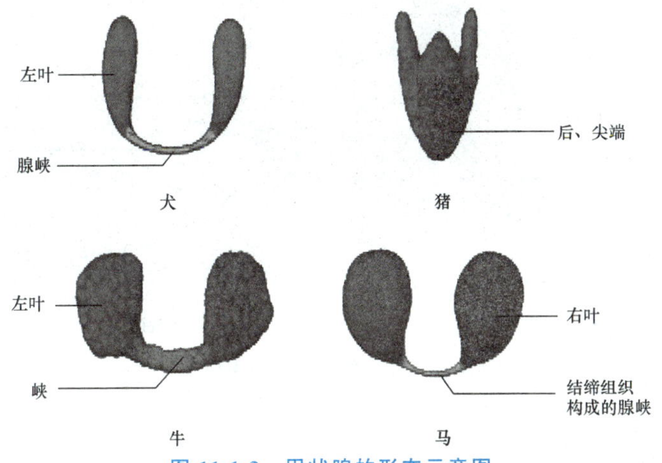

图 11-1-3　甲状腺的形态示意图

牛甲状腺的侧叶较发达，色较浅，呈扁三角形，腺小叶明显，腺峡较发达，由腺组织构成(图 11-1-4)；马甲状腺红褐色，侧叶呈卵圆形，腺峡细不发达，且被结缔组织代替；猪甲状腺的腺峡与左右侧叶连成整体，位于气管腹侧面，呈深红色；绵羊甲状腺呈长椭圆形，山羊甲状腺的两侧叶不对称，两者的腺峡均较细。

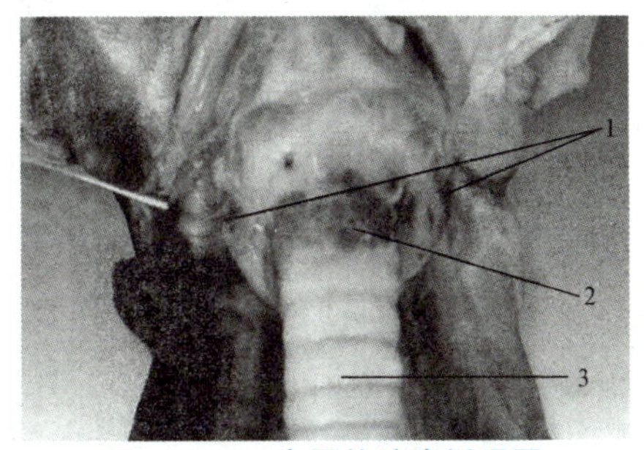

图 11-1-4　牛甲状腺腹侧观图

1—甲状腺；2—腺峡；3—气管

四、甲状旁腺

甲状旁腺较小，呈圆或椭圆形，1 对时位于甲状腺附近或埋于甲状腺实质内，2 对时，另 1 对在胸前口，形如小米粒，大小仅为 1～2 mm。甲状旁腺分泌甲状旁腺素。

牛甲状旁腺有内、外两对，外甲状旁腺位于甲状腺前方，颈总动脉附近，内甲状旁腺较小，位于甲状腺内侧面的背侧缘附近。马的甲状旁腺有前、后 2 对，前对呈球形，多数位于甲状腺前半部与气管之间，少数位于甲状腺背侧缘或甲状腺内；后对呈扁椭圆形，常位于颈后部气管的腹侧。猪的甲状旁腺只有 1 对，通常位于甲状腺前方，有胸腺时则埋于胸腺内，色深、质硬。

五、松果体

松果体是位于丘脑和四叠体间的红褐色卵圆形小体，实质是脑内膜与血管的球形体（图 11-1-5）。松果体分泌褪黑色激素。光照对松果体的分泌活动有抑制作用，从而促进性腺的功能。

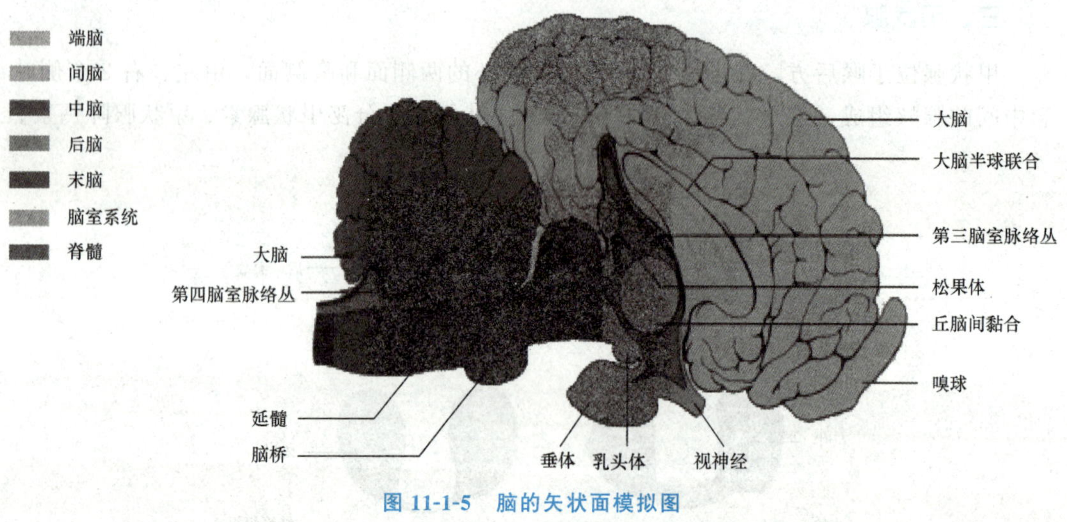

图 11-1-5 脑的矢状面模拟图

单元二　内分泌组织

一、胰岛

胰岛位于胰腺内，是胰腺的内分泌部，由不规则的细胞团组成，呈岛屿状，分布于腺泡之间。胰岛的内分泌作用中，最主要的是分泌胰高血糖素和胰岛素，其以此来调节血糖的浓度。

二、睾丸中的内分泌组织

睾丸细胞主要是间质细胞和支持细胞。间质细胞分布于睾丸精曲小管间的结缔组织中，能分泌雄激素。支持细胞位于精曲小管管壁上偏基膜侧，能分泌少量雌激素(为发育中的精子提供营养和保护)。

三、卵巢中的内分泌组织

卵巢中的内分泌组织主要有门细胞、卵泡膜和黄体。门细胞位于卵巢门近系膜处，能分泌雌激素；卵泡膜是包围卵泡的间质细胞层，能分泌雌激素；黄体由排卵后的卵泡细胞和卵泡膜内层细胞演化而来，分泌孕酮和雌激素。

四、其他内分泌组织或细胞

心房壁内的一些细胞可分泌心房肽(利尿排钠、扩张血管、降压)。胃、肠的上皮与腺体中分散着种类繁多的内分泌细胞，能分泌胃肠激素(协调胃肠道自身运动和分泌功能，也参与调节其他器官的活动)。

单元三　激素的分类和作用

一、激素

激素是由内分泌细胞分泌的、少量的、可以高效调节机体生长发育和繁殖等生理活动的物质。

(一)激素的作用及特点

(1)特异性，即某种激素只能对某些组织细胞或某些代谢过程发生调节作用。
(2)高效性，激素是一种高效能的生物活性物质，很小的剂量就能产生很强的作用。
(3)激素本身不是营养物质，不能产生能量，只对某些生理机能有促进或抑制作用。
(4)不同的激素的分泌速度、作用快慢和灭活速度不同。

(二)激素的种类

(1)含氮激素，包括多肽类激素、蛋白质类激素和胺类激素。
(2)类固醇激素，包括固醇类激素、类固醇激素。
(3)脂肪酸衍生物激素和不饱和脂肪酸衍生物激素。

二、内分泌腺分泌的激素类型及作用

(一)脑垂体分泌的激素类型及作用

脑垂体分泌的激素类型及作用见表 11-3-1。

表 11-3-1　脑垂体分泌的激素类型及作用

种类	激素的类型	化学性质	主要作用
腺垂体	生长激素 (GH)	多肽	促进生长：促进骨、软骨、肌肉及肝、肾等组织细胞的分裂增殖； 促进代谢：促进蛋白质的合成，减少其分解；加速脂肪分解、氧化和供能；抑制糖的分解，升高血糖
	催乳素 (PRL、LTH)	蛋白质	促进乳腺生长发育并维持泌乳；刺激 LH 受体生成
	促甲状腺激素 (TSH)	糖蛋白	促进甲状腺细胞的增生及其活动；促进甲状腺激素的合成与释放
	促肾上腺皮质激素 (ACTH)	多肽	促进肾上腺皮质的生长发育；促进肾上腺糖皮质激素的合成与释放
	促卵泡激素 (FSH)	糖蛋白	促进卵巢生长发育，促进排卵；促进曲细精管发育，促进精子生成；促进雌激素分泌

续表

种类	激素的类型	化学性质	主要作用
腺垂体	促黄体生成激素（LH）	糖蛋白	在FSH协同下，使卵巢分泌雌激素；促使卵泡成熟并排卵；使排卵后的卵泡形成黄体，分泌孕酮；刺激睾丸间质细胞发育并产生雄激素
	促黑色素细胞激素（MSH）	多肽	促进黑色素的合成；使皮肤和被毛的颜色加深
神经垂体	抗利尿激素（ADH）	多肽	抗利尿：增加肾小管、集合管对水的重吸收，使尿量减少；升高血压：使除脑、肾以外的全身小动脉强烈收缩
	催产素（OXT）	多肽	使乳腺肌上皮和导管平滑肌收缩引起排乳；促使妊娠子宫强烈收缩，利于分娩；促进排卵期的子宫收缩，有利于精子向输卵管移动

(二)甲状腺及甲状旁腺分泌的激素及作用

甲状腺及甲状旁腺分泌的激素及作用见表11-3-2。

表11-3-2　甲状腺及甲状旁腺分泌的激素及作用

种类	激素的类型	化学性质	主要作用
甲状腺	甲状腺素	胺类	1. 促进生长发育：甲状腺素能促进红细胞生成；促进组织分化、生长、发育、成熟； 2. 提高神经兴奋性：甲状腺素能使心率增加，使心收缩力增强
	降钙素	多肽	促进和维持泌乳，如降钙素的主要作用是降低血钙和血磷，抑制肾小管对钙、磷、钠、氯的重吸收，促使其从尿中排出
甲状旁腺	甲状旁腺素	多肽	调节钙、磷的代谢，将血钙维持在正常水平

(三)肾上腺分泌的激素及作用

肾上腺皮质分泌糖皮质激素和盐皮质激素，髓质分泌肾上腺素和去甲肾上腺素。

1. 糖皮质激素

糖皮质激素的作用主要是促进蛋白质分解；促进肝糖原的分解，抑制组织细胞对糖的氧化利用，使血糖浓度升高；抗过敏、抗炎症和抗毒素。

2. 盐皮质激素

盐皮质激素的作用主要是促进肾小管对钠和水的重吸收，抑制对钾的重吸收，维持有机体内钠、钾的平衡和体内血量的恒定。

3. 肾上腺素和去甲肾上腺素

(1)对心脏的作用。肾上腺素能使心跳加强加快，增加心输出量，升高血压。临床上可用于急救。去甲肾上腺素也有这些作用，但较弱。

(2)对平滑肌的作用。肾上腺素能使气管和消化管平滑肌舒张，胃肠运动减弱；能使瞳孔扩大，皮肤竖毛肌收缩，被毛竖立。去甲肾上腺素也有这些作用，但较弱。

(3)对代谢的作用。肾上腺素能促使肝脏和肌肉中的糖原分解为葡萄糖，使血糖升高，但作用强度不如去甲肾上腺素；肾上腺素促使脂肪分解的强度不如去甲肾上腺素。

(四)松果体分泌的激素及作用

松果体分泌褪黑色激素，能抑制促性腺激素的释放，防止性早熟。此外，褪黑色激素有调节生物钟的作用。

学习小结

知识点		激素类型	需掌握内容
垂体	腺垂体	生长激素 (GH)	1. 促进生长：促进骨、软骨、肌肉及肝、肾等组织细胞的分裂增殖； 2. 促进代谢：促进蛋白质合成，减少其分解；加速脂肪分解、氧化和供能；抑制糖的分解利用，升高血糖
		催乳素 (PRL、LTH)	1. 促进乳腺生长发育并维持泌乳； 2. 刺激 LH 受体生成
		促甲状腺激素 (TSH)	1. 促进甲状腺细胞的增生及其活动； 2. 促进甲状腺激素的合成与释放
		促肾上腺皮质激素 (ACTH)	1. 促进肾上腺皮质的生长发育； 2. 促进肾上腺糖皮质激素的合成与释放
		促卵泡激素 (FSH)	1. 促进卵巢生长发育，促进排卵； 2. 促进曲细精管发育，促进精子生成； 3. 促进雌激素分泌
		促黄体生成激素 (LH)	1. 在 FSH 协同下，使卵巢分泌雌激素； 2. 促使卵泡成熟并排卵； 3. 使排卵后的卵泡形成黄体，分泌孕酮； 4. 刺激睾丸间质细胞发育并产生雄激素
		促黑色素细胞激素 (MSH)	1. 促进黑色素的合成； 2. 使皮肤和被毛颜色加深
	神经垂体	抗利尿激素 (ADH)	1. 抗利尿：增加肾小管、集合管对水的重吸收，使尿量减少； 2. 升高血压：使除脑、肾以外的全身小动脉强烈收缩
		催产素 (OXT)	1. 使乳腺肌上皮和导管平滑肌收缩引起排乳； 2. 促使妊娠子宫强烈收缩，利于分娩；促进排卵期子宫收缩，有利于精子向输卵管移动

续表

<table>
<tr><th colspan="2">知识点</th><th>激素类型</th><th>需掌握内容</th></tr>
<tr><td colspan="2" rowspan="2">甲状腺</td><td>甲状腺素</td><td>1. 促进生长发育：甲状腺素能促进红细胞生成；促进组织分化、生长、发育、成熟；
2. 提高神经兴奋性：甲状腺素能使心率增加，心收缩力增强</td></tr>
<tr><td>降钙素</td><td>促进和维持泌乳，如降钙素其主要作用是降低血钙和血磷，抑制肾小管对钙、磷、钠、氯的重吸收，促使其从尿中排出</td></tr>
<tr><td colspan="2">甲状旁腺</td><td>甲状旁腺素</td><td>调节钙、磷代谢，维持血钙正常水平</td></tr>
<tr><td rowspan="3">肾上腺</td><td rowspan="2">皮质部</td><td>糖皮质激素</td><td>主要是促进蛋白质分解；促进肝糖原的分解，抑制组织细胞对糖的氧化利用，使血糖浓度升高；抗过敏、抗炎症和抗毒素</td></tr>
<tr><td>盐皮质激素</td><td>主要是促进肾小管对钠和水的重吸收，抑制对钾的重吸收，维持机体内钠、钾的平衡和体内血量的恒定</td></tr>
<tr><td>髓质部</td><td>肾上腺素和去甲肾上腺素</td><td>1. 对心脏的作用：肾上腺素能使心跳加强加快，增加心输出量，升高血压。临床上可用于急救。去甲肾上腺素也有这些作用，但较弱；
2. 对平滑肌的作用：肾上腺素能使气管和消化管平滑肌舒张，胃肠运动减弱；能使瞳孔扩大，皮肤竖毛肌收缩，被毛竖立。去甲肾上腺素也有这些作用，但较弱；
3. 对代谢的作用：肾上腺素能促使肝脏和肌肉中的糖原分解为葡萄糖，使血糖升高，但作用强度不如去甲肾上腺素；肾上腺素促使脂肪分解的强度不如去甲肾上腺素</td></tr>
<tr><td>松果体</td><td colspan="2">褪黑色激素</td><td>能抑制促性腺激素的释放，防止性早熟。此外，其还可以调节生物钟</td></tr>
</table>

复习思考题

一、单选题

1. 下列腺体中不属于内分泌腺的是(　　)。

A. 脑垂体　　B. 腮腺　　C. 甲状腺　　D. 肾上腺

2. 下列腺体中不属于内分泌腺的是(　　)。

A. 脑垂体　　B. 甲状腺　　C. 副性腺　　D. 肾上腺

3. 下列腺体中不属于内分泌腺的是(　　)。

A. 脑垂体　　B. 皮脂腺　　C. 甲状腺　　D. 肾上腺

4. 松果体位于(　　)。

A. 视神经交叉的后方位于颅底蝶骨上

B. 丘脑和四叠体之间

C. 下丘脑的后方

D. 第三脑室后壁

E. 大脑脚与丘脑之间

二、多选题

1. 下列腺体中属于内分泌腺的有(　　)。

A. 脑垂体　　B. 甲状腺　　C. 腮腺　　D. 乳腺　　E. 肾上腺

2. 下列腺体中属于内分泌腺的有(　　)。

A. 脑垂体　　B. 甲状腺　　C. 甲状旁腺　　D. 松果体　　E. 肾上腺

3. 下列腺体中属于内分泌腺的有(　　)。

A. 副性腺　　B. 甲状腺　　C. 下颌腺　　D. 皮肤腺　　E. 肾上腺

三、判断题

1. 生长激素缺乏会导致呆小症。　(　　)

2. 位于脑部的内分泌激素有脑垂体和松果体。　(　　)

四、简答题

1. 试叙激素的作用和特点。

2. 脑垂体分泌哪些激素？它们各有什么作用？

3. 甲状腺分泌哪些激素？它们各有什么作用？

4. 肾上腺分泌哪些激素？它们各有什么作用？

参考答案

项目十二　被皮系统

项目描述

被皮系统包括皮肤和皮肤衍生而成的特殊器官。皮肤衍生物包括家畜的蹄、枕、角、毛、乳腺、皮脂腺及汗腺，以及禽类的羽毛、冠、喙和爪等。被皮系统具有感觉、分泌、防御、排泄、调节体温和贮存营养物质的作用，有助于动物适应外界环境。

学习目标

知识目标

1. 了解表皮和真皮的位置与关系。
2. 了解皮肤的衍生物。
3. 了解蹄的构造。
4. 了解皮肤的功能。

技能目标

能够正确认识牛蹄的基本构造。

素质目标

1. 养成勤学好问、吃苦耐劳、爱岗敬业的精神。
2. 热爱动物，正确对待实验动物。

单元一　皮　　肤

皮肤覆盖于动物体表，具有保护体内组织，防止异物侵害的作用。皮肤在天然孔(口裂、鼻孔、肛门和尿生殖道外口等)处与黏膜相接。在皮肤中还含有感受各种刺激的感受器、毛、毛囊、皮脂腺及汗腺等。皮肤的厚度因动物的种类、品种、性别、年龄及分布部位的不同而异。例如，牛的皮肤厚，羊的皮肤薄，老牛家畜的皮肤较幼年的厚，公畜的皮肤较母畜的厚，四肢外侧的较内侧的厚，皮肤的厚薄虽然不同，但结构相似。皮肤具有感受刺激，调节温度，分泌、排泄废物及贮藏营养物质的作用，还有保护和吸收作用。

皮肤一般可分为表皮、真皮和皮下组织。

一、表皮

表皮为皮肤最表层，由角化的复层扁平上皮构成。表皮内无血管和淋巴管，但有丰富的神经末梢，从内往外可分为基底层、棘层、颗粒层、透明层和角质层。

1. 基底层

基底层又称生发层，是表皮的最底层，借基膜与深层的真皮相连。基底层细胞皆附在基底膜上，它是表皮中唯一可以分裂复制的细胞，并可以直接摄取微血管内的养分，以补充细胞分裂复制之所需。基底层是一层矮柱状上皮细胞，细胞较小、排列整齐，核呈卵圆形，胞质中常含有黑色素颗粒。黑色素颗粒的多少与皮肤颜色的深浅有关。黑色素颗粒能够吸收紫外线，使深层组织免受紫外线辐射的损害。基底层的细胞分裂比较活跃，不断产生新细胞并向浅层推移，以补充衰老、脱落的角质细胞。

2. 棘层

棘层位于基底层上方。基底细胞不断增殖形成棘层细胞，由 4～8 层细胞组成细胞多呈多角形，被称为棘层。棘层的作用有修复再生、合成蛋白、防御、提供营养等。

3. 颗粒层

颗粒层位于棘层的浅面，由 2～3 层梭形细胞组成。细胞质中有大小不等的透明角质颗粒。普通染色呈强嗜碱性，细胞核较小，染色较淡。老化的细胞被推送到颗粒层里，细胞内充满含角质素的颗粒。随着角质素的增加，细胞会逐渐地角质化而死亡。

4. 透明层

透明层位于颗粒层的浅面，由 2～3 层无核的扁平细胞组成。胞质中含有嗜酸性透明角质，它由颗粒层细胞的透明角质颗粒变性而成。

5. 角质层

角质层位于表皮的最浅层，由几层到几十层扁平无核角质细胞组成，细胞质内充满嗜酸性的角蛋白，对酸、碱、摩擦等因素有较强的抵抗力。角质层的表面细胞常呈小片脱落，形成皮屑。角质层是表皮的最上层，由已经完全角质化的死细胞所构成的。这些紧密相连的死细胞构成了最重要的保护屏障层。

角质层内常有由皮脂腺分泌，可以防止皮肤脱水的皮质通过。角质层会不断地接受那些刚死亡的细胞，但它的厚度却始终维持不变，这是因为角质层细胞会不断脱落的缘故。在那些经常摩擦的部位(手掌、脚掌)，角质层会加厚而形成茧。

二、真皮

真皮位于表皮下面，是皮肤最厚的一层，由不规则的致密结缔组织构成，由纤维、基质和细胞成分组成，以纤维成分为主，胶原纤维和弹力纤维互相交织在一起，丰富的粗大胶原纤维相互交织形成致密的板层结构，纤维之间仅有少量基质和细胞成分。在真皮内分布有毛囊、汗腺和皮脂腺等。真皮坚韧而富有弹性，皮革就是由真皮鞣制而成的。

真皮从上至下通常分为乳头层和网状层两层，但两者之间并无明确界限。乳头层又称真皮上部，为紧靠表皮的薄层结缔组织，纤维较细密，细胞较多，内含丰富的毛细血管和毛细淋巴管，还有游离神经末梢和触觉小体。网状层较厚，位于乳头层下方。网状层又可分为真皮中部和真皮下部。网状层内含较大的血管、淋巴管、汗腺、毛囊、皮脂腺等，其中的神经和神经末梢也较丰富，深层有环层小体，能感受压迫和振动的刺激。

三、皮下组织

皮下组织位于皮肤的最深层，皮肤以皮下组织与深部组织(肌肉、骨膜)相连。营养好的动物皮下组织内含有大量的脂肪组织，如猪的皮下组织内形成很厚的脂肪。有的部分皮下组织富有弹力纤维和脂肪组织，构成一定形状的弹力结构如指(趾)枕；在皮肤和深层组织紧密相连之外(如唇、鼻等)，皮下组织很少，甚至没有。

四、皮肤的功能

1. 保护

皮肤可以保护深层组织，防止体内水分的蒸发及有害物质的侵入。

2. 排泄和吸收

皮肤通过汗液排出体内的代谢废物，还具有吸收的功能，可以吸收一些脂类、挥发性液体和溶解于其中的物质。

3. 储存

皮肤是机体水分和盐分的储存库，参与体内水、盐的代谢。皮肤还是机体重要的血库，可储存10%～30%的微循环血量。

4. 接受刺激

皮肤内分布着许多神经末梢，能接受并传导刺激给神经中枢，是有机体重要的感觉器官。

单元二　皮肤的衍生物

一、毛

毛由表皮演化而来，是一种角化的皮肤结构，在动物体表除少数部位，如鼻镜、蹄和皮肤与黏膜相接处之外遍布全身。毛是温度的不良导体，具有保温、感觉和保护作用。毛露于皮肤表面的部分称毛干；埋在皮肤内的部分称毛根；毛根末端膨大呈球状为毛球。毛球细胞分裂能力强，是毛的生长点。毛球的顶端内陷呈杯状，真皮结缔组织伸入其内形成毛乳头，相当于真皮的乳头层，其中含有丰富的血管和神经。

(一)毛的种类及毛流

家畜的毛有粗毛和细毛之分。马、牛、猪多为粗毛，羊为细毛。在畜体的某些部位还有一些特殊的长毛，如马颅顶部的鬣、颈部的鬃、尾部的尾毛和系关节后部的距毛，公山羊颏部的髯，猪颈背部的鬃，牛、马、羊唇部的触毛。毛在畜体表排成一定方向排列，称为毛流。在畜体的不同部位，毛流的排列形状也不同，毛流的形式主要有集合性毛流、点状分散主流、旋毛、线状集合性毛流和线状分散性毛流。

(二)毛的结构

毛是表皮的衍生物，由角化的上皮细胞构成。其分为毛干和毛根两部分(图 12-2-1)。毛干是露在皮肤外面的部分。毛根是埋在真皮和皮下组织内的部分。毛根外面包有上皮组织和结缔组织构成毛囊。毛根的末端与毛囊紧密相连并膨大形成毛球，此处的上皮细胞具有分裂增殖能力，是毛的生长点。毛球底部凹陷，并有结缔组织伸入，伸入毛球内部的结缔组织称为毛乳头。毛乳头内含有丰富的血管和神经。毛球可通过毛乳头获得营养物质。

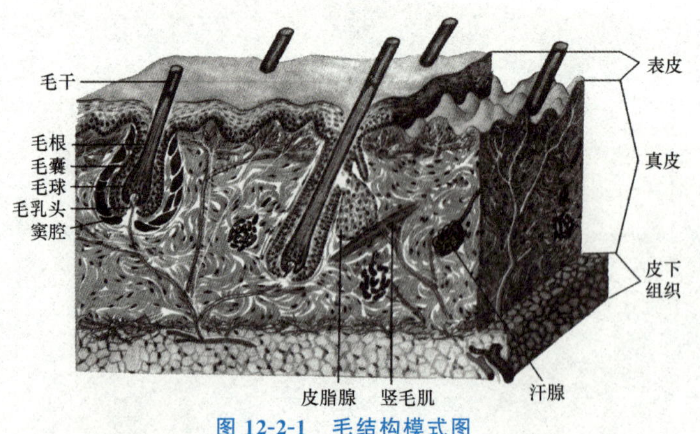

图 12-2-1　毛结构模式图

(三)换毛

毛有一定的寿命，生长到一定时期就会脱落，被新毛所代替，这个过程称为换毛。换毛的方式有持续性换毛和季节性换毛两种。第一种换毛不受季节和时间的限制，如马的鬃毛、尾毛，猪鬃，绵羊的细毛。第二种换毛每年春、秋两季各进行一次，如驼毛。大部分家畜既有持续性换毛，又有季节性换毛，是混合性换毛。无论是什么类型的换毛，其过程都一样，当毛生长到一定时期，毛乳头的血管萎缩，血流停止，毛球的细胞停止生长，并逐渐退化和萎缩，最后与毛乳头分离，毛根逐渐脱离毛囊，向皮肤表面移动。毛乳头周围的上皮又增殖形成新毛，最后旧毛被新毛推出而脱落。

二、皮肤腺

皮肤腺包括汗腺、皮脂腺和乳腺。

(一)汗腺

汗腺位于真皮和皮下组织内，排泄管一般开口于毛囊，无毛的皮肤则直接开口于皮肤表面。家畜中绵羊和马的汗腺较发达，牛以面部显著，猪以趾间发达。

(二)皮脂腺

家畜的皮肤除少数部位，如指枕、乳头、鼻唇镜的皮肤没有皮脂腺外，全身均有皮脂腺分布。马的皮脂腺较发达，猪的皮脂腺不发达。皮脂腺分泌物有润滑皮肤和被毛的作用，可以保持皮肤的韧柔，防止干燥。

(三)乳腺

乳腺属复管泡状腺，为哺乳动物所特有。雌、雄两性动物虽都有乳腺，但只有雌性动物的乳腺能充分发育并具有泌乳能力。雌性动物的乳腺均形成较发达的乳房。

1. 乳房的结构

乳房的最外面是薄而柔软的皮肤，其深面为一浅筋膜和一深筋膜。深筋膜的结缔组织伸入乳腺实质内，构成乳腺的间质，将腺实质分隔成许多腺叶和腺小叶。

乳腺实质由分泌部和导管部组成。分泌部包括腺泡和分泌小管，其周围有丰富的毛细血管网。导管部由许多小的输乳管汇合成较大的输乳管，再汇合成乳道，开口于乳头上方的乳池处。乳池为不规则的腔体，经乳头管向外开口。

2. 各种动物的乳房

(1)牛的乳房。母牛的乳房有各种不同的形态，圆形、扁平及山羊形。母牛的乳房，由 4 个乳腺结合成整体，位于两股之间的耻骨区。牛的乳房上有 1 个较明显的纵沟和不明显的横沟分为 4 个乳丘，互相间不相通。每个乳丘上有 1 个乳头，每个乳头只有 1 个乳头管的开口。

(2)羊的乳房具有两个乳丘，呈圆锥形较大的乳头，每个乳头上有 1 个乳头管的开口。

(3)猪的乳房位于胸部和腹正中部的两侧，乳房的数目依品种而异，一般为5～8对，乳池小，每个乳头上有2～3个乳头管。

三、蹄

蹄是高度角质化的皮肤，被覆在蹄骨、冠骨远端和远籽骨的外面(图12-2-2)。蹄部直接与地面接触，可以起到支持动物体重的作用。

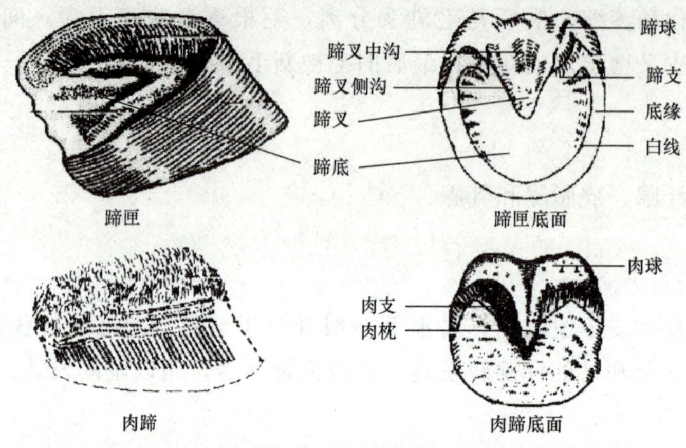

图12-2-2　单蹄模拟图

牛、羊为偶蹄动物，每肢有4个蹄，其中两个蹄与地面接触，称为主蹄；两个蹄位于主蹄的后上方，不与地面接触，称为悬蹄。悬蹄内有两枚不规则的小骨。蹄又由蹄匣和肉蹄组成，外为蹄匣，内为肉蹄。蹄匣是蹄的角质层，肉蹄是蹄的真皮和皮下组织。

蹄壁和蹄底要与蹄骨紧密结合为整体，活动时不致松动，没有皮下组织，其真皮与蹄骨紧密结合。蹄球位于蹄底的后部，具有弹性，起缓冲作用。蹄球有发达的皮下组织。

(一)蹄匣

蹄匣是蹄的表皮层，高度角化，分为角质缘、角质冠、角质壁、角质底和角质球。

1. 角质缘

角质缘为主蹄最上部接近有毛皮肤的一窄带区域，柔软而略有弹性，感觉丰富。

2. 角质冠

角质冠为角质缘下方颜色较浅的宽带状区域，高度角化，其内表面洼陷为沟，沟内有大量角质小管。

3. 角质壁

角质壁构成蹄匣的背侧壁和两侧壁。角质壁可分为3部分，前为蹄尖壁，两侧为轴侧壁和远轴侧壁。角质壁由釉层、冠状层和小叶层构成。釉层位于蹄壁最表层，由角质化的扁平细胞构成。冠状层是角质壁中最厚的一层，其由许多纵行排列的角质小管和类角质构成，富有弹性和韧性，有保护蹄内部组织和负重的作用。冠状层中有色素，故角质壁呈现暗深色。小叶层是角质壁的最内层，由许多纵行排列的角小叶构成，角小叶中没有色素，较柔软，其与肉蹄的肉小叶紧密地嵌合在一起。角质壁的下缘直接与地面接触的部分称为蹄底缘。

4. 角质底

角质底是蹄与地面相对而平坦的部分，角质底内有许多小孔，容纳肉蹄肉底上的乳头。

5. 角质球

角质球呈半球形隆起，位于蹄底的后方，角质层较薄，富有弹性。

蹄白线：位于蹄底缘，角质壁与角质底交界处的半圈白色线，为角小叶和小叶间角质被磨后显露出来的部分，是装蹄铁时下钉的标志。

（二）肉蹄

肉蹄位于蹄匣的内面，由真皮及皮下组织构成，富有血管和神经，呈鲜红色，分为肉缘、肉冠、肉壁、肉底和肉球。

四、角

角是草食动物被覆在额骨角突上的皮肤衍生物。角由表皮和真皮组成，而缺乏皮下组织。角的大小和形状决定于品种、年龄和性别。角的基础是额骨的角突，表皮露在角突的表面，形成坚固的角鞘。角的真皮直接与角突的骨膜相连，分为角基、角体和角尖。角的大小和弯曲度取决于角突的外形和角质的不均匀生长，如角的一面生长旺盛，则角顶就将向相反的一面倾斜，从而形成各种弯曲状甚至旋状的角。

学习小结

知识点		需掌握内容
皮肤	表皮	表皮的基本构成，由内向外依次为基底层、棘层、颗粒层、透明层和角质层
	真皮	真皮内有丰富的血管、淋巴管和神经末梢
	皮肤功能	保护、排泄和吸收 、贮存、接受刺激
皮肤衍生物	毛	毛由毛根和毛干两部分组成
	皮肤腺	汗腺、皮脂腺、乳腺等
	蹄	可分为由蹄匣和肉蹄组成
	角	角是牛、羊等动物被覆在额骨角突上的皮肤衍生物；角可分为角根、角体和角尖 3 部分

一、填空题

1. 皮肤的结构包括________、________和________。

2. 家畜的皮肤腺包括________、________和________。

3. 蹄的结构中无知觉部称________，有知觉部称________。

4. 蹄的角质部相当于皮肤的________，肉蹄部相当于皮肤的________。

二、单选题

1. 相当于皮肤表皮的蹄结构是(　　)。

A. 蹄匣　　B. 肉蹄　　C. 皮下组织　　D. 肉缘

2. 相当于皮肤真皮的蹄结构是(　　)。

A. 肉缘　　B. 蹄匣　　C. 皮下组织　　D. 蹄缘

三、多选题

1. 下列结构中属于皮肤腺的有(　　)。

A. 皮脂腺　　B. 毛　　C. 蹄　　D. 汗腺　　E. 乳腺

2. 下列器官中属于皮肤衍生物的器官有(　　)。

A. 汗腺　　B. 皮下组织　　C. 角　　D. 毛　　E. 乳腺

3. 皮肤的结构包括(　　)。

A. 表皮　　B. 真皮　　C. 皮下组织　　D. 皮肌　　E. 肌肉

4. 蹄的结构包括(　　)。

A. 蹄匣　　B. 肉蹄　　C. 肉球　　D. 蹄缘　　E. 肉缘

四、判断题

1. 蹄的角质层相当于皮肤的表皮，形成蹄匣。　　(　　)

2. 蹄的肉蹄相当于皮肤的表皮。　　(　　)

五、简答题

1. 简述蹄的结构。

2. 试述皮肤的一般结构特点。

参考答案

项目十三　感觉器官

项目描述

感觉器官是由感受器及辅助装置构成的。感受器是指分布在体表或组织内部的专门感受机体内、外环境变化的结构或装置。感受细胞连同它们的附属结构，构成各种复杂的感觉器官。感觉器官中的眼、耳、前庭、嗅上皮、味蕾等由于分布在头部，又称为特殊感觉器官。

学习目标

知识目标

1. 掌握眼球壁与眼球的构成。
2. 掌握眼睛折光系统的组成。
3. 掌握耳的构成。
4. 掌握平衡感受器和听觉感受器的位置。

技能目标

1. 能够正确指出角膜和视网膜的位置。
2. 能够正确指出平衡感受器和听觉感受器的位置。

素质目标

1. 养成勤学好问、吃苦耐劳、爱岗敬业的精神。
2. 热爱动物，正确对待实验动物。

感觉器官是由感受器及其辅助装置构成的。感受器是感觉神经末梢的特殊装置，广泛分布于身体各器官和组织内，能接受体内、外各种刺激。感受器通常根据所在部位和所接受刺激的来源，分为外感受器、内感受器和本体感受器。

外感受器能接受外界环境的各种刺激，如皮肤的触觉、压觉、温觉和痛觉，舌的味觉，鼻的嗅觉及接受光波、声波的感觉器官(眼和耳)。

内感受器分布于内脏及心、血管等处，能感受体内各种物理和化学刺激，如压力、渗透压、温度、离子浓度等刺激。

本体感受器分布于肌、腱、关节和内耳，能感受运动器官所处状况和身体位置的刺激。

视觉器官能感受光的刺激，经视神经传至中枢，从而引起视觉。视觉器官包括眼球和眼球的辅助器官。

单元一　视觉器官

一、眼球

眼球位于眼眶内，后端有视神经与脑相连。眼球的构造分为眼球壁和折光装置两部分(图 13-1-1)。

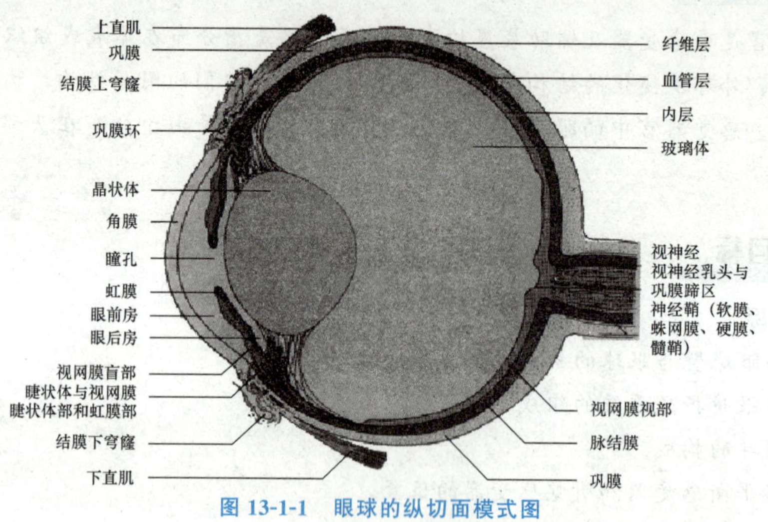

图 13-1-1　眼球的纵切面模式图

(一)眼球壁

眼球壁自外向内依次分为纤维膜、血管膜、视网膜。

1. 纤维膜

纤维膜位于眼球最外层，厚而坚韧，前部约 1/5 透明为角膜；后部约 4/5 为巩膜。

(1)角膜：无色透明，呈外凸内凹的球面，周缘较厚，中部薄，嵌入巩膜中。角膜表面被有球结膜，具有折光作用。角膜内没有血管和淋巴管，但分布有丰富的感觉神经末梢，所以感觉灵敏。

(2)巩膜：由白色不透明的致密结缔组织构成，主要为互相交织的胶原纤维束构成，含有少量弹性纤维，具有保护眼球和维持眼球形状的作用。巩膜内有血管、色素细胞。角膜与巩膜相连处称为角巩膜缘，其深面有静脉窦，是眼房水流出的通道，起着调节眼压的作用。在巩膜的后腹侧，视神经纤维穿出的部位有巩膜筛板。

2. 血管膜

血管膜是眼球壁的中层，富含血管和色素细胞，起到营养眼组织的作用，形成暗的环境，有利于视网膜对光的感应。血管膜由前向后分为虹膜、睫状体和脉络膜。

(1)虹膜：血管膜的最前部，位于角膜与晶状体之间，是环形薄膜，将眼房分为前房和后房。虹膜的周缘连于睫状体，其中央有一孔以透过光线，称瞳孔。虹膜内分布有色素细胞、血管和肌肉。虹膜颜色因色素细胞的多少及分布而有差异。虹膜肌有两种：一种为瞳孔括约肌，围于瞳孔缘，其收缩可缩小瞳孔，受副交感神经支配；另一种为放射状肌纤维，称为瞳孔开肌，其收缩可开大瞳孔。猪的瞳孔为圆形，其他家畜为横椭圆形。马瞳孔的游离缘上有颗粒状突出物，称为虹膜粒。

(2)睫状体：位于虹膜与脉络膜之间的增厚部分，呈环状围于晶状体周围，形成睫状环，可分为内部的睫状突和外部的睫状肌。睫状突是位于睫状环表面向内面突出并呈放射状排列的皱褶；睫状肌是在睫状体外部的平滑肌，肌纤维起于角膜与巩膜连接处，向后止于睫状环。睫状肌受副交感神经支配，收缩时可向前拉睫状体，使晶状体韧带松弛，有调节视力的作用。

(3)脉络膜：约在血管膜的后 2/3 部分，呈暗褐色，衬在巩膜内面，与巩膜之间由疏松结缔组织相连。在脉络膜的后部内面，视神经乳头上方的半月形区域称为照膜。这一区域没有色素，其作用是将外来光线反射到视网膜，加强光刺激作用，有助于动物在暗光下感应外界。注意猪没有照膜。

3. 视网膜

视网膜又称神经膜，位于眼球壁最内层，分为视部和盲部。两者的交界处呈锯齿状，称为锯齿缘。

(1)视部：位于脉络膜内侧，与其紧密相连，薄而柔软，具有感光作用，即通常所说的视网膜。在视网膜中央区的腹上侧，有一白色圆形隆起，称为视乳头。视乳头中央有一小凹陷区，称为视杯或生理凹陷。视乳头是视神经纤维聚合组成视神经的起始端，是视神经纤维穿出眼球处，没有视细胞，无感光作用，在视野中是生理盲点，因此称为盲点。

视网膜中央动脉由此分支呈放射状分布于视网膜。在眼球后端的视网膜中央区是感光最敏锐部分，成一圆形小区称为视网膜中心，相当于人眼的黄斑。视网膜中央血管由视神经乳头进入眼底。因为视神经与脑神经直接相连，当脑组织有疾病时，就会导致视神经发生改变。生活时视网膜略呈淡红色，死后混浊，变为灰白色，易于从脉络膜上脱落。

(2)盲部：是覆盖在虹膜和睫状体的内面，很薄，外层为色素上皮，内层无神经元，无感光作用。

(二)折光装置

折光装置是眼球内一些无色透明的结构，包括晶状体、眼房水和玻璃体。它们与角膜一起组成眼的折光系统，将通过眼球的光线经过屈折，使焦点集中在视网膜上，从而形成影像。

1. 晶状体

晶状体位于虹膜与玻璃体之间，透明而富弹性，呈双凸透镜状。晶状体的外面包有薄而透明的晶状体囊，周缘借晶状体悬韧带连接于睫状体。睫状肌的收缩与松弛，可通过改变悬韧带对晶状体的拉力来改变晶状体的凸度，以调节焦距，使物体的投影能聚集于视网膜上。晶状体混浊时会影响光线进入眼内，造成视物模糊，这在临床上称为白内障。

2. 眼房和眼房水

眼房位于晶状体与角膜之间，被虹膜分为前房与后房，两者借瞳孔相通。眼房水为无色透明液体，充满于眼房内，由睫状突和虹膜产生，由眼前房的周缘渗入巩膜静脉窦而至眼静脉。眼房水起运输营养物质和代谢产物、折光和调节眼压的作用。如果眼房水循环出现障碍，则房水增多，眼内压增高，导致青光眼。

3. 玻璃体

玻璃体为无色透明的胶冻状物质，充满于晶状体与视网膜之间，外包一层透明的玻璃体膜。玻璃体除有折光作用外，还有支持视网膜的作用。

二、眼球的辅助器官

眼球的辅助器官有眼睑、泪器、眼球肌和眶骨膜，其对眼球起保护、运动和支持作用。

(一)眼睑

眼睑为覆于眼球前方的皮肤褶，分为上眼睑和下眼睑。眼睑外面覆有皮肤，中间主要为眼轮匝肌，内面衬有一薄层湿润而富有血管的薄膜——睑结膜。睑结膜还折转覆盖于巩膜前部，称为球结膜。在睑结膜与球结膜之间的裂隙为结膜囊。睑结膜和球结膜共同称为眼结膜。正常的眼结膜呈淡红色，而当动物感染某些疾病时，常发生变化，如感冒、发烧时充血变红，贫血或大失血时苍白等。眼睑缘长有睫毛。上眼睑和下眼睑间形成眼裂。

第三眼睑又称瞬膜(图 13-1-2)，为位于眼内侧角的结膜褶，略呈半月形，常见色素，内含有三角形软骨板。

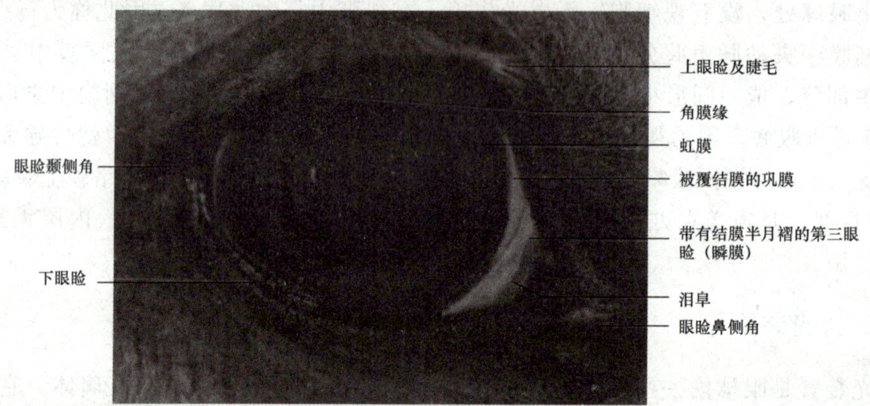

图 13-1-2 马的第三眼睑

(二)泪器

泪器(图 13-1-3)由泪腺和泪道 2 部分组成。泪腺位于眼球的背外侧，在眼球与眶上突之间，呈扁平卵圆形。有 10 余条导管开口于上眼睑结膜囊内。其分泌的泪水，有湿润和清洁眼球表面的作用。泪道为泪水排泄的管道，由泪小管、泪囊和鼻泪管组成。泪小管为 2 条短管，起始于眼内侧

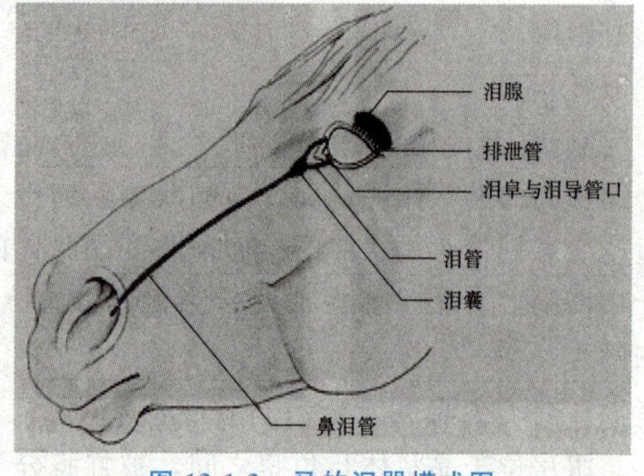

图 13-1-3 马的泪器模式图

角处的两个小裂隙即泪点，汇注于泪囊。泪囊为膜性囊，位于泪骨的泪囊窝内，呈漏斗状，为鼻泪管的起端膨大部。鼻泪管位于骨性鼻泪管中，沿鼻腔侧壁向前向下延伸，开口于鼻腔前庭。猪无泪囊。

(三)眼球肌

眼球肌(图 13-1-4)是附着在眼球外面的小块横纹肌，一端附着在视神经周围的骨上；另一端附着在眼球巩膜上，全部由眶骨膜所包被。眼球肌使眼球多方向转动，包括上、下、内、外 4 条直肌，上、下两条斜肌和一条眼球退缩肌。眼球肌具有丰富的血管、神经，活动灵活，使动物不易疲劳。

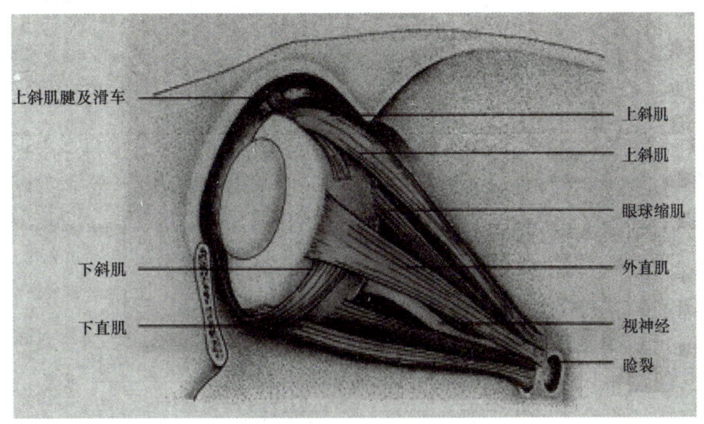

图 13-1-4　马的眼球肌模式图

(四)眶骨膜

眶骨膜又称眼鞘，为致密坚韧的纤维膜，呈锥状，包围着眼球和眼肌。其内、外间隙中填充着大量脂肪。

三、视觉传导路

光线经角膜、房水、晶状体、玻璃体射至视网膜。视网膜视部的外层是色素上皮层，内层是神经层。神经层由浅向深部由 3 级神经元构成。最浅层为感光细胞，有 2 种细胞，即视锥细胞和视杆细胞。前者有感强光和辨别颜色的能力；后者有感弱光的能力。第 2 级神经元为双极神经元，是中间神经元。第 3 级为视网膜神经节细胞，属于多极神经元，其轴突向视网膜乳头集中，成为视神经。

视神经穿出眼球，经视神经管入颅腔，形成视交叉后延为视束，视交叉的大部分纤维至间脑的外侧膝状体，更换神经元，由外侧膝状体发出纤维组成视辐射，其纤维经内囊投射到大脑皮层视觉区，产生视觉；另一小部分纤维至中脑前丘和被盖的动眼神经副交感神经核。前丘发出的纤维至脑干的眼球肌运动神经核和颈部脊髓腹侧柱的运动神经元，引起头、颈部和眼球对光的反射。被盖的动眼神经副交感神经核为瞳孔反射中枢，发出节前纤维至睫状神经节，由睫状神经节再发出节后纤维至瞳孔括约肌，作用是调节瞳孔括约肌的收缩运动。

单元二 位听器官

位听器官(耳)包括位觉器官和听觉器官 2 部分，由外耳、中耳和内耳 3 部分组成(图 13-2-1)。外耳和中耳的作用是收集和传导声波，内耳则作为听觉感受器和平衡感受器而存在。

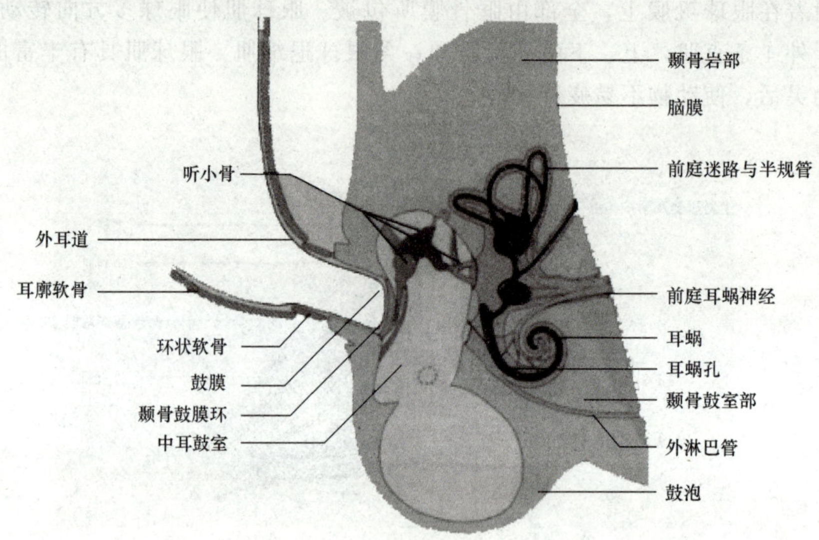

图 13-2-1 犬的外耳道、中耳、内耳模式图

一、外耳

外耳包括耳廓、外耳道和鼓膜。

1. 耳廓

耳廓位于头部两侧，由耳廓软骨、皮肤和肌肉等构成。一般呈圆筒状，上端较大，开口向前；下端较小，连于外耳道；背面隆凸称为耳背，与耳背相对应的凹面称为耳舟。前后两缘向上汇合成耳尖，耳基部附着于岩颞骨的外耳道突。耳廓内面的皮肤长有长毛，但在耳廓基部毛很少而含有很多皮脂腺。耳廓转动灵活，便于收集声波。其形状、大小因动物的种类不同而异。

2. 外耳道

外耳道是从耳廓基部到鼓膜的一条管道，外侧部是软骨管，内侧部是骨管，内面衬有皮肤，皮肤内含有皮脂腺和耵聍腺。后者为变态的汗腺，其分泌物称为耳蜡，又称耵聍。耵聍是油质的，能驱逐飞入耳内的小虫，捕获入侵细菌，阻止灰尘深入等，因此能保护鼓膜，起屏障作用。

3. 鼓膜

鼓膜位于外耳和中耳之间，是构成外耳道底的一片卵圆形纤维膜，坚韧而有弹性，半透明。鼓膜的组织结构分 3 层，外面覆盖皮肤，中层为纤维层，内面衬有黏膜，由鼓室黏膜折转形成。鼓膜比蝉翼薄，非常娇嫩，若有猛烈的声波直冲耳道，便会损害鼓膜，甚至导致其破裂。

二、中耳

中耳包括鼓室、听小骨和咽鼓管，如图 13-2-2 所示。

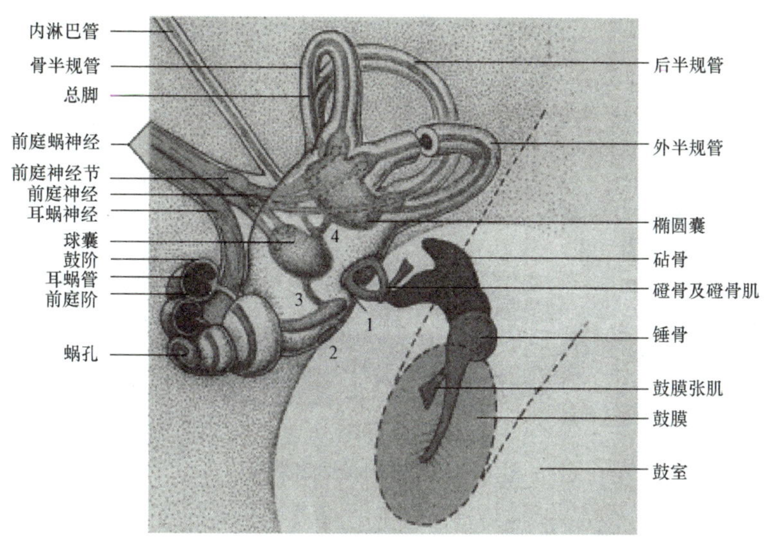

图 13-2-2　马的中耳、内耳模式图

1—前庭孔；2—耳蜗孔及第二鼓膜；3—连合管；4—椭圆球囊管

1. 鼓室

鼓室为位于岩颞骨内部的一小腔，内面衬有黏膜，外侧壁以鼓膜与外耳道隔开；内侧壁为骨质壁与内耳为界，有前庭窗和蜗窗。前庭窗被镫骨底封闭，蜗窗被第二鼓膜封闭。鼓室的前下方有孔通咽鼓管。

2. 听小骨

鼓室内有 3 块听小骨，由外向内顺次为锤骨、砧骨和镫骨，都很小。3 块听小骨以关节连成 1 个听骨链，一端以锤骨柄附着于鼓膜；另一端以镫骨底的环状韧带附着于前庭窗。声波对鼓膜的振动，借此骨链传递到内耳前庭窗。听小骨能把鼓膜的振动传给内耳，传导过程还像放大器一样，把声音信号放大数倍，所以即使很轻微的声音也能听到。

3. 咽鼓管

咽鼓管为连接咽与鼓室之间的外壁由软骨和骨质构成，内衬有黏膜的软骨管。一端以鼓室口开口于鼓室的前下壁；另一端以咽口开口于咽侧壁。空气从咽腔经此管到鼓室，可以保持鼓膜内外两侧大气压力的平衡，防止鼓膜被冲破。马属动物的咽鼓管膨大形成 1 对咽鼓管囊。

三、内耳

内耳(图 13-2-2)又称迷路，是盘曲于岩颞骨内的管道系统，由骨迷路和膜迷路组成。

(一)骨迷路

骨迷路(图 13-2-3)是外部的骨管，包括前庭、耳蜗和 3 个骨半规管。

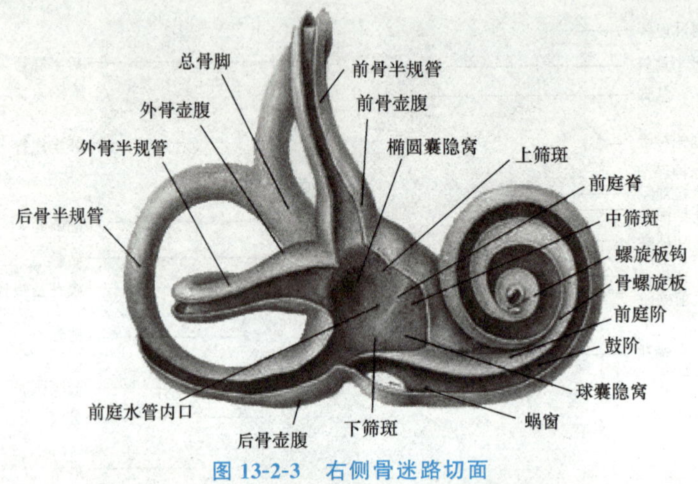

图 13-2-3　右侧骨迷路切面

1. 前庭

前庭是骨迷路的扩大部，呈球形，外侧壁即鼓室的内壁，有前庭窗和蜗窗，位于骨半规管与耳蜗之间。

2. 耳蜗

耳蜗位于前庭的前下方，形似蜗牛壳，由耳蜗螺旋管围绕蜗轴盘旋数圈形成，管的起端与前庭相通，盲端位于蜗顶。沿蜗轴向蜗螺旋管内发出骨螺旋板，将管不完全地分隔为前庭阶和鼓阶两部分。

3. 骨半规管

骨半规管位于前庭的后上方，由 3 个互相垂直的半环形骨管组成。按其位置分别为前半规管、后半规管和外半规管。每个半规管的一端膨大称为壶腹；另一端称为脚。

(二)膜迷路

膜迷路(图 13-2-4)为套在骨迷路内互相通连的膜性管道和囊，在前庭内有椭圆囊和球囊；在骨半规管内为膜半规管；在耳蜗内为膜质耳蜗管。膜迷路内充满内淋巴，膜迷路与骨迷路之间充满外淋巴。

1. 椭圆囊和球囊

椭圆囊和球囊在前庭的椭圆隐窝和球状隐窝内。椭圆囊与 3 个半规管相通连，球囊的一端与椭圆囊相通；另一端与耳蜗管相通。在椭圆囊和球囊的壁上，均有一增厚部分，分别形成椭圆囊斑和球囊斑。它们都是平衡觉(位置觉)感受器。

2. 膜半规管

膜半规管套于骨半规管内，与骨半规管的形状一致。在膜半规管壶腹的壁上也有一增厚部分，并形成了壶腹嵴，这也是平衡觉感受器。

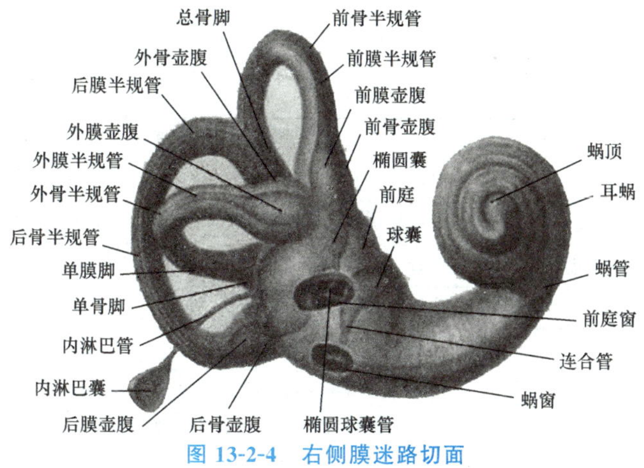

图 13-2-4　右侧膜迷路切面

3. 耳蜗管

耳蜗管位于耳蜗螺旋管内，与耳蜗螺旋管的形状一致，其一端与球囊相通；另一端终止于蜗顶。与前庭阶相接的是前庭膜，与鼓阶相接的是基底膜。在耳蜗管的基底膜上有感觉上皮的隆起，称为螺旋器。螺旋器是重要的听觉感受器。

四、听觉和平衡觉传导径

(一)听觉传导径

由外耳道传入的声波使鼓膜震动，后经听小骨将震动传至前庭窗，引起外淋巴的震动。蜗螺旋管外淋巴的震动波及相邻蜗管的内淋巴震动，最终使耳蜗管顶壁上的基底膜发生共振，并引起基底膜上的听觉感受器(螺旋器)兴奋。神经冲动通过螺旋神经节细胞的轴突构成的前庭耳蜗神经的耳蜗支，至延髓的耳蜗神经核。由耳蜗神经核发出的纤维，大部分伸延到间脑内侧膝状体，更换神经元后，由内侧膝状体发出纤维经内囊投射至大脑皮质听觉区，而产生听觉；小部分纤维终止于中脑后丘，由此发出纤维至脑干的眼球肌运动神经核和颈部脊髓腹侧柱运动神经元(通过顶盖脊髓束)，参与构成眼球、耳及头颈对声音的朝向反射运动。

(二)平衡觉(位置觉)传导径

当头部位置发生改变时，在重力的影响下，引起内淋巴流动，刺激内耳的平衡觉感受器的毛细胞产生神经冲动，经前庭神经节(位于内耳道底部)中枢突构成的前庭神经，延伸至延髓的前庭核。由前庭核发出的纤维，一部分组成内侧纵束向上止于脑干的滑车、外展和动眼神经核，使眼球肌及颈部发生反射活动；另一部分组成前庭脊髓束，延伸至脊髓各段的腹侧柱，以完成头、颈、躯干和四肢的姿势反射；还有一部分至小脑蚓部，由小脑蚓部发出纤维经锥体外系传至脊髓腹侧柱完成平衡调节；还有一部分纤维至网状结构和脑神经的内脏运动核(如迷走神经背核、泌涎核)。所以，当前庭器官受损时，可导致动物产生眩晕、恶心、呕吐等反应。

学习小结

<table>
<tr><th colspan="2">知识点</th><th>需掌握内容</th></tr>
<tr><td rowspan="3">眼</td><td>眼球壁</td><td>眼球壁由外向内分为纤维膜、血管膜、视网膜</td></tr>
<tr><td>折光装置</td><td>包括晶状体、眼房水和玻璃体，它们与角膜一起组成眼的折光系统</td></tr>
<tr><td>眼球的辅助器官</td><td>眼睑、泪器、眼球肌和眶骨膜</td></tr>
<tr><td rowspan="3">耳</td><td>外耳</td><td>包括耳廓、外耳道和鼓膜</td></tr>
<tr><td>中耳</td><td>包括鼓室、听小骨和咽鼓管</td></tr>
<tr><td>内耳</td><td>由骨迷路和膜迷路组成。骨迷路是外部的骨管，包括前庭、半规管和耳蜗；膜迷路为套在骨迷路内的膜性管道，也分为膜前庭(椭圆囊、球囊)、膜半规管和蜗管</td></tr>
</table>

复习思考题

一、单选题

1. 在眼球的结构中，属于眼球壁纤维膜的是(　　)。

A. 巩膜　　B. 虹膜　　C. 脉络膜　　D. 视网膜

2. 在眼球的结构中，属于眼球壁血管膜的是(　　)。

A. 巩膜　　B. 角膜　　C. 脉络膜　　D. 视网膜

二、多选题

1. 眼球的折光器包括(　　)。

A. 角膜　　B. 虹膜　　C. 眼房　　D. 晶状体　　E. 玻璃体

2. 机体的平衡感受器位于(　　)。

A. 鼓室　　B. 听小骨　　C. 咽鼓管　　D. 膜半规管

E. 椭圆囊斑和球囊斑

3. 眼球壁的血管膜由(　　)组成。

A. 角膜　　B. 巩膜　　C. 脉络膜　　D. 睫状体　　E. 虹膜

4. 中耳包括(　　)。

A. 鼓室　　B. 听小骨　　C. 咽鼓管　　D. 鼓膜　　E. 骨半规管

三、简答题

1. 简述眼球的结构。
2. 眼的辅助结构有哪些？它们各有何作用？
3. 简述耳的结构。

参考答案

项目十四　禽类的解剖生理特征

与家畜相比，家禽在动物学上的分类和地位不同。家畜为哺乳纲，家禽为鸟纲；其外貌特征、生理、解剖、生长发育规律都有很大的区别。虽然家禽经人类长期饲养和驯化，已丧失飞翔能力，但仍保留着鸟类身体构造的一般特征。家禽和家畜(哺乳类)都是从爬行类进化而来的，它们的解剖构造也有许多共同之处。

知识目标

1. 掌握禽类运动系统的组成及解剖特征。
2. 掌握禽类消化系统的组成及解剖特征。
3. 掌握禽类呼吸系统的组成及解剖特征。
4. 掌握禽类泌尿系统的组成及解剖特征。
5. 掌握禽类生殖系统的组成及解剖特征。
6. 掌握禽类心血管系统的组成及解剖特征。
7. 掌握禽类淋巴系统的组成。
8. 掌握禽类内分泌系统器官的位置。
9. 掌握禽类神经系统的解剖特征。
10. 掌握禽类感觉器官的解剖特征。

技能目标

1. 能够找出禽类的嗉囊、腺胃、肌胃、盲肠及盲肠扁桃体。
2. 能够找出禽类的腔上囊和胸腺。

素质目标

1. 养成勤学好问、吃苦耐劳、爱岗敬业的精神。
2. 热爱动物，正确对待实验动物。

单元一　运动系统

一、骨骼

为适应飞翔，禽类的骨骼发生了重要变化。禽类骨骼的主要特征是强度大、质量轻、高钙化。强度大这是由于禽类骨密质非常致密，一些骨相互愈合，形成了牢固的骨架，因而强度大。质量轻是由于气囊扩展到许多骨髓腔和松质骨间隙的内部，取代了骨髓，成为含气骨所致。但幼禽，几乎全部骨都含有骨髓。高钙化是骨质中除一般的骨密质和骨松质外，为适应产蛋，雌禽在产蛋期前还形成类似骨松质的髓骨，即长骨的骨髓腔面形成相互交错的小骨针，作用是贮存或释放钙盐，在肠管对钙吸收不足的情况下为形成蛋壳补充钙源。

禽类的骨骼可以划分为头骨、躯干骨、前肢骨(又称翼部骨骼)和后肢骨(图 14-1-1)。

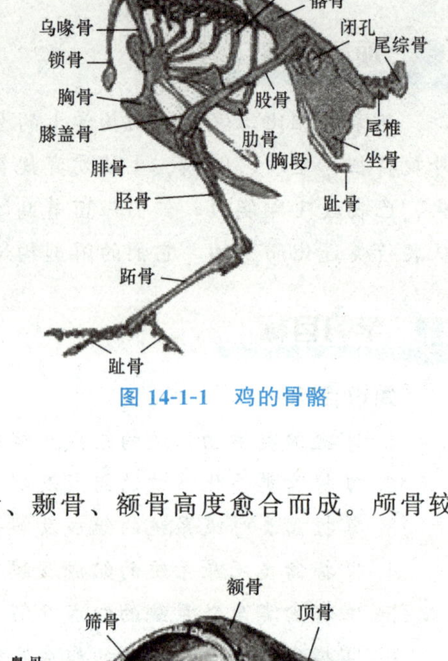

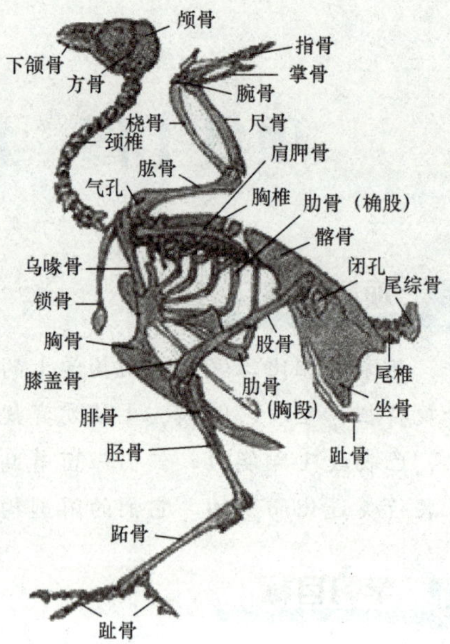

图 14-1-1　鸡的骨骼

(一)头骨

禽类的头骨包括颅骨和面骨。

1. 颅骨

禽颅骨高度特异化，主要由枕骨、蝶骨、顶骨、颞骨、额骨高度愈合而成。颅骨较厚，也是含气骨，形成的颅腔并不大。

2. 面骨

禽类的面骨主要由颌前骨、上颌骨、鼻骨、泪骨、筛骨、颧骨、腭骨、犁骨、翼骨、方骨、下颌骨、舌骨构成(图 14-1-2)。面骨较轻，无齿，眼眶大。上颌骨缺颜面部，形成眶下窦，上颌各骨联合形成上喙的支架，与颅骨间有活动性。下颌骨形成下喙的基础。下颌骨与颞骨之间有特殊的方骨，相互间形成可活动的关节。方骨通过翼骨、腭骨及颧弓与上喙相连，当开张或闭合口腔时，可同时升、降上喙，以使口腔开张更大，便于吞食较大的食物。鼻甲骨有前、中、后之分。

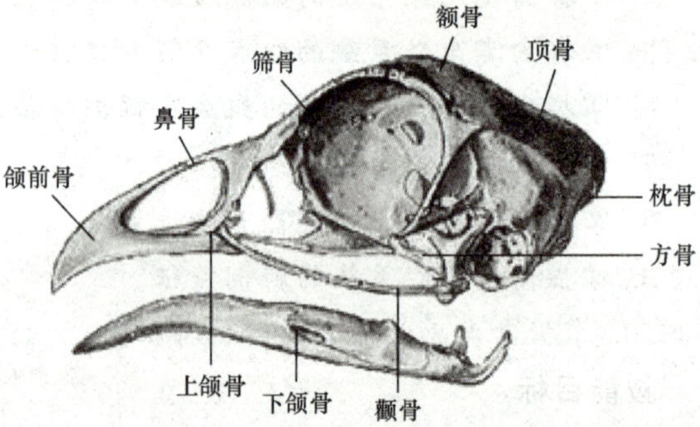

图 14-1-2　鸡的头骨切面

(二)躯干骨

躯干骨包括椎骨、肋骨和胸骨。

1. 椎骨

椎骨分为颈椎、胸椎、腰荐椎和尾椎。

颈椎的数目多(鸡 13～14 块，鸭 14～15 块，鹅 17～18 块)，椎体长，椎体间形成鞍状的椎体间关节，取代椎间盘形成可动连结，呈“乙”字形弯曲，使颈部运动灵活，利于啄食、警戒和梳理羽毛。颈椎横突上有横突孔，连成横突管(从第 3 颈椎开始，内走血管和迷走神经干)，有腹嵴。

胸椎(鸡 7 块，鸭、鹅各 9 块)大部分愈合在一起，特别是鸡，第 2～5 胸椎愈合成 1 块，称脊骨，第 1、第 6 胸椎不发生愈合使胸腰段保留了轻微的可动性。

腰荐椎(11～14 节)愈合成 1 块，由第 7 胸椎与腰椎、荐椎及前 6 块尾椎愈合成综荐骨。因此，禽类脊柱的胸部，特别是腰荐部，几乎没有活动性。

除去参与形成综荐骨的 6 块尾椎外，尾椎(鸡 5～6 块，鸭、鹅各 7 块)末端的部分愈合成尾综骨。其中，最后 1 块最大，为三角锥状的尾综骨，为尾脂腺和尾羽的附着提供基础，在飞禽飞翔时有重要的作用。

2. 肋骨

肋的对数与胸椎的数目一致。鸡的第 1、第 2 对肋为浮肋，其余肋骨均分为与胸椎相连的椎肋和与胸骨相接的胸肋。肋骨全部由骨质构成，椎肋和胸肋相互呈直角。大部分椎肋还具有钩突，连于后一肋骨，以加固胸廓。第 1 肋、最后 1、2 肋间无钩突。

3. 胸骨

家禽的胸骨十分发达，背面凹，腹面正中有突出的胸骨嵴(俗称龙骨突)。其大小与胸肌的发达程度有关。发达的胸骨向后伸延，以支持内脏，防止飞行时内脏晃动。此外，还有 1 个喙突(相当于胸骨柄)、2 个肋突、1 个外侧突和 1 个后外侧突。在喙突和肋突间有一个关节面与乌喙骨形成关节。在肋突与外侧突间有肋窝与禽的肋骨多少相同。胸骨内面及侧缘有大小不等的气孔与气囊相通。

4. 胸廓

胸廓由胸椎、肋、胸骨和乌喙骨及锁骨构成，略呈锥体形，锥顶向前，椎底向后。鸡的胸廓左右横径较小，背腹径略大于横径。鸡的胸廓因第 1 肋骨前部有乌喙骨，最后肋骨又突向后外方，所以胸廓向前、向后扩大了容积。

(三)前肢骨(翼骨)

家禽前肢骨分为肩带骨和游离部骨。肩带骨是连接躯干的骨，游离部则不与躯干相连。

1. 肩带骨

肩带骨包括乌喙骨、锁骨和肩胛骨。

(1)乌喙骨：较大，呈长柱状，位于胸前口的两侧，下端与胸骨的乌喙沟形成关节；上端向前上方，与肩胛骨相连接，形成关节盂。

(2)锁骨：左、右锁骨下端互相连合，合称叉骨，构成胸腔前口。鸡、鸽的叉骨呈 V 形，鸭、鹅的叉骨呈 U 形。锁骨上端与乌喙骨、肩胛骨紧密相连。锁骨的作用在于飞翔时撑开肩部，抵抗空气对翅的反作用力，稳固肩关节的位置。

(3)肩胛骨：狭长而扁，形似马刀，从肩部向后延伸到髂骨翼，与脊柱几乎平行。肩胛骨的前端与乌喙骨相连接，与肱骨头形成关节。

2. 游离部骨

游离部形成翼，平时折曲成 Z 形贴于胸廓上，分为 3 段，由肱骨、前臂骨及前脚骨组成。

(1)肱骨：粗大，近端有呈卵圆形的肱骨头与肩带骨的肩关节盂形成肩关节。肱内侧面具有一大气孔，通锁骨间气囊，故为含气骨。鸭、鹅的肱骨较长。

(2)前臂骨：由桡骨和尺骨组成。

①桡骨：较细、直，不发达，在翼褶叠时位于尺骨的内侧，近端与肱骨的内侧髁成关节；远端略弯，与尺骨及桡腕骨成关节。

②尺骨：较桡骨发达、粗长，稍弯曲，近端有一不明显的鹰嘴，与肱骨远端的两个髁成关节；远端较粗，与桡骨、桡腕骨、掌骨及尺腕骨相接。

(3)前脚骨：前脚骨分为腕、掌和指骨 3 部分，但多退化。

近列腕骨愈合为尺腕骨和桡腕骨两块。远列腕骨已和掌骨愈合又称腕掌骨。掌骨仅保留第 2、3、4 掌骨，且愈合为 1 块。指骨保留第 2、3、4 指骨，第 2、3 指有 2 个指节，第 4 指仅有 1 个指节。鸭、鹅第 3 指有 3 个指节骨，第 4 指有 2 个指节骨。指骨与掌骨联系紧密，活动性很小。

(四)后肢骨

家禽后肢骨比较发达，包括盆带部的盆骨和游离部的腿骨，支持机体后躯的体重。

1. 盆带部的盆骨

盆带部的盆骨即髋骨，由髂骨、坐骨和耻骨在髋臼处愈合而成。

(1)髂骨：较长而发达，与综荐骨愈合，向前可伸达胸部，背面前部凹，后部隆起。盆腔面有一肾窝。

(2)坐骨：坐骨构成髋骨的后半部，与髂骨完全愈合，呈矢状面排列的扁骨。坐骨神经由两骨之间形成的孔通过。坐骨与髂骨、耻骨共同形成了较大、较深的髋臼。

(3)耻骨：细长条状，从髋臼沿坐骨下缘向后伸延，末端越过坐骨后端游离。耻骨与坐骨之间，在髋臼的后方形成一个小椭圆形闭孔。

家禽的左右髋骨并不对接形成骨盆联合，因此骨性骨盆腔的腹侧面是开放的，称为开放性骨盆，有利于雌禽产卵。骨盆部与综荐骨间形成广泛而牢固的骨性结合，适应后肢支撑体重。雌禽龙骨与耻骨的龙耻间距、左右耻骨间的耻骨间距的大小，是衡量母禽产蛋率高低的一个标志。

2. 游离部的腿骨

游离部的腿骨由股骨、膝盖骨、小腿骨、后脚骨组成。

(1)股骨较粗，短，近端的内侧有股骨头，外侧为大转子；远端有内、外侧髁；上端与髋骨形成髋关节，下端与膝盖骨、小腿骨构成膝关节。

(2)膝盖骨呈不正的三角形，位于股骨远端上面，与股骨滑车构成关节。

(3)小腿骨包括胫骨和腓骨。胫骨发达，长于股骨，近端具有内、外两个关节面，与股骨成关节。远端已与近列两个跗骨愈合，也称胫跗骨。腓骨细长，不发达，位于胫骨外侧缘，近端为略大的腓骨头，与胫骨及股骨成关节，向下逐渐退化变细，远端约达胫骨中段。

(4)后脚骨：后脚骨包括跗骨、跖骨和趾骨。

①跗骨：家禽幼龄时有跗骨，但在家禽成年后便不独立存在，1块与胫骨愈合；另1块与大跖骨相愈合。由于跗骨不独立存在，因此，跗关节是由胫骨远端与大跖骨构成的单关节，此关节的关节腔内有2片半月板。

②跖骨：跖骨有大跖骨和小跖骨2块。大跖骨发达，由第2～4跖骨及远列跗骨愈合而成(又称跗跖骨)，远端的3个关节面仍是分开的。大跖骨以鸡的最长，鸭的最短。公鸡跖骨内侧缘中部略下方有一距突，是距的骨质基础。

③趾骨：趾骨禽有4趾、第1趾向后向内，其余3趾向前，以第3趾最发达。第1～4趾的趾节骨数目不等，分别有2、3、4、5个；最后1枚趾节骨呈爪状，位于角质爪鞘内。

二、肌肉

家禽肌纤维较细，肌肉没有脂肪沉积。家禽全身肌肉的数量和分布及发达程度，因部位而有不同，与其身体结构及各部位的功能活动相适应。

家禽肌肉用肉眼看可分为白肌和红肌。白肌颜色较淡，血液供应较少，肌纤维较粗。红肌呈暗红色，血液供应丰富，肌纤维较细。鸡等飞翔能力差或不能飞翔的家禽，肌肉以白肌为主；善飞的鸟类和鸭、鹅等水禽，以红肌为主。

家禽皮肌薄而分布广泛。一类为平滑肌，终止于羽毛的羽囊，控制羽毛活动。另一类为翼膜肌，在翼部，作用于前翼膜(翼部皮肤形成的皮肤褶称为翼膜)，可紧张翼膜。此外，颈部皮肌向腹侧分出一束，形成嗉囊的肌性悬带，收缩时协助嗉囊周期性排空。

家禽头部肌不发达，面部肌退化，但咀嚼肌比较发达。舌固有肌不发达，而舌骨肌较发达。家禽颈部肌发达且分化程度高，其具有一系列分节性肌肉，以适应颈部灵活活动。

家禽躯干肌中的背腰荐部肌退化，而尾肌较发达，以适应尾部活动的需要。禽没有似哺乳动物一样的膈肌。

家禽腹肌包括4层，但相对薄弱。家禽最发达的肌群在肩带部肌肉。在飞禽，该肌群可占全身肌肉总量的50%以上，主要是胸部肌。翼肌较薄弱。盆带肌不发达。股部和小腿部肌群则较发达。鸡跖部的趾屈肌腱随年龄增大常发生骨化。当家禽下蹲栖息时，由于体重将髋关节、膝关节屈曲，趾关节也同时屈曲而牢固地攀持栖木。参与此作用的还有小的耻骨肌，起始于耻骨突，沿股部内侧向下行，细长的肌腱由膝关节内侧面经前面绕至外侧面，再转到小腿后方，加入趾浅屈肌腱。因其腱迂回而行，又称迂回肌或栖肌。这是禽类和两栖动物特有的肌肉。

单元二 消化系统

禽类消化系统由口、咽、食管、胃、肠、泄殖腔、肛门和肝、胰等器官组成。

一、口和咽

禽类口腔和咽腔直接相通，无软腭，无唇、齿和明显的颊(图 14-2-1)。上、下颌表面是喙，为采食器官。口腔的顶壁为硬腭，腭的中央是腭裂。硬腭黏膜上有 5 排横行排列的腭乳头，常将最后一列腭乳头作为口与咽的分界。口腔内有许多小的唾液腺，其开口在口腔顶壁和底壁的黏膜上。口咽顶壁中部有一裂隙，为鼻后孔，其后方有咽鼓管口。鸡、鸽的舌为尖锥形，舌体与舌根间有一列乳头；鸭、鹅的舌较长、较厚，除舌体后部外，侧缘有角质和丝状乳头。家禽的舌没有味觉乳头，舌角质化，味觉不灵敏。

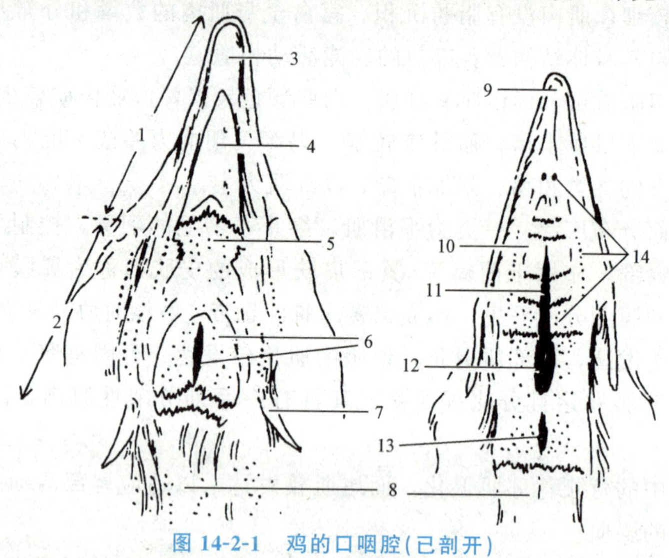

图 14-2-1 鸡的口咽腔(已剖开)

1—口腔；2—咽；3—下喙；4—舌尖；5—舌根；6—喉及喉口；7—舌骨支；8—食管；9—上喙；10—硬腭；11、12—腭裂(鼻后孔裂)的狭部和宽部；13—咽鼓漏斗；14—唾液腺导管开口

二、食管

禽类的食管宽大，富有弹性，最初位于气管的背侧，然后转到气管的右侧，与之并行。食管分为颈段和胸段(图 14-2-2)。在颈部的后半段，气管与食管一起转到颈部的右侧。胸段食管较短，位于两肺的腹侧，食管末端略变狭而与腺胃相接。食管壁由黏膜层、肌层和外膜构成，在黏膜层有食管腺，分泌黏液。颈部食管后部的黏膜层内含有淋巴组织，形成淋巴滤泡，称为食管扁桃体。

在颈的后半段，皮下，叉骨之前，为食管在胸腔入口处形成的膨大部分，称为嗉囊，略呈球形，内部为酸性，有贮存和软化食物的作用。鸽的嗉囊分为对称的两叶，可分泌鸽乳，用以哺乳幼鸽；鸭、鹅没有真正嗉囊，仅扩大成纺锤形结构。

三、胃

禽类的胃分为腺胃和肌胃 2 个（图 14-2-3）。

1. 腺胃

腺胃又称为前胃，呈纺锤形，位于腹腔的左侧，两肝叶之间的背侧，前面经缩窄的贲门通食管，后以峡接肌胃。胃壁较厚，内腔不大，食料存留的时间很短。黏膜层有大量胃腺。黏膜表面的乳头上有腺体导管的开口。黏膜乳头成排排列，黏膜下有散在的淋巴组织，开口于乳头顶端。

2. 肌胃

肌胃又称砂囊，呈椭圆形的双凸镜状，壁厚而坚实，位于腹腔偏左，前部腹侧是肝，后方大部接腹底壁。经前背侧的腺肌胃口接腺胃，由右侧幽门通十二指肠。肌胃的肌层很发达，其壁为平滑肌，由背、腹两块厚的侧肌和前、后两块薄肌（又称中间肌）构成，内腔较小。肌胃的黏膜面被覆一层厚而坚韧的角质膜。例如，鸡的肌胃为黄色，易剥离，中药名为“鸡内金”（它是由肌胃黏膜上皮分泌物和黏膜上皮或脱落的黏膜上皮在酸性条件下硬化形成的角质膜，俗称肫皮。其粗糙耐磨，对稀酸、稀碱、蛋白酶有抗性，对肌胃黏膜有保护作用）。鸭、鹅的肌胃呈黄白色，不易剥离。肌胃内经常含有禽类吞食的砂砾，故又称砂囊。砂砾起到加强肌胃运动时研磨谷类饲料的作用。

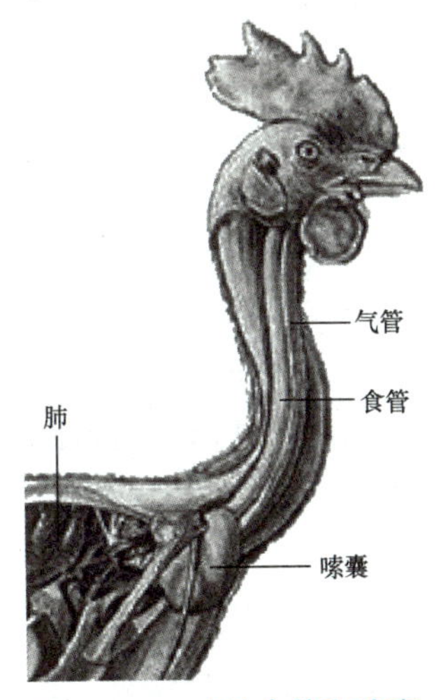

图 14-2-2　鸡的食管和嗉囊

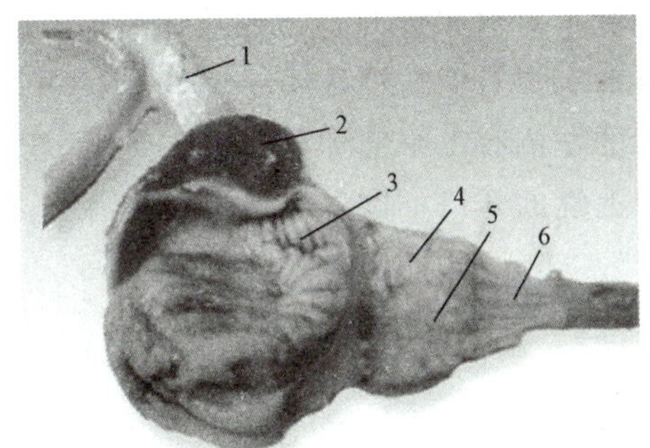

图 14-2-3　鸡的腺胃与肌胃（纵剖开）

1—十二指肠；2—肌胃的厚肌；3—肌胃的角质膜；4—腺胃；5—腺胃乳头；6—食管黏膜

四、肠

禽类的肠分为小肠和大肠，但一般较短，占据腹腔的右半部分。

1. 小肠

小肠分为十二指肠、空肠和回肠。十二指肠起始于幽门，向后延伸形成降袢，再折返回来，形成升袢，整体形成 U 形肠袢(鸭为马蹄形)。两袢之间为胰。

升袢末段可见胰管、肝管和胆管等入肠腔，此部位以后称空肠。空肠由多个肠袢组成，被空肠系膜悬吊于腹腔右侧。空肠中部有一小突起叫作卵黄囊憩室，是胚胎时期卵黄囊柄的遗迹。

回肠与盲肠等长，位于两条盲肠之间，三者间由韧带相连。故空肠、回肠间分界，以展平的盲肠顶端之间连线为标志。空肠、回肠肠壁内含有淋巴组织。

2. 大肠

大肠包括盲肠和直肠。盲肠一对，开口于直肠和回肠延接部。盲肠沿回肠两旁向前延伸，分为盲肠基、盲肠体、盲肠尖 3 部分。盲肠基部较细，开口于回肠、直肠的连接处。盲肠体较宽，逐渐变尖而为盲肠尖。盲肠基部肠壁内分布有丰富的淋巴组织，形成盲肠扁桃体。鸽盲肠很不发达，如芽状。

禽无结肠，回肠、盲肠后直接与直肠相接。直肠管腔较大，自回盲口直达泄殖腔。

五、泄殖腔和肛门

泄殖腔位于直肠后方，为椭圆囊，是消化、泌尿和生殖 3 大系统末端的共同通道(图 14-2-4)。从泄殖腔的内部黏膜面有两个不完整的黏膜褶，可将其分为粪道、泄殖道和肛道 3 部分，形似“3 粒花生米样”。前部是粪道，与直肠直接相连，较宽大，黏膜上有短的绒毛，可以宿粪。中部是泄殖道，最短，向前以环形褶与粪道为界，向后以半月形褶与后部的肛道为界，其背侧有 1 对输尿管开口，在输尿管开口的背侧略后方，雄禽有 1 对输精管乳头是输精管的开口，雌禽在输尿管的左侧有 1 个输卵管的开口。后部为肛道，顶壁有腔上囊的开口，雄禽的腹侧有交媾器。肛道后部通肛门，由背侧唇和腹侧唇围成。

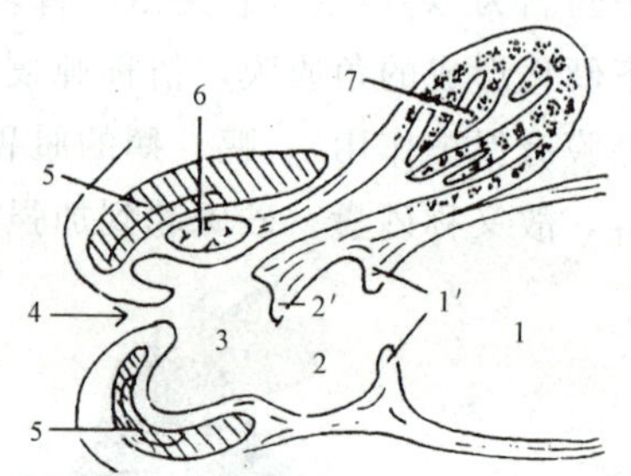

图 14-2-4　泄殖腔正中矢面模式图

1—粪道；1′—粪道泄殖道襞；2—泄殖道；2′—泄殖道肛道襞；3—肛道；4—肛门；5—括约肌；6—肛道背侧腺；7—腔上囊

六、肝和胰

1. 肝

禽类的肝脏较大，位于腹腔前下部，分左、右两叶，左叶较小，右叶较大，具有胆囊(鸽无胆囊)。两叶向前包住心室的后部，背侧包住腺胃，后部主要夹住肌胃。左、右叶都有肝门，位于脏面横凹内，右肝门有胆囊。左叶自肝门发出肝管通向十二指肠，右叶肝管注入胆囊，由胆囊发出胆管开口于十二指肠；肝的颜色因年龄和肥育状况而不同，成禽肝脏为淡褐色至红褐色，刚出壳的雏禽呈鲜黄色，育肥禽的呈黄白色，质地较脆弱。

2. 胰

胰位于十二指肠升、降袢之间，呈淡黄色或淡红色，长条分叶状，可分为背叶、腹叶和脾叶。胰管(鸽、鸡有 2～3 条，鸭、鹅均有 2 条)与胆管开口于十二指肠末端。

单元三 呼吸系统

禽类的呼吸系统由鼻、咽、喉、气管、鸣管、支气管、肺和气囊等器官组成。

一、鼻腔

禽类的鼻腔较狭小，由鼻中隔分为左、右两半(图 14-3-1)。每侧鼻腔内有前、中、后3 个鼻甲。前鼻甲与鼻孔相对，为 C 形薄板；中鼻甲较大，向内卷曲；后鼻甲位于后上方，呈圆形或三角形小泡状，黏膜分布有嗅上皮。鼻甲之间为鼻道。鸽无后鼻甲。

鼻孔位于上喙基部，鸡的鼻孔有膜质性鼻瓣，其周围有小羽毛，可防止小虫、灰尘等异物进入。鸭、鹅的鼻孔有柔软的蜡膜。鸽的两鼻孔与上喙的基部形成发达的蜡膜。

眶下窦是唯一的鼻旁窦，呈三角形，位于眼球的前下方。鼻腺位于鼻腔后部及眼球上方，其导管开口于鼻腔。鸡的不发达，水禽的较为发达，可分泌盐分，故又称为盐腺。

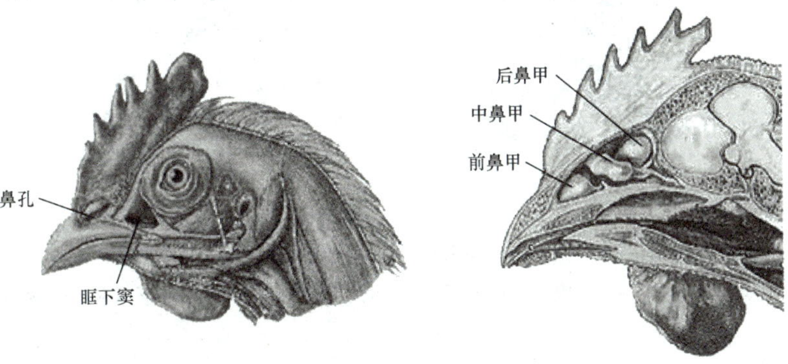

图 14-3-1 鸡的鼻腔和鼻旁窦

二、咽、喉、气管、支气管和鸣管

(一)咽和喉

(1)咽：为消化道和呼吸道的共同通道。

(2)喉：位于咽底壁，与鼻后孔相对。喉软骨只有环状软骨和杓状软骨两种，被固有喉肌连接在一起。环状软骨分成 4 片，是喉的主要基础；杓状软骨 1 对，形成喉口的支架，外面被覆黏膜。喉口为一纵向裂缝。禽喉无声带。

(二)气管和支气管

禽类的气管长且粗，为喉的直接延续，由完整的气管软骨环互相套叠连接而成，便于伸缩，以适应头部的灵活运动。气管由喉向后沿颈腹侧后行，至心脏背侧分叉，分出左、右两个支气管入肺，其支架由 O 形软骨环构成，缺口向内侧，缺口处形成膜壁。分叉处的特殊构造为鸣管，是禽的发声器官。

(三)鸣管

鸣管是禽类特有的发音器官(图 14-3-2)，位于胸腔入口后方，其支架是由气管的最后几个气管环、支气管最前的几个软骨环和 1 块楔形的鸣骨(鸣托)构成，此间的气管或支气管软骨环消失。鸣骨位于气管分叉的顶部。在鸣管腔分叉处，管壁形成两对弹性薄膜，分别称为外鸣膜和内鸣膜，两鸣膜之间形成 1 对夹缝。鸣膜相当于声带，呼气时振动鸣膜而发声。鸭的鸣管主要由支气管构成；公鸭鸣管大部分软骨环互相愈合，并形成 1 个膨大的骨质性鸣管泡，简称鸣泡，如图 14-3-3 所示为公鸭的鸣泡，无鸣膜，故发出的声音嘶哑。刚孵出的雏鸭可通过触摸鸣管鉴别雌雄。

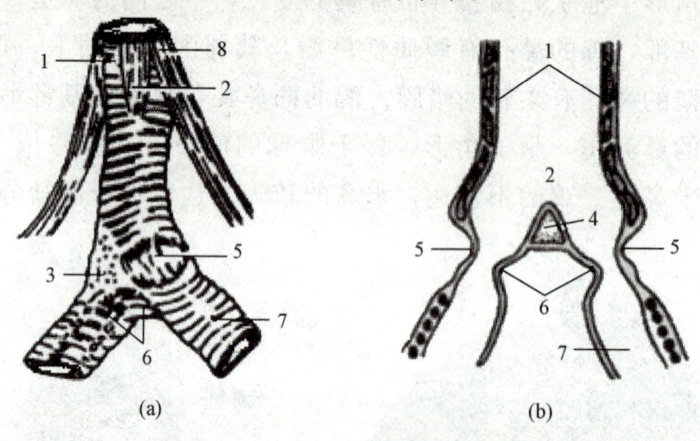

图 14-3-2　鸣管

(a)鸣管外形；(b)鸣管纵切面

1—气管；2—喉气管肌；3—鸣骨；4—鸣腔；5—外鸣膜；6—内鸣膜；7—支气管；8—胸骨喉肌

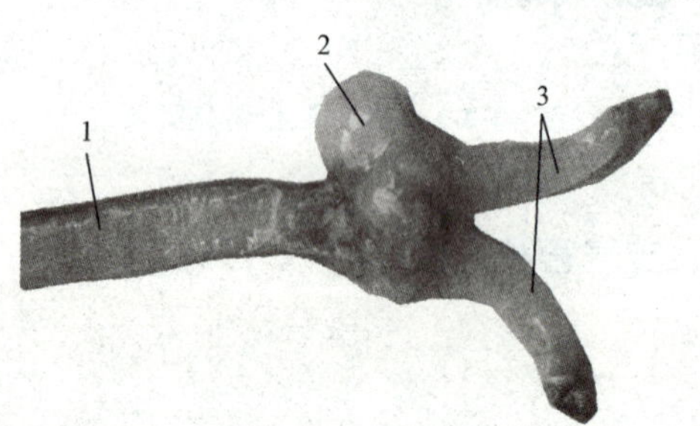

图 14-3-3　公鸭的鸣泡

1—气管；2—鸣泡；3—支气管

三、肺

禽肺呈鲜红色，左、右各一，两肺均呈扁的四边形，不分叶。两肺位于胸腔背侧的 1～6 肋处。肺的壁面(背面)紧贴在胸壁和脊柱上，肺组织嵌入肋间隙内，在背外侧缘形成几条肋沟。肺腹侧面被覆有胸膜，其中部稍前有肺门。肺上有一些与气囊相通的开口。

肺的结构分为间质和实质。间质形成肺表面的浆膜，同时深入肺实质内，形成小叶间结缔组织和呼吸毛细管间结缔组织，构成肺的支架。

肺的实质由3级支气管和肺房、漏斗、肺呼吸毛细管组成。支气管进入肺门，向后纵贯全肺并逐渐变细，称为初级支气管(又称1级支气管)，后端出肺而连接于腹气囊。从初级支气管上，分出4群次级支气管(又称2级支气管)；从次级支气管上分出许多3级支气管(又称旁支气管)，相邻3级支气管间吻合。肺房从第3级支气管呈辐射状分出，呈不规则的囊腔，上皮为单层扁平上皮，相当于家畜的肺泡囊。肺房的底部又分出若干个漏斗，漏斗的后部形成丰富的肺呼吸毛细管，相当于家畜的肺泡，彼此吻合为网状，是气体交换的场所。1条3级支气管及其所分出的肺房、漏斗、肺呼吸毛细管，构成1个肺小叶。因此，禽肺的支气管分支不形成哺乳动物的支气管树，而是互相连通的管道。禽类在吸气和呼气时都可进行气体交换。

四、气囊

气囊是禽类特有的器官，是支气管黏膜的肺外延伸部，外披浆膜，囊壁很薄，血液的供应量很少，因此不具有气体交换作用。气囊的作用有贮存气体、减轻体重、调节体温、保护内脏等。

禽类的气囊包括成对的颈气囊、胸前气囊、胸后气囊、腹气囊和1个锁骨间气囊。颈气囊位于颈椎横突孔内，可通颅腔(水禽)。鸡只有1个颈气囊，位于胸腔前部背侧；锁骨间气囊位于锁骨之间的皮下，胸腔前部腹侧；胸前气囊位于肺的腹侧，心、肝周围，可降低肝的温度；胸后气囊位于肺腹侧后部，在睾丸、卵巢、肌胃、腺胃的周围，可降低脏器的温度；腹气囊最大，位于腹腔内脏两旁，肠管的周围。公禽的腹气囊紧贴睾丸，使睾丸能维持较低的温度，保证精子的正常生成。腹腔注射时如注入气囊，则会导致异物性肺炎，应引起注意。

单元四　泌尿系统

禽类的泌尿系统包括肾和输尿管，没有膀胱和尿道(图 14-4-1)。

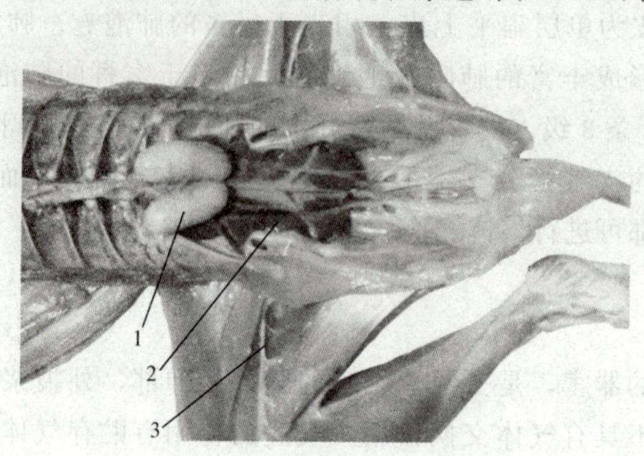

图 14-4-1　公鸡的泌尿系统

1—睾丸；2—肾脏；3—神经

一、肾

肾有 1 对，较发达，位于腰荐骨两侧的凹窝内，呈酱红色，质软而脆，前端可达最后肋骨，向后几乎达综荐骨的后端。肾可据表面浅沟分为前、中、后 3 叶。家禽肾无肾门，肾的血管、神经和输尿管直接从肾表面不同部位进出。家禽肾表面有许多深浅不一的裂和沟，较深的裂将肾分为数十个肾叶，每个肾叶又被其表面的浅沟分成数个肾小叶。肾小叶为不规则形，彼此间由小叶间静脉隔开。每个肾小叶分为皮质区和髓质区，但由于小叶的位置有深有浅，因此整个肾没有皮质和髓质的分界。内部有 1 级输尿管(17 条)，2 级输尿管(5～6 条)。家禽肾单位的肾小球不发达，构造简单，仅有 2～3 条血管袢。家禽肾无脂肪囊和纤维膜，周围有气囊包围。入肾血管有两条，即肾动脉、肾门静脉；出肾血管有 1 条，为肾静脉。

二、输尿管

家禽的输尿管两侧对称，沿肾的腹侧面向后伸延，最后开口于泄殖道顶壁的两侧。家禽输尿管在肾内不形成肾盂、肾盏，只有肾分支为初级和 2 级分支，每个肾叶的集合管直接注入 2 级分支。输尿管的壁很薄，有时可看到腔内有白色尿酸盐晶体。

单元五　生殖系统

一、雄禽的生殖系统

雄禽的生殖系统包括睾丸、附睾、输精管和交配器官，无副性腺。

(一)睾丸

雄禽有睾丸一对，位于腹腔内，呈卵圆形，表面光滑，以系膜悬挂于肾的前腹侧，体表投影在最后两椎肋的上端。其大小随年龄和季节变化。幼禽睾丸米粒大，呈淡黄色；成年时长大，在生殖季节可大如鸡蛋，呈白色；非繁殖季节则萎缩变小。睾丸外面包有浆膜和一层薄的白膜；睾丸间质不发达，不形成睾丸小隔和纵隔。作为实质的精小管，在生殖季节加长、增粗。

(二)附睾

雄禽附睾呈长纺锤形，不发达，附于睾丸背内侧缘。附睾主要由睾丸输出管和短的附睾管构成，附睾管很短，出附睾后延续为输精管。

(三)输精管

输精管自附睾后端发出，是一对高度曲折的细管，呈白色。沿脊柱两侧，肾腹侧面与输尿管并行，末端形成输精管乳头，突出于输尿管口外下方。在生殖季节输尿管增长并加粗，因贮有精液而呈乳白色。禽没有副性腺，精清主要由精小管、睾丸输出管及输精管等上皮细胞所分泌。

(四)交配器官

雄禽的交配器官随品种不同而异，但均由阴茎体、淋巴褶、输精管乳头及泄殖道裂内输精管附近的泄殖腔旁血管体等组成，公鸡的交配器官不发达(图 14-5-1)。公鸭和公鹅的阴茎较发达。鸽无交配器官。刚出壳雏鸡的阴茎体较明显，可用来鉴别雌雄。

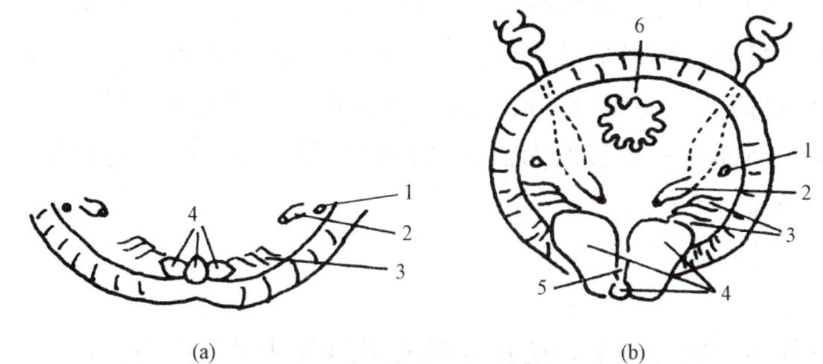

图 14-5-1　公鸡交配器官

1—输尿管；2—输精管乳头；3—淋巴褶；4—阴茎体；5—阴茎沟；6—粪道泄殖道襞

二、雌禽生殖系统

雌禽生殖系统包括卵巢和输卵管(图 14-5-2)。

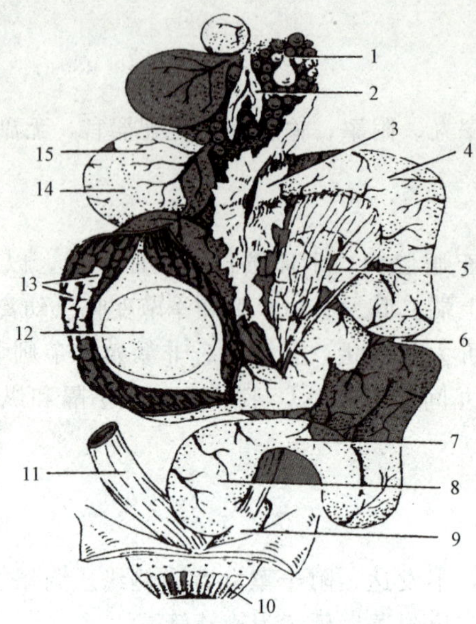

图 14-5-2　母鸡生殖器官模型

1—卵巢；2—排卵后的卵泡膜；3—漏斗部；4—膨大部；5—输卵管腹韧带；6—输卵管背韧带；7—峡部；8—子宫部；9—阴道部；10—肛门；11—直肠；12—膨大部内的卵泡(已割开输卵管)；13—输卵管黏膜褶；14—卵泡斑；15—成熟卵泡

(一)卵巢

雌禽卵巢只有左侧卵巢充分发育而具有生殖功能。右侧的卵巢在胚胎早期发育过程中即停滞而退化(若发育期左侧卵巢损伤，右侧的将发育成睾丸或卵睾体，使其发生性逆转)。

卵巢以系膜和结缔组织附着于左肾前部及肾上腺腹侧。卵巢的体积和外形随年龄的增长和机能状态而有较大变化。禽幼龄时卵巢小，呈长椭圆形，成年时发达，可见不同发育阶段的卵泡，内集卵黄。禽成熟时以一细柄连于卵巢，停产期卵巢回缩。禽卵泡无卵泡腔及卵泡液，排卵后不形成黄体。进入产卵期，卵泡迅速生长，一般一个卵巢表面常有 4～6 个体积逐渐增大的卵泡，最大的最先成熟。在成熟卵泡的卵泡膜中有丰富的血管，但在卵泡膜的顶部有一狭长的无血管区，称为卵泡斑，排卵时卵泡斑破裂，将卵子释放，因此家禽排卵时不出血。

(二)输卵管

禽类的输卵管不仅输送卵子，还具有形成蛋的各种成分的功能，此外还是受精和暂时贮存精子的场所。

根据形态和功能，禽类的输卵管可分为 5 个部分：漏斗部(伞部)、膨大部(蛋白分泌部)、峡部、子宫部和阴道部。末端通入泄殖腔，开口于泄殖道顶壁。

1. 漏斗部

漏斗部位于卵巢的后方，是输卵管的最前部，前粗后细。漏斗部前面为具有喇叭口状的漏斗伞，朝向卵巢，可接纳排出的卵子；漏斗部中央为裂隙状的输卵管腹腔口，又称漏斗口，从此口向后延续为漏斗管，管壁内具有漏斗管腺，可分泌浓蛋白形成卵系带。漏斗部也是受精的部位，卵子通过此处约需要 15 min。

2. 膨大部

膨大部又称蛋白分泌部，产蛋期的膨大部是最粗、最长的部分。产蛋鸡膨大部平均长约 34 cm，壁最厚，呈灰白色，有纵行皱褶，壁内有大量腺体，分泌物形成蛋白，先分泌浓蛋白在卵的表面，再分泌稀蛋白在浓蛋白的表面。卵子通过此处约需要 3 h。

3. 峡部

峡部略细而短，具有一窄的透明带。产蛋鸡峡部平均长约 8 cm，能分泌角质蛋白，构成内、外两层卵壳膜(软皮)。在内、外壳膜间形成气室。卵通过此处约需要 1.5 h。

4. 子宫部

子宫部也称壳腺部，呈囊状，较峡部粗大，壁较厚，黏膜上有约 22 条纵褶。卵在此部存留时间最长，停留约 20 h，能分泌钙质、角质和色素，形成坚硬的硬壳，并在外壳膜上有指状突起。蛋在此处能转动 180°。

5. 阴道部

输卵管的最后一段，是子宫部与泄殖腔之间的窄的管道，先从子宫部折转向前，再转向后，最后开口于泄殖道的左侧，呈特有的 S 形。产蛋鸡阴道部平均长约 8 cm，其分泌物形成卵壳外面的一薄层致密的胶质膜，可防止水分蒸发和细菌的入侵。在阴道部壁内存在阴道腺，称为精小窝，不参与卵壳的形成，而是雌禽贮存精子的部位。阴道部贮存交配后进入其内的精子，并在一定时期内(10 天左右)陆续释放出来，可使受精作用持续进行。

单元六　心血管系统

禽类的心血管系统由心脏和血管组成。

一、心脏

禽类心脏和体重的相对比例较大，占4%～8%。禽类心脏位于胸腔的腹侧，夹于肺的左、右叶之间，呈圆锥形，心基部朝向前背侧，与第1、2肋相对；心尖斜向后方，与第5、6肋骨相对，长轴几乎与体轴平行。禽类的心脏构造与哺乳动物相似，也分为左、右心房和左、右心室。右心房有静脉窦(鸡明显)，与心房之间以窦房瓣为界。两条前腔静脉和1条后腔静脉开口于右心房。在右房室口上不是三尖瓣，而为一半月形肌性瓣(右房室瓣)，没有腱索。禽类的左房室口、主动脉口和肺动脉口上的瓣膜也与哺乳类动物的相似。

心脏的传导系统除窦房结、房室结、房室束和左、右束支外，房室束还分出一返支，形成右房室环，绕过右房室口，回至房室结，主要分布到右房室瓣。另外，禽类的房室束及其分支无结缔组织鞘包裹，兴奋易扩到心肌，这与禽类的心跳频率较高有关。

二、血管

禽类的主动脉弓偏右。颈总动脉位于颈椎腹侧中线肌肉深部。其坐骨动脉有一对，较粗，是供应后肢的主要动脉。肾动脉有前、中、后3支。肾前动脉直接发自主动脉，肾中、后动脉发自坐骨动脉。

禽类的静脉特点是两条颈静脉位于皮下，沿气管两侧延伸，右颈静脉较粗。前腔静脉1对，由同侧的颈静脉、椎静脉和锁骨下静脉汇合而成。两髂内静脉间有一短的吻合支，由此向前延为肾后静脉。其向前与由股静脉延续而来的髂外静脉汇合成髂总静脉。两侧髂总静脉合成后腔静脉。肾门静脉在髂总静脉注入处有肾门静脉瓣。其开闭可调节肾的血液注入量。禽静脉的另一特点是肝门静脉有左、右2支。在两髂内静脉吻合处有一肠系膜后静脉，也是肝门静脉的1个属支。借这一静脉，体壁静脉与内脏静脉联系一起。

单元八　内分泌系统

禽类的内分泌系统由甲状腺、甲状旁腺、肾上腺、鳃后腺、松果体、脑垂体等内分泌器官和分散于胰腺、卵巢、睾丸等器官内的内分泌细胞组成。

一、甲状腺

禽类的甲状腺有 1 对，位于胸腔入口附近气管的两旁，颈总动脉背侧，为椭圆形球状、棕红色的小体。其大小可因家禽的品种、年龄、季节、饲料中碘的含量而发生变化，一般多呈黄豆粒大小。甲状腺的主要机能是分泌甲状腺激素。

二、甲状旁腺

禽类的甲状旁腺很小，位于甲状腺后背侧，有 2 对(有的鸡有 3 对)，其中有1对位于腮后腺内，略呈球形，黄至淡褐色。分泌的甲状旁腺素具有升高血钙水平的作用。

三、肾上腺

禽类的肾上腺有 1 对，位于肾前叶前方附近，不大，呈不正卵圆形或三角形，黄白色至橙黄色或淡褐色。肾上腺分皮质和髓质，皮质和髓质分散而呈镶嵌状分布，区分不明显。皮质主要分泌糖皮质激素、盐皮质激素；髓质主要分泌肾上腺激素和去甲肾上腺激素。

四、鳃后腺

禽类的鳃后腺又称鳃后体，1 对，不大，淡红色，形状不规则，位于甲状腺和甲状旁腺之后，颈动脉分叉处，表面无被膜，周界不明显。鳃后腺能分泌降钙素，参与调节体内钙的代谢，与禽髓质骨(骨针)的发育有关。

五、松果体

禽类的松果体是位于丘脑和四叠体之间的红褐色卵圆形小体。

六、脑垂体

禽类的脑垂体位于脑膜侧，蝶骨窝内，在丘脑的下部，呈扁平的长卵圆形，远侧部或前叶位于腹侧，无明显的中间部。脑垂体能分泌多种激素，对机体的生长发育及新陈代谢起着重要的调节作用。

单元九　神经系统

一、中枢神经系统

(一)脊髓

禽类脊髓延伸于椎管全长，直至尾综骨，后端形成脊髓圆锥而不形成马尾。颈胸部和腰荐部形成颈膨大和腰荐膨大，是翼和腿的低级运动中枢所在地。腰膨大的背侧形成菱形窦，内充满富含糖原的胶质细胞团，称为胶质体(糖原体)。在脊髓的腹角有一种细胞，称为缘核，也传出纤维进入腹根。禽类脊髓的构造与哺乳动物相似。

(二)脑

禽类大脑半球不发达，无沟回，纹状体明显。小脑蚓部明显，缺半球，两侧的小脑绒球很小。中脑发达，脑两侧有发达的视顶盖(中脑丘)，后丘的外侧膝状体变成视叶，因此禽类的视觉敏感。

二、外周神经

(一)脊神经

禽类的脊神经成对排列，分为颈神经、胸神经、腰荐神经和尾神经。脊神经由背根和腹根组成，并分为背侧支和腹侧支，其中主要的为臂神经丛和腰荐神经丛。臂神经丛由颈胸部 4～5 对脊神经的腹侧支形成，其分支分布于前肢及胸部的皮肤和肌肉。腰荐神经丛由 8 对腰荐神经的腹侧支参与形成，其分支分布于后肢和骨盆部。其中最大的坐骨神经穿经肾脏，经髂坐孔穿出分布于后肢。

(二)脑神经

禽类的脑神经与家畜一样，也有 12 对，其中第 2 对、第 3 对、第 4 对、第 6 对和第 8 对基本与哺乳动物相似，第 10 对迷走神经主要含副交感纤维。其余几对的特点如下：嗅神经不甚发达，集合成 1 小支；三叉神经最发达；面神经不发达；舌咽神经分舌支、喉咽支和食管降支；副神经根部很细，无独立分支，起始部合并于迷走神经，出颅腔后部分神经纤维再从迷走神经分出，成为副神经的外支，支配部分颈皮肌；舌下神经集合成前、后两个根分别出颅腔，汇合后又与来自第 1、第 2 颈神经的交通支连合，并与迷走神经、舌咽神经间有交通支。

（三）植物性神经

1. 交感神经

禽类的交感干有 1 对，从颅底颈前神经节起沿脊柱向后延伸终止于尾神经节（奇神经节），上有一系列椎旁神经节。但颈前部、胸部和综荐部前部的神经节与脊神经节紧密相连，因此交通支不明显。

2. 副交感神经

禽类的副交感神经分为头、荐，与家畜相似。头部副交感节前纤维随动眼神经、面神经、舌咽神经和迷走神经分布，迷走神经很发达。

3. 肠神经

肠神经为禽类特有的神经。其神经纤维中的交感神经来源于腹腔神经节、肠系膜前神经节、肠系膜后神经节；副交感神经来源于迷走神经和盆神经丛。肠神经由泄殖腔与直肠交界处起，沿肠的系膜缘，与肠管很近的平行向前伸延，直至十二指肠的末端。其主管肠的运动、消化和吸收。

单元十　被皮系统

一、皮肤

禽类的皮肤较薄，皮下组织疏松。无汗腺和皮脂腺，仅在尾部具有尾腺。水禽的尾腺特别发达。皮肤还形成一些固定的皮肤褶，在翼部叫作翼膜，在水禽趾间形成蹼。翼膜用于飞翔，蹼用于划水。

二、羽毛

禽类的羽毛是皮肤的衍生物，根据羽毛的形态可分为被羽、绒羽和纤羽。被羽又称正羽或廓羽，被羽的构造比较典型，有 1 根羽轴，下段称羽根，着生在皮肤的羽囊内；上部称羽茎，两侧具有羽片。羽片是由许多平行细长的羽枝构成的，从其上分出两行小羽枝，远列小羽枝有小钩，与相邻的近列小羽枝的钩搭在一起，从而形成 1 片完整的弹性结构。绒羽的羽茎细，羽枝长，主要起保温作用。纤羽细小，只在羽茎顶部有少数羽枝。

三、其他衍生物

禽类头部的冠、肉髯和耳垂都是皮肤的衍生物。冠的表皮薄；真皮厚，含有丰富的血管。肉髯和耳垂的构造与冠基本相似。脚上的鳞片和爪以及距均是由表皮角质层加厚所形成的。

单元十一　感觉器官

一、眼

禽类的眼球大；视网膜后部有梳状体，呈梭形，向玻璃体内伸入毛状突；下眼睑较大；瞬膜(或称第 3 眼睑)明显，有瞬膜肌附着于其下角。瞬膜腺(又称哈德氏腺)较大，位于眼球的前腹侧，属于泪腺系统，也属于淋巴系统，参与局部免疫反应。

二、耳

家禽无耳廓，在后眼角之后有圆形耳孔，外有耳羽。中耳的耳骨为柱状，直接连接前庭窗。内耳的耳蜗不呈螺旋状。

学习小结

知识点		需掌握内容
禽的解剖	被皮系统	禽类的被皮系统由皮肤和皮肤衍生物构成。皮肤较薄，皮下组织疏松，无汗腺皮肤和皮脂腺，仅在尾部有尾腺；皮肤还形成一些固定的皮肤褶，在翼部称为翼膜，在水禽趾间形成蹼。翼膜用于飞翔，蹼用于划水。其衍生物主要包括羽毛、喙、冠、肉髯、耳垂、鳞片、爪和尾脂腺等
	运动系统	1. 骨密质致密而坚硬；骨髓腔内有骨针；有含气骨；没有骨骺； 2. 颅骨早期愈合为一体；面骨较轻，眼眶大；上颌骨缺颜面部，鼻甲骨分前、中、后；有方骨； 3. 颈椎数目多，椎体长；胸椎、腰荐椎多愈合；有尾综骨；肋骨全部为骨质，椎肋和胸肋成直角；椎肋有钩突；胸骨发达； 4. 肩带骨包括肩胛骨、乌喙骨和锁骨；开放式骨盆，髋臼窝为孔，无趾骨； 5. 肌纤维较细，肌肉上没有脂肪沉积； 6. 皮肌薄且分布广泛，在翼部有前翼膜肌； 7. 头部肌的面部肌退化，但咀嚼肌比较发达； 8. 颈部活动灵活，其具有一系列分节性肌肉； 9. 躯干肌中的背腰荐部肌退化，而尾肌较发达； 10. 没有膈肌； 11. 腹肌有 4 层，但较为薄弱； 12. 最发达的肌群在肩带部，尤其是胸部肌； 13. 翼肌较薄弱，盆带肌不发达； 14. 股部和小腿部肌群较发达

续表

知识点		需掌握内容
禽的解剖	心血管系统	右房室口上是肌瓣，无腱索；房室束有3个分支；主动脉弓偏右。肾动脉有前、中、后3支；前腔静脉一对；两髂内静脉间有一短的吻合支；肾门静脉在髂总静脉注入处有肾门静脉瓣；肝门静脉有左、右两支；在两髂内静脉吻合处有一肠系膜后静脉，是肝门静脉的一个属支，借这一静脉，体壁静脉与内脏静脉联系一起
	淋巴系统	包括胸腺、腔上囊、脾、淋巴结和哈德氏腺等。腔上囊的主要机能是产生B淋巴细胞参与体液免疫
	消化系统	无软腭，无唇和齿，有喙，无独立的唾液腺，舌角质化，味觉不灵敏；有嗉囊(鸡有，鸭、鹅没有)；有两个胃；有两条盲肠，无结肠，有泄殖腔；肝脏分叶不明显，有胆囊，有两个肝门，质地脆弱；胰脏狭长，胰管(鸽、鸡有两三条，鸭、鹅有2条)与胆管一起开口于十二指肠
	呼吸系统	由鼻腔、咽、喉、鸣管、气管、肺及和气囊组成。在鼻孔处有鼻瓣，鼻道不明显。鸽无后鼻甲。眶下窦是唯一的鼻旁窦，有鼻腺；只有环状和杓状软骨2种喉软骨，无声带；气管长且粗，由完整的气管环连接；鸣管是禽的发声器官，公鸭有鸣泡；肺不分叶，肺组织嵌入肋间隙内。支气管入肺后纵贯全肺，分为1级、2级、3级支气管，1级支气管通气囊，相邻3级支气管间吻合；有气囊
	泌尿系统	由肾和输尿管组成，没有膀胱和尿道；肾1对，每个肾分为前、中、后3叶；无肾门，血管和输尿管直接从肾表面进出；不分皮质和髓质，肾小体分布于整个肾脏；肾无脂肪囊，周围有气囊包围；无肾盏和肾盂；有1级输尿管(17条)，2级输尿管(5～6条)；坐骨神经穿过肾中叶；前叶和中叶间有髂外动脉通过，中叶和后叶间有坐骨动脉通过；入肾血管有2条，出肾血管有1条；输尿管1对，自肾前、中叶之间的内侧缘向后伸延，开口于泄殖腔的泄殖道背侧
	生殖系统	1. 雄禽睾丸在腹腔；大小随年龄和季节变化；睾丸小叶不明显，睾丸网不明显，间质不发达；被后胸气囊围绕；附睾不发达，内部有交通支，形成附睾网；输精管高度曲折；阴茎不发达；无副性腺。 2. 雌禽只有左侧的卵巢和输卵管，而且输卵管特别发达，右侧已退化；可每天排卵；排卵不出血；受精卵在雌性体内发育到胚胎期，产卵后停止发育；胚胎在体外经孵化发育为幼禽；不需要哺乳

复习思考题

一、名词解释

1. 鸣管 2. 卵泡斑 3. 腔上囊 4. 肠神经

二、填空题

1. 肠神经为禽类所特有的神经。其神经纤维中的交感神经来源于________、________和________；副交感神经来源于________和________。肠神经由________处起，沿肠的系膜缘，与肠管很近的平行向前伸延，直至________。其主管肠的运动、消化和吸收。

2. 禽类的输卵管分为5段由前向后依次为________、________、________、________和________。

3. 家禽的淋巴器官包括________、________、________、________、________。

三、单选题

1. 鸡的胸腺位于( )。

A. 颈部两侧 B 胸腔入口 C 胸部两侧 D 颈部左侧

2. 鸡磨碎食物的主要消化部位是( )。

A. 嗉囊 B. 口腔 C. 腺胃 D. 肌胃

3. 盲肠扁桃体位于盲肠的( )。

A. 尖部 B. 体部 C. 基部 D. 以上都不是

4. 禽类的卵黄囊憩室位于( )。

A. 十二指肠 B. 空肠 C. 盲肠 D. 直肠

5. 禽类的输尿管开口于( )。

A. 粪道 B. 泄殖道 C. 肛道 D. 膀胱

6. 禽类的输卵管开口于( )。

A. 粪道 B. 泄殖道 C. 肛道 D. 子宫角

7. 鸡体内不存在的淋巴器官是( )。

A. 脾 B. 淋巴结 C. 胸腺 D. 腔上囊

8. 禽类体内性成熟后逐渐退化并消失的器官是( )。

A. 脾 B. 淋巴结 C. 盲肠扁桃体 D. 腔上囊

9. 无胆囊的禽类是( )。

A. 鸡 B. 鸽 C. 鸭 D. 鹅

10. 禽类的鸣管位于( )。

A. 胸腔的入口 B. 气管分叉处 C. 喉的后方 D. 咽、喉之间

E. 气管中间处

11. 蛋的内、外壳膜在雌禽输卵管的( )形成。

A. 漏斗部 B. 蛋白分泌部 C. 峡部 D. 子宫部 E. 阴道部

12. 蛋的硬壳在雌禽输卵管的(　　)形成。

A. 漏斗部　B. 蛋白分泌部　C. 峡部　D. 子宫部　E. 阴道部

13. 禽类的鳃后腺位于(　　)。

A. 甲状腺和甲状旁腺之后，颈动脉分叉处

B. 位于胸腔入口附近气管的两侧，颈总动脉背侧

C. 位于肾前叶前方附近

D. 在丘脑的下部

E. 位于丘脑和四叠体之间

四、多选题

1. 下列属于禽类的胃有(　　)。

A. 瘤胃　B. 肌胃　C. 网胃　D. 腺胃　E. 皱胃

2. 下列结构中开口于泄殖道的有(　　)。

A. 输尿管　B. 输精管　C. 输卵管　D. 胸导管　E. 尾脂腺

3. 禽类的喉内具有(　　)。

A. 甲状软骨　B. 会厌软骨　C. 环状软骨　D. 杓状软骨　E. 声带

4. 下列结构中属于禽类的器官有(　　)。

A. 鸣管　B. 气囊　C. 声带　D. 膈肌　E. 腺胃

5. 鸡体内的淋巴器官包括(　　)。

A. 脾　B. 淋巴结

C. 胸腺　D. 腔上囊

E. 盲肠扁桃体

6. 禽类体内性成熟后逐渐退化并消失的器官有(　　)。

A. 脾　B. 淋巴结　C. 盲肠扁桃体　D. 腔上囊　E. 胸腺

7. 下列结构中属于禽类输卵管的有(　　)。

A. 漏斗部　B. 膨大部　C. 峡部　D. 子宫部　E. 阴道部

8. 禽类消化系统的特点包括(　　)。

A. 无软腭　B. 舌角质化，味觉不灵敏

C. 无唇和齿，上、下颌表面是喙　D. 有肛道，有宿粪作用

E. 有两个胃，分别叫肌胃和嗉囊

9. 禽类的心血管系统与家畜的心血管系统相比特殊的结构有(　　)。

A. 两条前腔静脉　B. 两条后腔静脉

C. 房室束有两个分支　D. 房室束有 3 个分支

E. 左右锁骨下动脉由一处分出

10. 肠神经是家禽所特有的神经，其特点有(　　)。

A. 神经纤维中的交感神经来源于腹腔神经节、肠系膜前神经节、肠系膜后神经节

B. 副交感神经来源于迷走神经和盆神经丛

C. 起于泄殖腔与直肠交界处，与肠管近平行向前伸延

D. 起于盲肠与直肠交界处起，与肠管近平行向前伸延

E. 主管肠的运动、消化和吸收

11. 禽类骨骼的特点包括(　　)。

A. 骨髓腔内形成骨针　　B. 有含气骨

C. 多愈合　　D. 开放式骨盆

E. 跗骨发达

12. 与家畜的神经系统相比，禽类的神经系统的特点有(　　)。

A. 脊髓无"马尾"结构　　B. 大脑发达

C. 中脑发达　　D. 小脑半球发达

E. 小脑蚓部发达

五、判断题

1. 鸡的淋巴器官有脾、淋巴结、胸腺等。(　　)
2. 肌胃和嗉囊是禽类对食物进行化学消化的主要器官。(　　)
3. 禽类的食道从口腔到胃之间粗细均匀。(　　)
4. 禽类的发声器官跟家畜一样位于喉内。(　　)
5. 禽类的睾丸位于腹腔内。(　　)
6. 禽类与哺乳动物一样皮肤内具有丰富的汗腺和皮脂腺。(　　)
7. 禽类的肺周围具有很多开口与气囊相通。(　　)
8. 鸡体内没有淋巴结而有脾、胸腺。(　　)
9. 禽类的发声器官为鸣管。(　　)
10. 禽类与家畜一样，只有部分头骨内含有空气。(　　)

六、简答题

1. 试述鸡消化系统的组成和特点。
2. 试述鸡呼吸系统的组成和特点。
3. 试述公鸡生殖系统的组成和特点。
4. 试述母鸡生殖系统的组成和特点。
5. 简述禽类的免疫器官及其各自的功能。
6. 试述鸡泌尿系统的组成和特点。
7. 试述鸡运动系统的特点。
8. 试述鸡心血管系统的特点。
9. 试述鸡神经系统的特点。

参考答案

实训指导

实训一　上皮组织的观察

【实训目标】 掌握显微镜的使用方法及注意事项。

【材料及设备】 显微镜、擦镜纸、松节油甲状腺或肾脏切片(H·E染色)、小肠切片(H·E染色)。

【方法及步骤】

1. 单层立方上皮(甲状腺)的观察

(1)将甲状腺切片放到低倍镜下进行观察，找出圆形或椭圆形的腺泡，并观察腺泡内有的类胶质。

(2)将甲状腺切片放到高倍镜下观察，认识腺泡壁的上皮为单层立方上皮的结构：细胞的高与宽大致相等，正中央是呈蓝紫色或紫红色的圆形核。

2. 单层柱状上皮(小肠)的观察

(1)将小肠切片放在低倍镜下观察，整个小肠壁由4层膜构成。手指状的是小肠黏膜层的绒毛，横切的绒毛为圆形，绒毛表面的上皮即为单层柱状上皮。

(2)将小肠切片放在高倍镜下观察，细胞紧密排列，柱状上皮细胞的高大于宽，基底部是蓝紫色或紫红色椭圆形核。细胞顶端有1层粉红色的纹状缘。散的杯状细胞在柱状上皮细胞之间。

【教学评价与考核】

1. 考核内容

(1)能够正确使用显微镜。

(2)能够使用显微镜观察单层立方上皮和单层柱状上皮。

2. 考核方法

实行单人单项考核，技能成绩按“优、良、中、及格和不及格”来衡量，作为期末考试成绩中的一项重要指标。

实训二　动物生理常数的测定

【实训目标】 掌握家兔体温、脉搏、心跳的测定方法。

【材料及设备】 兔、体温计、凡士林、酒精棉球、75%酒精、镊子。

【方法及步骤】

1. 体温测定

测体温时可抱住家兔将体温计夹在后腿与腹壁之间 5～10 min。也可将体温计插入肛门测温，方法是助手帮助固定家兔或一人时将兔夹在两腿之间固定，左手翻起短尾，右手将消毒后涂有凡士林的体温计慢慢地插入肛门 3 cm，待 5 min 后取出读数，再用酒精棉球擦净和消毒。

家兔正常体温为 38～40 ℃且夏季高于冬季，下午高于上午，一般有 0.5 ℃的温差。当家禽的体温高于正常值 1 ℃时，就应注意了。

2. 脉搏测定

脉搏测定的方法：用左手食指接触家兔左前肢腋下的正中部，就能感到正中动脉的跳动。

家兔的正常脉搏，成年兔为 80～100 次/min，幼兔为 70～90 次/min，夏天比冬天要快 10～15 次。测定脉搏时要待家兔安静下来，不能在惊慌时测定。

3. 呼吸测定

呼吸的测定可观察鼻孔的扇动。健康家兔为 40～60 次/min；呼吸与脉搏(心跳)是相关的，平均 2～3 次心跳做 1 次呼吸，心跳快时呼吸也随之加快。呼吸频率与体温也有关系，体温高时呼吸次数相应增加。在太阳下曝晒家兔时，家兔喘气次数可达到 200 次/min。

【教学评价与考核】

1. 考核内容

(1)学生能正确读取体温计。

(2)学生能使用体温计正确测定家兔体温。

2. 考核方法

实行单人单项考核，技能成绩按“优、良、中、及格和不及格”来衡量，作为期末考试成绩中的一项重要指标。

实训三　动物血液样品的采集

【实训目标】 了解并掌握家禽血样采集的方法和家兔耳缘静脉采血的方法。

【材料及设备】 家兔、鸡、干棉球、酒精棉球、采血针、注射器、镊子、固定台抗凝剂等。

【方法及步骤】

一、禽类血样采集的方法

1. 鸡冠采血法

用于需要少量血液的采血，用采血针或针头刺破鸡冠吸取血液，消毒伤口。

2. 翼下静脉采血法

将鸡侧卧保定，露出腋窝部，拔出该部羽毛，可见翼下静脉。

压迫翼下静脉的近心端，使血管怒张，消毒后，用装有针头的注射器，由翼尖向翅膀根的方向沿静脉平行刺入，见回血后抽出血液。

3. 心脏采血法

将鸡仰卧保定，穿刺部位是从胸骨脊前端到背部下凹处连接线的1/2点，选心跳最明显的部位把注射针垂直刺入心脏的2～3 cm，血液即流入针管。心脏采血用的针头应细长些，以免发生采血后穿刺孔出血。

二、家兔耳缘静脉采血的方法

如果要采集少量血液，可采用此法。将家兔放在固定台上，拔去拟采血部位的毛，用75%酒精棉球擦耳壳采血部位，用手压紧耳根部使耳部血管扩张。用针头插入耳缘静脉取血，取血后用棉球压迫止血。

【教学评价与考核】

1. 考核内容

(1)能够正确使用采血针和注射器。

(2)能够正确找到鸡翼下静脉采血的位置、鸡心脏采血的位置和家兔耳缘静脉采血的位置。

2. 考核方法

实行单人单项考核，技能成绩按优、良、中、及格和不及格来衡量，作为期末考试成绩中的一项重要指标。

实训四　血液凝固实验

【实训目标】 了解血液凝固的基本过程以及影响血液凝固的一些因素。

【材料及设备】 试管、试管架、吸管、秒表、3.8%柠檬酸钠、新鲜血（鸡）1% NaCl、5%草酸钾、烧杯、酒精灯、肝素、液体石蜡、温度计等。

【方法及步骤】

1. 影响血凝的物理因素

3 支试管，分别放棉花、石蜡和对照，分别加新鲜血液 2 mL，每 30 s 轻轻倾斜试管 1 次，记录血凝时间。

2. 温度对血凝的影响

取 2 支试管分别加入新鲜血液 2 mL，1 支放在常温中；另 1 支放冰箱，比较血凝时间。

3. 钙离子对血凝的影响

取 3 支试管，第 1 支加 3.8%的柠檬酸钠 3 滴，第 2 支加 5%草酸钾 3 滴，第 3 支对照，然后各加入 1 mL 新鲜血液，观察血凝情况。将加入柠檬酸钠和草酸钾的试管各加入 1%氯化钙 1～2 滴，混合后观察血凝情况。

4. 肝素作用

在第 1 支试管里加入 0.2 mL 肝素，第 2 支试管对照，然后各加入 2 mL 新鲜血液，观察血凝情况。

5. 割断

割断动物的血管，将血液放入烧杯中；同时，用试管刷迅速搅动，除去血中的纤维蛋白，将除去纤维蛋白的血液静置后，观察凝固否。

【教学评价与考核】

1. 考核内容

(1)能够正确采集新鲜血液。

(2)能够正确分析影响血液凝固的各种因素及其原理。

2. 考核方法

实行小组为单位考核，技能成绩按优、良、中、及格和不及格来衡量，作为期末考试成绩中的一项重要指标。

实训五　红细胞渗透脆性实验

【实训目标】 测定红细胞膜对不同低渗溶液的渗透抵抗力，测定红细胞的渗透脆性。

【材料及设备】 试管、试管架、吸管、新鲜血(或去蛋白血)、1%NaCl 溶液、蒸馏水等。

【方法及步骤】

(1)先将试管分别排列在试管上。把 1%NaCl 稀释成不同浓度的低渗溶液，每管溶液均为 2 mL。

(2)采血血液。在每管中加入等量血样 1 滴，使血液与管内盐水混合均匀。

(3)在室温下静置 1 h，观察结果。

(4)结果观察。

①上层清液无色，管底为混浊红色，表示红细胞下沉，没有溶血。

②上层呈淡红色，管底为混浊红色，表示部分红细胞破裂溶解，为不完全溶解。

③管内溶液完全呈透明红色，管底吴红细胞沉积，为完全溶血。

依据观察结果，判定红细胞开始溶血及开始完全溶血的 NaCl 浓度，分别为最小、最大抵抗力。

【注意事项】

(1)配制各种浓度的 NaCl 溶液时必须精确。

(2)各管中所加入的血滴大小应尽量相等并充分摇匀，切勿用力振荡。

【教学评价与考核】

1. 考核内容

(1)能够正确配置不同浓度的 NaCl 溶液。

(2)能够正确分析试管内溶液结果。

2. 考核方法

实行小组为单位考核，技能成绩按优、良、中、及格和不及格来衡量，作为期末考试成绩中的一项重要指标。

实训六　蛙心活动的观察

【实训目标】 观察蛙心起搏点及心脏各部自律性的高低，观察肾上腺素和乙酰胆碱等对心脏活动的影响。

【材料设备】 蛙或蟾蜍、探针、蛙板、解剖用具、任氏液、线、解剖剥离针、秒表。

【方法及步骤】

(1)制备脊蛙。用左手大拇指和食指，从蛙背侧捏住脊柱，右手用剪刀深入蛙口中，在鼓膜(延髓和脊髓间)的后面剪去头部，即为脊蛙。取蛙 2 只，用探针由枕骨大孔处插入脑和脊髓并破坏脑和脊髓，放在蛙板上，剪开胸腔暴露心脏。

(2)认识蛙心各部分的构造和名称。

(3)观察蛙心各部分收缩的顺序。静脉窦—心房—心室，记录每分钟收缩的次数。

(4)肾上腺素的影响。用滴管向一只蛙心脏静脉窦滴加 0.1%肾上腺素 1～2 滴，勿碰到静脉窦，观察心脏活动有何变化。

(5)乙酰胆碱的影响。用滴管向一只蛙心脏静脉窦滴加 0.1%乙酰胆碱 1～2 滴，勿碰到静脉窦，观察心脏活动有何变化。

【教学评价与考核】

1. 考核内容

(1)能够正确制备脊蛙。

(2)能够正确分析肾上腺素和乙酰胆碱对心脏活动的影响。

2. 考核方法

实行小组为单位考核，技能成绩按优、良、中、及格和不及格来衡量，作为期末考试成绩中的一项重要指标。

实训七 反射弧分析及脊髓反射活动观察

【实训目标】 了解反射弧的组成，通过实验证明，对于任何反射，只有当实现该反射的反射弧存在，并保证完成的情况下才能出现。

【材料及设备】 蛙、解剖器械、探针、铁架台、烧杯、滤纸片、纱布、1％可卡因、0.5％硫酸溶液、1％硫酸溶液、任氏液。

【方法及步骤】

(1)制备脊蛙。

(2)屈肌和伸肌反射。将蛙的左后腿浸入0.5％的硫酸溶液中，几秒钟后即可见有屈肌反射的出现，未受硫酸刺激的右后腿伸直，反射出现后，迅速用清水将其后腿皮肤上的硫酸洗净。

(3)用剪刀在左后腿股部皮肤作一环形切口，再将下推皮肤剥除。稍停片刻，再以1％硫酸刺激，观察是否出现反射。

(4)骚扒反射。以蘸有0.5％硫酸溶液的小片滤纸贴于蛙的腹侧部(偏右)，可见其同侧后肢抬起，向受刺激的部位骚扒，直到将硫酸滤纸扒掉。

【教学评价与考核】

1. 考核内容

学生能正确制备脊蛙。

2. 考核方法

实行小组为单位考核，技能成绩按优、良、中、及格和不及格来衡量，作为期末考试成绩中的一项重要指标。

实训八　小肠吸收观察

【实训目标】 了解小肠吸收与肠内容物渗透压间的关系。

【原理】 肠内容物的渗透压是制约肠吸收的重要因素，同种溶液在一定浓度范围内，浓度越高，吸收越慢。浓度过高时，反而会出现反渗透现象，使内容物的渗透压降低至一定程度后，再被吸收。

【材料及设备】 兔、手术台、手术器械、10%水合氯醛、饱和硫酸镁溶液、0.7% NaCl 溶液、注射器、棉线绳。

【方法及步骤】

(1)兔称重后用10%水合氯醛溶液按每千克体重500 mg 耳缘进行静脉注射。麻醉后，仰卧固定于手术台上，剃去腹部被毛，沿腹中线切开皮肤暴露腹腔。

(2)取出长约16 cm 的1段空肠，在其中点处用棉线结扎，另在距中点前、后各8 cm 处分别结扎，于是把空肠分为两段等长的肠腔，分别注入等量的饱和硫酸镁溶液与0.7%氯化钠溶液，注射完毕后将肠置入腹腔中闭合腹壁或用浸有温生理盐水的纱布覆盖。

(3)30 min 后检查前后2段小肠中各有什么变化？请分析一下变化原因。

【注意事项】 结扎时应注意不要把血管扎上以免因妨碍血液循环而影响吸收。另外，还要时刻注意用温生理盐水纱布覆盖外露部分，以免因温度降低而影响实验效果。

【教学评价与考核】

1. 考核内容

(1)能够正确找到空肠并结扎。

(2)能够正确分析肠道吸收结果。

2. 考核方法

实行小组为单位考核，技能成绩按优、良、中、及格和不及格来衡量，作为期末考试成绩中的一项重要指标。

实训九　家畜内脏器官的解剖观察

【实训目标】 掌握家兔的解剖方法及内脏识别。

【材料及设备】 家兔、手术剪、手术刀、酒精棉球、75%酒精、镊子。

【方法及步骤】 为了全面而系统地检查尸体内所呈现的病理变化，尸体剖检必须按照一定的方法和顺序进行。决定剖检方法和顺序时，应考虑到各种畜禽解剖结构的特点、器官和系统之间的生理解剖学关系、疾病的规律性，以及术式的简便和效果等。一般剖检原则：由体表开始，然后是体内；体内的剖检顺序，通常从腹腔开始，之后胸腔，再后其他。

一、马的剖检法

(一)外部检查

进行外部检查时应在剥皮之前进行，主要包括以下几方面。

1. 登记项目

畜别、品种、性别、年龄、毛色、特征、体态等。

2. 营养状态

根据皮肤和被毛的状况、肌肉的发育和皮下脂肪的蓄积状态来判断。

3. 可视黏膜

检查眼结膜、鼻腔、口腔、肛门和生殖器的黏膜。着重注意有无贫血、淤血、出血、黄疸、溃疡和外伤等变化；各天然孔的开闭状态；有无分泌物、排泄物及其性状等。

4. 体表的一般检查

检查有无新旧外伤、骨折，皮下(尤其是腹部皮下)有无水肿和脓肿等。

5. 尸体变化

家畜死亡后，舌尖伸出于卧侧口角外，由此可以判定死亡时的卧位。尸体变化的检查有助于判定死亡发生的时间、位置并与病理变化相区别(检查项目见尸体变化)。

(二)内部检查

内部检查包括剥皮、皮下检查、体腔的剖开、内脏的采出和检查等。剖检时，通常采用尸体的右侧卧位，这样便于采取脏器。同时，还应用水或消毒液将尸体洒湿，以免尘埃飞扬，扩散病原体。

1. 剥皮

先由下颌部至腹部正中线切开皮肤，至脐部后把切线分为两条，绕开生殖器或乳房，最后会合于尾根部；然后沿四肢内面的正中线切开皮肤，到球节做一环形切线；再从这些切线剥下全身皮肤。因传染病死亡的尸体，一般不剥皮，以防病原体扩散。

在剥皮过程中，应注意检查皮下脂肪的量和性状，皮下结缔组织干燥或湿润的程度，有无出血、水肿及脓性浸润，肌肉的发育状态和色泽，血液凝固状态，体表淋巴结的性状等。

2. 切离前、后肢

(1)切离前肢：沿肩胛骨前端切断臂头肌和颈斜方肌；再在肩胛骨后缘切断背阔肌，在肩胛软骨部切断胸斜方肌；最后将前肢向上牵引，由肩胛骨内侧切断胸肌、血管、神经、下锯肌、菱形肌等，即可取下前肢。

(2)切离后肢：在股骨大转子部切断臀肌及股后肌群，将后肢向背侧牵引，由内切断股内肌群、髋关节的圆韧带与副韧带，即可取下后肢。

3. 腹腔脏器的采出

腹腔脏器的采出按以下步骤进行。

(1)切开腹腔先将乳房或睾丸从腹壁切离。先从肷窝沿肋骨弓切开腹壁至剑状软骨，再从肷窝沿髂骨体切开腹壁至耻骨前缘。如肠管含有多量气体因而腹部特别膨胀时，可先于肷窝处用刀尖穿一小孔(不要刺破肠管)，然后将左手食指与中指插入腹腔内，右手持刀，将刀尖夹在两指之间，刀刃向上，沿上述切线向上、向前推进，切开腹壁(也可用肠剪剪开腹壁)。

切开腹腔后，立即检查：腹腔液的量和性状；腹壁是否光滑，有无充血、淤血、出血、破裂、脓肿、粘连、肿瘤和寄生虫；腹腔脏器的位置是否正常；肠管有无变位；破裂、膈的紧张程度及有无破裂；大网膜脂肪的含量等。

(2)肠的采出按以下步骤进行：

①小肠的采出。第一步，用两手握住大结肠的骨盆曲部，往腹腔外前下方引出大结肠。第二步，将小结肠全部拿到腹腔外的背部，剥离十二指肠结肠韧带，在十二指肠与空肠之间做双重结扎，从中间切断。第三步，用左手握住空肠的断端，向自己身前牵引，使肠系膜保持紧张；右手持刀从空肠断端开始，靠近肠管切断肠系膜，直到回盲系膜处进行双重结扎，并从中间切断，取出小肠。在采出小肠的同时，也要注意做到边切边检查肠系膜和淋巴结等有无变化。

②小结肠的采出。先将小结肠归还于腹腔内，将直肠内的粪球向前方挤压，从直肠末端做结扎，并在其后部切断。再抓住小结肠断端，切断后肠系膜，至小结肠前端与胃状膨大部之间做双重结扎，切断后取出小结肠。

③大结肠和盲肠的采出。先用手触摸前肠系膜动脉根，检查有无寄生虫性动脉瘤；然后将结肠上的两条动脉和盲肠上的两条动脉从肠壁上剥离，约距离前肠系膜动脉根30 cm处切断，并将其断端交由助手向背侧牵引。剖检者用左手握住小结肠断端，向自身的方向牵引；用右手剥离附在大结肠胃状膨大部和盲肠底部的胰脏，然后将胃状膨大部、盲肠底部和背部联结的结缔组织充分剥离，即可全部取出大结肠和盲肠。盲肠壁比较薄，在剥离时容易弄破，故要特别注意。

(3)脾、胃和十二指肠的采出。

①脾的采出：左手握住脾头向外牵引，使其各部韧带保持紧张，并切断，然后将脾

与大网膜一起取出。

②胃和十二指肠的采出：先从膈的食管孔切开膈肌，抓住食管，用力牵引并切断，然后再切断胃和十二指肠周围的韧带，便可采出。

(4)胰脏、肝脏、肾脏和肾上腺的采出。胰脏可由左叶开始，逐渐切下，或将胰脏附于肛门部和肝脏一同取出，也可随动脉、肠系膜一并采出。采出肝脏时，先切断左叶周围的韧带及后腔静脉，然后切断右叶周围的韧带、门静脉和肝动脉(不要损伤右肾)，即可取出。采出肾脏和肾上腺时，先检查输尿管的状态，然后先取左肾，即沿腰肌剥离其周围的脂肪囊，并切断肾门的血管和输尿管，即可取出；右肾用同样方法采出；肾上腺可与肾脏同时采出，也可单独采出。

4. 胸腔脏器的采出

胸腔脏器的采出按以下步骤进行。

(1)锯开胸腔。锯开胸腔之前，先检查肋骨的高低及肋骨与软骨结合部的状态，然后将膈的左半部从季肋部切下，用锯把左侧肋骨的上下端锯断，只留第一肋骨，这样即可将左胸腔全部暴露。打开胸腔后要注意检查左侧胸腔液的量和性状，胸膜的色泽，有无充血、出血或粘连等。

(2)心脏的采出。

①在心包左侧中央划开十字形切口，将手洗净把食指与中指插入心包腔，提起心尖，检查心包液的量和性状；

②沿心脏的左纵沟左右各 1 cm 处，切开左、右心室，检查血量及其性状；

③将右手拇指与食指伸入心室切口内，轻轻牵引，然后切断心基部的血管，取出心脏。

(3)肺脏的采出。

①切断纵膈膜的背侧部，检查左侧胸腔液的量和性状；

②切断纵膈膜的后部；

③切断胸腔前部的纵膈膜、气管、食管和前腔静脉，并在气管轮上切一小口，将左手食指和中指伸入切口，牵引气管，将采出。

(4)腔动脉的采出。从前腔动脉至后腔动脉的分支部，沿胸椎、腰椎的下面切断肋间动脉，即可将腔动脉和系膜一并取出。

5. 骨盆腔脏器的采出

首先锯断髋骨体，然后锯断耻骨和坐骨的髋臼支，除去锯断的骨体，用刀切离直肠与盆腔上壁的结缔组织(母马还要切离子宫和卵巢，再由骨盆腔下壁切离膀胱颈、阴道及生殖腺等)，最后切断附着于直肠的肌肉，将肛门、阴门做圆形切离，即可取出骨盆腔脏器。

6. 口腔及颈部器官的采出

首先切断咬肌；然后在下颌骨的第 1 臼齿前，锯断左侧下颌骨支；再切断下颌骨支内面的肌肉和后缘的腮腺、下颌关节的韧带及冠状突周围的肌肉，将左侧下颌骨支取下；最后用左手握住舌头，切断舌骨支及其周围组织，再将喉、气管和食管的周围组织切离，直至胸腔入口处一并取出。

7. 颅腔的打开和脑的采出

(1)切断头部..沿环枕关节横断颈部，使头与颈分离，除去下颌骨体及右侧下颌骨支，切除颅顶部附着的肌肉。

(2)取脑。将头骨平放，眼两颞窝前缘横锯额骨；距前锯线往后 2～3 cm 再锯一平行线；然后从颞窝前缘连线的中点至两颧弓上缘各锯一线；再由颧弓至枕骨大孔，左右各锯一线。

锯完上述锯线后，再用锤和凿于撬去额部 2 条锯线间的骨片，将凿子伸入锯口内，用力揭开颅顶，即可使脑露出。然后，用外科刀切离硬脑膜，并切断脑底部的神经，细心地取出大脑、小脑、延髓和脑垂体。

8. 颅腔的锯开

先沿双眼的前缘用锯横行锯断，然后在第 1 臼齿前缘锯断上颌骨，最后用锯纵行锯断鼻骨和硬腭，打开鼻腔，取出鼻中隔。

9. 脊髓的采出

先锯下一段胸椎(5～15 cm)，而后取一段肋软骨，插入椎管内，顶出脊髓；或沿椎弓的两侧与椎管平行锯开椎管，取出脊髓。

上述各种体腔的打开和内脏的取出是进行系统剖检的程序。具体的规定和选择首先应服从于检查的目的。在实践中，可以按实际情况需要适当改变和取舍某些剖检程序。

10. 脏器的检查

脏器检查是尸体剖检的重要一环，也是病理解剖学诊断的重要依据。在检查中，应对各脏器做认真细致的检查．客观地描述各种病理变化，并及时记录下来。

在检查病变时，为了描述各器官或病变的大小、色泽、硬度等，常用的方法：用尺量器官的体积、长度(沿器官的最长处测量)、宽度(与长度垂直量最宽部)和厚度(测量其最厚部)，用实物作比形容病变的大小与形状。在表示圆形体积时，一般用“小米粒大”“核桃大”“拳头大”“篮球大”等词形容；表示椭圆形时，常用“小豆大”“蚕豆大”“鸡蛋大”等词形容；表示面积时，常用“五分硬币大”“手掌大”等词形容；表示形状时，常用“圆形”“椭圆形”“线状”“树枝状”等词形容。描述器官或病理变化的色泽时，如果是混合色，应分清主色和次色，一般次色在前，主色在后，如“黄白色”“紫红色”等。描述色泽还可用实物或某些液体的色彩来形容，如脾脏呈青黑色时，可形容为“青石板色”；淡红色的腹水可形容为“葡萄酒样”；出血的肠内溶物，可形容为“红豆汤样”。有时各种色彩交错在一起时，常用“斑纹状”“大理石样”和“槟榔样”等词来比拟。描述硬度时，常用“坚硬”“坚实”“脆弱”“柔软”等形容，有时也用“致密”“疏松”等。描述弹性时，常用“橡皮样”“面团样”等。

(1)腹腔脏器的检查。

①胃的检查。首先检查胃的大小，胃浆膜的色泽，有无粘连和胃壁有无破裂(生前破裂的特点是破裂口缘肿胀，附有暗红色血液凝块，腹腔内有较多的胃内容物；死后破裂

的特点是破裂口缘不肿胀，无血液凝块附着，从裂口可见有较多胃内容物)及穿孔等。然后用肠剪由贲门沿大弯剪至幽门，检查胃内容物的量、性状(含水量)，饲料种类、异物，有无引起中毒的物质、气味，有无寄生虫(如马蝇蛆)等。最后，检查胃黏膜的色泽，有无水肿、出血、炎症和溃疡等。

②小肠和大肠的检查。打开肠管之前，应先检查肠管浆膜的颜色，有无粘连、肿瘤、寄生虫结节，以及检查淋巴结的性状等。打开肠管，在小肠由十二指肠开始，沿肠系膜附着部向后剪开；盲肠沿纵带由盲肠底剪至盲肠尖；大结肠由盲结口开始，沿大结肠纵带剪开；小结肠沿肠结膜附着部位剪开。各部肠管剪开时，要做到边剪开边检查肠内容物的量、性状、气味，有无血液、异物、寄生虫等。去掉肠内容物后检查肠黏膜的性状。若看不清楚，可用水轻轻冲洗后检查。注意黏膜的色泽、厚度和淋巴组织(淋巴小结)的性状及有无炎症等。

③脾脏的检查。先检查脾脏的大小、硬度、边缘的厚薄以及脾淋巴结的性状；然后检查脾脏被膜的性状(肥厚、绒毛增生、破裂等)的色泽。最后做切面检查，从脾头切至脾尾，切面要平整，检查脾髓的色泽，脾白髓、脾小梁的性状，并用刀背或刀刃轻刮脾髓，检查血量的多少。

④肝脏的检查。先检查肝脏的大小，被膜的性状，边缘的厚薄，实质的硬度和色泽，以及肝淋巴结、血管、肝管等的性状。然后做切面，检查切面的血量、色泽，切面是否隆突，肝小叶的结构是否清晰，有无脓肿，肝砂粒症及坏死灶等变化。

⑤胰脏的检查。先检查胰脏的色泽和硬度，再沿胰脏的长径作切面，检查有无出血和寄生虫。

⑥肾脏的检查。检查肾脏的大小、硬度，切开后检查被膜是否容易剥离，肾表面的色泽、平滑度、有无疤痕、出血等变化。然后检查切面皮质和髓质的色泽，有无淤血、出血、化脓和坏死，切面是否隆突及肾盂、输尿管、肾淋巴结的性状。

⑦肾上腺的检查。检查其外形、大小、色泽和硬度，然后做纵切或横切，检查皮质、髓质的色泽，以及有无出血。

(2)胸腔器官的检查。

①心脏的检查。首先检查心脏纵沟、冠状沟的脂肪量和性状，有无出血。然后检查心脏的大小、色泽及心外膜有无出血和炎性渗出物。

检查心外膜后，沿左纵沟左侧的切口，切至肺动脉的起始部；再沿左纵沟右侧的切口，切至主动脉起始部。然后将心脏翻转过来，沿右纵沟的左右各 1 cm 处做平行切口，切至心尖与左侧心切口相连接，通过房室口切至左心房及右心房。

打开心腔后，检查心内膜色泽和有无出血，瓣膜是否肥厚。然后检查心肌的色泽、硬度，有无出血和变性等。

②肺脏的检查。首先，检查肺脏的大小，肺胸膜的色泽以及有无出血和炎性渗出物等。其次，用手触摸各肺叶，检查有无硬块、结节和气肿并检查肺淋巴结的性状。再次，用剪刀剪开气管和支气管，检查黏膜的性状，有无出血和渗出物等。最后，将左右肺叶横切，检查切面的色泽和血液量的多少，有无炎性病变、鼻疽结节和寄生虫结节等。此

外，还应注意支气管和间质的变化。

(3)口腔、鼻腔及颈部器官的检查。

①口腔的检查。检查牙齿的变化，口腔黏膜的色泽，有无外伤、溃疡和烂斑，舌黏膜有无外伤。

②咽喉的检查。检查黏膜色泽、淋巴结的性状及喉囊有无蓄脓。

③鼻腔的检查。检查鼻黏膜的色泽，有无出血、炎性水肿、结节、糜烂、溃疡、穿孔及疤痕等。

④下颌及颈部淋巴结检查。检查下颌及颈部淋巴结的大小、硬度，有无出血和化脓等。

(4)脑的检查。打开颅腔后，检查硬脑膜和软脑膜有无充血、淤血、出血；切开大脑，检查脉络丛的性状及脑室有无积水；横切脑组织，检查有无出血和溶解性坏死等。

(5)骨盆腔器官的检查。

①膀胱的检查。检查膀胱的大小、尿量、色泽以及黏膜面有无出血和炎症等。

②子宫的检查。沿子宫体背侧剪开左右子宫角，检查子宫内膜的色泽，有无充血、淤血、出血和炎症等。

(6)肌肉的检查。检查肌肉的色泽，有无出血、变性及脓肿等。

二、牛、羊的剖检法

做牛的尸体剖检时，通常采取左侧卧位；羊由于体躯小，常采取背卧位(仰卧)。

1. 剥皮与断肢

牛、羊的剥皮、断肢、打开口腔取舌及割离颈部组织的方法与剖检马的方法相同。

2. 切开腹腔

切开牛、羊腹腔与切开马腹腔的方法基本相同，唯一不同之点是在右侧切开腹壁。切开右侧腹壁后，先检查腹膜和网膜的性状，然后将网膜提起，切离其与十二指肠S形弯曲部、皱胃大弯、瘤胃左右沟等处的附着部。将网膜取下，露出胃和肠管的小肠部分，此时应检查腹腔脏器的位置和有无异物。

脏器采出首先由胃开始，即先找到位于皱胃上面的十二指做两道结扎，在中间切断肠管，然后在右肾附近的S形弯曲部后端10～12 cm处同样做两道结扎，从中间切断，这样十二指肠即可采出。随后在膈的食管孔处结扎食管，于结扎的前方切断食管并将胃与膈、肝等处的联结组织切离。两手握住瘤胃壁用力牵引，即可采出胃。若胃壁光滑不易牵引，可戴线手套或于胃壁被覆布片后再牵引。最后，于骨盆腔内找出直肠，做双重结扎后切断，再切离肠系膜和前肠系膜动脉根部的组织，将全部肠管采出。其余的肝、肾等器官和骨盆腔内膀胱、子宫和卵巢的采出方法与马相同。

为了便于取出腹腔中的脏器，可在取脏器前锯骨，先将胸壁肋段锯去，锯法与马相同。

3. 切开胸腔

切开牛的胸腔方法与马相同。羊体较小，尸体又取背卧位，故切开胸腔的方法：先用刀或骨剪切断肋软骨和胸骨联结部，再把刀伸入胸腔，划断脊柱左右两侧的肋骨和胸椎连接部的胸膜和肌肉；再将双手伸入胸腔，两手按压左右侧胸壁肋骨，则肋骨与胸椎连接的关节自行折裂，胸腔即敞开脏、肺脏和气管即可一起采出。

4. 脑的采出

除按马同样的纵横线锯开外，并于两角的中间锯一正中线，两手握住左右两角，用力向外分开，使颅顶骨分成左右两半，这样脑即露出。取牛、羊脑的方法和马相同。

三、中小动物的剖检法

在剖检过程中，小动物通常采取背卧位，其剥皮方法与马、牛等大型家畜相似。剖检患有传染病的猪、犬、兔等动物时，通常不剥皮。一般先切断肩胛骨内侧和髋关节周围的肌肉，使四肢摊开(仅留部分皮肤与体躯相连)。然后沿腹壁正中线切开剑状软骨至肛门之间的腹壁，再沿左右最后肋骨切开腹侧壁至脊柱部，这样腹腔脏器全部暴露。此时检查腹腔脏器位置和有无异物。最后，由膈处切断食管，由骨盆腔切断直肠，将胃、肠、肝脏、胰脏、脾脏一起采出，分别检查。也可按脾、胃、肠、肝、肾的次序分别采出。

剖检中小动物时，打开胸腔和采取胸腔脏器的方法与羊的相同。

口腔和颈部的组织器官采出方法：剥去下颌部和颈部皮肤后，用刀切断两下颌支内侧和舌连接的肌肉，左手指伸入下颌间隙，将舌牵出，剪断舌骨，把舌、咽喉和气管一并采出。

中小动物骨盆腔和颅腔的剖检按马的方法施行。

【教学评价与考核】

1. 考核内容

(1)能够正确使用解剖工具。

(2)能够正确解剖家兔并识别家兔的各个器官。

2. 考核方法

实行小组为单位考核，技能成绩按“优、良、中、及格和不及格”衡量，作为期末考试成绩中的一项重要指标。